大学入試シリーズ

279

上智大学

法学部・経済学部

教学社

はしがき

2021年度の大学入試は，世界的な新型コロナウイルスの感染拡大の状況下で実施され，多くの大学で試験範囲や選抜方法の一部が変更されるなどの影響が見られました。また，従来のセンター試験に代わる「大学入学共通テスト」の導入も重なり，多くの受験生にとって，不確定要素の多い，先行き不安な状況での大学入試となりました。こうした状況から，比較的早期に結果が決まる，総合型選抜・学校推薦型選抜への志望度が高まり，感染への不安から大都市圏への進学を忌避して，地元志向がより強くなるなどの傾向も見られました。

また，2020年に大学に入学した人も，入学当初は対面での授業が実施されず，オンライン授業が中心となりました。一人で黙々と課題をこなし，クラブやサークルなどの課外活動も制限されて，友だちも十分に作れないといった状況も見られました。一方で，オンライン・ツールの浸透や拡大によって，海外の人たちなど，これまで以上に幅広い人たちと交流できるようになりました。また，一人の時間が増えたことで，周りに流されずより真剣に勉学に打ち込め，自分自身を見つめ直す機会が増えたといった，肯定的な意見も聞かれるようになりました。

社会の大きな変革期に差し掛かっており，不透明な状況はまだまだ続くように見えますが，こうした状況に柔軟に適応しつつも，自分自身がこの先どのように生きていくのか，将来何を成し遂げたいのかを，腰を据えてじっくりと考える時間や期間を大切にしてほしいと思います。大学に進学することは，幅広い見識を得る上で，貴重な選択肢であると言えます。

どのような境遇にあっても，その経験を意義あるものにするかどうかは自分次第です。いろいろと試行錯誤をする中で，当初は考えてもいなかったような道が拓けることもあります。また，たとえすぐには実を結ばなかったとしても，新しいことに挑戦した経験が，後々の人生で支えになることもあります。この困難な状況の中で，幾多の試練や難題を乗り越えて，栄冠を勝ち取られることを心より願っています。

編者しるす

本書刊行に際して

各大学や学部・学科の教育理念や教育内容を踏まえて，入学者にどのような能力を求め，入学者をどのように受け入れるのかを定めた方針が，「アドミッション・ポリシー」と言われるものです。この「アドミッション・ポリシー」を特に色濃く表したものが，各大学の過去の入試問題（過去問）であると言えます。創刊 60 年を超える「赤本」は，ますます高まる過去問の重要性に配慮しつつ，受験生の皆様や進路指導にあたられる先生方に，正確で役立つ資料提供を行ってまいります。

本書刊行に際しまして，資料をご提供いただいた大学関係者各位，本書への掲載許可をいただいた著作権者の皆様，各科目の執筆にあたられた先生方に，心より御礼を申し上げます。

「赤本」は，大学によって掲載内容が異なります。受験される試験日程・科目の掲載の有無や収載年数については，目次や問題編冒頭の科目欄でご確認ください。著作権上の理由やその他編集上の都合により，問題や解答の一部を割愛している場合があります。また，試験科目は変更される場合がありますので，あらかじめご了承ください。

なお，指定校推薦入試，社会人入試，編入学試験，帰国生入試などの特別入試，英語以外の外国語科目，商業・工業科目は，原則として掲載しておりません。

●お問い合わせについて

本書は当社編集部の責任のもと独自に作成したものです。本書の内容についてのお問い合わせは，赤本ウェブサイトの「お問い合わせ」より，必要事項をご入力の上ご連絡ください。電話でのお問い合わせは受け付けておりません。

なお，受験指導など，本書掲載内容以外の事柄に関しては，お答えしかねます。また，ご質問の内容によってはお時間をいただく場合がありますので，あらかじめご了承ください。

お問い合わせ先　http://akahon.net/

赤本の使い方

赤本は入試直前に解くものだと思っていませんか？　それだけでは赤本を十分に活用できているとはいえません。志望校合格のための，赤本の効果的な活用法を紹介します。

赤本を使う前に

大学入試では，大学や学部ごとに出題形式や頻出分野が異なります。志望校の傾向を知っておくと，試験本番に落ち着いて臨めるだけでなく，傾向に即した効果的な対策を立てることができます。つまり，早めに赤本を活用することが肝心なのです。

3ステップの赤本活用法

志望校が決まったら，本格的な受験勉強のスタートです。赤本をパートナーにして，次の3ステップで着実に志望校合格を目指しましょう。

STEP 1　過去問を解き，傾向をつかむ

志望校の傾向を知る一番の方法は，実際の過去問に当たることです。問題を解いて，解答方法や，試験時間に対する問題量，問題のレベルなどを体感してみましょう。さらに，赤本の「傾向と対策」には，解答をご執筆の先生方による詳しい傾向分析が載っています。必ず目を通してください。

合格者の声

志望校を決定してすぐ最新1年分の問題を解き，時間や難易度を肌で感じてから今後の学習方針を決めました。まだ十分に実力がついていなくても，自分で問題を解いてみることで発見することはたくさんあります。　（Hさん／国立大合格）

STEP 2　自分の実力を知り，対策を立てる

過去問を解くことで，今の自分に足りない力や苦手な分野などが見えてくるはずです。本番で合格点を取るためには，こうした弱点をなくしていくのが近道です。過去問を指針にして，何をどんな方法で強化すればよいかを考え，具体的な学習計画を立てましょう。「傾向と対策」のアドバイスも参考にしてください。学習が進んだら，過去問を再び解いて学習の成果を確認するとともに，学習計画を修正していきましょう。

合格者の声

解き終えた後，大問ごとに感想を書き出してみると志望校との距離感がつかめます。しばらくしてから解き直す際にも，その時の感想を見ることで自分の成長を実感することができ，やる気につながります。　（T さん／国立大合格）

STEP 3　実戦演習を重ねる

実力がついてきたら，試験時間に合わせて実戦演習を行うことが有効です。その際，大問ごとの時間配分や解く順番など，本番で実力を最大限に発揮するための作戦を考えておきましょう。問題を解き終えたら，答え合わせをするだけでなく，足りない知識を補強したり，よりよい解き方を研究したりするなどして，さらなる実力アップを図ってください。繰り返し解いて出題形式に慣れることも大切です。

合格者の声

望ましい時間配分は人によって違うので，演習を重ねて，どの時間配分だとやりやすいか研究するべき。　（O さん／私立大合格）

目　次

問題編＆解答編

（　）内は解答頁

2021年度

2021年度　一般選抜（学部学科試験・共通テスト併用型）学部学科試験　サンプル問題

2020年度

■推薦入試（公募制）

■一般入試（学科別）

2019年度

■推薦入試（公募制）

■一般入試（学科別）

●掲載内容についてのお断り

- 上智大学では，2021 年度の一般選抜において，大きな入試の変更が実施されました。本書では，2021 年度の問題のほか，一般選抜（学部学科試験・共通テスト併用型）について，大学が発表したサンプル問題と，2020 年度以前の一般入試（学科別）のうち，新制度でも参考となる科目の過去問（経営学科の英語および経済学科・経営学科の数学）を掲載しています。
- 推薦入試（公募制）のうち，2020 年度の法律学科，2019 年度の国際関係法学科は，問題非公表のため掲載していません。
- 著作権の都合上，下記の問題および全訳を省略しています。

2021 年度：一般選抜　経済学部「英語」大問4

2020 年度：一般入試（学科別）「英語」大問6 7

2019 年度：一般入試（学科別）「英語」大問2

University Guide

大学情報

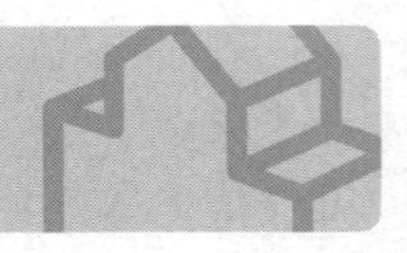

大学の基本情報

沿革

1913（大正 2）	専門学校令による上智大学の開校。哲学科，独逸文学科，商科を置く
1928（昭和 3）	大学令による大学として新発足
1948（昭和 23）	新制大学として発足。文学部，経済学部を設置
1957（昭和 32）	法学部を設置
1958（昭和 33）	神学部，外国語学部を設置
1962（昭和 37）	理工学部を設置
1973（昭和 48）	上智短期大学開設
1987（昭和 62）	比較文化学部を設置
2005（平成 17）	文学部（教育学科，心理学科，社会学科，社会福祉学科）を総合人間科学部に改組
2006（平成 18）	比較文化学部を国際教養学部に改組
2013（平成 25）	創立 100 周年
2014（平成 26）	総合グローバル学部を設置

エンブレム

エンブレムの鷲は「真理の光」を目指して力強く羽ばたく鷲をかたどったもので，その姿は上智大学の本質と理想とを表している。中央にしるされた文字は，本学の標語「真理の光」，ラテン語で Lux Veritatis の頭文字である。

「真理の光」を目指して力強く羽ばたく鷲のシンボルに，学生が優れた知恵を身につけて，よりよい未来を拓いてほしいという上智大学の願いが込められています。

学部・学科の構成

大　学

神学部

神学科

文学部

哲学科，史学科，国文学科，英文学科，ドイツ文学科，フランス文学科，新聞学科

総合人間科学部

教育学科，心理学科，社会学科，社会福祉学科，看護学科

法学部

法律学科，国際関係法学科，地球環境法学科

経済学部

経済学科，経営学科

外国語学部

英語学科，ドイツ語学科，フランス語学科，イスパニア語学科，ロシア語学科，ポルトガル語学科

総合グローバル学部

総合グローバル学科

国際教養学部

国際教養学科

理工学部

物質生命理工学科，機能創造理工学科，情報理工学科

大学院

神学研究科／文学研究科／実践宗教学研究科／総合人間科学研究科／法学研究科・法科大学院／経済学研究科／言語科学研究科／グローバル・スタディーズ研究科／理工学研究科／地球環境学研究科

大学所在地

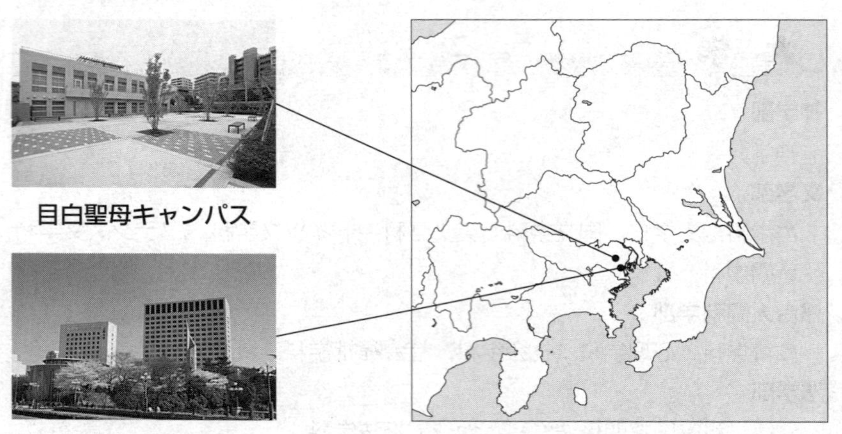

目白聖母キャンパス

四谷キャンパス

四谷キャンパス　〒102-8554　東京都千代田区紀尾井町 7－1
目白聖母キャンパス　〒161-8550　東京都新宿区下落合 4-16-11

アドミッション・ポリシー

大学より公表されているアドミッション・ポリシー（入学者受け入れの方針）を以下に示します。学部・学科ごとのアドミッション・ポリシーは大学ウェブサイト等を参照してください。

大学全体のアドミッション・ポリシー

本学は，カトリシズムの精神を基盤に，次の４つを柱とする人材養成を教育の目標としており，それらを高めたいと望む学生を受け入れます。

1．キリスト教ヒューマニズム精神の涵養
　本学の建学の理念であるキリスト教ヒューマニズムに触れてこれを理解すること，他者や社会に奉仕する中で自己の人格を陶冶すること，真理の探究と真の自由を得るために自らを高めること。

2．他者に仕えるリーダーシップの涵養
　他者のために，他者とともに生きる精神―“Men and Women for Others, with Others”―を育むこと，社会から受ける恩恵を自覚し，それにともなう責任感を抱くこと，リーダーシップに必要な基礎能力を培うこと。

3．グローバル・コンピテンシーの養成
　グローバル・イシューへの関心を抱くこと，複数の言語でコミュニケーションできること，さまざまな文化の違いを理解し，その違いを肯定的に受け止め，それらのかけ橋となれること。

4．幅広い教養と専門分野の知識・能力の修得
　幅広い教養やコミュニケーション能力など社会人としての基礎能力，専攻する学問分野における専門的知識・能力を修得すること。

上記を学力の３要素に対比させると，１・２に関連して，「主体性・対話性・協働性」を高めていこうとする人，３に関連して，「思考力・判断力・表現力」を深めていこうとする人，４に関連して，「知識・教養・技能」の獲得を目指そうとする人を本学は求めています。

各方式におけるアドミッション・ポリシー

一般選抜の各方式で求める学生像は下記のとおり。

TEAP スコア利用型

基礎的な学力（知識・技能）に加えて，高度な文章理解力，論理的思考力，表現力，実践的な英語力（４技能）を備えた入学者を受け入れることを目的としています。

学部学科試験・共通テスト併用型

基礎的な学力（知識・技能）に加えて，高度な文章理解力，論理的思考力，表現力，各学問分野への意欲・適性を備えた入学者を受け入れることを目的としています。

共通テスト利用型

本学独自試験を行わないことで全国の志願者に受験機会を提供するとともに，他方式では設定されていない科目選択を可能にし，多様な入学者を受け入れることを目的としています。

一般選抜の各方式で特に重視する学力の要素は下記のとおり。

区　分	知識・教養・技能	思考力・判断力・表現力	主体性・対話性・協働性
TEAP スコア利用型	○	◎	○（面接該当学科）
学部学科試験・共通テスト併用型	○	◎	○（面接該当学科）
共通テスト利用型	◎	○	○（面接該当学科）

入試データ

一般選抜方式

1．TEAP スコア利用型（全学統一日程入試）

事前に受験した TEAP または TEAP CBT のスコアと，大学独自の教科・科目試験の結果で，総合的に合否判定を行う選抜方式

2．学部学科試験・共通テスト併用型

大学入学共通テスト（任意提出した外国語外部検定試験結果を含む）と，大学独自の学部学科試験の結果で，総合的に合否判定を行う選抜方式

3．共通テスト利用型

大学独自試験は行わず，大学入学共通テストのみで合否判定を行う選抜方式

各方式の特徴

2022 年度 一般選抜方式	大学入学共通テスト利用	外国語外部検定試験利用	大学独自試験実施※3
1　TEAP スコア利用型（全学統一日程入試）	―	◎ ＊TEAP/TEAP CBT スコアを得点化して利用	◎ ＊教科・科目型の試験（記述式を含む）
2　学部学科試験・共通テスト併用型	◎ ※1	○※1 ＊CEFR レベル（A 2 以上）ごとに得点化し，共通テストの外国語の得点に上限付き加点 ＊複数の外国語外部検定試験から選択可能	◎ ＊思考力や学部学科の適性を問う試験（記述式を含む）
3　共通テスト利用型	◎ ※1	― ※1※2	―

※1　文学部英文学科，外国語学部英語学科の選択言語は英語のみとし，ドイツ語・フランス語の大学入学共通テスト科目，および，外部検定試験結果は利用できません。

※2　外国語外部検定試験結果の提出は基本的に不要とします。ただし，CEFR レベル B2 以上の検定試験結果を提出した場合，共通テストの外国語において，みなし得点として利用可能です。

※3　神学部神学科，総合人間科学部心理学科・看護学科では，全方式で面接試験を実施します。2 段階での選抜とし，第 1 次試験合格者のみ第 2 次試験として面接を行い，最終合否判定を行います。

入試状況（志願者数・競争率など）

- 2021 年度のみ掲載。
- 競争率は第 1 次受験者数 ÷ 最終合格者数で算出。

2021 年度 入試状況

一般選抜（TEAP スコア利用型）

（　）内は女子内数

学部・学科		募集人員	志願者数	第1次受験者数	最終合格者数	競争率
神	神	8	32(18)	32(18)	8(7)	4.0
文	哲	14	123(69)	123(69)	32(18)	3.8
	史	20	148(90)	146(90)	51(33)	2.9
	国文	10	97(69)	95(68)	26(22)	3.7
	英文	27	242(183)	241(183)	88(68)	2.7
	ドイツ文	13	98(69)	97(68)	37(29)	2.6
	フランス文	16	102(81)	102(81)	29(22)	3.5
	新聞	20	213(151)	211(150)	27(24)	7.8
総合人間科	教育	18	200(141)	198(139)	57(39)	3.5
	心理	16	120(90)	120(90)	12(10)	10.0
	社会	17	262(185)	261(184)	38(29)	6.9
	社会福祉	16	125(99)	125(99)	28(26)	4.5
	看護	16	56(55)	56(55)	18(18)	3.1
法	法律	45	319(181)	317(180)	84(55)	3.8
	国際関係法	30	236(134)	234(132)	68(44)	3.4
	地球環境法	19	134(79)	133(78)	34(21)	3.9
経済	経済（文系）	40	186(62)	184(60)	62(25)	3.0
	経済（理系）	12	104(28)	102(26)	18(4)	5.7
	経営	25	482(223)	480(222)	81(38)	5.9
外国語	英語	45	346(233)	341(229)	104(73)	3.3
	ドイツ語	16	129(82)	128(81)	48(33)	2.7
	フランス語	18	158(104)	157(103)	52(35)	3.0
	イスパニア語	18	182(118)	181(117)	64(41)	2.8
	ロシア語	15	126(76)	125(76)	62(33)	2.0
	ポルトガル語	15	151(94)	151(94)	73(49)	2.1
総合グローバル		65	714(469)	710(466)	187(130)	3.8
理工	物質生命理工	20	107(41)	103(38)	40(11)	2.6
	機能創造理工	20	100(19)	99(18)	52(10)	1.9
	情報理工	20	120(33)	119(32)	52(15)	2.3
合計		634	5,412(3,276)	5,371(3,246)	1,532(962)	―

（備考）最終合格者数には補欠入学許可者数を含む。

■一般選抜（学部学科試験・共通テスト併用型）

（　）内は女子内数

学部・学科		募集人員	志願者数	第1次受験者数	最終合格者数	競争率
神	神	12	51(29)	49(27)	12(10)	4.1
文	哲	19	234(103)	221(96)	34(18)	6.5
	史	27	440(188)	421(178)	129(66)	3.3
	国文	32	523(356)	505(346)	160(112)	3.2
	英文	37	476(316)	456(304)	176(116)	2.6
	ドイツ文	18	141(84)	135(82)	58(36)	2.3
	フランス文	20	151(100)	145(97)	52(37)	2.8
	新聞	50	413(248)	397(240)	86(62)	4.6
総合人間科	教育	26	508(316)	489(302)	81(61)	6.0
	心理	21	314(205)	296(194)	21(19)	14.1
	社会	25	842(521)	799(500)	108(76)	7.4
	社会福祉	21	166(113)	161(110)	55(45)	2.9
	看護	21	218(211)	202(195)	61(59)	3.3
法	法律	65	916(401)	874(382)	245(130)	3.6
	国際関係法	45	520(255)	503(249)	207(106)	2.4
	地球環境法	30	272(121)	266(118)	89(42)	3.0
経済	経済	73	1,284(324)	1,227(307)	420(85)	2.9
	経営	85	2,718(937)	2,607(911)	504(189)	5.2
外国語	英語	50	604(343)	580(330)	144(80)	4.0
	ドイツ語	21	225(124)	218(120)	101(54)	2.2
	フランス語	25	275(161)	269(159)	103(60)	2.6
	イスパニア語	29	310(195)	302(191)	145(87)	2.1
	ロシア語	20	222(110)	214(106)	140(65)	1.5
	ポルトガル語	20	206(116)	203(114)	129(60)	1.6
総合グローバル		70	1,082(659)	1,034(633)	347(213)	3.0
理工	物質生命理工	40	677(237)	593(208)	285(103)	2.1
	機能創造理工	40	709(111)	627(93)	338(53)	1.9
	情報理工	40	938(194)	845(176)	354(81)	2.4
合計		982	15,435(7,078)	14,638(6,768)	4,584(2,125)	―

（備考）最終合格者数には補欠入学許可者数を含む。

一般選抜（共通テスト利用型）

（ ）内は女子内数

学部・学科		募集人員	志願者数	第１次受験者数	最終合格者数	競争率
神	神	2	18(8)	18(8)	2(0)	9.0
文	哲	3	124(45)	124(45)	13(5)	9.5
	史	3	117(55)	117(55)	19(9)	6.2
	国文	3	80(45)	80(45)	12(7)	6.7
	英文	3	82(45)	82(45)	13(4)	6.3
	ドイツ文	3	36(16)	36(16)	7(1)	5.1
	フランス文	3	37(24)	37(24)	5(2)	7.4
	新聞	3	87(56)	87(56)	16(9)	5.4
総合人間科	教育	3	123(71)	123(71)	8(6)	15.4
	心理	3	91(59)	91(59)	7(6)	13.0
	社会	3	183(113)	183(113)	17(11)	10.8
	社会福祉	3	72(48)	72(48)	12(12)	6.0
	看護	3	69(66)	69(66)	4(4)	17.3
法	法律	5	351(148)	351(148)	40(15)	8.8
	国際関係法	3	161(83)	161(83)	17(10)	9.5
	地球環境法	3	84(40)	84(40)	11(5)	7.6
経済	経済	5	602(160)	602(160)	79(20)	7.6
	経営	20	875(295)	875(295)	90(36)	9.7
外国語	英語	5	142(75)	142(75)	13(8)	10.9
	ドイツ語	3	51(29)	51(29)	9(4)	5.7
	フランス語	3	54(33)	54(33)	7(6)	7.7
	イスパニア語	3	55(31)	55(31)	7(5)	7.9
	ロシア語	3	53(20)	53(20)	10(3)	5.3
	ポルトガル語	3	44(22)	44(22)	9(3)	4.9
総合グローバル		5	317(206)	317(206)	21(14)	15.1
理工	物質生命理工	5	478(217)	478(217)	69(32)	6.9
	機能創造理工	5	441(85)	441(85)	60(11)	7.4
	情報理工	5	596(139)	596(139)	83(23)	7.2
合計		114	5,423(2,234)	5,423(2,234)	660(271)	―

（備考）最終合格者数には補欠入学許可者数を含む。

■推薦入試（公募制）

（　）内は女子内数

学部・学科		募集人員	志願者数	合格者数	競争率
神	神	8	11(　7)	8(　6)	1.4
文	哲	14	18(　10)	12(　7)	1.5
	史	13	33(　22)	18(　12)	1.8
	国文	5	5(　4)	2(　1)	2.5
	英文	20	15(　11)	11(　8)	1.4
	ドイツ文	11	12(　9)	10(　8)	1.2
	フランス文	6	10(　9)	7(　6)	1.4
	新聞	40	93(　83)	34(　30)	2.7
総合人間科	教育	10	37(　32)	8(　6)	4.6
	心理	12	57(　46)	13(　9)	4.4
	社会	12	25(　21)	10(　9)	2.5
	社会福祉	15	26(　20)	15(　12)	1.7
	看護	20	33(　32)	25(　24)	1.3
法	法律	28	75(　47)	44(　31)	1.7
	国際関係法	14	37(　26)	21(　16)	1.8
	地球環境法	11	24(　12)	13(　9)	1.8
経済	経済	24	59(　30)	26(　10)	2.3
	経営	27	84(　56)	22(　14)	3.8
外国語	英語	70	128(　104)	79(　68)	1.6
	ドイツ語	17	23(　19)	20(　17)	1.2
	フランス語	12	17(　15)	10(　9)	1.7
	イスパニア語	10	22(　18)	14(　13)	1.6
	ロシア語	12	5(　3)	4(　2)	1.3
	ポルトガル語	12	7(　5)	3(　2)	2.3
総合グローバル		60	133(　101)	52(　37)	2.6
国際教養		37	78(　51)	39(　30)	2.0
理工	物質生命理工	13	12(　7)	3(　3)	4.0
	機能創造理工	8	13(　3)	6(　1)	2.2
	情報理工	15	22(　10)	5(　2)	4.4
合計		556	1,114(　813)	534(　402)	—

（備考）競争率は志願者数÷合格者数で算出。

一般選抜第 2 次試験合格状況

学部・学科		TEAP スコア利用型			学部学科試験・共通テスト併用型			共通テスト利用型		
		第1次合格者数	第2次受験者数	最終合格者数	第1次合格者数	第2次受験者数	最終合格者数	第1次合格者数	第2次受験者数	最終合格者数
神	神	27	25	8	29	28	12	4	2	2
総合人間科	心理	43	40	12	77	77	21	15	12	7
	看護	24	23	18	127	122	61	10	8	4

（備考）最終合格者数には補欠入学許可者数を含む。

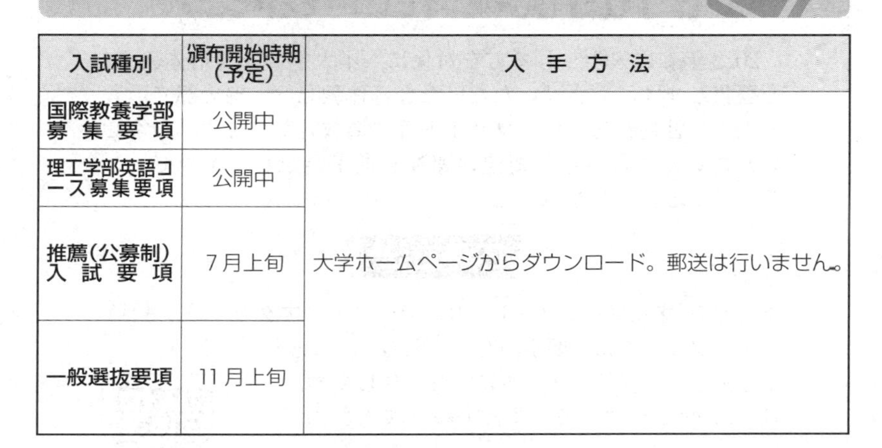

募集要項（出願書類）の入手方法

入試種別	頒布開始時期（予定）	入手方法
国際教養学部募集要項	公開中	大学ホームページからダウンロード。郵送は行いません。
理工学部英語コース募集要項	公開中	
推薦（公募制）入試要項	7月上旬	
一般選抜要項	11月上旬	

問い合わせ先

〒102-8554　東京都千代田区紀尾井町7－1
上智大学　入学センター
TEL　03-3238-3167　　FAX　03-3238-3262
【業務時間】10：00～11：30，12：30～16：00（土・日・祝日は休業）
https://www.sophia.ac.jp/

上智大学のテレメールによる資料請求方法

スマートフォンから　QRコードからアクセスしガイダンスに従ってご請求ください。

パソコンから　教学社 赤本ウェブサイト(akahon.net)から請求できます。

合格体験記 募集

2022年春に入学される方を対象に，本大学の「合格体験記」を募集します。お寄せいただいた合格体験記は，編集部で選考の上，小社刊行物やウェブサイト等に掲載いたします。お寄せいただいた方には小社規定の謝礼を進呈いたしますので，ふるってご応募ください。

応募方法

下記URLまたはQRコードより応募サイトにアクセスできます。
ウェブフォームに必要事項をご記入の上，ご応募ください。
折り返し執筆要領をメールにてお送りします。
(※入学が決まっている一大学のみ応募できます)

⇨ **http://akahon.net/exp/**

応募の締め切り

総合型選抜・学校推薦型選抜	2022年2月23日
私立大学の一般選抜	2022年3月10日
国公立大学の一般選抜	2022年3月25日

受験川柳 募集

応募方法

受験にまつわる川柳を募集します。
入選者には賞品を進呈！　ふるってご応募ください。

http://akahon.net/senryu/ にアクセス！

在学生メッセージ

大学ってどんなところ？ 大学生活ってどんな感じ？
ちょっと気になることを，在学生に聞いてみました。

2020年度 入学者

2020年度に入学した大学1年生の皆さんに，オンライン授業や健康管理などの大学生活についてお聞きしました。

(注) 2020年11月時点でのアンケートです。各大学の新型コロナウイルス感染防止対策については，時期によって変更がありますことをご了承ください。

大学生になったと実感！

まず一つは，自由な時間が増えたということです。履修の組み方は自由自在で，人によっては1年生から丸々授業がない日を作れたりもします。週によって，曜日によってかっちりと科目が決まっている高校と一番違うのはここではないでしょうか。また，学ぶ内容もまったく違います。大学で学ぶ学問は基本的に問いに対する答えがないことが多いです。問いに対して自分の頭で考え，ゼミで仲間と話し合う。これが大学の勉強の基本です。5教科のように覚えて問題に答えるというのはあまりないと思います。(Y. O. さん)

高校とは違い，興味がある授業だけを選択して自分だけの時間割を作ることができることは大学生ならではであると思います。また，リアペ（リアクションペーパー）と呼ばれる感想用紙を毎週提出するたびに大学生になったという実感が湧いてきます。(N. T. さん)

オンライン授業に必要なもの＆大学からのサポート内容は？

まず，当然ですがパソコンがいります。そのためには絶対にWi-Fiが必要で

――メッセージを書いてくれた先輩方――
《総合人間科学部》Y. O. さん 《外国語学部》N. T. さん

す。スマートフォンで受けることも可能ですが画面が小さく集中することができません。新たに用意したものは，コーヒーです。なんせずっと画面に向かっているわけですから眠くなってしまいます。そんなときには，コーヒーが最高です。大学からは無料で Wi-Fi ルーターの貸し出しがありました。しかし，自分はすでに自分の Wi-Fi を持っていたため，借りることはありませんでした。さらに，大学構内に入ることができないため，コンビニで無料で資料を印刷できるサービスも始まっているようです。（Y. O. さん）

オンライン上でディスカッションやグループワークなども行うため，カメラ付きのパソコンが必要になります。また，大学の授業ではインターネット接続が悪いからといって，待ってくれることはありません。そのため，十分な Wi-Fi 環境も重要になってきます。私は，新しく自分用のパソコンを購入しました。大学にはパソコンやポケット Wi-Fi の無料貸し出し制度があります。しかし，台数に限りがあるため，全員が借りられるということではないようです。他には，ネットプリントサービスというものがありました。これは家にプリンターがない人が困らないように，コンビニのプリンターでパソコン上の資料等を無料で紙に印刷できるサービスです。（N. T. さん）

オンライン授業で工夫していることは？

やはり，肩こり対策と視力対策です。何時間も座って画面に向かっているため，とても肩がこり，目も疲れます。だから，授業が１コマ終わったら目をマッサージし，首を回し，肩を揉むようにしています。また，オンデマンド方式の授業については何度も見られるので，わからなかったところは何度も見て復習しています。（Y. O. さん）

自分の部屋を常にきれいに保つようになりました。カメラの背景に自分の部屋の様子が多少写ってしまうため教科書をなげっぱなしにするといったことがなくなりました。また，ずっと同じところに座っていると体が痛くなるので，他の部屋で授業を受けてみたり工夫をしています。（N. T. さん）

オンライン授業でよかったこと

Zoom にはブレイクアウトセッションという機能があり，先生がランダムに学生をいくつかのグループに分けることができます。それによって色々な人と意見を交換し，交流することができて楽しかったです。これは対面だったらいちいち席を移動しなくてはいけないので，オンラインならではなのかと思います。（Y. O. さん）

本来ならば朝早くに起きて学校に行く必要があった１限目の授業はオンラインになって本当に良かったです。５分前に起きても授業に間に合うなんていう体験は，なかなかできないことだと思います。遠隔授業ならではの面白い点としては，先生が海外から授業をしている場合があるということです。夕方の授業なのに，先生のいる国ではまだ朝だったり，不思議な感覚になります。（N. T. さん）

いま「これ」を頑張っています

幼い頃からずっと続けてきたスポーツを大学でも体育会に入り続けています。受験期間，そのスポーツがしたくてずっとうずうずしていたので，いま思う存分できているのが嬉しいです。やっぱり受験勉強は苦しかったですが，終わったらその分，やりたかったことが何倍にも楽しく感じるのでぜひ頑張ってほしいです！（Y. O. さん）

英語と専攻している言語の勉強を頑張っています。気軽に外に出かけられない今だからこそ，家のなかで外国語の本を読んでみたり，外国の映画をじっくりと見てみたり，オンライン英会話レッスンを受けてみたり，普段なら時間が足りなくてできないことをこの機会に楽しんでいます。（N. T. さん）

キャンパスでしたいこと

上智大学は四谷という都心のど真ん中に位置しています。だから，シティボーイらしく，学校帰りに東京駅に行って丸の内の夜景を見たり，新宿や渋谷に寄って遊んだり，ご飯を食べたりしたいです。でも，何より友達と面と向かって話したり授業を受けたり，学食を食べたりしたいです。つまり，早く都会の大学生として大学生活を楽しみたいです！（Y. O. さん）

外国人留学生とたくさん交流したいです。学食でご飯を食べながら，いろいろな国から来た子たちとおしゃべりをするのは私の憧れです。留学生がたくさん在籍する上智大学に入学したからこそできることだと思います。また，空きコマに友達と集まって，みんなと大学周辺でご飯を食べたり，カフェ巡りなどもしてみたいです！（N. T. さん）

健康維持のために

やっぱり一番はどこへいくにもマスクをすることだと思います。あと，当然ですが，帰ってきたら手洗いうがい。それと，健康的な食事としっかりした生活習慣ですね。また，個人的に大切だと思うのが運動です。自分は高校3年間，毎日部活で体を動かしていたこともあってか，一度も風邪をひきませんでしたし，インフルエンザにもかかりませんでした。運動である程度筋肉をつけてウイルスから体を守るのが大切だと思います。（Y.O.さん）

オンライン授業となると家に引きこもりがちになり，ストレスが溜まります。疲れたら，ベランダに出て外の空気を吸うように心掛けています。また気分転換のため，お昼休みにはクッキングをしたりして自分の時間を楽しんでいます。（N.T.さん）

大学の学びで困ったこと＆対処法

問いに対する答えがないことですね。高校までは国語数学理科社会英語と明確な答えがある勉強をやってきたため，勉強をして点数が上がっていくという快感を味わうことができました。しかし，大学の勉強は考えてもそれが正しいのかわからないため，勉強をしている気になりません（笑）。だから，そのような事態に陥ったら高校の勉強に似た勉強をするといいと思います。つまり，答えのある勉強。例えば TOEIC や資格試験の勉強。これらをやるのがいいと思います。将来にも役立つと思います。（Y.O.さん）

専攻している言語の授業では，毎時間小テストがあり，学期末にはまとめのテストも行われます。私はこのテストにとても苦戦しました。しかし，同じ学科の友達とオンライン上で勉強会を開いたりすることで何とか乗り越えることができました。（N.T.さん）

～2019年度 入学者

2019 年度以前のアンケートに基づくものです。新型コロナウイルス感染症が拡大する前のキャンパスライフとしてご参考にしてください。

うちの大学・学生はこんな感じです

上智大学はグローバル化した大学です！ 休み時間には，廊下を歩いているだけで，英語はもちろん，中国語，フランス語など，様々な言語が耳に飛び込んできます。学生の雰囲気は，普段は落ち着いていて和やかです。ソフィア祭のときや浴衣デーは大いに盛り上がります！（A. I. さん）

良くも悪くも，団結とか母校愛とかより，一人で何事もそつなくこなすタイプの人が多いです。でもみんな仲良しで，適度な距離感でお付き合いしています。（齋藤さん）

他の私立大学に比べて人数が少なく，狭く深くといった感じで，一人一人の仲がいいです。みんな基本真面目で勉強熱心ですが，遊ぶときは遊ぶ！といったふうにオンとオフの切り替えがうまい人が多いです。あとは外国人留学生が多く，日本人も留学経験がある人が多い（外国語学部だとほとんど）ので，国際色が豊かで刺激的な毎日を送れます。（K. U. さん）

入学してやっぱりよかった

サークルやクラスで，留学生や帰国子女など，高校では出会わなかったようないろいろな人に出会って，自分の価値観が変わったことです。また，学科やサークルでとことん自分の好きなことを追求できることです。（A. I. さん）

向上心のある友達にたくさん出会えたことです。みんな勉強に対して熱心

———メッセージを書いてくれた先輩方———
《総合人間科学部》A. I. さん 《経済学部》齋藤颯人さん 《外国語学部》K. U. さん

で，わからないことがあったらLINEで聞き合ったりしています。また，学科のテスト前には，図書館のグループ学習室が自分の学科の人だけということがありました。本気で大学で勉強したいと考えていたので有り難いです。（K. U. さん）

これは想像していなかった…

学科やその授業によりますが，出席や授業が思っていたより厳しいです。小テストが毎回あるクラスもあります。学ぶことは，しっかり自分のやりたいことを選ばないと頑張れないと思いました。（A. I. さん）

おしゃれじゃない人も，自分を含めてたくさんいること。みんながみんなおしゃれなわけでもなく，わりとどんな人でも馴染めると思います。（齋藤さん）

「これ」頑張ってます

ずっと心理学を学んでみたかったので，授業は毎回新鮮で，なるほどと思うことがたくさんあります。サークルでやっているダンスも，練習は厳しいけれど，上達したと感じたり，踊り切ったときの達成感を仲間と共有したりすることで最高に充実感を得られます。（A. I. さん）

船や車などの様々な運転免許を含めた資格取得です。時間と体力がある学生時代に一生モノの資格を取っておくといいと思います。（齋藤さん）

イスパニア語（スペイン語）の勉強です。自分の所属するイスパニア語学科は「鬼のイスパ」と呼ばれていて，課題が毎日あり，小テストが週2，中間テストは学期で7，8回あります。それに必死で食らいついて，いい点数を取れたときは本当に嬉しいです。また，友達と文をどうやって解釈するかとか，作文でどの単語を使えばいいかなどを話し合っているときも楽しいです。3年生からはゼミが始まるので，そのときに困らないように今は一生懸命イスパニア語の基礎を叩き込みたいです。（K. U. さん）

大学生になると「ここ」が変わる

すべてのことを自分で決められること。高校までは学校に言われて特に目標もなく受験勉強をイヤイヤやっていましたが，大学に入り，自分で目標を決めることができるようになった今，全力で目標に向かって進むことができます。（齋藤さん）

大学生の日常生活

《K. U. さんのとある１日》

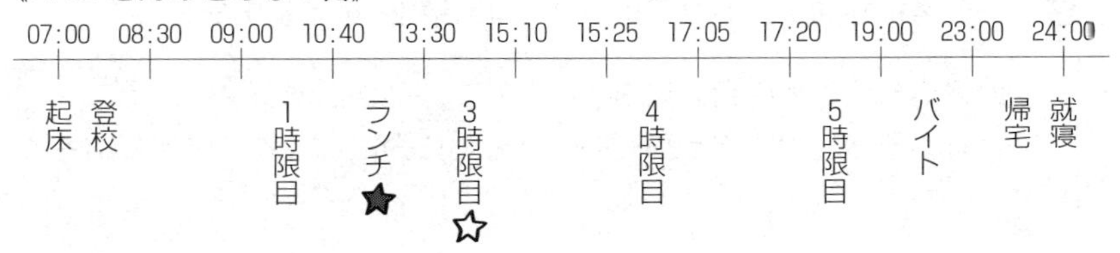

★友達と学食でその日の宿題の確認などをしながら食べる。ときにはお昼寝も。
☆授業のスピードが速いので，少しでも居眠りしたら訳がわからなくなる！

オススメ・お気に入りスポット

☺２号館の 12 階

東京のビル群を一望できる素晴らしい眺めが楽しめます。ほとんどの学生は来ない穴場スポットです。（齋藤さん）

☺部室

居心地のいい部室。サークルのメンバーと遊んだりおしゃべりしたり，疲れたときは昼寝したり，一番長い時間を過ごしています。（齋藤さん）

☺図書館

ラウンジは，おしゃべりしながら勉強できるスペース。そこに行けば学科の友達が誰かしらいるので，勉強の相談とかができます。（K. U. さん）

☺東京ハラルデリ＆カフェ

ムスリムの方の食事に対応したカフェが大学内にあります。ムスリムの方が食べてはいけない食材は全く使わないで，食事を提供するカフェです。（K. U. さん）

合格体験記

みごと合格を手にした先輩に，入試突破のためのカギを伺いました。入試までの限られた時間を有効に活用するために，ぜひ役立ててください。

（注）ここでの内容は，先輩が受験された当時のものです。2022 年度入試では当てはまらないこともありますのでご注意ください。

アドバイスをお寄せいただいた先輩

Y. S. さん　法学部（国際関係法学科）
一般選抜共通テスト併用型 2021 年度合格，東京都出身

自分の選んだ答えに自信をもつことです。勉強が思うように進まない時期もあるかと思いますが，努力は確実に力になっています。応援しています！

その他の合格大学　中央大（総合政策〈共通テスト利用〉）

入試なんでもQ＆A

受験生のみなさんからよく寄せられる，入試に関する疑問・質問に答えていただきました。

Q「赤本」の効果的な使い方を教えてください。

A　夏休み頃に問題形式の確認に使用し，秋からは本格的に解いていました。受験は戦略を立てることがとても重要なため，解くだけでなく問題を研究するのに赤本を使用するといいと思います。同じ大学でも学部ごとに問題形式が違うこともありますし，科目によっては多く出題される分野がわかることもあります。実際に解いた後は必ず答え合わせをし，間違った問題はなぜ自分ができなかったのか振り返る時間を取ってください。自分の苦手分野を確認し，取り組むことが後の合格に繋がると思います。

Q１年間の学習スケジュールはどのようなものでしたか？

A　４月から８月はとにかく基礎事項の理解と暗記を徹底しました。英語は文法，世界史は流れを掴むことなどに主な時間をあてました。夏休みには志望大学の過去問を確認し，解くのではなく形式の確認をしました。９月からは問題演習をメインに行い，時間がかかってもいいのでとにかく演習に慣れることを意識しました。12月に入ってからは共通テストの対策を本格的に行いました。また，この時期はもう一度苦手科目の復習も行いました。

Q　苦手な科目はどのように克服しましたか？

A　私は世界史が苦手だったため，４月から直前期までずっと重点を置いて勉強していました。学校や塾などでは「知識のインプットは夏まで」と言われるかもしれませんが，私には苦手教科を最後まで続けることが合っていたと思います。１年を通して塾のテキストを活用し，共通テスト直前はもう一度基礎の確認として教科書と一問一答の問題集を活用しました。最後までインプットを続けたおかげで本番で過去最高点を取ることができたため，自分に合わせた勉強法を見つけることが重要だと思います。

Q　スランプはありましたか？

A　私は秋あたりに成績が伸びず，モチベーションが落ちてしまったことがありました。そのときは「ペースが落ちてしまってもいいので，少しずつでも勉強しよう」と思い，小目標を立てて勉強していました。ずっと受験勉強をしているとどうしても疲れてしまったり，やる気の出ない日があると思います。そういう日は普段より勉強時間が少なくなっても構わないので，少しずつ勉強を進めてください。その日その日で目標を立てると，モチベーションの維持に繋がると思います。

Q　併願する大学を決める上で重視したことは何ですか？

A　チャレンジ校，実力相応校，安全校をバランスよく組み合わせて受験計画を立てました。また，受験日程が３日連続以上にならないようにしました。何日か連続して受験をすると，移動や緊張などで事前に考えていたよりも疲れます。そのため，なるべく３日以上の受験は避けるべきだと思います。私の場合は塾のスタッフと相談して受験校を決めたため，１人で決めるのではなく塾や学校の先生方に相談するといいと思います。

Q 試験当日の試験場の雰囲気はどのようなものでしたか？

A　上智大学は受験日程が2月前半なので私立大受験が初めての人が多く，受験生も緊張していたと思います。緊張感に慣れるため，事前に1校受験するといいと思います。また，私は一番後ろの席だったため，試験監督が常に後ろにおり，さらに緊張感がありました（笑）。上智大は四ツ谷駅の目の前なので迷うことはありませんが，試験開始時間の少なくとも30分前には入室する必要があり，諸注意が始まったため，気をつけてください。

Q 普段の生活のなかで気をつけていたことを教えてください。

A　一番大事なのは，生活リズムを崩さないことだと思います。受験直前期は学校や塾の授業がなくなってつい夜更かしをしてしまったり，朝早く起きられなくなりがちです。その習慣が続くと受験当日のコンディションが優れないことになってしまうため，特に直前期は注意してください。また，試験前日は十分な睡眠時間を取ることも必要です。睡眠時間が短いと試験に集中できなくなってしまうため，必ず前日は早く寝ましょう。

Q 受験生へアドバイスをお願いします。

A　上智大を志望する受験生には外国語外部検定試験の受験をお勧めします。一般選抜共通テスト併用型ではスコア提出で共通テストの外国語の点数に最大30点分の加点があります。スコアの提出は任意ですが，あればアドバンテージになり，他の受験生に一歩差をつけられると思います。外国語の検定は年に数回行われているため，自分の納得する点数が取れるまでチャレンジするのもアリだと思います。また，上智大以外にも検定試験のスコアを活用できる大学はたくさんあるので，他の受験校の決定にも役立つと思います。

科目別攻略アドバイス

みごと入試を突破された先輩に，独自の攻略法やおすすめの参考書・問題集を紹介していただきました。

■社会（国際関係や環境問題を含む）と法・政治に関する試験（基礎学力や思考力を問うもの）

現代文を正確に読める力が重要だと思います。演習で現代文を読む際は構造を意識して読むようにしましょう。問題形式が独特なので，参考にするのは赤本（過去問）だけでいいと思います。

Trend & Steps

傾向と対策

（注）「傾向と対策」で示している，出題科目・出題範囲・試験時間等については，2021 年度までに実施された入試の内容に基づいています。2022 年度入試の選抜方法については，各大学が発表する学生募集要項等を必ずご確認ください。

また，新型コロナウイルスの感染拡大の状況によっては，募集時期や選抜方法が変更される可能性もあります。各大学のホームページで最新の情報をご確認ください。

＊　＊　＊

☆印は全問マークセンス法，★印は一部マークセンス法採用であることを表す。

■学校推薦型選抜 推薦入試（公募制）

法学部

▶法律学科：社会と法に関する設問を含む小論文

年度	内　容
2021	マスコミの現状と問題点 要約・意見論述（800 字）
2019	「東京都オリンピック憲章にうたわれる人権尊重の理念の実現を目指す条例」に関して 意見論述（800 字）

（注） 2020 年度は問題非公表。

▶国際関係法学科：国際関係に関する小論文

年度	内　容
2021	寛大な移民政策と寛大な福祉国家の両立 内容説明・意見論述（800 字）
2020	国際政治における平和とリアリズム ⑴要約（200 字） ⑵意見論述（⑴・⑵合わせて 800 字）

（注） 2019 年度は問題非公表。

▶地球環境法学科：社会（環境問題を含む）と法に関する小論文

年度	内　　　　容
2021	少数の高齢者のみが住む集落に繋がる橋 　意見論述（800字）
2020	歩きスマホは罰則付きで規制されるべきか 　意見論述（800字）
2019	持続可能な観光とは何か 　意見論述（800字）

傾向　各学科の専攻内容に即した出題

●法律学科：社会と法に関する設問を含む小論文

試験時間は60分。例年，800字の意見論述が出題されており，2021年度は要約も求められている。課題文読解型の小論文で，テーマに，2021年度はマスコミについて，2019年度は人権の尊重についてであった。

●国際関係法学科：国際関係に関する小論文

試験時間は60分で，課題文読解型の小論文が1題出題されている。例年，800字の意見論述で，課題文の要約や内容説明も求められている。課題文は，軍事面や政策面からの国際関係に関する文章であることが多く，学科の専門性に即した内容である。課題文の分量は問題用紙1枚分程度で，それほど多くはない。

●地球環境法学科：社会（環境問題を含む）と法に関する小論文

試験時間は60分で，800字の意見論述が求められている。テーマ型の出題で，法学的な視点と環境への問題意識が問われる出題が続いている。近年の出題傾向としては，単純な法的規制がなじまない問題にどう切り込むかが問われることが多い。

対策

1　専攻内容に関する知識・理解

いずれの学科も，専攻に即した内容の課題文やテーマが出題されている。法・政治，国際関係，環境問題について高い問題意識をもち，それらの時事的なトピックを把握しておく必要がある。日頃から公民系科目の教科書や資料集に加えて新聞，新書などに親しみ，論点やキーワードを整理したり，得た情報を自分なりに意味付けたりする習慣を身につけたい。その問題に対してどのような規制がありうるか，また法令によって厳しく規制すること以外の方策はないのか，と考える訓練をしておくとよい。一般選抜の問題のリード文にも目を通しておこう。

2 論述力の養成

いずれの学科でも800字の意見論述が求められている。しっかりと構成をまとめて60分で書くのには一定の訓練が必要であり，時間をかけてコツコツと練習を重ねていこう。他大学の過去問からテーマの近いものを選んで取り組んでみるのもよいだろう。

また，法律学科・国際関係法学科では，意見論述とあわせて課題文の要約や内容説明が求められている。新聞の論説記事や新書などから短めの文章を選んで，要約の練習を積んでおきたい。

なお，模範解答や添削結果を見て感じるところがあれば，改めて自分の答案を作り直してみよう。これを繰り返していけば，試験時間内にしっかりとした構成の答案を作れるようになるだろう。じっくりと取り組んでいくことが肝要である。

経済学部

▶経済学科：数学の基礎に関する理解力，思考力を問う試問

年度	番号	項　目	内　容
2021	〔1〕	確　率	さいころを2個同時に投げる試行に関する確率
	〔2〕	小問2問	(1)定積分を含む等式　(2)3次関数のグラフ　⇨図示
	〔3〕	小問4問	(1)三角関数　(2)指数・対数　(3)データの分析　(4)数列
2020	〔1〕	確　率	条件付き確率（原因の確率）
	〔2〕	微・積分法	接線，グラフと方程式の解，面積　⇨図示
	〔3〕	小問3問	(1)恒等式　(2)対数　(3)ベクトルの終点の存在範囲
2019	〔1〕	小問3問	(1)式の値の計算　(2)恒等式　(3)数列の和の計算
	〔2〕	微・積分法	定積分で表された関数　⇨図示
	〔3〕	確　率	取り出した玉の色の確率

▶経営学科：産業社会に関する理解力と思考力を問う試験（英語を含む）

年度	番号	内　容
2021	〔1〕	内集団ひいきと共感 (1)書き取り　(2)内容説明　(3)内容説明（80字）　(4)内容説明
	〔2〕	アメリカの暗闇の中の一筋の光　＜英文＞ (1)共通語による空所補充　(2)内容説明　(3)空所補充　(4)文整序
	〔3〕	データの分析に関する正誤判定　＜数学＞
	〔4〕	共分散，相関係数とその性質　＜数学＞
2020	〔1〕	AI解析の限界 (1)書き取り　(2)調査事例の分類　(3)内容説明　(4)内容説明（50字）
	〔2〕	AI開発推進のために企業に求められること　＜英文＞ (1)段落整序　(2)内容説明　(3)・(4)空所補充
	〔3〕	需要量が確率的に決まる場合の利益の期待値　＜数学＞
2019	〔1〕	経営戦略の要としての「立地替え」 (1)書き取り　(2)〜(5)内容説明
	〔2〕	企業が災難に見舞われる2つの原因　＜英文＞ (1)空所補充　(2)・(3)内容説明　(4)空所補充
	〔3〕	総生産量と総費用の関係　＜数学＞

傾向　経済学科は数学のみ　経営学科は日本文・英文の読解と数学を含む

●経済学科：数学の基礎に関する理解力，思考力を問う試問

試験時間は60分。例年，大問3題の出題で，3題のうち1～2題は2～4問の小問集合となっている。大問については，「数学Ⅱ」の微・積分法と「数学A」の確率からの出題が多い。いずれも小問が後に続く設問の誘導となっている。煩雑な計算はほとんどなく，教科書レベルの計算問題を中心に出題されている。

●経営学科：産業社会に関する理解力と思考力を問う試験（英語を含む）

試験時間は90分で，例年大問3～4題が出題されており，〔1〕が日本文の読解，〔2〕が英文の読解，〔3〕〔4〕は数学的な内容で，「総合問題」的な出題となっている。

〔1〕は，日本文の読解問題で，漢字の書き取り，内容説明を中心とする構成である。内容説明の記述量はそれほど多くないが，限られた時間で簡潔にまとめる力が求められる。2020年度は50字程度，2021年度は80字以内の字数制限のある問題が1問出題された。

〔2〕は，英文の読解問題で，設問形式は空所補充や内容説明が中心である。空所補充は英文中の語句を補うものや段落の見出しを完成させるものがあるが，2021年度は本文中にある4カ所の空所に共通の1語を入れさせるものと，1カ所の空所に選択肢から選ばせるものから構成されていた。2021年度の内容説明は2020年度と異なり選択式で，The sky is truly the limit. というやや難しい表現が問われた。また，2020年度は段落の，2021年度は文の整序問題が出された。4つの段落または文を自ら並べないといけないので，比較的差がつきやすい設問形式だと思われる。

〔3〕〔4〕は，経済・経営に関する数学的な問題やデータの分析に関する問題を中心に出題されている。

対策

1　経済学科の数学対策

教科書レベルの基本的な計算を中心に，正確な処理ができるようにし

ておけば十分である。教科書をよく読み，基本事項をしっかり理解した上で，定理や公式を正しく適用する練習をしておくとよい。微・積分法や確率など，頻出の分野は特に重点的に対策をしておこう。

2　経営学科の総合問題対策

経営学科は国語力・英語力・数学力を問う「総合問題」的な出題となっている。

日本文の読解は，例年，アカデミックな視点で書かれたビジネス書籍から課題文が出題されている。新聞やビジネス系の新書などを積極的に読んで知識を蓄え，あわせて要約してみると理解が深まり，内容説明の練習にもなる。2021年度に「認知科学」がテーマとなったように，心理学など，経営学の周辺領域も意識したい。漢字の出題も多く，十分な対策が必要である。

英文の読解は，英文のレベルは標準からやや難程度だと言えるので，通常の語彙，文法，読解対策で十分対応できると思われる。テーマはビジネス関連を含めた時事的なものが多い。2020年度は人工知能，2021年度は近年アメリカで抗議活動の盛り上がった人種差別と性差別がテーマであった。普段から時事問題に関心を持ち，こうしたテーマの英文に多く触れておくことが対策の基本である。段落や文の整序問題が苦手な受験生は，なるべく類似の問題をたくさん解くことによって，接続詞や指示語などの手がかりをしっかり分析する力を身につけよう。

数学では，経済・経営にまつわるテーマをもとに高校数学を利用する問題に対応しなければならない。問題文から，何を目的にどのような手段で数理的に考えていこうとしているのか，出題意図を正しく汲み取って論理的に記述することが求められる。「数学Ⅰ」のデータの分析，「数学Ⅱ」の領域内での最大・最小や微・積分法，「数学Ａ」の確率，「数学Ｂ」の数列などは，経済・経営に直結するテーマが多いため，重点的に学習しておくとよい。さらに，発展的な題材や経済的な話題に日頃から積極的に触れておくことが望ましい。

■一般選抜（学部学科試験・共通テスト併用型）

法学部

▶社会（国際関係や環境問題を含む）と法・政治に関する試験（基礎学力や思考力を問うもの）

年度	内　　容
★ 2021	法学とは何か (1)書き取り　(2)(3)内容説明　(4)内容説明（50字）　(5)〜(7)空所補充　(8)内容真偽
サンプル	君主制について (1)〜(4)空所補充　(5)箇所指摘　(6)内容真偽　(7)論述（100字）

傾 向　論理性を重視した読解問題　社会や法・政治に関する興味・関心を問う

1 出題形式は？

2021年度の法学部の学部学科試験では，学部共通試験として「社会（国際関係や環境問題を含む）と法・政治に関する試験（基礎学力や思考力を問うもの）」が試験時間75分で実施された。大問1題，小問8問で，課題文を読んで問いに答える国語的な形式の出題であった。解答形式はマークセンス法による選択式と記述式の併用で，選択式は空所補充や内容真偽，記述式は空所補充や内容説明（50字）であった。

大学より前年に発表されたサンプル問題は，大問1題，小問7問分で，課題文を読んで問いに答える国語的な形式の出題が中心であったが，一部に社会科的な知識を前提とする問題もあった。解答形式は選択式と記述式の併用で，選択式は空所補充や内容真偽，記述式は空所補充，箇所指摘（50字），社会科の知識を必要とする論述（100字）であった。

2 出題内容はどうか？

問題のタイトルの通り，社会や法・政治にまつわる文章からの出題であり，サンプル問題は国の統治制度に関する内容，2021年度は，法学に関する内容であった。前述の通り，国語的な設問が中心であるが，本文の内容を踏まえた上で，大日本帝国憲法下の国家形態を説明したり，三権分立の本質を問うものなど，社会科の知識を要するものもあり，「総合問題」的な出題となっている。

3 難易度は？

サンプル問題は大問1題分で，特別に難しい設問は含まれていなかった。2021年度はサンプル問題よりも課題文の文章がかなり長くなり，設問自体は文章を丁寧に読んでいけば解くのにそれほど苦労はしないと思われるが，文章量に圧倒された受験生も多かったのではないかと思われる。

対　策

1 課題文の正確かつ論理的な読解

設問のほとんどが，課題文の内容の正確かつ論理的な読解を前提とするものである点を踏まえれば，まずはしっかりとした国語力をつけることが前提となる。日頃から論理性の高い評論文を読みこなす訓練が必須である。

2 「社会と法・政治」に関する知識・教養

本文で説明されていない，社会科的な知識・教養を前提とした設問があることから，特に「社会と法・政治」の分野について，日頃から興味・関心を持ち，歴史や公民の授業はもとより，関連する新書等も読んで，得られた知識などをしっかり身につけるよう心がけておきたい。

また，法学部の推薦入試（公募制）では，いずれの学科も800字の小論文が出題されている。一般選抜とは出題形式は異なるが，法律学科は「社会と法に関する設問を含む小論文」，国際関係法学科は「国際関係に関する小論文」，地球環境法学科は「社会（環境問題を含む）と法に関する小論文」となっており，課題文として出題されているテーマには目を通しておくとよいだろう。

経済学部

〈経済学科〉〈経営学科-数学選択〉

▶経済学科・経営学科：数学

年度	学科	番号	項目	内容
★ 2021		〔1〕	小問4問	(1)倍数の個数　(2)円周上の点と三角形の面積の最大値　(3)対数の２変数関数の最小値　(4)三角関数の２次不等式の成立条件
		〔2〕	確率，数列	確率の漸化式と一般項
		〔3〕	積分法	２つの放物線で囲まれた図形の面積
サンプル		〔1〕	小問3問	(1)剰余定理　(2)等比数列，常用対数　(3)条件付き確率　(2019年度２月４日実施分〔１〕に同じ)
		〔2〕	数列	帰納的に定義された数列の剰余 (2015年度２月４日実施分〔２〕に同じ)
		〔3〕	２次関数，積分法	２つのグラフが共有する点の個数，囲まれる図形の面積　(2016年度２月７日実施分〔３〕を改題)
☆ 2020	経済	〔1〕	小問2問	(1)１次不定方程式の整数解　(2)対数の大小関係
		〔2〕	図形の性質	立方体の断面・面積・周の長さ
		〔3〕	積分法	２次関数の最小値，定積分
	経営	〔1〕	小問2問	(1)確率の計算　(2)空間の平面と直線の位置関係
		〔2〕	ベクトル	平面ベクトルの集合
		〔3〕	図形と方程式，微・積分法	漸化式で表される座標平面上の点，直線と曲線で囲まれた図形の面積
☆ 2019	経済	〔1〕	小問3問	(1)剰余定理　(2)等比数列，常用対数　(3)条件付き確率
		〔2〕	微分法	２変数の３次関数の最大値
		〔3〕	ベクトル，図形の性質	空間ベクトルの図形への応用，空間図形，立体の体積
	経営	〔1〕	小問3問	(1)ユークリッドの互除法　(2)３次関数の極値　(3)確率
		〔2〕	微・積分法	放物線に囲まれる部分の面積，２つの放物線の共通接線
		〔3〕	ベクトル	平面ベクトル

傾　向　相当の数学的思考力を要求する出題 計算力の充実も必要不可欠

1　出題形式は？

2021 年度の学部学科試験・共通テスト併用型では経済学部経済学科で数学が必須，経営学科で英語か数学の選択となり，試験時間は 75 分となった。出題数は大問 3 題，2021 年度とサンプル問題は一部が記述式であるが，ほぼマークセンス法で，問題文中の空所を補充するものがほとんどであり，大部分は 2020 年度以前の形式を受け継いでいる。

各空所は 1 桁の整数とは限らず，符号を含めた 2 桁以上の整数が入ることもある。各位に該当する数値をマークするのだが，解答が 1 桁の場合も 10 の位に 0 をマークすることになっている。また，符号欄には，解答が負数の場合のみ－（マイナス）にマークする。さらに，与えられた選択肢の中から適当なものを選ぶ形式もある。問題冊子にはマークの仕方についての注意が記載されているので，しっかり読んでから解答を始めること。

2　出題内容はどうか？

出題範囲は，「数学Ⅰ・Ⅱ・A・B（数列・ベクトル）」である。

例年，〔1〕が小問 2 ～ 4 問，〔2〕〔3〕が分野別の大問となっており分野別の大問では，ベクトルや図形と方程式，図形の性質の分野などの図形に関する問題や，微・積分法に関する問題が多く出題されている。図形と方程式に関する問題については，微・積分法の接線や面積との融合形式となる出題もある。小問集合では幅広い分野から出題されているが，特に確率は頻出である。いずれの問題も相当の数学的思考力・計算力が要求されているといえる。

3　難易度は？

数学的な思考力・洞察力を必要とする問題が出題されている。計算も複雑になる場合が多く，文系志望の受験生にとっては全問完答することは非常に難しいと思われる。ただ，各大問には，たいてい比較的容易に答えることができる小問が数問出題されているので，ここで確実に得点できるようにしておきたい。

対策

❶ 基礎事項の理解と公式の活用

基礎力の充実がなければ解けない問題ばかりである。定理や公式はただ覚えているだけでなく，自由自在に駆使できることが必要である。そのためには，まず教科書に載っている基本公式や定理を整理して，基本事項の徹底理解を図ること。次に，教科書の例題と教科書傍用の問題集を繰り返し解いて基礎学力を確実にすること。また，参考書には，教科書に記載されていないが利用すると便利な公式や考え方が多く載っている。これらの公式や考え方も確実に身につけておく必要がある。

❷ 種々の解法パターンの習熟

いくつかの解法パターンを組み合わせて解答できる問題が多い。参考書などに載っている解法パターンを確実に身につける必要がある。繰り返し問題を解き，参考書に載っている例題はすべて解けるようにしたい。

❸ 実戦力と計算力の向上

どれも標準以上の難度の問題であるので，同レベルの入試問題を多く解き実戦力をつけること。また，マークセンス法では，計算ミスは致命的である。確かな計算力をつけることも心がけなければならない。さらに，2021 年度やサンプル問題では記述式問題も出題されているので，解いた問題は答え合わせに終始せず解答・解説をよく読み，図形の対称性や式の対称性を利用した，より簡略化した計算方法や解答の記述の仕方の研究も心がけたい。

❹ 過去問の研究

2020 年度以前の問題も十分に参考となる。他学科のものも含めて過去問の研究をし，出題形式や解答形式に十分慣れることが大切である。さらに，頻出問題は確実に解けるようにすること。特に，ベクトルや図形と方程式，微・積分法，確率は重点的に学習しておきたい。

経済学部

〈経営学科-英語選択〉

▶経営学科：英語

年度	番号	項　目	内　容
★ 2021	〔1〕	会話文	内容説明
	〔2〕	文法・語彙	誤り指摘
	〔3〕	読解	内容説明，内容真偽
	〔4〕	会話文	内容説明，同意表現
	〔5〕	読解	空所補充
	〔6〕	読解	空所補充（スペリング，語形変化）
サンプル	〔1〕	会話文	空所補充　(2018年度2月4日実施分〔1〕を改題)
	〔2〕	読解	内容説明　(2018年度2月9日実施分〔5〕に同じ)
	〔3〕	文法・語彙	誤り指摘・訂正　(2015年度2月9日実施分〔1〕を改題)
	〔4〕	読解	空所補充　(2019年度2月4日実施分〔2〕に同じ)
	〔5〕	読解	内容説明，主題　(2017年度2月9日実施分〔3〕に同じ)
☆ 2020	〔1〕	読解	空所補充
	〔2〕	読解	空所補充
	〔3〕	読解	段落の主題，内容説明，空所補充，同意表現，主題
	〔4〕	読解	内容説明，空所補充，同意表現，内容真偽
	〔5〕	読解	同意表現，空所補充，内容説明，内容真偽
	〔6〕	会話文	内容説明，空所補充
	〔7〕	読解	空所補充，内容説明，同意表現
	〔8〕	読解	空所補充，内容真偽，同意表現，内容説明
☆ 2019	〔1〕	読解	空所補充
	〔2〕	会話文	内容説明
	〔3〕	読解	内容説明
	〔4〕	読解	空所補充
	〔5〕	文法・語彙	誤り指摘
	〔6〕	会話文	空所補充
	〔7〕	読解	内容説明
	〔8〕	読解	空所補充

▶読解英文の主題

年度	番号	主　　　　題	語　数
2021	〔1〕	遅刻に罰金を科した結果	約 800 語
	〔3〕	言語再生プログラムの効用	約 800 語
	〔4〕	ジェーンとバーバラの友情	約 550 語
	〔5〕	日本のコロナ対策への評価	約 500 語
	〔6〕	新幹線が日本経済に与える影響力	約 500 語
サンプル	〔2〕	家庭の固定電話から子供が学ぶもの	約 520 語
	〔4〕	在宅パパの写真集	約 240 語
	〔5〕	政府が超過労働を減らそうと試みる	約 660 語
2020	〔1〕	スタンダート氏に仕事をもらいに行ったベン＝カーソン	約 290 語
	〔2〕	日本の大学生の就活事情	約 340 語
	〔3〕	貧困問題の最も効率的な解決策	約 560 語
	〔4〕	コーパス言語学者の思い	約 500 語
	〔5〕	マイクロプラスチックによる環境汚染	約 540 語
	〔7〕	プレッシャーに苦しむアメリカの高校生	約 510 語
	〔8〕	第二言語学習のあるべき目標	約 350 語
2019	〔1〕	進学先について迷う生徒へのアドバイス	約 530 語
	〔3〕	ハワイの人々とアロハスピリット	約 650 語
	〔4〕	三島由紀夫作品と現代性	約 460 語
	〔7〕	音感がよければ素晴らしい音楽家になれるのか	約 380 語
	〔8〕	アメリカ人は口で，日本人は目で感情を語る	約 360 語

傾　向　時間配分を考え，標準問題で得点を積み重ねよう

1　出題形式は？

2021 年度の学部学科試験・共通テスト併用型では，経済学部経営学科の学部学科試験が英語か数学の選択となり，試験時間は 75 分となった。大問数は 6 題，解答個数は 50 個。〔6〕の英単語の記述問題 10 問以外はすべてマークセンス法となっている。

大学より前年に発表されたサンプル問題は，大問数は 5 題，解答個数は 50 個であった。従来の一般入試の英語の過去問と同じまたは改題したものであり，〔3〕のみが間違いのあるものを指摘・訂正する選択・記述式で，それ以外の大問はすべて選択式であった。内容説明の設問文・選択肢はすべて英文であった。

2020 年度までの一般入試は，試験時間 90 分で，大問数は 8 題，解答

個数は75個であった。全問マークセンス法で，内容説明の設問文・選択肢はすべて英文であった。

2　出題内容はどうか？

○読　解

評論，小説，エッセーと多様である。文化，コミュニケーション，時事問題などさまざまなテーマが取り上げられている。長文読解問題には，以下のようなバリエーションがある。

- 空所補充問題（単語・句）　それぞれの空所に対して4つの選択肢が与えられることが多い。文脈や前後の内容から判断する問題や文法・語彙・語法などの知識を活用して解く問題がある。サンプル問題〔4〕では英文の空所10カ所に対して10個の語（すべて -ing 形）が与えられている（同じ語は複数回使えない）。また，2021年度には〔6〕で長文の空所10カ所に入る英単語を，クロスワードパズルと英語による定義をヒントに記入する形式が出題された。
- 空所補充問題（文）　複数の空所が設けられており，空所より選択肢の方が数が多いことがあるので注意したい。
- 内容把握問題　内容説明によって内容の理解を問うもの，長文中に施された下線部に関して同意表現を選ぶものなどがある。内容説明は，設問英文の空所に適切な選択肢を選ぶもの，英問英答などがある。設問はおおむね段落ごとに設定されているが，そうでない場合もある。

○会話文

会話文問題には，以下のようなバリエーションがある。

- 空所補充問題　空所にふさわしい発言や語句を選択肢から選ぶ問題。会話特有の表現が問われることもあるが，文法・語法的な判断で解ける問題も多い。映画や劇の脚本などが素材になる場合もあり，通常の会話文とは異なる場面が取り上げられることもあるが，おおむね日常的な会話問題が出題されている。ときに会話でしか使われないようなイディオム表現も出題される。
- 内容把握問題　内容説明によって内容の理解を問うものや，内容の要約，場面の説明を問うものがある。

○文法・語彙

文法・語彙問題は，主に誤り指摘問題が出題されている。英文中の4

カ所の下線部から誤りを含む箇所を選ぶ問題で，基本的な文法的間違いを指摘させる問題が主であるが，内容的に不適切なものを選ばせる問題もある。問題文となる英文の量が多く内容が高度な場合がある。サンプル問題では，誤っている箇所を指摘するだけではなく，その箇所を正しい形に訂正することまで求められた。時制や態や語法を問うものであるが，長い英文の中で「and によって並列されている要素がどれとどれなのか」「関係代名詞の先行詞がどれなのか」など英文の構造をきちんと把握していないと正解できない設問もある。

3 難易度は？

2021 年度およびサンプル問題は 75 分で解答個数 50 個。従来は試験時間 90 分に対して解答個数 75 個であったことを考えると，分量的にはやや取り組みやすくなっている。長文の内容は一般的な入試問題のテーマと異なるものも多く，いろいろな話題に関する英文の多読を要求する出題である。

対　策

1 長文読解問題

時事的な話題からエッセーまで幅広いトピックの英文が取り上げられている。したがって，普段からいろいろなことに興味をもち，さまざまな内容の英文に親しむ必要がある。

英文読解力の向上には，語彙力，文法・語法の知識，構文力，そして政治，経済，文化などの一般教養がすべて関わってくる。このような総合的な英語力を身につける方針で勉強に臨まないと，上智大学の読解問題に対処する英語力を身につけることは難しいといえよう。

まだ長文を読みなれていない人は，無理に難解な文章を読むのではなく，速読を意識して，平易でまとまりのある文章に数多く接するようにしよう。Graded Readers などを読むことによって，まずは簡単な英文ならば数ページを一息で読めるだけの実力をつける必要がある。

次に実際の入試問題を使って，所定の時間内で長文を読んで解答する訓練を行う。素材としては何よりも過去問がよい。過去問を解いて設問形式ごとに十分練習しておこう。

2 文法・語彙問題

英文法については，『チャート式 基礎からの新々総合英語』（数研出版）や『英文法解説』（金子書房），受験生が間違いやすいポイントを完全網羅した総合英文法書『大学入試 すぐわかる英文法』（教学社）などのような，全体を俯瞰することができ，辞書のように使える文法書が必須である。文法問題に対処できるようにすることは，構文力や読解力の上昇にも連動しているからである。問題集を解くときも，文法書を参照して当該項目だけでなく，周辺の関連項目にも広く目を配ることで，全体的な知識を広げるように努めよう。

英単語を覚えるには，シソーラス（同義語辞典）型の『まるおぼえ英単語 2600』（中経出版／KADOKAWA）などを基本のデータベースに据えて，平素の学習や過去問演習で出会った単語を確認していくのが最も効率的である。熟語集は『システム英熟語』（駿台文庫）がよいだろう。さらに，上智大学の水準を考えると，英検準２級・２級レベルの語彙はパーフェクトにした上で，英検準１級レベル（できれば１級レベル）の語彙をできるだけ増やすことを目標にしたい。各級の大問１を数多く解いていくと，効率よく語彙を習得することが可能だろう。

2021年度

問題と解答

■学校推薦型選抜 推薦入試（公募制）

問題編

▶学科ごとの個別テスト内容

学　部	学　科	学科ごとの個別テストの内容
法	法　　律	小論文（800 字）―社会と法に関する設問を含む小論文
	国際関係法	小論文（800 字）―国際関係に関する小論文
	地球環境法	小論文（800 字）―社会（環境問題を含む）と法に関する小論文
経　済	経　　済	数学の基礎に関する理解力，思考力を問う試問
	経　　営	産業社会に関する理解力と思考力を問う試験（英語を含む）

▶備　考

- 高等学校長の推薦に基づき，「高等学校調査書」，「自己推薦書」，「レポート等特定課題」による書類審査と，「学科ごとの個別テスト」および「面接」によって総合的に判断し，合否判定を行う。

法学部 法律学科

◀社会と法に関する設問を含む小論文▶

（60 分
解答例省略）

課題：小論文（800 字）

問題

次の文章を読み、著者がマスコミの現状にどのような問題点があると認識しているかを要約し、その問題点にどう対応すべきと貴方自身は考えるか、解答用紙 2 枚以内で述べてください。

「例えば、「マスコミの使命は権力と戦うことだ」という意見をよく聞きます。実際にニュース番組をやっているとそうした趣旨で論されることもあります。

なるほど、国が進むべき道を誤りそうなとき、マスコミが警鐘を鳴らすべきだという意味では完全に同意します。ならば、報道に携わる人間は政策についてよく学び、国民への影響、メリット・デメリットを是々非々で評価すべきではないでしょうか。

ところが、マスコミの中では多くの場合、「是々非々＝権力寄り」と評価されてしまいます。実際に私個人や番組も、少しでも政権について肯定的な考え方を伝えると、そうした評価をされてきました。なぜ是々非々が迎合なのでしょうか？

私は逆に聞きたくなるのです。

マスコミが考えるところの″国の進むべき道″とは「権力の逆方向」に固定されているのでしょうか？　権力 A（例えば政権）が B に変わったら、マスコミもそれに合わせて「権力 B の逆方向」へと主張を変えるのでしょうか？　と。権力が交代した瞬間に、マスコミの主張が大きく転換してしまうような変節を良しとするのでしょうか？　そんなマスコミが建前で考えたような「反権力」がいつも正しいことのように伝えられる――それっておかしくないですか？

「マスコミの使命は権力と戦うことだ」という言葉は本来、民主主義を守るために必要な倫理観によって調査報道を行うジャーナリズムの精神を体現したものと、私は理解しています。ところが、それがいつの間にか「権力と戦う自分たちの物語」にすり替わっているように見えてなりません。私は、この「権力と戦う」という言葉が本来の精神を失ってそれ自体が目的化し、マスコミ報道から″是々非々″という姿勢を奪い、自らを闘士に据えた陶酔の物語に引きずり込んでいるようにも見えてしまうのです。周りから見れば、もはやマスコミは特別な存在ではないのに。」

（出典：飯田浩司『「反権力」は正義ですか　ラジオニュースの現場から』新潮新書（2020年）4-5 頁。なお読解の便宜のため、一部改変した箇所があります。）

法学部 国際関係法学科

◀国際関係に関する小論文▶

（60 分）

課題：小論文（800 字）

次の課題文を読んだのち、下記の問いに答えてください。

移民と福祉国家の関係については「進歩主義のジレンマ」という仮説がよく知られている。これは、移民と福祉の２つの分野で同時に進歩主義的な政策がとれないことを意味している。つまり、寛大な移民政策と寛大な福祉国家は両立しえないということである。

寛大に移民を受け入れることで社会の多様性（文化、民族、人種的多様性）が高まると、国民の同質性が損なわれる。その結果、同質的な国民がお互いの生活を保障する仕組み、つまり福祉国家は縮小せざるを得ない。こうした主張を裏づけるのが、A.アレシナらの研究である。彼らは、なぜアメリカの福祉国家は小規模なのか、という問いを立てて、ヨーロッパ諸国との比較を試みる。両者の社会支出の違いを説明する要因として、選挙制度、政治体制の集権度、貧困観も取り上げられたが、なかでも社会の多様性が重要であるとされた。アレシナらは、人種的多様性が顕著なアメリカでは社会支出が抑制されるが、国民が同質的であるヨーロッパ諸国では社会支出が拡大すると説いた。

社会の多様性は、一般的な他者への信頼感（一般的信頼）も損なうとされた。市民は相互に信頼し合うことで、寛大な福祉国家を支持するようになる。国際比較でみると、一般的信頼が、最も高い北欧諸国で、最も大きな福祉国家が実現されている。R.パットナムは、アメリカを事例とした研究で、社会が多様化すると、少なくとも短期的には同質的な集団への信頼感すら失われると指摘する。市民が信頼し合わなくなれば、福祉国家の寛大さは損なわれると考えられる。

このように、社会の多様性は福祉国家の発展を阻害すると考えられた。進歩主義のジレンマの想定どおりといえる。しかし、これらの研究には反論が寄せられている。従来の研究ではアメリカの比重が大きかったが、主にヨーロッパ諸国を対象とした研究からは、社会の多様性が福祉国家の規模を縮小したり、一般的信頼を損なうという結果は得られなかった。

一方で、寛大な移民政策を多文化主義と読み替えて、多文化主義政策と寛大な福祉国家が両立可能かどうかについても検討が進められている。多文化主義とは、社会における文化や民族的な差異を対等に承認し、包容する考え方を指す。具体的にいうと、憲法や議会で多文化主義を是認したり、移民や少数民族に母（国）語を勉強する機会を提供したり、それぞれの文化を保護する活動を支援したり、二重国籍を承認するような政策を指している。

（出題にあたり、一部省略。）

出典：近藤正基「第 6 章 福祉国家のゆくえ」田中拓道・近藤正基・矢内勇生・上川龍之進『政治経済学ーグローバル化時代の国家と市場』有斐閣（2020 年）118-119 頁。

問い：「進歩主義のジレンマ」仮説について課題文を参考に説明した後、この仮説に対するあなた自身の考えをまとめてください（800 字）。

■法学部 地球環境法学科■

◀社会（環境問題を含む）と法に関する小論文▶

（60 分）

課題：小論文（800 字）

高齢者ばかり 10 名が居住するある集落から川向うの商店に行くためには、1 本の橋を渡らなければならない。郵便や新聞の配達人もこの橋を利用し、高齢者がデイサービスや病院に出かけるのにもこの橋を利用している。

ところで、この橋は、70 年前に建設されたもので老朽化が激しく、安全性に問題があると指摘されている。ところが、補修をするとなると 50 億円もの費用を要するため、財政難に苦しむ地元村では、支出が不可能である。

かりに通行人がいる状態で橋が崩落すれば、重大な被害が出るのは確実である。そこで、様々な考慮をしたうえで、村は廃止を検討している。しかし、そうなると、対岸に渡るには、相当遠回りをしなければならなくなり、生活はきわめて不便になる。このため住民は、「長年この集落に住んでいるわれわれには、ここに住み続ける権利があるから、村はこの橋を補修すべき」と訴えている。

どのように対処すべきだろうか。2 つの考え方をあげたうえで、どちらに賛成するかについて、あなたの考えを、800 字以内で述べなさい。そのなかでは、反対する理由・賛成する理由を明確に示すこと。

経済学部 経済学科

◀数学の基礎に関する理解力，思考力を問う試問▶

（60 分）

注意

- 問題は 3 問ある。解答は各問題について 1 枚の解答用紙を使用すること。
- 解答は, 理由をていねいに説明すること。説明文も採点の対象になる。
- 問題用紙の余白は自由に使用してよい。

1 歪みのないさいころを 2 個同時に投げる試行を考える。2 の目が少なくとも 1 個出る事象を A, 出た目の和が偶数となる事象を B とする。次のそれぞれの事象の起こる確率を求めよ。

(1) A

(2) B

(3) $A \cap B$

(4) $A \cup B$

(5) $\overline{A} \cup B$

(6) $A \cup \overline{B}$

2

(1) $f(x) - \int_{-1}^{0} xf(t)dt = 2x^2 - \int_{0}^{1} f(t)dt$ となる関数 $f(x)$ を求めよ。

(2) a を定数とし, 関数 $g(x) = 6x^3 - 9x^2 + a$ とする。このとき, 次の問いに答えよ。

(i) $a = 2$ のとき, $y = g(x)$ のグラフをかけ。

(ii) 関数 $y = g(x)$ のグラフと関数 $y = 1$ のグラフはいくつ共有点をもつか, 定数 a の値で場合分けして答えよ。

3

(1) 次の関数の最大値と最小値を求めよ。

$$y = 2\sin\theta + 3\cos\theta$$

(2) あるバクテリアは, 1 時間ごとに 2 倍の割合で増殖する。バクテリアの数が 10000 倍になるのは何時間後か。小数第 3 位を四捨五入して答えよ。ただし, $\log_{10} 2 = 0.3010$ とする。

(3) 下の表は 4 人の生徒 A, B, C, D の英語と数学のテストの点数である。英語と数学の点数の相関係数を求めよ。小数点第 3 位を四捨五入して答えよ。

生徒	A	B	C	D
英語	7	4	5	4
数学	6	9	9	8

(4) 数列 $\{a_n\}$ の初項から第 n 項までの和 S_n が次のように与えられているときに, 一般項を求めよ。

$$S_n = n^2 - n$$

経済学部 経営学科

◀産業社会に関する理解力と思考力を問う試験（英語を含む）▶

（90 分）

1　次の文章を読み、続く問いに答えなさい。

集団間の（ふんそう①）を説明する理論には、現実的に利害が対立することによって相互の敵対的態度や（へんけん②）が助長されるというものや、自分自身を個人として見るよりも、所属集団の一員として見るという自己カテゴリー化によって、所属集団内の類似性と外集団との差異のそれぞれを強調する認知を行うことになるという自己カテゴリー化理論などがある。結果的に、内集団をひいきし、外集団に対しては敵対的な傾向が生じることになる。

集団間のふんそう①が引き起こされるための条件は、ただ単に他の集団が存在していることだけである、という結果が示されている。これは最小条件集団と呼ばれるが、1つのクラスを、たとえば、紅組と白組という2つの集団にランダムに分けるだけで、集団間のバイアスが生じ、同一集団の成員をひいきし、別の集団の成員には敵対的な行動を示すことが観察されている。

このような内集団ひいきの背景として、社会的カテゴリー化と呼ばれる人間の情報処理の様式がある。すなわち、人間には、様々な属性に基づいて対象を分類し、カテゴリー化しようとする傾向があり、これは、複雑で（こんとん③）とした世界に一定の法則を当てはめることにより、（こうりつ④）的に情報を処理する仕組みと考えられる。このような社会的カテゴリー、たとえば、紅組と白組、紅大学と白大学、紅国と白国などのカテゴリーを設定することによって、自己が所属している内集団と他の集団である外集団を想定することができる。さらに、このような社会的カテゴリーの1つである内集団への同一視が、その集団に所属する個人に生じることが（してき⑤）されている。個人は、集団の一員であることを自己概念に取り込むことにより、結果的に集団と個人を同一視する。そのために、内集団の（かち⑥）を維持し、高めることによって、自己概念を高めることができるのである。結果的に、内集団に対しては高い評価を行うなどの内集団ひいきⒶが生じ、外集団に対しては、評価を低める、敵対的に振る舞うなどの行動を示すことによって、相対的に内集団が高い位置を占めるような認知や行動を示すようになるのである。

社会的アイデンティティに関わる内集団への帰属意識は、内集団の成員に対する共感を促進する。<中略>その社会的アイデンティティを高め、自己の評価を高めるためには、内集団をひいきすることが個人にとって重要な戦略となり、結果的に、集団内での共感を促進することにつながると考えられる。

さらに、特定の集団への帰属や社会的アイデンティティは、逆に、共感によって促進され、

（こうちく⑦）されるとも言える。すなわち、他者の表出行動に対して共感反応が生じるということは、そこで、その他者と共感者の間に１つの疑似集団が形成されるということを意味する。共感が出発点となり、内集団の芽が形成されるのである。このような共感の輪がより多くの個人に広がり芽が成長すれば、共感によって１つの内集団が形成されるⒷことになる。<中略>

具体的には、いじめを受けて悲しんでいる他者に接したとき、共感反応を示した観察者は、その相手の悲しみを認知し、相手の立場を（にんしき⑧）したうえで、自らもその感情を共有しているということであり、相手と観察者の間には内集団の芽が形成されたと考えられる。一方、共感反応を示さなかった観察者は、共感的経験を生じなかったか、その強度が十分ではなかったか、もしくは、何らかの理由で表出を（よくせい⑨）したということになり、結果的に、相手に対して共感的なメッセージが伝わることはないため、両者の関係はそれ以前と変わらないということになる。

また、敵対的外集団の成員を保護するという例についても、同様に考えることができる。つまり、たとえ助けを求めているのが外集団の成員であったとしても、明示的に共感的反応が示された時点で、その成員と観察者の間に内集団の芽が形成されたと見なすことができる。したがって、その成員を保護する（こうい⑩）は向内集団的である。しかし、このようなこうい⑩は、観察者が所属する集団にとっては裏切りであり、反社会的と評価される可能性がある。また、観察者においても、自分がもともと所属していた内集団と、共感対象者（もともと外集団の成員）との間に形成された新しい内集団の芽との間で葛藤が生じることになる。

[出典：中村真「共感と向社会的行動」梅田聡（編）『岩波講座 コミュニケーションの認知科学』（2014年 岩波書店）p. 147-150]

問１　下線①～⑩について、漢字に直しなさい。

問２　二重下線Ⓐの「内集団ひいき」に関する説明として、ふさわしくない記述はどれか。１つ選んでください。

（１）自分が所属する集団の地位を高めるような行動をとる。
（２）類似性の高い内集団成員を保護する。
（３）集団を、特段の理由なく２つに分けただけでも、内集団ひいきは生じる。
（４）集団への帰属を強めることで、結果的に自己評価を高める。
（５）内集団ひいきは、自己カテゴリー化によって生じる。

問３　二重下線Ⓑについて、「共感によって１つの内集団が形成される」とはどういうことか。80 文字以内で説明してください。

問４　次の記述の中で、本文の内容と合致するものを１つ選んでください。

（１）個人と利害が対立する集団のことを外集団と呼ぶ。
（２）最小条件集団に共感を示すことは難しい。
（３）人は内集団の成員を保護しようとするので、内集団の成員がいじめの対象になることはない。
（４）もともと自己評価が高い人は、内集団への同一視を行う必要はない。
（５）人にはもともと、物事をなんらかの属性でカテゴリー化しようとする傾向がある。

2 次の英文を読んで，問 1～問 4 に答えなさい。

I have suffered, both personally and as an entrepreneur. I have been the target of [(a)] and nastiness But I have also learned to see hopefulness—because these are not just times of darkness. They're times to make things better.

It's a beautiful time to be alive. The three pandemics of 2020—COVID-19, an economic downturn, and police brutality and injustice toward African Americans—have been the perfect chain of events to wake up our world. I have been impacted by the ugliness. But I insist on seeing beauty. Before it became clear that this would be a year of powerful change for all of us, we knew it would bring powerful change for my company, The Honey Pot. Our plant-based feminine care products are carried in Target, and in late 2019, the retailer asked if I'd participate in a commercial for its supplier diversity initiative, tied to Black History Month and Women's History Month. It was an amazing opportunity, and I eagerly agreed. In the commercial we filmed, I said that as a CEO, I wanted to be an example to other young Black girls, to show them that they can accomplish anything. <u>(b)The sky is truly the limit.</u>

As soon as the ad aired in February, The Honey Pot started receiving derogatory emails from people who had some crude things to say about race and race relations. We didn't pay them any attention at first—we figured there would be some naysayers who'd be triggered by such a commercial. But when one of our loyal customers discovered a series of one-star Honey Pot reviews on TrustPilot.com—which were highly inflammatory and accused us of [(a)] —it was plain as day that these naysayers wanted to bring The Honey Pot down. Here's the funny thing: It did the [(c)]. That customer who discovered the reviews posted about them on Twitter and Instagram, and within 24 hours, everything went viral—and we received a bigger outpouring of love, support, and protection than we could have imagined. It was absolutely incredible.

(あ) But on the other, stronger side, people were lifting us up and coming to our defense.
(い) It felt harmonious, and I found myself in a place of love and determination. I realized that I know exactly who I am as a person and a business owner. I can stand with confidence in that space.
(う) I'm often asked whether or not I took offense to what those anonymous reviewers wrote about my business.
(え) But when I think about that moment, I feel lucky. On one side, people were trying to hurt me and my company.

This is the consistent lesson of my life: We have the power to transform tragedy into positivity. I first learned it the moment I was born, when I nearly died.

AS A BLACK, FEMALE BUSINESS OWNER, I have been approached with [(a)] and sexism on more than one occasion. In those moments, it's hard not to absorb that negative energy. It's hard not to get offended. It's hard not to lash out. But after years of personal work, I've learned to choose. I can choose which energies to engage with. I can choose how to respond. And I can, and always will, choose myself.
Over the past few decades, we've seen a collective awakening of human consciousness, and more people are coming together to choose to create new ideals for how we live. Whether we're peacefully protesting or expressing rage in fiery, resistance-fueled riots, humans are out there fighting for something better.

For me, part of choosing myself has been about overcoming my fears, many of which we're facing this year. I'm no longer asking for permission to belong to a nation that doles out [(a)] and brutality with ease, all the while struggling to admit its faults and repair its wrongdoings. My ancestors were brought to this country against their will hundreds of years ago. So I'm taking up my own form of reparations through peace and equality within myself—and I will take my place wherever I choose, as a human, a woman, and an entrepreneur.

出典: Dixon, B. (2020). "There Is Beauty in These Dark Times." *Entrepreneur*, 48(5): 48-51.より抜粋、一部を修正及び改変のうえ作成。

(注)
entrepreneur…企業家
nastiness…嫌み
brutality…残忍性
eagerly…熱心に
derogatory…傷つけるような
naysayer …強く否定的な態度を取る人
inflammatory …炎症を起こす
viral …ウイルス性の
anonymous …匿名の
lash out…(~に)激しく襲いかかる
riot…騒動
doles out…(~に)与える

問１　空欄(a)を埋めるのに共通して適切と思われる英単語１つを記入しなさい。

問２　文脈から(b)The sky is truly the limitの意味に最も近い内容を以下から１つ選びなさい。

①　若い黒人の女性には限界が多すぎる。
②　若い黒人の女性が達成できないことは何もない。
③　すべての人にとって限界が多すぎる。
④　すべての人にとって達成できないことは何もない。
⑤　すべての人にとって努力なしで得られるものは何もない。

問３　空欄(c)に入る適切な単語を１つ選びなさい。

①　opposite　②　support　③　same　④　job　⑤　trick

問４　(あ)～(え)を内容の流れに沿って、意味が通るように並べなさい。

3　以下の文章（ア）～（エ）のうち正しいものはどれか。①～⑥のなかから 1 つ選び、その番号を答えなさい。

問 1
（ア）最大値と最小値を平均した値は中央値と等しくなる。
（イ）平均を、ある手続きで変換することで中央値を算出することが可能である。
（ウ）平均は、中央値と比べて極端な観測値の方向に引っ張られる傾向がある。
（エ）観測値の個数を増やすほど、中央値と平均は近似する。

① ア～エのすべて　② アのみ　③ イとエ
④ ウのみ　⑤ イとウとエ　⑥ 正しいものはない

問 2
あるテストを高校生 100 名が受験した。各受験者の得点を 2 倍にしたとき、
（ア）全得点の平均も 2 倍になる。
（イ）全得点の中央値も 2 倍になる。
（ウ）全得点の分散も 2 倍になる。
（エ）全得点の標準偏差も 2 倍になる。

① ア～エのすべて　② アとイ　③ アとイとウ
④ ウとエ　⑤ アとイとエ　⑥ 正しいものはない

問 3
あるテストを高校生 100 名が受験した。各受験者の得点を 3 倍して 1 を引いたとき、
（ア）全得点の平均も 3 倍して 1 を引いた値になる。
（イ）全得点の中央値も 3 倍して 1 を引いた値になる。
（ウ）全得点の分散も 3 倍して 1 を引いた値になる。
（エ）全得点の標準偏差も 3 倍して 1 を引いた値になる。

① ア～エのすべて　② アとイ　③ アとイとウ
④ ウとエ　⑤ アとイとエ　⑥ 正しいものはない

問 4
（ア）相関係数の値が 0 ならば、2 つの変数間に関連はない。
（イ）相関係数が同じであっても、散布図が同じ形になるとは限らない。
（ウ）変数 x と変数 y の相関係数について、それらの変数を入れ替えても相関係数の値は変わらない。
（エ）変数の性質によっては、相関係数が -1 から 1 までの範囲を超えることもある。

① ア～エのすべて　② アとイ　③ アとウ
④ イとウ　⑤ イとウとエ　⑥ 正しいものはない

4　以下の文章を読み、以下の問に答えなさい。

昨年の夏、あるカフェの店主が売上のデータを確認している際、「日々の最高気温と来店客数には何らかの関係があるのではないか」という仮説を思い付いた。そこで、直近の平日 5 日間における最高気温と来店客数を記録したところ、以下のデータを得ることができた。

曜日	最高気温（℃）	来店客数（人）
月	29	64
火	40	90
水	29	55
木	34	56
金	33	60
平均	33	65
標準偏差	4	13

最高気温（x）と来店客数（y）にどのような関係があるのかを調べるため、まず、以下の式を用いて x と y の共分散 S_{xy} を求めたところ、［A］という値が得られた。

$$S_{xy} = \frac{1}{n}\sum_{i=1}^{n}(x_i - \bar{x})(y_i - \bar{y})$$

n：データの個数
x_i と y_i：それぞれの観測値
$\bar{x}$ と $\bar{y}$：それぞれの平均

続いて、相関係数を求めるため、前述の式で得られた共分散を、x の標準偏差と y の標準偏差の積で除したところ、［B］という値が得られた。(a)この相関係数の解釈により、店主は当初思い付いた仮説が正しいのか判断した。

問 1　文中の空欄［A］、［B］に当てはまる数値を答えなさい。空欄［B］については、小数第 3 位を四捨五入した値を記入すること。

問 2　下線部(a)に関する記述として、誤っているものを選び、その番号を答えなさい。ただし、誤っているものは 1 つとは限らない。

① 最高気温と来店客数との間には正の相関関係が認められた。
② 最高気温が高い日は、より多くの客が来店する傾向が確認された。
③ 最高気温が 1℃上がると、来店客数は約 80%増加する。
④ 最高気温が高まるほど、来店顧客数が増加するという因果関係が証明された。

解答編

法学部 国際関係法学科

◀国際関係に関する小論文▶

解答例 「進歩主義のジレンマ」仮説とは，移民と福祉の２つの分野で同時に進歩主義的な政策がとれないという説である。この説によれば，寛大な移民の受け入れは社会の多様性を高め，社会の多様性は国民の同質性と一般的な他者への信頼感を損なう。国民の同質性が損なわれると，同質的な国民がお互いの生活を保障する仕組みである福祉国家は縮小する。また，寛大な福祉国家は市民の相互の信頼に支えられているため，一般的な他者への信頼感の希薄化も福祉国家の寛大さを損なう。

私はこの仮説を支持しない。「進歩主義のジレンマ」は普遍的な現象ではなく，移民によって建国されて以来多文化の併存を志向してきた，人種の「サラダボウル」とも称されるアメリカに特によく当てはまる現象であると思われる。課題文にもある通り，この仮説はヨーロッパ諸国には当てはまらない。その理由を推測すると，ヨーロッパ諸国の多くは，長い歴史の中で，文化や国民性を培い，国民の同質性を醸成する仕組みを形成してきたことが考えられる。例えば，近年，オランダやドイツなどでは移民に関する法律が改められ，移民統合プログラムが導入された。職を得て安心して市民生活を営むために，言語のみならず，社会や文化に関する知識も習得の対象にされているという。つまり「進歩主義のジレンマ」は，移民を奨励しつつ，彼らに国民としての共通のアイデンティティを与える移民統合政策によって回避可能であると考えられる。

ただし，移民統合政策は，課題文でも紹介されている，文化的，民族的差異を対等に承認することを可能にする多文化主義政策と緊張関係にある。それゆえ「進歩主義のジレンマ」を回避しつつ多文化主義政策を推進するためには，国民であると同時に様々な出自を持つ人間であるという重層的なアイデンティティ形成を可能にし，他者のそれを許容するための教育の実現のような，困難な課題に立ち向かう必要があるだろう。（800 字以内）

◀解　説▶

≪寛大な移民政策と寛大な福祉国家の両立≫

「進歩主義のジレンマ」仮説という中心的な話題について内容説明と，この仮説についての意見論述が求められている。

まず，内容説明について。第１段の第１文で「進歩主義のジレンマ」が提示され，第２文でその内容が説明され，第３文で「つまり」と換言して説明が追加されていることから，冒頭の３文が内容説明の骨子であるとわかる。しかし，第１段には両立しない理由が述べられていないので，第２段における，社会の多様化による国民の同質性の低下は福祉国家を阻害するという理由，そして第３段における，社会の多様化による一般的信頼の低下は福祉国家を阻害するという理由の２つを説明に加える。内容説明としての字数制限はないものの，解答に関する叙述と 800 字という全体の字数を勘案するに，長くても 200 字程度には収めたい。

次に，意見論述である。設問文に「この仮説に対するあなた自身の考えをまとめてください」とあるので，「進歩主義のジレンマ」仮説を支持するか否か，立場を明確にして述べるのがよい。仮説を支持する場合には，感情的なナショナリズムの表明にならないよう注意する必要がある。具体的には，「進歩主義のジレンマ」仮説を裏付ける具体的事例を提示し，寛大な移民政策と寛大な福祉政策が両立しえないことを前提として，どちらの政策を優先的に推進すべきかを社会の現状認識に基づいて論じる必要があるだろう。その一方で，仮説に反論する場合には，課題文の第４段においてヨーロッパ諸国を対象とした研究成果に基づいた「進歩主義のジレンマ」仮説への反論が紹介されており，その内容を手がかりにして反論を構築することができるため，仮説を支持するよりも論述は相対的に容易といえる。アメリカとヨーロッパの違いを自分なりに分析し，それを理由として仮説に対する自分の考えを述べるのが順当だ。また仮説を支持するにせよそれに反論するにせよ，第５段で紹介されている多文化主義政策と寛大な福祉国家の両立可能性についても何らかの形で言及しておきたい。

〔解答例〕では，近年のオランダやドイツにおける移民統合政策を，「進歩主義のジレンマ」に反する結果の背景として推察し，この政策によって寛大な移民と寛大な福祉の両立は可能だとした。また，移民の奨励と寛大な福祉国家を両立し，そのうえで多文化主義政策を推進することについては実現の難しい目標としつつ，その実現には重層的なアイデンティティ形成を可能にし，かつ他者のそれを許容する教育の模索などの試みが必要であるという将来的展望を示した。

法学部 地球環境法学科

◀社会（環境問題を含む）と法に関する小論文▶

解答例　私は，こうした条件下では橋を撤去せざるをえないと考える。なぜなら，補修のための費用を負担することは村にはできないとされており，また，放置した場合，橋の崩落の危険に晒されるのは，集落の住民だけではなく，郵便や新聞の配達人なども含まれるからである。したがってここで問題としたいのは，橋が通行不可能になった後，集落の住民の生活をどう支援するか，である。2つの考えがあげられる。1つは，集落の住民を村内の別の地区に移るよう促すことで，もう1つは，住民の生活を支援しつつ集落での居住を続けてもらうことである。

転居を促す場合，集落の住民は，生活をいちから立て直さなければならなくなる。高齢者であっても，全員が年金のみで生活しているとは限らず，これまで集落で何らかの収入を得ていた人が転居先で新たな生計の道を探るのは困難であろう。また，転居に伴い，子や孫との交流に支障が出るおそれもある。このように長年住み続けた土地を離れて新生活を始めることの負担は，高齢者にとっては特に大きいと考えられる。この理由から，橋の撤去後に集落の住民に転居を促すことには反対である。とはいえ，集落への居住を認める選択は，住民にある程度の不便を強いることになる。そこで，村の補助によってバスを運行するなど交通インフラを整備して，住民の負担をできるだけ軽くしたい。この措置は，橋の補修費用と比較すれば決して高額にはならないと思われる。この場合，利点と考えられるのは，仕事や住民同士の交際や墓地などの地縁がそのまま保存されることである。よって私は，橋の撤去後も住民には集落に居住を続けてもらい，そのために村が支援するという考え方に賛成する。住み慣れた土地で暮らすことは，住民たちの主張どおり権利として認められるべきであり，できるだけ住民に寄り添う方策を立てるべきであると考える。（800字以内）

◀解 説▶

≪少数の高齢者のみが住む集落に繋がる橋≫

設問の条件は以下の通りである。高齢者ばかり10名が居住する集落から川向こうの商店に行くためには，1本の老朽化した橋を通らなければならないが，安全性に問題がある。補修費用を村が支出することはできない。そのため，橋の撤去が検討されているが，そうすると集落の住民の生活は著しく不便になる。住民たちからは橋の補修が求められている。この条件のもとで，2つの考え方をあげ，反対する理由・賛成する理由を明確に示しつつ，どちらの考え方に賛成するかを論じることが求められている。

指示されている「2つの考え方」であるが，すぐに念頭に浮かぶのは，橋を撤去するかしないかであろう。しかしながら，橋を撤去しないとすると，残された選択肢は補修するか現状を維持するかになるが，補修の費用を地元村が負担するのは不可能であることが断言されている。また，現状を維持する場合，〔解答例〕でも述べているとおり，危険に晒されるのは集落の住人だけではなく，郵便や新聞の配達人も同様である。よって，橋は撤去もしくは封鎖するのが妥当であり，橋を撤去するかしないかを「2つの考え方」とするのは困難であると思われる。もちろん，地元村に補修費用が支出できないとしても，国もしくは都道府県による援助を仰ぐということも考えられるが，人口減に伴って交通量の少ない橋の廃止が相次いでいる現状に照らせば，説得力のある立論は難しそうだ。

したがって，ここであげるべき考え方とは，橋が利用不可能になった後に集落の扱いをいかにするかであると考えられる。〔解答例〕では，集落の住民に他の地区への転居を提案するか，それともそのまま居住を続けてもらうか，という2つの考え方を提示した。その上で，仕事や交際や地縁などの住民のこれまでの生活を守ることができるという理由から，後者の考え方を支持した。もちろん，この場合，川向こうのサービスへのアクセスを少しでもよくする手立てを考えなければならない。〔解答例〕のように，コミュニティバスを通すという提案もできるし，移動販売を充実させるというアイディアもある。いずれにせよ，できるだけ住民の不便を軽減する方策をあげることになるだろう。他方，橋を撤去した上で住民に他の地区への転居を促すという主張は，住民がこれまで営んできた生活をどう維持するのかという問題に突き当たる。この主張を貫徹することは難しいだろう。

本問は取り扱うべき論点を細かく指定していないため，「２つの考え方」は，〔解答例〕の考え方以外にもありうる。どのような考え方を選ぶにせよ，試験時間は 60 分と決して長くないため焦る気持ちはわかるが，いきなり解答用紙に解答を書き始めるのではなく，十分に準備してから解答を作成しよう。自分の論述の着地点をあらかじめ設定しておき，そこに至る論証の筋道のなかに無理なく組み込める考え方を選ぶといいだろう。その際には，住民の意志のみを押し通したり行政の都合に住民を一方的に従わせたりするような主張に陥ることなく，双方の妥協点を探るような論にすることを心がけたい。

経済学部 経済学科

◀数学の基礎に関する理解力，思考力を問う試問▶

1

解答　一般に，事象 X に対して X が起こる確率を $P(X)$ と表すことにする。

(1)　余事象が「2の目が出ない」事象であることを考えて

$$P(A)=1-\frac{5^2}{6^2}=\frac{11}{36}\quad\cdots\cdots(答)$$

(2)　事象 B が起こるのは，「2つの目がともに奇数」または「2つの目がともに偶数」である場合であり，これらは排反なので

$$P(B)=\frac{3^2}{6^2}+\frac{3^2}{6^2}=\frac{1}{2}\quad\cdots\cdots(答)$$

(3)　事象 $A\cap B$ が起こるのは，「2つの目がともに偶数であり，そのうち2の目が含まれる」ときであるから

$$P(A\cap B)=\frac{3^2-2^2}{6^2}=\frac{5}{36}\quad\cdots\cdots(答)$$

(4)　(1)，(2)，(3)より

$$P(A\cup B)=P(A)+P(B)-P(A\cap B)$$
$$=\frac{11}{36}+\frac{1}{2}-\frac{5}{36}=\frac{2}{3}\quad\cdots\cdots(答)$$

(5)　事象 $\overline{A}\cap B$ が起こるのは「2の目は出ず，2つの目の偶奇が一致する」場合なので

$$P(\overline{A}\cap B)=\frac{3^2+2^2}{6^2}=\frac{13}{36}$$

したがって

$$P(\overline{A}\cup B)=P(\overline{A})+P(B)-P(\overline{A}\cap B)$$
$$=\left(1-\frac{11}{36}\right)+\frac{1}{2}-\frac{13}{36}=\frac{5}{6}\quad\cdots\cdots(答)$$

(6)　事象 $A\cap\overline{B}$ が起こるのは「少なくとも2の目は1つ出て，2つの目の偶奇が異なる」場合，すなわち，「2の目と奇数の目が出る」場合なので

$$P(A\cap\overline{B})=\frac{2\times1\cdot3}{6^2}=\frac{1}{6}$$

したがって

$$P(A\cup\overline{B})=P(A)+P(\overline{B})-P(A\cap\overline{B})$$
$$=\frac{11}{36}+\left(1-\frac{1}{2}\right)-\frac{1}{6}=\frac{23}{36}\quad\cdots\cdots(答)$$

別解　(5)　事象 $\overline{A}\cup B$ の余事象は　$\overline{\overline{A}\cup B}=\overline{\overline{A}}\cap\overline{B}=A\cap\overline{B}$

$$P(A\cap\overline{B})=P(A)-P(A\cap B)$$

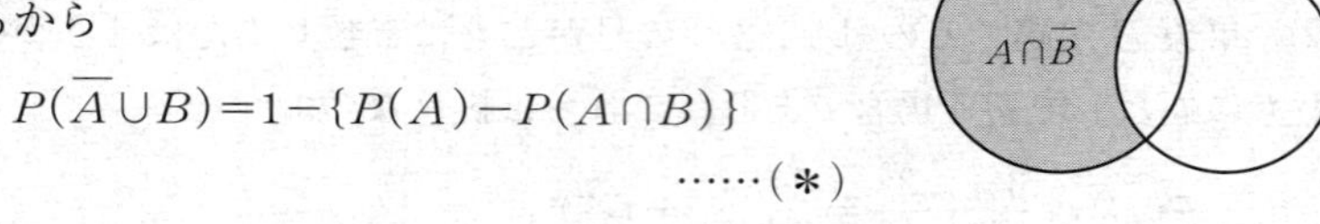

であるから

$$P(\overline{A}\cup B)=1-\{P(A)-P(A\cap B)\}\quad\cdots\cdots(*)$$
$$=1-\left(\frac{11}{36}-\frac{5}{36}\right)=\frac{5}{6}$$

(6)　事象 $A\cup\overline{B}$ は(5)で求めた事象 $\overline{A}\cup B$ において事象 A と事象 B を入れ換えたものであるから，(＊)より

$$P(A\cup\overline{B})=1-\{P(B)-P(A\cap B)\}$$
$$=1-\left(\frac{1}{2}-\frac{5}{36}\right)=\frac{23}{36}$$

◀解　説▶

≪さいころを2個同時に投げる試行に関する確率≫

「2の目が少なくとも1個出る」という事象 A は，「2個のうち，2の目がちょうど1個か2個」であることを意味している。2の目が出る個数（回数）で分けて考えたり，「2の目が出ない」ことの否定として捉えることで対処できる。

一方，「出た目の和が偶数」となる事象 B は，「2個の目がともに奇数の目であるかまたはともに偶数の目である」ことを意味する。

これら2つの事象 A と B を組み合わせて作られる事象が起こる確率を求める問題である。

一般に，事象 X，Y に対して

$$P(X\cup Y)=P(X)+P(Y)-P(X\cap Y)$$

が成り立つ。(4)，(5)，(6)ではこの式が有効である。それは，それぞれ事象 $A\cap B$，$\overline{A}\cap B$，$A\cap\overline{B}$ という積事象が考えやすいことによる。

また，本問では根元事象が $6^2=36$ 通りしかないので，具体的な場合を目の値によって書き出して調べ上げることも可能である。

(5)，(6)は〔別解〕のように事象 $\overline{A}\cup B$ の余事象 $A\cap\overline{B}$ について，事象 A，B の集合として関係を考察することにより，その確率を求めることもできる。

2

解答 (1)　$f(x)-\int_{-1}^{0}xf(t)dt=2x^2-\int_0^1 f(t)dt$

$$\Longleftrightarrow f(x)=2x^2+x\int_{-1}^{0}f(t)dt-\int_0^1 f(t)dt$$

であり，a，b を定数として，$\int_{-1}^{0}f(t)dt=a$，$\int_0^1 f(t)dt=b$ とおくと

$$f(x)=2x^2+ax-b$$

すると

$$\begin{aligned}a&=\int_{-1}^{0}f(t)dt\\&=\int_{-1}^{0}(2t^2+at-b)dt\\&=\left[\frac{2}{3}t^3+\frac{a}{2}t^2-bt\right]_{-1}^{0}\\&=\frac{2}{3}-\frac{a}{2}-b\end{aligned}$$

であるから　$\frac{3}{2}a+b=\frac{2}{3}$　……①

また

$$\begin{aligned}b&=\int_0^1 f(t)dt\\&=\int_0^1(2t^2+at-b)dt\\&=\left[\frac{2}{3}t^3+\frac{a}{2}t^2-bt\right]_0^1\end{aligned}$$

$$=\frac{2}{3}+\frac{a}{2}-b$$

であるから　　$-\frac{a}{2}+2b=\frac{2}{3}$　……②

である。①，②より

$$a=\frac{4}{21},\ b=\frac{8}{21}$$

これより，求める $f(x)$ は

$$f(x)=2x^2+\frac{4}{21}x-\frac{8}{21}\quad\cdots\cdots(答)$$

(2)(i)　$a=2$ のとき，$g(x)=6x^3-9x^2+2$ より

$$g'(x)=18x^2-18x=18x(x-1)$$

したがって，$g(x)$ の増減は次のようになる。

x	$\cdots$	0	$\cdots$	1	$\cdots$
$g'(x)$	$+$	0	$-$	0	$+$
$g(x)$	↗	2	↘	-1	↗

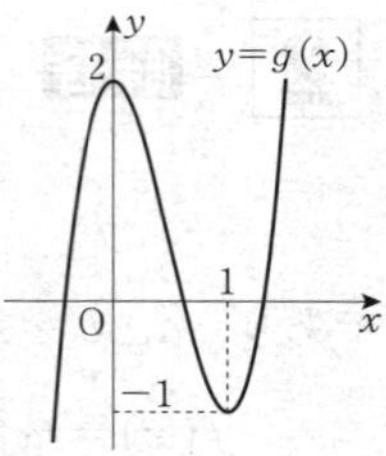

これより，$y=g(x)$ のグラフは右のようになる。

(ii)　$y=g(x)$ のグラフと $y=1$ のグラフの共有点の x 座標が

$$6x^3-9x^2+a=1$$

つまり，$6x^3-9x^2+2=3-a$ の実数解で与えられる。したがって，その個数は(i)で描いた $y=6x^2-9x^2+2$ のグラフと直線 $y=3-a$ との共有点の個数と等しく

$3-a<-1$ または $3-a>2$，つまり，$a>4$ または $a<1$ のとき，1個。
$3-a=-1$ または 2，つまり，$a=1,\ 4$ のとき，2個。
$-1<3-a<2$，つまり，$1<a<4$ のとき，3個。

……(答)

◀解　説▶

≪小問2問≫

(1)は積分を含む等式を満たす関数を求める問題であり，未知関数を積分の情報から求める，いわゆる「積分方程式」の問題である。$\int_{-1}^{0}xf(t)dt$ と $\int_{0}^{1}f(t)dt$ の2つの積分が含まれているが，ともに積分区間が定数から定

数になっていることに着目しよう。ただし，$\int_{-1}^{0} xf(t)dt$ は t の関数として積分を考えているため，被積分関数に含まれる x という文字には注意が必要である。このような場合，$\int_{-1}^{0} xf(t)dt = x\int_{-1}^{0} f(t)dt$ と x を積分記号の“外へ出す”とよい。すると，$\int_{-1}^{0} f(t)dt$ や $\int_{0}^{1} f(t)dt$ はある定数であり，これらをそれぞれ a，b とおくことで，未知関数 $f(x)$ の形がある程度みえてくる。つまり，$f(x)=2x^2+ax-b$ という形をしていて，関数 $f(x)$ を求めることは a，b の値を求めることに他ならないのである。関数 $f(x)$ の形がわかると，a，b を定義した積分計算が実行でき，a，b についての連立方程式が得られ，そこから a，b の値が求まる。

(2)　3 次関数のグラフについての問題と，グラフの共有点の個数を文字定数の値で場合分けして求める問題である。方程式において「移項する」という数式的な操作が「グラフの組み替え」を考えていることに対応していることをきちんと理解しておきたい。〔解答〕では(i)を利用する方針で解いた。

3　**解答**　(1)　$y=2\sin\theta+3\cos\theta$

$$=\sqrt{13}\left(\sin\theta\cdot\frac{2}{\sqrt{13}}+\cos\theta\cdot\frac{3}{\sqrt{13}}\right)$$

であり，ここで，右の図の角 α を用いると

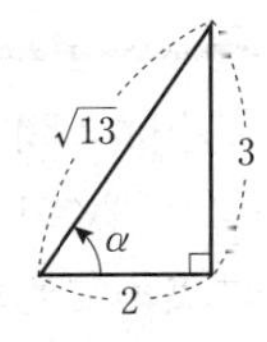

$$y=\sqrt{13}(\sin\theta\cos\alpha+\cos\theta\sin\alpha)$$
$$=\sqrt{13}\sin(\theta+\alpha)$$

と表される。

θ が実数全体を変化するとき，$\sin(\theta+\alpha)$ は最大値 1 を，最小値 -1 をとるので，y は最大値 $\sqrt{13}$ を，最小値 $-\sqrt{13}$ をとる。　……(答)

(2)　バクテリアの数が 10000 倍になるのが x 時間後であるとする。$2^x=10000$ を満たす x を求めればよく

$$x=\log_2 10000=\frac{\log_{10}10000}{\log_{10}2}=\frac{4}{0.3010}$$
$$=13.289\cdots$$

である。この小数第 3 位を四捨五入して　　13.29 時間後　……(答)

(3)　英語の点数を変量 x，数学の点数を変量 y とすると，次の表を得る。

	A	B	C	D	和	平均
x	7	4	5	4	20	5
y	6	9	9	8	32	8
$x-\overline{x}$	2	-1	0	-1		
$y-\overline{y}$	-2	1	1	0		
$(x-\overline{x})^2$	4	1	0	1	6	1.5
$(y-\overline{y})^2$	4	1	1	0	6	1.5
$(x-\overline{x})(y-\overline{y})$	-4	-1	0	0	-5	-1.25

これより，x と y の相関係数は

$$\frac{-1.25}{\sqrt{1.5}\times\sqrt{1.5}}=\frac{-1.25}{1.5}=-\frac{5}{6}=-0.833\cdots$$

であり，この小数第 3 位を四捨五入して　　-0.83　……(答)

(4)　$n=2,\ 3,\ \cdots$ に対して

$$\begin{aligned} a_n &= S_n - S_{n-1} \\ &= (n^2-n)-\{(n-1)^2-(n-1)\} \\ &= 2n-2 \end{aligned}$$

であり，$a_1=S_1=1^2-1=0$ であるから，すべての正の整数 n に対して

$a_n=2n-2$　……(答)

◀解　説▶

≪小問 4 問≫

(1)〔解答〕では，三角関数の（sin での）合成を用いて，変数 θ を 1 カ所に集めて処理した。もちろん，余弦の加法定理を用いることで，cos で合成することもできる。

ここでは，数学Bのベクトルの知識を活用した別解を紹介しておく。$2\sin\theta+3\cos\theta$ を $\vec{n}=(\cos\theta,\ \sin\theta)$ と $\vec{v}=(3,\ 2)$ の内積とみる。そして，$\vec{n}$ と $\vec{v}$ のなす角を t とおくと，θ が実数全体を変化するとき，t は $0\leqq t\leqq\pi$ の範囲を変化し

$$2\sin\theta+3\cos\theta=|\vec{n}||\vec{v}|\cos t=\sqrt{13}\cos t$$

であるから，$t=0$ のとき $\cos t$ は最大値 1 をとり，このとき，y は最大値 $\sqrt{13}$ をとる。

また，$t=\pi$ のとき $\cos t$ は最小値 -1 をとり，このとき，y は最小値 $-\sqrt{13}$ をとる。

⑵ バクテリアの数が 1 時間ごとに 2 倍になるので，2 時間後には 4 倍，3 時間後には 8 倍，4 時間後には 16 倍となっていく。一般に x 時間後には 2^x 倍となる。したがって，$2^x=10000$ となる x を求める問題である。

この x は対数を用いて，$\log_2 10000$ と書けるが，$\log_{10}2$ の値が与えられており，これを利用するため，「a，c は 1 でない正の数，M を正の数とするとき

$$\log_a M=\frac{\log_c M}{\log_c a}$$

が成り立つ」という底の変換公式を用いた。

⑶ 相関係数を計算する問題である。用語の定義，およびその意味を正確に理解しておこう。偏差とは，データの各値から平均を引いた値のことである。偏差の 2 乗の平均を考え，これを分散という。分散の負でない平方根が標準偏差である。

一般に，大きさ n のデータ x が x_1，x_2，…，x_n からなるとき，x の平均 $\overline{x}$ は

$$\overline{x}=\frac{1}{n}(x_1+x_2+\cdots+x_n)$$

である。総和の記号を用いて書けば

$$\overline{x}=\frac{1}{n}\sum_{k=1}^{n}x_k$$

である。そして，x の分散 $\mathrm{S}_x{}^2$ は

$$\mathrm{S}_x{}^2=\frac{1}{n}\{(x_1-\overline{x})^2+(x_2-\overline{x})^2+\cdots+(x_n-\overline{x})^2\}$$

である。総和の記号を用いて書けば

$$\mathrm{S}_x{}^2=\frac{1}{n}\sum_{k=1}^{n}(x_k-\overline{x})^2$$

である。x の標準偏差 S_x は

$$S_x=\sqrt{\frac{1}{n}\sum_{k=1}^{n}(x_k-\overline{x})^2}$$

で与えられる。

さて，もう1つの変量 y が与えられたとき，x と y の共分散 S_{xy} とは，x と y の偏差積の平均，つまり

$$S_{xy}=\frac{1}{n}\{(x_1-\overline{x})(y_1-\overline{y})+(x_2-\overline{x})(y_2-\overline{y})+\cdots+(x_n-\overline{x})(y_n-\overline{y})\}$$

である。総和の記号を用いて書けば

$$S_{xy}=\frac{1}{n}\sum_{k=1}^{n}(x_k-\overline{x})(y_k-\overline{y})$$

である。これらをもとに，x と y の相関係数 r_{xy} は

$$r_{xy}=\frac{S_{xy}}{S_xS_y}=\frac{\frac{1}{n}\sum_{k=1}^{n}(x_k-\overline{x})(y_k-\overline{y})}{\sqrt{\frac{1}{n}\sum_{k=1}^{n}(x_k-\overline{x})^2}\sqrt{\frac{1}{n}\sum_{k=1}^{n}(y_k-\overline{y})^2}}$$

で定められる。これは必ず -1 以上1以下の値になる。

なお，本問の最後の処理として，負の数の四捨五入が要求されるが，それはその絶対値を四捨五入したものに負号をつけたものである。

(4)　数列の和と一般項の関係を問う問題である。和 S_n の情報から一般項 a_n を考えるタイプであるが，2つの和 S_n と S_{n-1} の違いに着目すれば，その正体が a_n であることは明らかである。また，$a_1=S_1$ である。

経済学部 経営学科

◀産業社会に関する理解力と思考力を問う試験（英語を含む）▶

1　**解答**　問１．①紛争　②偏見　③混沌　④効率　⑤指摘
⑥価値　⑦構築　⑧認識　⑨抑制　⑩行為

問２．⑵

問３．共感には集団への帰属を促す作用があり，個人間であっても，一方が他方の行動に共感を示すことで集団の芽が形成され，共感者が増えるにつれ，内集団に発展するという意味。（80字以内）

問４．⑸

◀解　説▶

≪内集団ひいきと共感≫

問２．二重下線部Ⓐの「内集団ひいき」に関する説明として，ふさわしくない記述を５つの選択肢から１つ選ぶ。

⑵不適。課題文中に「類似性の高い内集団成員を保護する」との記述はない。なお「保護」は，最終段の記述にある通り，助けを求める「外集団の成員」に対し，共感的反応を示す場合にとられる行為である。

⑴適切。「自分が所属する集団の地位を高めるような行動をとる」は，第３段最終文「内集団ひいきが生じ…相対的に内集団が高い位置を占めるような認知や行動を示す」と整合する。

⑶適切。「集団を，特段の理由なく２つに分けただけでも，内集団ひいきは生じる」は，第２段第２文「１つのクラスを…２つの集団にランダムに分けるだけで…同一集団の成員をひいき」の部分と対応する。

⑷適切。「集団への帰属を強めることで，結果的に自己評価を高める」は，第３段後半，「（集団に属する個人は）集団と個人を同一視する。…内集団の価値を維持し，高めることによって，自己概念を高める」から読み取れる内容と対応する。

⑸適切。「内集団ひいきは，自己カテゴリー化によって生じる」について

は，第１段「自己カテゴリー化によって，…結果的に，内集団をひいき」の部分と対応する。

問３．二重下線部Ⓑ「共感によって１つの内集団が形成される」を 80 字以内で説明する。まず，①共感そのものがどのような機能を持つのかを示したうえで，②「共感→内集団形成」のプロセスを述べればよい。結果的に，二重下線部Ⓑを含む段落内をまとめる形となる。

①二重下線部Ⓑが含まれる第５段冒頭で述べられている通り，ここでの共感の機能は，「特定の集団への帰属や社会的アイデンティティ」を促進するものである。ちなみに，前段落で述べられている共感の機能と混同しないように注意したい。前段落で言及されているのは「内集団への帰属意識が共感を促す」という逆方向の作用であり，設問の要求には含まれていないため，本設問で述べる必要はない。

②二重下線部Ⓑの直前にある通り，「他者と共感者」という個人間で生じた共感から，内集団形成にまで至るためには，共感が「より多くの個人」に広がる必要がある。この点も明記する。

以上をもとに，80 字以内にまとめればよい。

問４．⑸が正解。本文の内容と合致する選択肢を選ぶ問題である。第３段第２文「人間には，様々な属性に基づいて対象を分類し，カテゴリー化しようとする傾向があり」という部分が，「人にはもともと，物事をなんらかの属性でカテゴリー化しようとする傾向がある」と合致する。

⑴不適。第３段第３文にあるように，外集団は，「自己が所属している」内集団ではない「他の集団」のこと。個人と外集団は，必ずしも利害が対立するわけではない。

⑵不適。第２段で述べられているように，最小条件集団であっても，同一集団の成員をひいきする。そして，内集団ひいきは，集団内での共感を促進するため，「共感を示すことは難しい」とする選択肢の内容とは合致しない。

⑶不適。最終段にあるように「保護」は敵対的外集団に対して行われる行為。選択肢後半の「内集団の成員がいじめの対象になることはない」という記述については，課題文中では言及されていない内容である。

⑷不適。第３段に「内集団への同一視」についての記述があるが，もともとの個人の自己評価との関係については，課題文中では述べられていない。

2 解答

問1．racism　問2．②　問3．①

問4．(う)→(え)→(あ)→(い)

◆全　訳◆

≪アメリカの暗闇の中の一筋の光≫

私は個人的にも企業家としても苦しんできた。私は人種差別と悪意の対象であった。しかし，私はまた希望を持つことも学んだ。単に暗闇の時代なのではなく状況をよりよくする時代でもあるからだ。

生きていくのにすばらしい時代だ。2020 年の３つのパンデミック——新型コロナウイルス，経済の減速そしてアフリカ系アメリカ人に対する警察の残忍さと不正——は私たちの世界を覚醒させる完璧な一連の出来事であった。私はその醜悪さに衝撃を受けている。しかし，私は美しいものを見出すことにこだわる。今年が私たち全員にとって強力な変化の年になることが明らかにならないうちに，今年は私の会社のザ・ハニー・ポットに強力な変化をもたらすであろうことを私たちは知っていた。我が社の植物由来の女性向けケア製品はターゲット社で取り扱われているのだが，2019 年の後半に，この小売業者が私に，黒人歴史月間と女性歴史月間と連動して，サプライヤーの多様性を進める戦略のためのコマーシャルに参加しないかとたずねてきたのだ。これはすばらしい機会だったので，私は張り切って引き受けた。私たちが撮ったコマーシャルの中で，私は CEO として他の若い黒人の少女たちの模範になりたい，つまり彼女たちは何でも達成できるのだと示したいと語った。本当に能力に限界はないのだ。

このコマーシャルが２月に放映されるとすぐに，ザ・ハニー・ポットは，人種や人種間の関係に関して不快なことを言いたがる人々から，人を傷つけるメールを受け取り始めた。私たちは最初はこういったメールに一切注意を払わなかった——そのようなコマーシャルが引き金となって否定的なことばかり言う人が現れるだろうと思っていたのだ。しかし，私たちの義理堅いお客様の一人が，トラスト・パイロット・ドットコム上でザ・ハニー・ポットにいくつかの１つ星のレビュー——これは非常に煽情的で私たちを人種差別主義者と非難しているものであった——が付いているのを発見したとき，このような否定的なことばかり言っている人たちの望みは，ザ・ハニー・ポットを貶めることだということがはっきりした。おもしろいのはここだ。つまり，反対のことが起こったのだ。レビューを見つけた例のお客様がツイッターとインスタグラムでそのレビューについて投稿すると，24 時間以内にすべてが拡散し，私たちが想像できないほどの愛情や支援，擁護のメッセージが否定的なレビューを上回って殺到したのである。本当に信じられないことであった。

私はこういった匿名のレビュアーが私の会社について書いたことに対して腹を立てたかどうかたずねられることが多い。しかし，その時のことを考えると，私は幸運だと感じる。一方の側では，人々は私と私の会社を傷つけようとしていた。しかし，もう一方のより強力な側では，人々は私たちを元気づけてくれ，私たちの擁護に回ってくれたのだ。それは心地よく感じられた。ふと気づくと私は愛情と決意の場にいたのだ。人として会社のオーナーとして自分が何者なのか正確にわかっていることに気づいた。私はその空間に自信をもって立っていることができるのだ。

以下は私の人生の一貫した教訓である。「私たちには悲劇を前向きな姿勢に変える能力がある」 私は死にかけた誕生の瞬間に初めてそれを学んだのだ。

黒人女性の企業オーナーとして，私は一度ならず人種差別と性差別を受けてきた。そういったときに，あのネガティブなエネルギーを受け入れないのは難しい。腹を立てないのは難しい。非難せずにいるのは難しい。しかし，長年直接仕事をしてきたため，私は選ぶことを学んだ。私はどのエネルギーに関わったらいいか選ぶことができる。どう対応したらいいか選ぶことができる。そして私自身を選ぶことができるし，これからもずっとそうしていくであろう。

過去数十年にわたり，私たちは人間の意識が一斉に覚醒するのを見てきた。そしてより多くの人々が集まり，私たちがどう生きるかの新たな理想を作ろうとしているのだ。私たちが平和的に抗議するのであれ，激しい抵抗心にあおられた騒動の中で怒りをあらわにするのであれ，人間は何かもっとよいものを求めてどこかで戦っているのだ。

私にとって，私自身を選ぶ目的の一部は自分の恐怖心を克服することであり，今年この恐怖心の多くに私たちは直面しているのだ。容易に人種差別と残忍さをばら撒き，その一方で自らの責任を認め自らの悪行を改めることがなかなかできない国家に属する許可を私はもはや求めていない。私の先祖は数百年前に自分の意思に反してこの国に連れてこられた。だから，私は自分自身の中の平和と平等を通して私なりの修復を始めるつもりだ。そして私は人間として，女性として，企業家として，自分が選ぶところならどこでも，しかるべき地位を得ようと思う。

◀解　説▶

問1．第1段第1文（I have …）に「私は個人的にも企業家としても苦しんできた」とある。次の文で「私は (a) と悪意の対象であった」と続く。ここでは第1文の「苦しんできた」が具体化されていると言っていいだろう。空所は名詞でしかもマイナスの意味の不可算名詞が入ることを押さえておく。第3段（As soon …）の空所は accuse *A* of *B*「*B*（罪や悪い行い）のことで *A*（人）を非難する」の *B* の位置にある。ただ，第6段（AS A …）の空所が一番わかりやすいと言っていいだろう。空所の前後は AS A BLACK, FEMALE BUSINESS OWNER, I have been approached with (a) and sexism … とある。BLACK と空所，FEMALE と sexism が対応していることは明白だ。sexism の ism もヒントで，racism「人種差別」が正解。

問2．下線部の前に I said that as a CEO, I wanted to be an example to other young Black girls, to show them that they can accomplish anything「私は CEO として他の若い黒人の少女たちの模範になりたい，つまり彼女たちは何でも達成できるのだと示したいと語った」というくだりがある。to be … と to show … の間にコンマがあるが，これは同格を表し，前後はイコールの内容であることを押さえよう。The sky is the limit. は単語だけを見ていると間違った解釈をしてしまうかもしれないが，「可能性は無限にある」のような意味で使える表現だ。問題文では黒人の少女たちに，私が CEO になれたのだから，あなたたちにも無限の可能性があると言いたいのだとわかる。④も悪くない選択肢に見えるが，ここでは「すべての人」ではなく②の「若い黒人の女性」を主語にする。

問3．空所の前にある it はコマーシャルを受けて一部の人が筆者の会社に低評価のレビューを付けたことを指していると考えられる。第3段（As soon …）の空所の前はコマーシャルを放映したことによるマイナスの反応が書かれている。derogatory や naysayers は難単語だが注で説明されている。まさにマイナスの意味の語だ。一方，空所の後ろでは love, support, and protection からわかるように，プラスの反応が現れたと述べられている。したがって，opposite を入れるのが適切。the opposite で「正反対のこと，逆のこと」の意味。

問４．最初に来る選択肢は(う)となる。「私はこういった匿名のレビュアーが私の会社について書いたことに対して腹を立てたかどうかたずねられることが多い」という内容だ。that や those は this や these と違い，少し離れている箇所を受ける可能性があり，事実 those anonymous reviewers は第３段第１文（As soon …）の people who … race relations や同段第２文（We didn't …）の some naysayers who'd … a commercial を受けている。したがって，(う)はおそらく第３段の直後に来ると予想できる。次に，彼らの中傷に対して「私」が腹を立てたかどうかの答えが来るのではないかと考えるのが妥当であろう。実際，次に(え)が続くことになる。「腹を立てたかどうか」の質問に対して，I feel lucky.「私は幸運だと感じる」と心の中で答えているので，逆接の But が使われていることになる。また，that moment「その時」は at that time「その時に」の表現からも推測できるかもしれないが，過去のことを言うのが基本。I took offense to … の時を受けている。on (the) one hand「一方では」と on the other hand「もう一方では」の対比を表す有名な表現と同様に，On one side「一方の側では」は(あ)の But on the other, stronger side「しかし，もう一方のより強力な側では」と対比関係を成している。したがって(え)の次に(あ)とつながっていく。具体的内容も people were trying to hurt me and my company と people were lifting us up and coming to our defense がちょうど反対になっていることがわかる。最後に(い)となる。It felt harmonious の It は前文（But on …）の内容を受けていると解するのがよい。「人々は私たちを元気づけてくれ，私たちの擁護に回ってくれた」のだから，harmonious「心地よく」感じられるのも当然だろう。I found myself 以下は，自分や自分の会社に対する批判的なレビューと励ましの言葉の両方の経験から，自分の立ち位置がわかったとまとめていると解することが可能だ。

3 **解答** 問１．④ 問２．⑤ 問３．② 問４．④

◀解　説▶

≪データの分析に関する正誤判定≫

問1．(ア)，(イ)，(エ)の内容は一般には正しくない。(ウ)に関して，平均値という代表値は中央値に比べて極端な値の影響を受けやすく，正しい記述である。このような極端な値は「外れ値」とよばれる。

問2．一般に，データの各値を一斉に a $(a\neq 0)$ 倍すると，平均値と中央値は a 倍に，分散は a^2 倍に，標準偏差は $|a|$ 倍になる。

問3．一般に，n 個の変量 x_1，x_2，…，x_n からなるデータ x に対して，$i=1$，2，…，n について $y_i=ax_i+b$ $(a\neq 0)$ で定められる n 個の変量からなるデータを y とするとき

$$(y\text{の平均値})=a\cdot(x\text{の平均値})+b$$
$$(y\text{の中央値})=a\cdot(x\text{の中央値})+b$$
$$(y\text{の分散})=a^2\cdot(x\text{の分散})$$
$$(y\text{の標準偏差})=|a|\cdot(x\text{の標準偏差})$$

が成り立つ。

問4．(ア)について，相関係数が 0 のとき，直線的な相関関係は認められないが，関連がないとはいいきれない。(イ)について，散布図が異なる形であっても相関係数の値が等しくなることはあるので，(イ)の記述は正しい。(ウ)について，相関係数の定義式が 2 つの変量について対称的であることから，(ウ)の記述が正しいことがわかる。(エ)について，相関係数の値は必ず -1 以上 1 以下の値であるので，(エ)の記述は正しくない。

4 **解答** 問1．A．42　B．0.81　問2．③，④

◀解　説▶

≪共分散，相関係数とその性質≫

問1．Aは与えられたデータから相関係数の値を計算する問題である。相関係数の定義式が書かれていたり，x，y の平均や標準偏差も書いてくれているので，必要な値のみ自分で計算すればよい。その正確な処理のために，次のような表を作ってみるのもよいだろう。(与えられた表の余白に必要なデータを書き込んでいくのが実践的である。)

x	29	40	29	34	33
y	64	90	55	56	60
$x-\overline{x}$	-4	7	-4	1	0
$y-\overline{y}$	-1	25	-10	-9	-5
$(x-\overline{x})(y-\overline{y})$	4	175	40	-9	0

これより，x と y の共分散 S_{xy} は

$$S_{xy}=\frac{1}{5}\{4+175+40+(-9)+0\}=\frac{210}{5}=42$$

と求まる。

したがって，x と y の相関係数は

$$\frac{42}{4\times13}=\frac{21}{26}=0.807\cdots$$

であり，この小数第 3 位を四捨五入して，0.81 を得る。

問 2．①，②について，x と y の相関係数 0.81 が正の値であることから，これらは正しい記述である。③について，木曜日と金曜日の状況を比較することでこの記述が正しくないことがわかる。④について，相関関係が認められても因果関係が認められたとはいえないことに注意すると，この記述は正しくない。

■一般選抜（学部学科試験・共通テスト併用型）

問題編

▶試験科目・配点

学部	試験区分	試験教科・科目		配　点
法	大学入学共通テスト	外国語	『英語（リーディング，リスニング）』，『ドイツ語』，『フランス語』のうちから１科目選択	60 点
		国語	『国語』	40 点
		地理歴史または公民または数学	「日本史Ｂ」，「世界史Ｂ」，「地理Ｂ」，「倫理」，「政治・経済」，『倫理，政治・経済』，『数学Ⅰ・数学Ａ』のうちから１科目選択	40 点
	大学独自試験	学部学科適性試験	【学部共通試験】 社会（国際関係や環境問題を含む）と法・政治に関する試験（基礎学力や思考力を問うもの）	100 点
経済（経済）	大学入学共通テスト	外国語	『英語（リーディング，リスニング）』，『ドイツ語』，『フランス語』のうちから１科目選択	100 点
		国語	『国語』	100 点
		数学	『数学Ⅰ・数学Ａ』および『数学Ⅱ・数学Ｂ』	50 点 （各 25 点）
	大学独自試験	数学	【学部共通試験】 数学（Ⅰ・Ⅱ・Ａ・Ｂ「数列」「ベクトル」）	200 点
経済※（経営）〈英語選択〉	大学入学共通テスト	外国語	『英語（リーディング，リスニング）』，『ドイツ語』，『フランス語』のうちから１科目選択	20 点
		国語	『国語』	40 点
		地理歴史または公民または数学	「日本史Ｂ」，「世界史Ｂ」，「地理Ｂ」，「倫理」，「政治・経済」，『倫理，政治・経済』，『数学Ⅰ・数学Ａ』のうちから１科目選択	40 点
	大学独自試験	英語	英語	150 点
経済※（経営）〈数学選択〉	大学入学共通テスト	外国語	『英語（リーディング，リスニング）』，『ドイツ語』，『フランス語』のうちから１科目選択	40 点
		国語	『国語』	40 点
		地理歴史または公民または数学	「日本史Ｂ」，「世界史Ｂ」，「地理Ｂ」，「倫理」，「政治・経済」，『倫理，政治・経済』，『数学Ⅰ・数学Ａ』のうちから１科目選択	20 点
	大学独自試験	数学	【学部共通試験】 数学（Ⅰ・Ⅱ・Ａ・Ｂ「数列」「ベクトル」）	150 点

▶備　考

※経済学部経営学科は，大学独自試験の選択科目（英語・数学）によって大学入学共通テストの各科目の配点が異なるため，英語選択者，数学選択者を分けて合否判定する。募集人員に対する合格者の割合は，それぞれの志願者数および大学入学共通テストの得点状況を踏まえて決定する。

- 大学入学共通テストの英語の技能別の配点比率は，リーディング 100 点：リスニング 100 点（200 点満点）とする。
- 大学入学共通テストの国語は，古文，漢文を含む。
- 大学入学共通テストの選択科目を指定科目数以上受験した場合は，高得点の科目を合否判定に利用する。
- 大学入学共通テストの得点は，各学科の配点に応じて換算して利用する。
- 任意で提出した外国語外部検定試験結果は，CEFR レベル（A2 以上）ごとに得点化し，大学入学共通テストの外国語の得点（200 点満点）に上限付きで加点される。
- 大学独自試験の英語の出題範囲は，コミュニケーション英語Ⅰ，コミュニケーション英語Ⅱ，コミュニケーション英語Ⅲ，英語表現Ⅰ，英語表現Ⅱとする。（大学独自試験に英語を課す学科のみ）

法学部

◀社会（国際関係や環境問題を含む）と法・政治に関する試験（基礎学力や思考力を問うもの）▶

（75分）

次の文章(課題文)を読んで，後の問いに答えなさい。

解釈の必要は法令そのものの本質から来る(A)のであって，一見簡単に見える法規でも，解釈を通して初めて，その法的意味がわかるようにできているのが普通である。いわんや，いくつかの法規の組合せでできている法令は，法規相互の間に一定の脈絡をつけて全体が論理的に矛盾のない一つの統一体をなすような仕組で作られているから，法学的ソヨウ(ア)のある人の解釈を通してのみ，その法令全体の意味も，また一々の法規に含まれている法が何であるかもわかり得るのである。

理解を助けるために一つの例を引くと，刑法第235条の「他人ノ財物ヲ窃取シタル者ハ窃盗ノ罪ト為シ10年以下ノ懲役ニ処ス」という規定のように，一見平明に見える法規でさえも，これを実際に起る個々の具体的の事件に当てはめることを目的として解釈してみると，一つ一つの言葉の意味について，例えば「財物」とは何か，「他人ノ財物」とは何か，また「窃取」とは何かというような具合にいちいち疑問が起り，それをどう解釈するかによって，一定の行為が窃盗罪としてこの規定の適用を受けるかどうかが決るようにできているのである。

それでは，どうしていちいち解釈を経なければ法が何であるかが解らないような法規を作るのか，もっと平明に法そのものを法規として書き表すことはできないものであろうか。それは要するに，世の中の出来事が複雑多岐を極めているから，そのすべてを予想してその一々に適用される法を法規にしようとすると，非常に複雑な法規を作らねばならないことになり，また，たとえいかに複雑な法規を作っておいても，世の中のほうが更に一層複雑にできているから，結局法規の予想しない出来事が現れて処置に困ることとなるからである。そこで結局，法規としては単に抽象的な法則を作っておくに止めて，あとは解釈によってそこから複雑な法を導き出すような仕組にするのほかないのである。

法規がかかる性質のものである以上，個々の具体的事実に当てはまるべき法が解釈を待って明らかになるのは已(や)むを得ないことであるのみならず，ときには解釈者の意見によって何が法であるかについての見解が分れることがあり得るのも已むを得ないことで，それほど世の中そのものが，あらかじめいちいち法を明らかにしておくことができないほど複雑にできているのである。

かくのごとく，法規が初めから解釈を予定してできている以上，法規を取り扱う者は解釈によって法を明らかにする技術を心得ていなければならない。そして，その技術の種類およびその使い方については自ずから一定の決りがあり，またいろいろの理論もあるから，法学を学ぶ者は，少なくともそれらを習得して，自ら解釈を通して個々の場合に当てはまるべき法を見出す能力を体得する必要がある。従って，講義を聴いたり教科書を読む際にも，教師や著者が与えている解釈の結論にのみ重きを置くことなく，むしろその結論がいかなる理論により，いかなる技術を通して導き出されたかの経路に留意して，自らの解釈能力の涵養(かんよう)に役立たせる努力をしなければならない。

次に，初学者として是非とも知っておかなければならないことは，今でも法律家のあいだには「法秩序の［ a ］性」というドグマが力を持っていることである。例えば，裁判官は必ず法によって裁判しなければならない，裁判は必ず法―事実―裁判という三段論法の形式をとらなければならない，しかもその法は常に，必ずあらかじめ存在する，裁判官はその存在する法を見出してそれによって裁判をしなければならない，ということが一般に信ぜられているものである。裁判は必ず法によってなされねばならない，裁判官が法によらずに勝手な裁判をしてはならないということは，法治国における司法の根本原理で，これは誰にも理解できることであるが，そのよるべき法が，いかなる場合にも常に，必ずあらかじめ存在しているというのはどう考えても不合理である。それにもかかわらず，今なお法律家は，一般にいろいろな方法でその不合理を否定し，法秩序は全体として常に完全無欠であって，解釈よろしきを得れば必要な法を必ず見出し得ると主張しているのである。

その方法にはいろいろあるが，そのうち最もよく使われるものは「類推」Analogieである。これは例えば，甲という事実に適用せらるべき法が法規の解釈からはどうしても見出されない場合に，幸い甲と類似した乙に関して法があると，それを類推して甲についても類似の法があるというのである。法がない以上類似の事柄に関する法を類推して類似の法的取扱いをすることそれ自身は，法の基本的理念である公平の見地から考えて，必ずしも不合理ではない。しかし，この場合でも，法があるのではなくして実際の必要から法を作っているにすぎないと考えるほうが合理的であるにもかかわらず，多くの学者はこの当然の理を認めないで，(B)類推を解釈の一手段と考え，これによって法を見出すのだと説いている。

(中略)

現在法学といわれている学問の大部分は，「何が現行法であるか」の説明に当てられている。そして学者は一般に，これを「解釈法学」と名づけているが，それは法令の解釈を通して法を見出すことが主な仕事になっているためである。しかし，以上の説明でもわかるように，実際には法令の解釈によって法を見出すと言っていながら，実は法を作っていると考えられる事例が稀(まれ)でないのみならず，場合によっては，全く法令を離れて何が法であるかが説かれていることさえある。そのうえ法令の解釈によって法を見出すといわれている場合でさえも，それによって見出される法が解釈者によって必ずしも一でなく，同じ法規が人々によっていろいろ違って解釈されている場合が少なくない。それでは，一体かくのごとき(C)解釈上の意見の違いはどこから生れてくるのか。

その原因の第一は，広い意味での解釈技術に関する考え方が，人によってかなり違っていることである。その違いは実際上いろいろの形で現れているが，その最も(イ)ケンチョな例としては，或(あ)る人々が法令の形式的ないしは論理的解釈を通して法を見出し得る限度を非常に広く考えているのに反して，他の或る人々はそれを比較的狭く考えており，またそれらのなかにもいろいろと程度の差異があるという事実を挙げることができる。つまり，法令解釈の限度を広く考えている人々は，とかく眼の前に置かれている事実の具体的特殊性を無視もしくは軽視して，なるべくすべてを法規の適用範囲に入れてしまおうとする傾向がある。これに反して他の人々は，本来法規はすべて或る型として想定された事実を前提として作られているのだから，たまたま眼の前に置かれた事実がその型の範囲に入れば法規をそのままそれに適用してよいけれども，全くもしくは多少ともその型からはずれた事実にはそのまま法規を適用する訳にゆかない，この場合にはその与えられた事実を解釈者自らが改めて一つの型として考えながら，それに適用せらるべき法を自ら作らなければならないと考えるのである。

次に，解釈上の意見に差異を生ずる第二の原因は，彼ら各自の法的正義観に差異があり得ることである。ここで法的正義観というのは，広く言えば世界観もしくは人生観と言ってもよいが，この場合には，特に法に即して洗練された法律家独得の世界観であって，世間普通にいう世界観とは趣を異にしたものである。

（中略）

法的正義観は，個々の場合に裁判官が法規の解釈をするについての態度を決定する上に重要な働きをしている。学者の法規解釈が人によっていろいろ違う原因も，多くの場合，各学者それぞれが違った正義観を持っていることにあると言うことができる。法規解釈が純客観的に，無目的に行われるということは事実あり得ない。解釈は，結局技術であり，手段であるにすぎないのであって，それを使うのは人である。従って，その人がいかなる正義観を持っているかによって解釈が違ってくることがあり得るのは当然のことである。

そうだとすると，いやしくも法学を学ぼうとする者は，単に法規を形式的に解釈する技術を習得するだけでなく，同時にその技術を使うについてのシヒョウ(ウ)たるべき法的正義観の涵養に力めなければならない訳であるが，かかる正義観の涵養はどうすればできるのか，現在の法学教育はその点について実際どういうことをしているか。

それには，大体三つの方法がとられていると私は思う。

第一は，講義なり教科書で法令の解釈をしてみせている間に，教師や著者は——表面上それを口にしないけれども，実は——それぞれ一定の法的正義観に導かれながら，解釈技術を駆使している。彼らはその正義観を特に一定の形式で表現していないけれども，実際には各自それぞれ一定の正義観を持っているのが当然であって，それが自ずから彼ら各自の解釈態度を決定し，解釈となって現れているのである。だから，学生は解釈の形で法令の知識を与えられている間に，一面，解釈技術を習得すると同時に，他面，知らず知らずの間にその教師なり著者が解釈のシヒョウ(ウ)として持っている法的正義観を教え込まれることとなるのである。

第二は，解釈法学と別に，法哲学というような形で法思想の教育が行われ，その教育を通して法的正義観が理論的に教えられているのが普通である。現在我が国で行われている法哲学の講義においては，先(ま)ず第一に法思想史が教えられているのが通例であるが，それは学生に広く法思想のヘンセン(エ)発展した歴史を教えて，彼らが自ずから自己の法思想に批判を加えてその法的正義観を養うことに役立つのである。次には，教師なり著者が自己の抱懐している法的正義観を理論的に展開してみせるのを通例としているが，これによって与えられる思想的訓練が，実際上法令解釈の態度にまで直接影響を及ぼすことは，従来の実情から言うと，むしろ稀である。殊に，法令解釈の具体的体験を持たない学者の法哲学には，そういう傾向が強い。

第三に，明治このかた我が国の法学教育においては，一般に法史学と外国法が教科目に加えられているが，それらが，教育の主要部分をなしている解釈法学といかなる関係に立つかについては，時代によって考え方のヘンセン(エ)が認められるのみならず，現在でも，学者によって考え方が違っているように思われる。理想の法学体系を考えてみれば――後に述べるように――，法史学および比較法学の研究を通して与えられる法および法に関するデータを豊富に持つことは，我々の法に関する視野を広めるとともに，法的思惟（しい）を深めることに寄与し，それがやがて解釈法学にも，また立法上にも非常に役立つこととなるのは勿論（もちろん）であるから，これらの研究および教育を，もっと法学全体との関係を考えて根本的に考え直してみる必要があるように思うのである。

以上のように考えてみると，現在我が国の法学は，全体として何となく科学的に体系化されておらない。教育の中心をなしている解釈法学の教育にしても，ただ前々からの伝統を追って行われているだけであって，教育は本来の目的を十分に発揮していないように思われるのである。そして，このことが，特に初学者に法学の学習をむずかしい，もしくはつまらないものと感じさせる原因となり，もしくは法学そのものを非科学的に感じさせる原因になっているのではないかと私は考えている。

私は，法学本来のあるべき姿は，もっと科学的なものでなければならないと考えている。現在多くの大学で教えられているいろいろの教科目にしても，それら相互の間に理論的の脈絡をつけて体系立ててみれば，もっと科学の名にふさわしい法学が成り立ち，もっと学生の理性を満足せしめ得るような法学教育が行われ得るのではないかと考えている。

以下にこの点に関する私の考えを素描すると，先ず第一に，法学の中心をなすものは「実用法学」であって，それは解釈法学と立法学とに大別されるが，その両者に通ずる科学としての本質は法政策学である。立法学は一定の政治目的のために，最もその目的に適（かな）った法令を作る科学的方法を研究する学であり，解釈法学は個々の具体的事件に適正な法的取扱いを与える科学的方法を研究する学である。科学としての解釈法学は，単に法令を形式的に［①］することを目的とする技術ではなくして，個々の具体的事件に妥当すべき法を［②］することを目的としている。表面上単に法規を形式的に［③］しているように見える場合でも，実は法の［④］が行われているのであって，［⑤］を必要としない場合は，初めから［⑥］を要せずして法が明らかな場合にほかならない。いやしくも［⑦］が行われる場合こは，程度の差こそあれ必ず法の［ ⑧ ］が行われるのである。無論，法を［ ⑨ ］すると言っても，［ ⑩ ］によって法規が作られるのとは違う。［ ⑪ ］の場合には，適用の対象たるべき不特定の事実を想定して抽象的な法規を作るのに反し，この場合には，与えられたる具体的事件を法的に処理するために必要な，具体的な法を，その必要の限りにおいて作るにすぎない。しかし，その法といえども，もしも他に別の同種の事件があるとすれば，それにも適用されてよいという想定の下に作られるのであって，その意味においては，なお法たる性質を有するということができる。多くの学者は今でも，一般に［ ⑫ ］の法［ ⑬ ］性を認めないのを通例としている。そしてその理由として，解釈に法［ ⑭ ］性を認めることは［ b ］の政治原則を紊(みだ)るものだと言うのであるが，かくのごときは，［ ⑮ ］における法規の定立と［ ⑯ ］による法の［ ⑰ ］性との差異を理解しないものと言わねばならない。

第二に，法［ c ］としての実用法学は，一面において「法哲学」によって政策定立の理念と<u>シヒョウ</u>(ウ)とを与えられると同時に，他面においては，「法社会学」によって発見された法に関する社会法則によって政策実現の方法を教えられる。実用法学と法社会学との関係は，たとえて言えば，工科の学問と理科の学問との関係，<u>リンショウ</u>(オ)医学と基礎医学との関係に似ている。技術学としての工科の学問は，一定の文化目的を達するために，自然科学としての物理学や化学によって発見された自然法則を利用する。それと同じように，［ c ］としての実用法学は，社会科学としての法社会学が発見した法に関する社会法則を利用して，立法や裁判の合理化を図るのである。法哲学は立法，裁判等の法実践にむかって<u>シヒョウ</u>(ウ)を与えるけれども，その<u>シヒョウ</u>(ウ)に従って立法し裁判する実際の動きは，法の社会法則によって制約されるのである。

かくのごとき意味での法社会学は今のところまだ十分に発達していないから，現在では立法者や裁判官が各自の個人的経験や熟練により，または法史学や比較法学の与える個々の知識を手引として立法し，また裁判しているにすぎないけれども，やがて法社会学が段々に発達してゆくにつれて，それによって発見され定立された法の社会法則が，立法上にもまた裁判上にも利用されるようになり，かくして法［ c ］としての実用法学が段々に科学化するに至るのだと私は考えている。工科の学問にしても<u>リンショウ</u>(オ)医学にしても，自然科学が今のように発達するまでは，専ら工人や医者の個人的経験や熟練によってのみ行われていたのであって，それらの学問が現在のように科学の名にふさわしい学問にまで発達したのは，自然科学の発達によって自然法則を利用することができるようになったからである。法学の場合には，今なおそれと同じ程度に発達した法社会学がないために，実用法学が十分に科学化していないけれども，最近における法史学や比較法学の発達，その他人種学，社会学等の発達は，ようやく法の社会法則の発見を目指す科学としての法社会学の成立を可能ならしめつつある。私は，この科学が，やがて自然科学と同じ程度に実用法学に必要な社会法則を十分提供し得るところまで発達すれば，法学が真に科学の名にふさわしい学問にまで発展し，立法や裁判のごとき法実践が，もっと無駄と無理のない合理的なものになるに違いないと考えている。

＊末弘厳太郎「法学とは何か——特に入門者のために」(同『役人学三則』岩波書店，2000年所収〔初出・法律時報23巻４号，５号(1951年)〕)を一部改変。

問１　下線部(ア)〜(オ)に相当する漢字を含むものを，次の各群の①〜⑤のうちから，それぞれ一つ選べ。

(ア)　ソヨウ

①　生物は，サンソがないと生きていけない。
②　私のソセンは，外国の出身だ。
③　ソボウな振る舞いはやめろよ。
④　戦争中は，田舎にソカイした。
⑤　そのような事態は，何としてもソシする。

(イ)　ケンチョ

①　ケンヤクして貯金に励もう。
②　支店長にそのようなケンゲンはない。
③　ケンビキョウで虫を眺める。
④　ロケットが，タイキケンを突破した。
⑤　彼の体は，よく鍛えたガンケンな体だ。

(ウ)　シヒョウ

①　それを聞いてヒョウシ抜けしたよ。
②　彼女の説明を聞いて，たちまち疑問がヒョウカイした。
③　交通ヒョウシキをよく見て運転しよう。
④　彼は今，映画のヒヒョウを書いている。

⑤　今日は，選挙のカイヒョウ日だ。

(エ)　ヘンセン

①　それは，センリョの極みでした。

②　センイツに学問に励む。

③　警官が，いろいろと理由をセンサクしてきた。

④　この場所をセンユウしている。

⑤　彼は，閑職にサセンされた。

(オ)　リンショウ

①　玄関のヨビリンが鳴った。

②　それは，ジンリンにもとる行為だ。

③　彼は，状況に応じてリンキオウヘンに対応した。

④　ゼンリン外交を展開する。

⑤　この絵の人物のリンカクは，くっきりと描かれていない。

問2　下線部(A)「解釈の必要は法令そのものの本質から来る」とはどのような意味か。最も適当なものを下記から一つ選べ。

①　法規は，単に抽象的な法則として作成するに止め，解釈によってそこから複雑な法を導き出すような仕組みにするしかない。

②　法規は，これから起こる世の中の出来事を予想して作成されるので，非常に複雑なものとならざるをえない。

③　法規を取り扱う者は，解釈によって法を明らかにする技術を心得ているのが一般的である。

④　裁判官が法によらずに勝手な裁判をしてはならないということが，法治国における司法の根本原理である。

⑤　法令の形式的ないしは論理的解釈を通して法を見出し得る限度についての考え方が，人によってかなり違っている。

問3　下線部(B)「類推を解釈の一手段と考え」とあるが，この類推に該当する解釈として最も適当なものを，下記から一つ選べ。

①　通常の言葉の用法によれば，概念Xは要素xを含む集合と解されるところ，概念Xを当該要素のみを指すものと解する。

② 通常の言葉の用法によれば，概念Xは要素x'も含む集合と解されるところ，概念Xには要素x'は含まれないものと解する。

③ 通常の言葉の用法によれば，概念Xは要素yを含む集合とは解されないところ，概念Xには要素yは含まれないものと解する。

④ 概念Xは要素xを含み要素yを含まないが，要素yは要素xに準ずるものといえるので，要素yも概念Xに含まれるものと解する。

⑤ 概念Xは要素yを含まず，要素yは概念Xに含まれるどの要素に準ずるものともいえないが，あえて要素yも概念Xに含まれるものと解する。

問4　下線部(C)「解釈上の意見の違いはどこから生れてくるのか」とあるが，解釈上の意見の違いが生じる原因を50字以内でまとめよ。

問5　課題文中の［ a ］，［ c ］にふさわしい語句を本文中から抜き出せ。

問6　課題文中の［ b ］には，国会，内閣，裁判所の三つの独立した機関が相互に抑制し合い，バランスを保つことにより，権力の濫用を防ぎ，国民の権利と自由を保障することを目的とする原則を意味する言葉が入る。［ b ］に当てはまる言葉を答えよ。

問7　課題文中の［ ① ］～［ ⑰ ］に入る語として適切なものを，下記のいずれかから選べ。

Ⓐ 立法

Ⓑ 解釈

Ⓒ 創造

問8　課題文の主張と合致しないものを，下記から<u>すべて</u>選べ。

① 工科の学問が科学の名にふさわしくない時期もあった。

② 自然科学は，自然法則を利用する。

③ 法史学や比較法学の発展は，法学の科学的体系化に寄与する。

④ 法哲学と実用法学の関係性は，基礎医学とリンショウ医学の関係性に類似する。

⑤ 裁判官が個人的経験や熟練を重ねることで，実用法学が徐々に科学化する。

■経済学部■

◀数　学▶

（75 分）

マークによる数値解答欄についての注意

解答欄の各位の該当する数値の欄にマークせよ。その際，はじめの位の数が 0 のときも，必ずマークすること。

符号欄がもうけられている場合には，解答が負数の場合のみ − にマークせよ。（0 または正数の場合は，符号欄にマークしない。）

分数は，既約分数で表し，分母は必ず正とする。また，整数を分数のかたちに表すときは，分母を 1 とする。根号の内は，正の整数であって，2 以上の整数の平方でわりきれないものとする。

解答が所定欄で表すことができない場合，あるいは二つ以上の答が得られる場合には，各位の欄とも **Z** にマークせよ。（符号欄がもうけられている場合，− にはマークしない。）

〔解答記入例〕 ア に 7， イ に −26 をマークする場合。

	符号	10 の位											1 の位										
	—	0	1	2	3	4	5	6	7	8	9	Z	0	1	2	3	4	5	6	7	8	9	Z
ア	○	●	○	○	○	○	○	○	○	○	○	○	○	○	○	○	○	○	○	●	○	○	○
イ	●	○	○	●	○	○	○	○	○	○	○	○	○	○	○	○	○	○	●	○	○	○	○

〔解答表示例〕

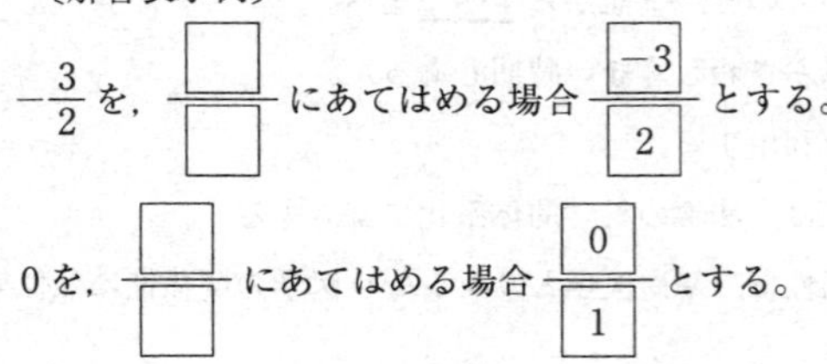

$-\frac{3}{2}$ を，$\frac{\square}{\square}$ にあてはめる場合 $\frac{\boxed{-3}}{\boxed{2}}$ とする。

0 を，$\frac{\square}{\square}$ にあてはめる場合 $\frac{\boxed{0}}{\boxed{1}}$ とする。

$-\dfrac{\sqrt{3}}{2}$ を，$\dfrac{\boxed{}}{\boxed{}}\sqrt{\boxed{}}$ にあてはめる場合 $\dfrac{\boxed{-1}}{\boxed{2}}\sqrt{\boxed{3}}$ とする。

$-x^2+x$ を，$\boxed{}\,x^2+\boxed{}\,x+\boxed{}$ にあてはめる場合

$\boxed{-1}\,x^2+\boxed{1}\,x+\boxed{0}$ とする。

1 次の問いに答えよ。

(1) 正の整数 n に対して，2021! が 43^n で割り切れるとき，最大の n は $\boxed{\text{ア}}$ である。

(2) 点 P は円 $x^2+y^2=9$ 上にある。点 P，点 A$(-2,1)$，点 B$(-1,0)$ を頂点とする △PAB の面積を最大とする点 P の座標は

$\left(\dfrac{\boxed{\text{イ}}}{\boxed{\text{ウ}}}\sqrt{\boxed{\text{エ}}},\ \dfrac{\boxed{\text{オ}}}{\boxed{\text{カ}}}\sqrt{\boxed{\text{キ}}}\right)$ である。このとき，△PAB

の面積は $\dfrac{\boxed{\text{ク}}}{\boxed{\text{ケ}}}+\dfrac{\boxed{\text{コ}}}{\boxed{\text{サ}}}\sqrt{\boxed{\text{シ}}}$ である。

(3) 実数 x, y は $x \geqq 1,\ y \geqq 1$ であり，$(\log_9 x)\cdot(\log_4 y)=4$ を満たす。$\log_3 x+\log_2 y$ は，$x=\boxed{\text{ス}}$，$y=\boxed{\text{セ}}$ のとき，最小値 $\boxed{\text{ソ}}$ をとる。

(4) 区間 $0 \leqq x \leqq \pi$ において，以下の 2 つの関数

$$\begin{aligned} f(x) &= -\sin^2 x+\cos x+a+1 \\ g(x) &= -\cos^2 x+2a \end{aligned}$$

を考える。ただし, a は実数の定数である。［あ］, ［い］には選択肢 (A) ～ (F) の中から正しいものをマークせよ。ただし, 該当するものがない場合には Z をマークせよ。

(i) 上の区間に属するある x に対して, $f(x) \geqq g(x)$ となるための必要十分条件は, a が a ［あ］ ［タ］ を満たすことである。

(ii) 上の区間に属するすべての x_1 と x_2 に対して, $f(x_1) \geqq g(x_2)$ となるための必要十分条件は, a が a ［い］ $\dfrac{［チ］}{［ツ］}$ を満たすことである。

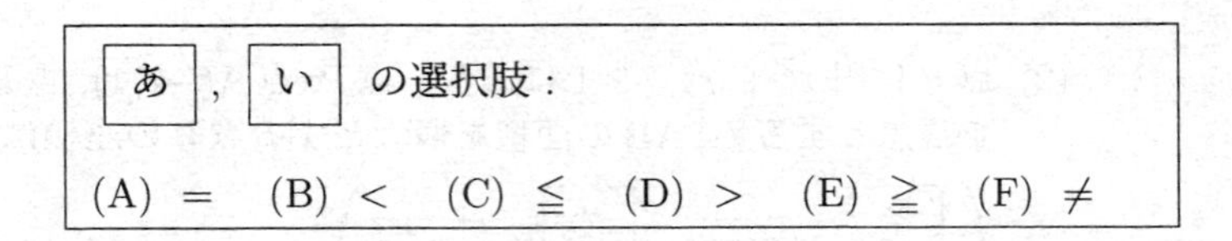

［あ］, ［い］ の選択肢：

(A) ＝　(B) ＜　(C) ≦　(D) ＞　(E) ≧　(F) ≠

2　xy 平面上の x 座標も y 座標も整数である点を格子点とよぶ。$x \geqq 0$ かつ $y \geqq 0$ の表す領域にある格子点に次の規則で 1 個ずつ石をおいていく。ただし, 1 つの格子点には 2 個以上の石をおくことはできない。

(i) 最初に原点 $(0, 0)$ に石をおく。

(ii) (a) x 軸上の格子点にはその 1 つ左の格子点に石がある場合に, 石をおくことができる。

(b) y 軸上の格子点にはその 1 つ下の格子点に石がある場合に, 石をおくことができる。

(c) x 軸上にもなく, y 軸上にもない格子点にはその 1 つ下と 1 つ左の格子点の両方に石がある場合に, 石をおくことができる。

(iii) 石をおくことができる格子点が複数ある場合は, 等しい確率で格子点を 1 つ選び, 石をおく。

例えば, 石を 3 個おくとき, x 軸上に石が 3 個とも並ぶ確率は $\dfrac{1}{4}$ である。また, 3 点 $(0,0), (1,0), (0,1)$ に石がおかれる確率は $\frac{1}{2}$ である。

(1) 石を 4 個おくとき, 4 点 $(0,0)$, $(1,0)$, $(2,0)$, $(0,1)$ に石がおかれる確率は $\frac{\boxed{テ}}{\boxed{ト}}$ である。

a, b を正の整数とする。石を $(a+b+1)$ 個おくとき, 原点 $(0,0)$, x 軸上の格子点 $(1,0), (2,0), \cdots, (a,0)$, y 軸上の格子点 $(0,1), (0,2), \cdots, (0,b)$ にのみ石がおかれる確率を $P_{a,b}$ とする。また, $P_{a,0}$ は格子点 $(0,0)$, $(1,0)$, $(2,0), \cdots$, $(a,0)$ にのみ石がおかれる確率とする。(1) の確率は $P_{2,1}$ である。

(2) $a \geqq 2, b \geqq 2$ とすると,

$$P_{a,b} = \frac{\boxed{ナ}}{\boxed{ニ}} P_{a-1,b} + \frac{\boxed{ヌ}}{\boxed{ネ}} P_{a,b-1}$$

が成り立つ。

また, $a \geqq 2$ とすると,

$$P_{a,1} = \frac{\boxed{ノ}}{\boxed{ハ}} P_{a-1,1} + \frac{\boxed{ヒ}}{\boxed{フ}} P_{a,0}$$

が成り立つ。

(3) $a \geqq 1$ のとき, $P_{a,0} = \left(\frac{\boxed{ヘ}}{\boxed{ホ}}\right)^a$ であり,

$$P_{a,1} = \frac{\boxed{マ}}{\boxed{ミ}} \left(\frac{\boxed{ム}}{\boxed{メ}}\right)^a + \frac{\boxed{モ}}{\boxed{ヤ}} \left(\frac{\boxed{ユ}}{\boxed{ヨ}}\right)^a$$

である。ただし，$\dfrac{\boxed{ム}}{\boxed{メ}} < \dfrac{\boxed{ユ}}{\boxed{ヨ}}$ とする。

3 xy 平面上の 2 つの放物線

$$C_1 : y = 3x^2 - 4x + 2$$
$$C_2 : x = \frac{1}{3}y^2$$

がある。C_2 は $y = \dfrac{1}{3}x^2$ のグラフと直線 $y = x$ に関して対称である。

(1) C_1 と C_2 の交点のうち，x 座標が最も小さい点を P とする。このとき，P の座標は $\left(\dfrac{\boxed{ラ}}{\boxed{リ}}, \boxed{ル}\right)$ である。

(2) C_1 と C_2 で囲まれた部分 D の面積 S を求めよ。解答は記述式解答欄に記入すること。

(3) P を通る直線 ℓ が D を 2 つの部分に分割するとき，直線 ℓ と C_1 で囲まれた部分の面積は，S の $\dfrac{1}{30}$ 倍である。このとき，直線 ℓ の方程式は

$$y = \boxed{レ}\,x + \frac{\boxed{ロ}}{\boxed{ワ}}$$

である。

◀英　語▶

(75分)

1 次の会話文を読み，(1)〜(5)の問いに対する最適な答えを(a)〜(d)の中から1つ選びなさい。

In an episode of a podcast, *Hidden Brain*, the host Shankar Vedantam interviews Sam Bowles, a behavioral economist. The following exchange takes place a few minutes into the conversation.

BOWLES: In Haifa, Israel, there were a bunch of day care centers. The kids came in the morning and the parents picked them up in the evening. And as is often the case, some parents came late. And they decided that they were going to impose a fine on the parents coming late. Well, a couple of behavioral economists knew about it, and so they said, "Let's just do it on half of the day care centers and not do it on the other half so we have a nice experiment." So, one day, the parents came, dropped off their kids and there was a notice. It said, "Starting tomorrow, anyone who's picking up their kid more than 10 minutes late will be fined 10 Israeli shekels*."

They had been recording what was happening in the week before, and then they recorded how many people came late in the day care centers which had the fine and those where there was no fine. It was amazing what happened. In the places where there was no fine, nothing happened. In the ones in which the fine was imposed on the parents coming late, the amount of lateness doubled. Doubled!

How can you possibly explain that? The fine was supposed to get them to come on time to pick up their kids. The most likely explanation seems to be the framing effect: people's decisions are influenced by how the options are presented. The parents framed coming late or coming early to pick up their kids as essentially a moral question. You ought to pick up your kid on time because your kid might be anxious, because the teachers maybe want to go home and be with their kids or something like that. OK. Sometimes there is extra traffic, and you're late. But it was a moral question. As soon as you put a price on it, then it's just like a commodity. It's a shirt or a beer. You want to get some lateness, here's where you can get it. It'll only cost 10 Israeli shekels. So, I think they turned this thing from an ethical problem into more or less a self-interest problem. And, apparently, 10 Israeli shekels wasn't a big enough fine to really cause them to do anything differently.

VEDANTAM: <u>One of the sad things about the Haifa day care story</u>(2) is what happened when the day care reversed the policy around the fine. Obviously it went wrong, and then administrators reversed the policy and said, "OK, we're taking away the fines." What happened afterwards?

BOWLES: That's an amazing thing. When they took away the fine, the lateness persisted in the schools in the day care centers which had had the fine. When they imposed the fine on being late, the parents came later. And when they took away the fine, they continued coming later. Well, why is that? Well, I think the story about framing is exactly what happened. It used to be an ethical question. You should come on time. They tried to. Sometimes they didn't. But it was a moral question. Once it became just a matter of "step right up and purchase a little lateness if you want", *that* didn't change. After they took the fine away, it still seemed to them that they had already been told, oh, this is something I can buy and only now I can buy it for free because for some reason, they took away the price.

VEDANTAM: (*Laughter*) I'm wondering whether you might have friends in the economics department who might say the problem with Haifa was not that they introduced fines but the fines were not big enough, that in some ways the incentive was not strong enough. If you'd made it 200 shekels instead of 10, you know, everyone would have come on time because at that point no one thinks 15 minutes is worth 200 shekels.

BOWLES: I think that objection (4) is perfectly sound, that there is some level of monetary incentive which will lead people to conform to the rules. It's not clear, though, that we want to live in a society which has fines of enormous amounts or other kinds of penalties, particularly when we can find ways of mobilizing people's desire to be a good citizen, to be good to their neighbors, to be considerate of their teachers and so on.

* 1 Israeli shekel = 30 Japanese yen

Adapted from the transcript of Our better angels: What we lose when we assume people are bad, an episode of *Hidden Brain*, NPR, broadcasted on May 18, 2020. Retrieved from https://www.npr.org/2020/05/15/857156637/our-better-angels-what-we-lose-when-we-assume-people-are-bad

(1) Which of the following statements best describes the finding of the experiment at the daycare centers in Haifa?

(a) Imposing a fine had no effect on the amount of lateness by parents.

(b) The day care centers earned twice as much money as before.

(c) The number of late pick-ups increased significantly after the fine had been introduced.

(d) Slightly more parents came to pick up their children on time in the schools where there was no fine.

(2) Which of the following statements best describes the "sad thing" that Vedantam is referring to?

(a) The parents continued to be late when the school stopped penalizing late pick-ups.

(b) The parents refused to pay the fines and the schools couldn't collect any money.

(c) Many parents removed their children from the school to avoid paying the fine.

(d) The school officials discontinued the fines for late pick-ups.

(3) According to Bowles, what is the best explanation for the behavior of the parents whose children went to the school in which fines were imposed for late pick-ups?

(a) As a result of being penalized for their lateness, parents became less moral.

(b) Parents couldn't avoid being late because they were frequently caught in traffic jams.

(c) Parents were not aware that the school had changed the policy on late pick-ups.

(d) Parents now view being late as an option rather than something to be avoided.

(4) Which of the following statements best describes the "objection" suggested by Vedantam?

(a) Haifa was not the ideal location for this kind of experiment.

(b) Bowles has friends in the economics department who didn't participate in this experiment.

(c) Contrary to the report, everyone actually came on time.

(d) The fine was too small to serve as an incentive to change their behavior.

(5) Which of the following statements best describes the main lesson from this story?

(a) Public policy that is focused on keeping people from doing bad things can unintentionally hurt people's ability to do right by others.

(b) It is the government's job to control people's selfishness by law.

(c) Human beings are fundamentally motivated by self-interest.

(d) It is easy to design an incentive to make people do the right thing.

2 (6)〜(10)の各文の下線部(a)〜(d)の中で間違いのあるものをそれぞれ1つ選びなさい。

(6) $\underset{(a)}{\underline{\text{While}}}$ this research project $\underset{(b)}{\underline{\text{carries out}}}$ as an independent piece of work, students $\underset{(c)}{\underline{\text{will have}}}$ an allocated mentor, $\underset{(d)}{\underline{\text{who}}}$ will be providing one-to-one support and supervising their work in progress.

(7) When I first met him, I found that he was not only $\underset{(a)}{\underline{\text{as a good}}}$ rugby player as $\underset{(b)}{\underline{\text{anybody,}}}$ $\underset{(c)}{\underline{\text{but}}}$ a person $\underset{(d)}{\underline{\text{of}}}$ integrity.

(8) $\underset{(a)}{\underline{\text{Deepening}}}$ students' insight $\underset{(b)}{\underline{\text{into}}}$ the challenges and fundamentals $\underset{(c)}{\underline{\text{of}}}$ international business helps them $\underset{(d)}{\underline{\text{developing}}}$ cross-cultural communication skills.

(9) One of the effective measures $\underset{(a)}{\underline{\text{aimed at}}}$ preventing the average global temperature from rising $\underset{(b)}{\underline{\text{more dramatically}}}$ is $\underset{(c)}{\underline{\text{to further reduce}}}$ greenhouse gas emissions (CO2) $\underset{(d)}{\underline{\text{resulting in}}}$ industrial processes by imposing much higher standards.

(10) The investment plan of 20 billion yen planned by the new president is

more than the double size(a) of the former(b) president's plan, but it may negatively impact(c) the growth of the company in the long run(d).

3 次の英文を読み，⑾〜⒇の問いに対する最適な答えを(a)〜(d)の中から１つ選びなさい。

In July, about 20 seven- and eight-year-olds will gather at a summer camp in the Hoopa Valley Indian Reservation, in Northern California. They will sing songs, put on puppet shows and play games. And there will be one special rule: No English. That's because this five-day summer camp is held almost entirely in Hupa, the native language of the roughly 4,000-member Hoopa Valley Tribe that mostly lives in that part of the state.

For decades, native speakers of Hupa have dwindled. Only about 20 people are fluent enough today to teach the language and pass it on, tribe members estimate. The camp is a bet that immersion at a young age can help change that. "That's always the goal," said Sara Chase, a member of the tribe who organized the camp with the Hoopa Tribal Education Association. "How do you create new speakers?"

As the number of languages spoken globally is in steep decline, it's a goal shared by an increasing number of indigenous* communities seeking to maintain a core part of their culture, inextricably tied to their history and way of life. "We are facing a really interesting chapter of human history where people are going against the tide to keep their language alive or bring back languages that are fading," said Gabriela Pérez Báez, a professor of linguistics at the University of Oregon.

Some experts predict that half of the roughly 7,000 languages in existence today will lose all fluent speakers by the end of this century. In surveys of about 245 language revitalization programs that Dr. Báez, director of the university's Language Revitalization Lab, conducted in 2016 and 2017, more than half began after the year 2000. About 30 percent started after 2010.

The United Nations General Assembly declared 2019 the International Year of the Indigenous Language in an attempt to raise "global attention" to the peril facing indigenous languages, as well as a way of celebrating revitalization efforts like those in the Hoopa Valley Tribe, said Boyan Radoykov, section chief for universal access and preservation in UNESCO's knowledge societies division. "The world must find a way to preserve these languages," Mr. Radoykov said. "We believe that it contributes significantly to the promotion of cultural identity and diversity and intercultural dialogue."

The story of the Hoopa Valley Tribe stretches back thousands of years, to when the tribe first populated the region that would become Northern California, Ms. Chase said. The discovery of gold in the mid-1850s brought white people—and violent conflict—to the area. In 1893, the Bureau of Indian Affairs created the Hoopa Valley Indian School, where, as at other such boarding schools around the country, white teachers burned traditional clothing, gave children Anglo names and forbade them to speak the language of their parents. In the Hoopa Valley and across the country, younger Native Americans became increasingly exposed to the English language. Many older people suppressed their native tongues and dissuaded their children from speaking them, if they were taught at all.

There are precedents showing that a small effort like Ms. Chase's can have a large impact. Two of the most prominent language revitalization efforts, of Maori in New Zealand and of Hawaiian, started in a similar fashion.

By the 1980s, the number of fluent native speakers of the Hawaiian language had fallen to about 1,500. Professors at the University of Hawaii at Hilo set up a preschool where older Hawaiian speakers taught the language. Slowly, adding a new grade each year, they succeeded in creating a preschool-to-high-school system in which Hawaiian is the primary language of instruction.

One of the goals of such revitalization efforts is to restore confidence. Dr. Báez said that "the loss of the language is a very tangible evidence of the oppression that a people might have suffered" and that it "signals a significant defeat and vulnerability."

For Ms. Chase, it's about a resurgence of a way of life damaged by colonialism. "It really is a whole other way of looking at the world, of feeling," she said. "There's just so much power in the language."

At least one attendee seems to have been inspired. Almost every day, Grace Kane, a seven-year-old member of the Hoopa Valley Tribe, sings songs in Hupa, said her mother, Brandice Davis. Grace calls to the family dog in Hupa, and has started teaching words and phrases to her older sister. To Ms. Davis's chagrin, when Grace decides to defy her parents, she even says "no" in Hupa. "For her, it's just fun at the time," Ms. Davis said. "For me, it's more along the lines of hope, hope for our future."

* indigenous = native

Adapted from Zaveri, M. (2019, April 7). With indigenous languages in steep decline, summer camps offer hope. *The New York Times*. Retrieved from https://www.nytimes.com/2019/04/07/us/native-languages-decline.html

(11) According to the article, what is the summer camp's unique rule?

(a) Children must live in Northern California.

(b) Children must communicate in Hupa.

(c) Children must have passed 7th or 8th grade to join.

(d) Children must stay at the camp for all of July.

(12) According to the article, which of the following statements best describes current speakers of Hupa?

(a) There are around 20 people able to speak the language at a basic level.

(b) For decades, native Hupa speakers have taught the language to their children.

(c) Only a small number know Hupa well enough to instruct others how to speak it.

(d) There are only 4,000 people in the world who understand the language.

(13) According to Professor Gabriela Pérez Báez, why is this an important time for indigenous communities?

(a) Indigenous communities are more open to combining languages from similar cultures.

(b) Indigenous communities are spending more time learning new languages.

(c) Indigenous communities are going against the tide by abandoning their cultural heritage.

(d) Indigenous communities are fighting to preserve the dying parts of their culture.

(14) According to the article, which of the following statements is true?

(a) Programs to save endangered languages began to decrease after 2000.

(b) Around 3,500 languages are in danger of losing highly proficient speakers.

(c) Research conducted in 2017 found only 245 world languages.

(d) Thirty percent of indigenous languages will be extinct by the end of the century.

(15) Which of the following statements was NOT an aim of the United Nations' 2019 International Year of the Indigenous Language?

(a) To increase awareness of the dangers indigenous languages face.

(b) To provide universal access to indigenous languages.

(c) To applaud the work of those fighting to save languages.

(d) To encourage conversation between cultures.

(16) According to the article, how did encounters with white people impact the Hoopa Valley Tribe?

(a) Members of the tribe died in violent fights with white people over gold.

(b) The Bureau of Indian Affairs closed the Hoopa Valley Indian school.

(c) English names became more desired by members of the Hoopa tribe.

(d) Older tribe members discouraged younger generations from speaking Hupa.

(17) According to the article, what evidence suggests the future success of Sarah Chase's language revitalization program?

(a) The program gained the attention of the national news media.

(b) Her efforts have won wide approval since the 1980s.

(c) Similar programs have preserved other languages.

(d) She already had success in Hawaii and New Zealand.

(18) According to the article, what steps were taken by professors at the University of Hawaii to save Hawaii's native language?

(a) They hired older Hawaiian speakers to teach at the university.

(b) They created a primary and secondary school system taught mainly in Hawaiian.

(c) They enrolled 1500 Hawaiian students into a newly constructed high school.

(d) They first entered their children into an afterschool program with Hawaiian instruction.

(19) According to the article, what is one goal of language revitalization programs?

(a) To instruct all communities on how to cope with the loss of language.

(b) To discover further evidence of the oppression caused by colonization

(c) To teach indigenous communities how to defend themselves with language.

(d) To rebuild the self-worth of indigenous people.

(20) According to the article, how does Grace Kane use the Hupa she learns at camp?

(a) She uses Hupa at home to disagree with her parents.

(b) She scolds the family dog in Hupa.

(c) She writes and sings Hupa songs for her mother after camp.

(d) She teaches her younger sister what she learns at camp.

4　次の会話文を読み，(21)～(30)の問いに対する最適な答えを(a)～(d)の中から１つ選びなさい。

著作権の都合上，省略。

著作権の都合上，省略。

Adapted from the transcript of Barbara and Jeanne, an episode of *Story Corps*. Released on November 19, 2018. Retrieved from https://storycorps.org/podcast/barbara-and-jeanne/

(21) What is the most likely reason for Barbara crying at the shelter?

(a) Because the rain ruined her best suit.

(b) Because she was very angry at her boss.

(c) Because her husband wanted a divorce.

(d) Because she didn't have a place to live.

(22) Why were the people at the shelter astonished?

(a) Because Barbara was all wet and crying.

(b) Because the two of them knew each other already.

(c) Because Jeanne was a licensed alcohol counselor.

(d) Because the two women were making so much noise.

(23) What is the most likely reason why Barbara said she was disappointed?

(a) Because Jeanne had become homeless.

(b) Because she didn't want to see Jeanne.

(c) Because Jeanne had broken a promise to her.

(d) Because the people were staring at them.

(24) What was the most likely reason why Barbara was glad to see Jeanne?

(a) Because she was Jeanne's big sister.

(b) Because Jeanne was a drug counselor.

(c) Because they had the same therapist.

(d) Because Barbara needed a good friend.

(25) Which is NOT one of the reasons that Barbara's life was better after meeting Jeanne again?

(a) They felt a close relationship to each other.

(b) Jeanne listened to Barbara's problems.

(c) Jeanne lent her money to get an apartment.

(d) They gave each other advice when needed.

(26) What kind of feeling was Jeanne looking for when they decided to live together?

(a) She wanted someplace nice that had a lot of room.

(b) She wanted to get a place with her family member.

(c) She wanted to feel more capable and independent.

(d) She wanted a home that belonged to both of them.

(27) What does Barbara mean when she says “the odds were in my favor”?

(a) Meeting Jeanne was very lucky.

(b) Getting an apartment was good.

(c) She was happy to get a good stove.

(d) It is better to do things by yourself.

(28) What does it mean to have “had each other's back”?

(a) They help and protect each other when needed.

(b) They scrub each other's back when they bathe.

(c) They give each other time to be by themselves.

(d) They spend time together cooking and cleaning.

(29) What is the most likely reason why Barbara said “We'll take it!” so quickly?

(a) Stoves are expensive and rare.

(b) Winter is very cold in her city.

(c) Barbara really likes to cook.

(d) She needed a new microwave.

(30) Why does Barbara tell Jeanne to mind her own business?

(a) She talks far too loud.

(b) She interferes too much.

(c) She holds a strong grudge.

(d) She is much too messy.

5 次の英文を読み，空欄(31)～(40)に入る最も適切な語を(a)～(d)の中から１つ選びなさい。

Japan—the grayest country in the world and a popular tourist destination (31)________ large, crowded cities—has one of the lowest mortality rates from Covid-19 among major nations as of May 2020. The medical system has not been overwhelmed. And the government never forced businesses to close, although many chose to. This week, Prime Minister Shinzo Abe declared Japan's battle against the outbreak a resounding success, taking the country off an emergency footing—a sort of "lockdown lite" that lasted only a month and a half.

"By doing things in a uniquely Japanese way, we were able to almost completely end this wave of infection," Mr. Abe said, adding that what he called the "Japan model" offered a path out (32)________ the global pandemic.

It's still unclear, though, exactly what accounts (33)________ Japan's achievement and whether other countries can take lessons from its approach. Critics say Japan has undercounted coronavirus deaths. And some warn that further waves of infection could undermine the government's self-congratulatory pronouncements.

Theories for the country's relatively low mortality rate run the gamut from cultural attributes—widespread mask wearing, a practice of regular hand washing, a near absence of physical greetings like hugs and handshakes—to just plain luck.

A combination of many other factors, including government measures and changes in behavior among a public that feels strong pressure to follow the rules, could also be (34)________ work.

Whatever the formula, Japan has so far succeeded (35)________ keeping deaths low. The country has recorded fewer than 900 deaths even as the United States and European countries have reported tens of thousands.

Japan initially told people who suspected they were infected ＿＿＿(36) the virus not to seek help unless they had experienced a fever ＿＿＿(37) four days, or two days if they were over 65. Even some people with seemingly severe symptoms were refused, provoking theories that the government was trying to hide the true extent of the problem.

The Japanese government also said early on that test kits must be rationed because kits were ＿＿＿(38) short supply. That argument has since faded, however, as Japan has never used even half of its testing capacity on any given day, and it has increased its testing capacity ＿＿＿(39) just over 24,000 a day.

As the country has seemingly defied the odds, many public health experts, including some in the government, have warned against drawing any definite conclusions from Japan's experience.

They caution that Japan is not in the clear yet, and that a second or third wave of infections could strike ＿＿＿(40) any time. As more data on deaths from this year becomes available—there are indications that Tokyo has undercounted dozens of coronavirus deaths—the picture may not look quite as good.

Dooley, B. & Inoue, M. (2020, May 29.). Testing is key to beating Coronavirus, right? Japan has other ideas. *The New York Times*.

(31)	(a) in	(b) with	(c) to	(d) by
(32)	(a) into	(b) at	(c) to	(d) of
(33)	(a) for	(b) of	(c) to	(d) by
(34)	(a) at	(b) for	(c) of	(d) in
(35)	(a) for	(b) on	(c) in	(d) to
(36)	(a) for	(b) in	(c) with	(d) against
(37)	(a) in	(b) within	(c) under	(d) for

(38)	(a) in	(b) at	(c) with	(d) for
(39)	(a) of	(b) to	(c) for	(d) on
(40)	(a) in	(b) on	(c) at	(d) with

6 次の英文を読み，(41)～(50)のヒントに当てはまる語をクロスワードのマスにブロック体大文字で書きなさい。

Fifty years ago this month, Japan's bullet trains (41)______ their first trips and were welcomed by hundreds of people who had waited overnight in the terminals. The new high-speed line connected two massive economic hubs, Tokyo and Osaka, cutting the travel time between them from about seven hours to four. The *shinkansen*, as it's called in Japanese, has (42)______ roughly 10 billion riders since then, with a (43)______ record of safety and dependability: There haven't been any fatal train derailments or collisions, and the average delay is 36 seconds.

The *shinkansen* has long been a symbol of Japanese efficiency, but its importance in (44)______ Japan's economy is much more than symbolic. Most of Japan's population lives in a surprisingly small number of places—only 20 percent of the country's land is habitable—and a high-speed train is an elegant solution for shuttling workers from one dense city to another.

The most frequently (45)______—and most intuitive—effect of the bullet train is that it allows workers to live in distant, relatively undeveloped areas, and commute to, say, Tokyo in two hours. As *The Guardian* put it recently, the bullet train has made "an increasingly huge part of the country little more than a bedroom community for the capital." Another notable effect of bullet trains is the boon to tourism: When far-flung places are easily (46)______ by rail, tourists are more likely to visit them.

The economic arguments for building high-speed rail systems, though, tend to be made broadly—they focus on growth in aggregate. This, of course, is useful, but given that countries such as China, the U.K., and the U.S. have either built (47)________ high-speed train systems or are looking into the possibility, a finer-grained approach might be helpful.

That reasoning is the impetus for a new discussion paper co-authored by economists from Dartmouth College, the University of Oslo, and Japan's Research Institute of Economy, Trade, and Industry. The researchers were (48)________ about the bullet train's effects not on (49)________ economies, but at the level of the firm. Using data from a credit-reporting company that covers most of Japan's economic activity—the figures they used were from nearly one million firms—they were able to more crisply visualize the connections that formed between firms and their suppliers after the introduction of a new rail link in 2004.

What they concluded is that one of the bullet train's key benefits to companies is its (50)________ to unite firms and suppliers. In Japan, the median distance between a firm and its supplier or customer is about 20 miles, and usually, only the most profitable companies can afford to invest in scouting out suppliers across the country. Fast trains can level out that advantage, allowing even small firms to make deals with faraway suppliers and still be assured of quality.

Adapted from Pinsker, J. (2014, October). What fifty years of bullet trains have done for Japan. *The Atlantic*. Retrieved from https://www.theatlantic.com/business/archive/2014/10/what-50-years-of-bullet-trains-have-done-for-japan/381143/

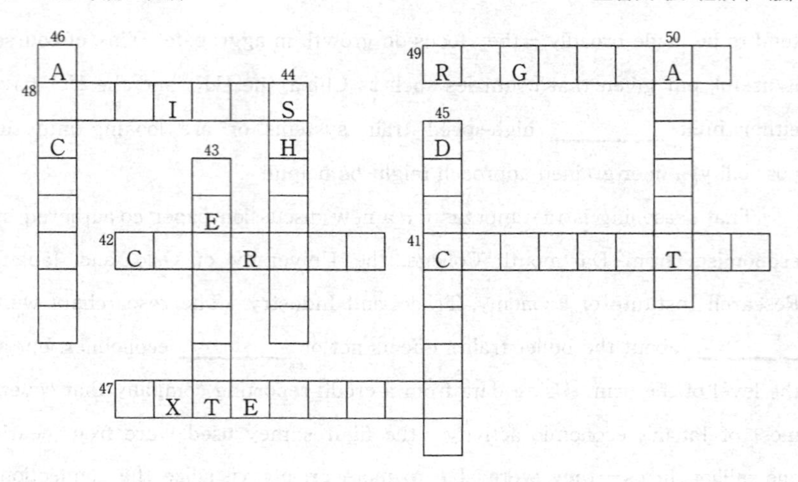

Across:

(41) Put the correct form of the word meaning 'to finish' here.

(42) Put the correct form of the word meaning 'to take or bring' here.

(47) A word meaning 'covering or affecting a large area'.

(48) A word meaning 'having the desire to learn or know more about something'.

(49) A word meaning 'relating to a specific area' or 'local'.

Down:

(43) A word meaning 'to have no defects or faults'.

(44) Put the correct form of the word meaning 'to give form or create' here.

(45) Put the correct form of the word meaning 'to speak about something with another person or group' here.

(46) Put the correct form of the word meaning 'to be able to use, enter, or get near' here.

(50) A word meaning 'capacity' or 'the power or skill to do things'.

解答編

法学部

◀社会（国際関係や環境問題を含む）と法・政治に関する試験（基礎学力や思考力を問うもの）▶

解答　問1．(ア)—①　(イ)—③　(ウ)—③　(エ)—⑤　(オ)—③

問2．①　問3．④

問4．人によって解釈技術に関する考え方が異なっており，また各自の法的正義観には差異があり得るから。（50 字以内）

問5．a．完全無欠　c．政策学　問6．三権分立

問7．①—Ⓑ　②—Ⓒ　③—Ⓑ　④—Ⓒ　⑤—Ⓒ　⑥—Ⓑ　⑦—Ⓑ　⑧—Ⓒ　⑨—Ⓒ　⑩—Ⓐ　⑪—Ⓐ　⑫—Ⓑ　⑬—Ⓒ　⑭—Ⓒ　⑮—Ⓐ　⑯—Ⓑ　⑰—Ⓒ

問8．②・④・⑤

◀解　説▶

≪法学とは何か≫

問1．(ア)素養（普段からの修養によって身につけた教養や芸術）　これと同じ漢字を使うのは①酸素。他はそれぞれ②祖先，③粗暴，④疎開，⑤阻止。(イ)顕著（はっきり目立つ様）　これと同じ漢字を使うのは③顕微鏡。他はそれぞれ①倹約，②権限，④大気圏，⑤頑健。(ウ)指標（目印のこと）　これと同じ漢字を使うのは③標識。他はそれぞれ①拍子，②氷解，④批評，⑤開票。(エ)変遷（移り変わること）　これと同じ漢字を使うのは⑤左遷。他はそれぞれ①浅慮，②専一，③詮索，④占有。(オ)臨床（医療分野などにおける現場のこと）　これと同じ漢字を使うのは③臨機応変。他はそれぞれ①呼び鈴，②人倫，④善隣，⑤輪郭。

問2．下線部(A)の「法令そのものの本質」とは何かを見ていくと，直後に「一見簡単に見える法規でも，解釈を通して初めて，その法的意味がわか

るようにできているのが普通である」とあり，さらに第１段最終文で「法学的素養のある人の解釈を通してのみ，その法令全体の意味も，また一々の法規に含まれている法が何であるかもわかり得るのである」と念押ししている。第２段はその具体例が述べられ，第３段では「法令そのものの本質についての限界」が述べられている。そして第３段最終文で，そのような限界のために，「結局，法規としては単に抽象的な法則を作っておくに止めて，あとは解釈によってそこから複雑な法を導き出すような仕組にするのほかないのである」と結論づけている。さらに，第４段第１文で，「法規がかかる性質のものである以上…」と第１段から第３段までで述べてきたことをまとめている。以上より①が適当とわかる。②は「解釈の必要性」について述べていないので不適。③・④は「法令そのものの本質」について述べていないので不適。⑤は解釈上の意見の違いが生じる原因について述べた文なので不適。

問３．類推とは一般的に「一方が他方と類似性を持つ点に基づいて，他方のあり方を全体的に推し量ること」である。本文では第７段第２文の「例えば，甲という事実に適用せらるべき法が法規の解釈からはどうしても見出されない場合に，幸い甲と類似した乙に関して法があると，それを類推して甲についても類似の法があるというのである」と具体的に説明している。この意味の説明になっているのは④のみ。①・②・③・⑤はいずれも類似点を明記しておらず，類推になっていない。

問４．下線部(C)の直前で，「そのうえ法令の解釈によって法を見出すといわれている場合でさえも，それによって見出される法が解釈者によって必ずしも一でなく，同じ法規が人々によっていろいろ違って解釈される場合が少なくない」と「法令の解釈によって法を見出す」際の問題点を提起して，「それでは，…解釈上の意見の違いはどこから生れてくるのか」と続く。その質問に対する回答は第９段の最初と第10段の最初の２カ所で述べられている。よって，第９段第１文の「その原因の第一は，広い意味での解釈技術に関する考え方が，人によってかなり違っている」，第10段第１文の「第二の原因は，彼ら各自の法的正義観に差異があり得ること」の２カ所の要旨を端的に50字以内でまとめればよい。

問５．ａ．「完全無欠」が入る。「ドグマ」とは「独断的な考え」のこと。第６段第１文の「今でも法律家のあいだには『法秩序の［ａ］性』というドグマが力を持っている」は，同じ第6段最終文で「今なお法律家は，一般にいろいろな方法でその不合理を否定し，法秩序は全体として常に完全無欠であって，解釈よろしきを得れば必要な法を必ず見出し得ると主張しているのである」と言い換えている。

c．「政策学」が入る。第19段では，前段落の「私は，法学本来のあるべき姿は，もっと科学的なものでなければならないと考えている」に関して，第一にという形で「私の考え」が述べられている。その考えとは「法学の中心をなすものは『実用法学』であって，それは解釈法学と立法学とに大別されるが，その両者に通ずる科学としての本質は法政策学である」というもので，その後，「立法学」に対比しながら，科学としての「解釈法学」について説明が続いている。そして続く第20段では，第二に「解釈法学」と「立法学」に通ずる科学としての本質である「法政策学としての実用科学とは何か」について説明している。そしてそのことは，[c]に続く部分で「一面において『法哲学』によって政策定立の理念と指標とを与えられると同時に，他面においては，『法社会学』によって発見された法に関する社会法則によって政策実現の方法を教えられる」と述べていることからもわかる。

問6．第19段最終文の「解釈に法[⑭]性を認めることは[b]の政治原則を紊るものだ」の「紊る」とは「乱す」と同じで「秩序をなくす，整っているものを崩す」という意味。[⑭]には問7で解説するが，「立法」が入る。「解釈に法立法性を認めることは[b]の政治原則を崩す乱す」ということを言っている。つまり，「立法とは日本では国会が行うのだが，裁判官など法律の専門家が立法を行うと，国会の立法権を乱してしまう」ということが言いたいのである。さらに設問の「国会，内閣，裁判所の三つの独立した機関が相互に抑制し合い，バランスを保つことにより，権力の濫用を防ぎ，国民の権利と自由を保障することを目的とする原則を意味する言葉」も考慮に入れると，「三権分立」という言葉が最も適している。

問7．第19段は主に「立法学」と「解釈法学」との対比について述べている。また「解釈法学」については第8段第3文で「実際には法令の解釈によって法を見出すと言っていながら，実は法を作っていると考えられる事例が稀でない」と述べている。要するに「解釈法学は法令の解釈ではなく，法の創造を行っている」ということである。以上を踏まえて「立法」「解釈」「創造」のいずれが空所に適切かを見ていく。

①～⑧については，上記の解釈法学の本質にあてはめていくと，①「解釈」，②「創造」，③「解釈」，④「創造」，⑤「創造」，⑥「解釈」，⑦「解釈」，⑧「創造」を入れれば論理的に解釈法学の本質を述べた文になる。⑨・⑩については，それまで述べてきた「解釈法学」の本質と「立法」との対比を述べた部分である。⑨は「解釈法学」の本質より，「創造」が入る。⑩は直後の「法規が作られる」という部分より「立法」が入る。⑪については，「適用の対象たるべき不特定の事実を想定して抽象的な法規を作る」と「立法の本質」を述べているので，「立法」が入る。⑫・⑬については，一般論として多くの学者の法についての考えを述べた部分である。多くの学者の一般論については，第 6 段最終文で「今なお法律家は，一般にいろいろな方法でその不合理を否定し，法秩序は全体として常に完全無欠であって，解釈よろしきを得れば必要な法を必ず見出し得ると主張している」という部分で述べられている。よって，多くの学者は一般に「解釈の法創造性」を認めないと考えられる。以上より，⑫「解釈」，⑬「創造」が入る。⑭～⑰については，一般に多くの学者が「解釈の法創造性」を認めない理由を述べた部分である。⑭には前文からの流れで「創造」が入る。⑮には直後の「法規の定立」という言葉より，「立法」が入る。⑯・⑰も前文からの流れで⑯「解釈」，⑰「創造」が入る。要するに，一般に多くの学者が「解釈の法創造性」を認めてしまうと，三権分立の政治原則を紊る（乱す）ことになるからできないと考えていることに対して，筆者はそれは「立法」による法規の定立と「解釈の法創造性」との差異を理解していないと批判しているのである。

問 8．課題文の主張に合致しないのは②・④・⑤。②は第 20 段第 3 文で「技術学としての工科の学問は，一定の文化目的を達するために，自然科学としての物理学や化学によって発見された自然法則を利用する」とあり，自然法則を利用するのは，工科の学問である。④は第 20 段第 2 文で「実用法学と法社会学との関係は，たとえて言えば，工科の学問と理科の学問との関係，臨床医学と基礎医学との関係に似ている」とあり，「法哲学と実用法学」ではなく，「法社会学と実用法学」とが「基礎医学と臨床医学」の関係に似ているのである。⑤は第 21 段第 1 文で「現在では立法者や裁判官が各自の個人的経験や熟練により，…裁判しているにすぎないけれども，やがて法社会学が段々に発達してゆくにつれて，それによって発見され定立された法の社会法則が，立法上にもまた裁判上にも利用されるようになり，かくして…実用法学が段々に科学化するに至る」とあり，実用法学を徐々に科学化させるものは，「裁判官が各自の個人的経験や熟練を重ねること」ではなく，「法社会学の発達」であることがわかる。なお，①は第 21 段第 2 文「工科の学問にしても臨床医学にしても，自然科学が今のように発達するまでは，専ら工人や医者の個人的経験や熟練によってのみ行われていた」という部分に合致する。③は第 21 段第 3 文「法学の場合には，…最近における法史学や比較法学の発達，その他人種学，社会学等の発達は，ようやく法の社会法則の発見を目指す科学としての法社会学の成立を可能ならしめつつある」という部分に合致する。

■経済学部■

◀数 学▶

1 **解答** (1)ア．48 (2)イ．3 ウ．2 エ．2 オ．3 カ．2 キ．2 ク．1 ケ．2 コ．3 サ．2 シ．2
(3)ス．81 セ．16 ソ．8
(4)あ―(C) い―(C) タ．3 チ．−1 ツ．4

◀解 説▶

≪小問4問≫

(1) $[2021 \div 43] = 47$

$[2021 \div 43^2] = 1$

よって，1〜2021までには43の倍数が47個，43^2 の倍数が1個存在するから，2021! を割り切る 43^n の n の最大値は

$47+1=48$ （→ア）

(2) 直線ABの傾きは -1 であり，傾きが -1 の直線が円 $x^2+y^2=9$ と接する接点の1つに点Pがあるとき，底辺をABとする△ABPの高さは最大となる。このとき，点Pは円 $x^2+y^2=9$ と直線 $y=x$ の第1象限における交点である。

$$\begin{cases} x^2+y^2=9 \\ y=x \end{cases} \text{ より } \quad P(x,\ y)=\left(\frac{3}{2}\sqrt{2},\ \frac{3}{2}\sqrt{2}\right) \quad (\to イ〜キ)$$

このとき，$\overrightarrow{BP}=\left(\dfrac{3\sqrt{2}}{2}+1,\ \dfrac{3\sqrt{2}}{2}\right)$，$\overrightarrow{BA}=(-1,\ 1)$ より

$$\triangle PAB=\frac{1}{2}\left|\left(\frac{3}{2}\sqrt{2}+1\right)\cdot 1-(-1)\cdot\frac{3}{2}\sqrt{2}\right|$$

$$=\frac{1}{2}+\frac{3}{2}\sqrt{2} \quad (\to ク〜シ)$$

(3) $(\log_9 x)\cdot(\log_4 y)=4$

$$\frac{\log_3 x}{\log_3 9}\cdot\frac{\log_2 y}{\log_2 4}=4$$

$$\log_2 y=\frac{16}{\log_3 x}$$

$x\geqq 1$, $y\geqq 1$ から $\log_2 y=\dfrac{16}{\log_3 x}>0$ であり，相加平均≧相乗平均の関係から

$$\log_3 x+\log_2 y=\log_3 x+\frac{16}{\log_3 x}\geqq 2\sqrt{\log_3 x\cdot\frac{16}{\log_3 x}}=8$$

等号成立は　$\log_3 x=\dfrac{16}{\log_3 x}$

$\log_3 x=4$, $\log_2 y=4$

$x=3^4=81$, $y=2^4=16$

のときであり，$\log_3 x+\log_2 y$ は $x=81$, $y=16$ のとき最小値 8 をとる。

（→ス～ツ）

(4)　$0\leqq x\leqq \pi$ において，$\cos x=t$ とおくと，$-1\leqq t\leqq 1$ であり

$$f(x)=-(1-\cos^2 x)+\cos x+a+1$$
$$=t^2+t+a\quad(=h(t)\ とおく)$$
$$=\left(t+\frac{1}{2}\right)^2+a-\frac{1}{4}$$

$$g(x)=-t^2+2a\quad(=k(t)\ とおく)$$

(i)　グラフは右図のように $h(t)\geqq k(t)$ を満たす t が存在すればよく

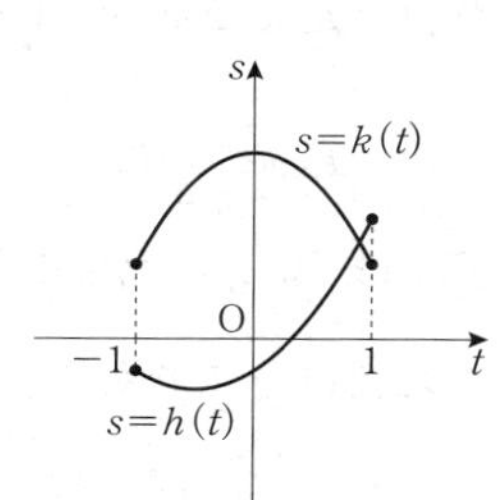

$h(1)\geqq k(1)$

$a+2\geqq 2a-1$

$\therefore\ a\leqq 3$　（→あ，タ）

(ii)　グラフは右図のように（$h(t)$ の最小値）≧（$k(t)$ の最大値）を満たせばよく

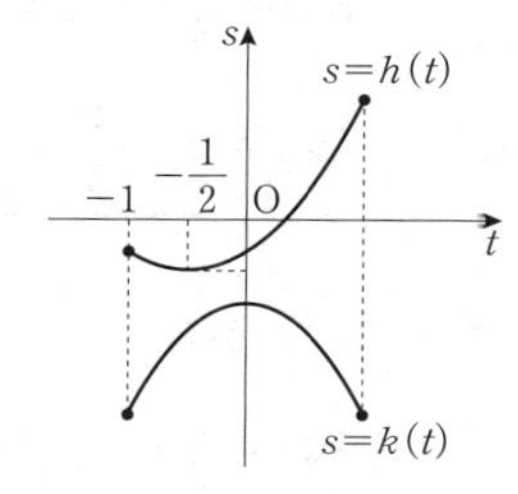

$h\left(-\dfrac{1}{2}\right)\geqq k(0)$

$a-\dfrac{1}{4}\geqq 2a$

$\therefore\ a\leqq -\dfrac{1}{4}$　（→い，チ，ツ）

2 解答

(1)テ．7 ト．24

(2)ナ．1 ニ．3 ヌ．1 ネ．3 ノ．1 ハ．3 ヒ．1 フ．2

(3)ヘ．1 ホ．2 マ．-3 ミ．4 ム．1 メ．3 モ．3 ヤ．2 ユ．1 ヨ．2

◀解　説▶

≪確率の漸化式と一般項≫

(1) x 軸上に 3 個並んだ後，$(0,\ 1)$ におくとき

$$\frac{1}{4}\times\frac{1}{2}=\frac{1}{8}$$

$\left(\because\ (0,\ 1)\text{ におく確率は }(3,\ 0),\ (0,\ 1)\text{ のうちの 1 つより }\frac{1}{2}\right)$

3 点 $(0,\ 0)$，$(1,\ 0)$，$(0,\ 1)$ におかれた後，$(2,\ 0)$ におくとき

$$\frac{1}{2}\times\frac{1}{3}=\frac{1}{6}$$

$\left(\because\ (2,0)\text{ におく確率は }(0,2),\ (1,1),\ (2,0)\text{ のうちの 1 つより }\frac{1}{3}\right)$

$$\therefore\quad \frac{1}{8}+\frac{1}{6}=\frac{7}{24}$$ （→テ，ト）

(2) $P_{a,b}$ は $P_{a-1,b}$，$P_{a,b-1}$ の確率に $(a,\ 0)$，$(0,\ b)$ におく確率をそれぞれ掛けた和であり，$(a,\ 0)$，$(0,\ b)$ におく確率は $\frac{1}{3}$ であるから

$$P_{a,b}=\frac{1}{3}P_{a-1,b}+\frac{1}{3}P_{a,b-1}$$ （→ナ～ネ）

$P_{a,1}$ は $P_{a-1,1}$，$P_{a,0}$ の確率にそれぞれ $(a,\ 0)$，$(0,\ 1)$ におく確率をそれぞれ掛けた和であり，$(a,\ 0)$，$(0,\ 1)$ におく確率は $\frac{1}{3}$，$\frac{1}{2}$ であるから

$$P_{a,1}=\frac{1}{3}P_{a-1,1}+\frac{1}{2}P_{a,0}\quad\cdots\cdots①$$ （→ノ～フ）

(3) $$P_{a,0}=\underbrace{\frac{1}{2}\times\frac{1}{2}\times\cdots\times\frac{1}{2}}_{a}=\left(\frac{1}{2}\right)^{a}$$ （→ヘ，ホ）

よって，①から

$$P_{a,1}=\frac{1}{3}P_{a-1,1}+\left(\frac{1}{2}\right)^{a+1}$$

$$3^aP_{a,1}=3^{a-1}P_{a-1,1}+\frac{1}{2}\left(\frac{3}{2}\right)^a$$

$$3^aP_{a,1}=3P_{1,1}+\sum_{i=2}^{a}\frac{1}{2}\left(\frac{3}{2}\right)^i$$

$$=\frac{3}{2}+\frac{9}{8}\cdot\frac{\left(\frac{3}{2}\right)^{a-1}-1}{\frac{3}{2}-1}$$

$$=\left(\frac{3}{2}\right)^{a+1}-\frac{3}{4}$$

$$\therefore\quad P_{a,1}=-\frac{3}{4}\left(\frac{1}{3}\right)^a+\frac{3}{2}\left(\frac{1}{2}\right)^a\quad(\to マ〜ヨ)$$

3 解答

(1)ラ．1　リ．3　ル．1

(2)　2 交点を通る直線の方程式は

$$y=x+\frac{2}{3}$$

であり，グラフは右図のようになるから

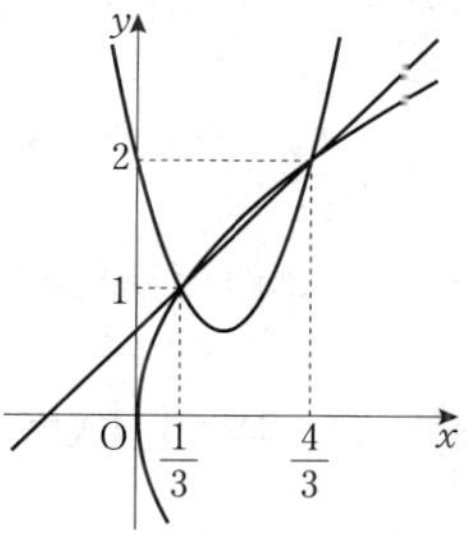

$$S=\int_{\frac{1}{3}}^{\frac{4}{3}}\left\{\left(x+\frac{2}{3}\right)-(3x^2-4x+2)\right\}dx+\int_1^2\left\{\left(y-\frac{2}{3}\right)-\frac{1}{3}y^2\right\}dy$$

$$=-\int_{\frac{1}{3}}^{\frac{4}{3}}\left(3x^2-5x+\frac{4}{3}\right)dx-\frac{1}{3}\int_1^2(y^2-3y+2)dy$$

$$=-3\int_{\frac{1}{3}}^{\frac{4}{3}}\left(x-\frac{1}{3}\right)\left(x-\frac{4}{3}\right)dx-\frac{1}{3}\int_1^2(y-1)(y-2)dy$$

$$=3\cdot\frac{1}{6}\left(\frac{4}{3}-\frac{1}{3}\right)^3+\frac{1}{3}\cdot\frac{1}{6}\cdot(2-1)^3$$

$$=\frac{5}{9}\quad\cdots\cdots(答)$$

(3)レ．-1　ロ．4　ワ．3

◀解　説▶

≪2つの放物線で囲まれた図形の面積≫

(1)　$\begin{cases} y=3x^2-4x+2 \\ x=\dfrac{1}{3}y^2 \end{cases}$

$$y=3\cdot\frac{1}{9}y^4-4\cdot\frac{1}{3}y^2+2$$

$$y^4-4y^2-3y+6=0$$

$$(y-1)(y-2)(y^2+3y+3)=0$$

$y^2+3y+3=0$ は $D<0$ であり，実数解をもたない。

よって，C_1 と C_2 の交点の座標は

$$\left(\frac{1}{3},\ 1\right)\quad(\to ラ〜ル),\ \left(\frac{4}{3},\ 2\right)$$

(3)　l の方程式を $y=m\left(x-\dfrac{1}{3}\right)+1$ とおくと，C_1 との交点は

$$3x^2-4x+2=m\left(x-\frac{1}{3}\right)+1$$

$$3x^2-(m+4)x+\frac{1}{3}m+1=0$$

$$(3x-1)\left(x-\frac{1}{3}m-1\right)=0$$

$$x=\frac{1}{3},\ \frac{1}{3}m+1$$

よって，l と C_1 で囲まれた部分の面積が S の $\dfrac{1}{30}$ 倍であるとき

$$\int_{\frac{1}{3}}^{\frac{1}{3}m+1}\left\{m\left(x-\frac{1}{3}\right)+1-(3x^2-4x+2)\right\}dx$$

$$=-3\int_{\frac{1}{3}}^{\frac{1}{3}m+1}\left(x-\frac{1}{3}\right)\left(x-\frac{1}{3}m-1\right)dx$$

$$=3\cdot\frac{1}{6}\left(\frac{1}{3}m+1-\frac{1}{3}\right)^3$$

$$=\frac{1}{2}\cdot\left(\frac{1}{3}\right)^3(m+2)^3$$

$$=\frac{1}{30}\cdot\frac{5}{9}$$

よって　　$(m+2)^3=1$

$m+2$ は実数だから

$$m+2=1 \qquad m=-1$$

$$\therefore \quad l : y=-x+\frac{4}{3} \quad (\to レ\sim ワ)$$

❖講　評

大問 3 題の出題で，[1]は 4 問の小問集合であり，[1]，[2]，[3](1)，(3)はマークセンス法，[3](2)のみ記述式であった。

[1] (1) 整数問題で，階乗の中に含まれる素数の累乗の最大値を求める出題であり，解法がわかっていれば易しい。

(2) 円周上の点と三角形の面積の最大値に関する出題で，図形的に考えるのがわかりやすい。

(3) 対数の 2 変数関数の最小値を求める出題で，条件から 1 変数を消去すると，相加・相乗平均の関係が利用できる。

(4) 三角関数の 2 次不等式に関する出題で，グラフを利用するとわかりやすい。

[2] 確率の漸化式を導き，一般項を求めるもので，$P_{a,b}$ は $P_{a-1,b}$ と $P_{a,b-1}$ から，$P_{a,1}$ は $P_{a-1,1}$ と $P_{a,0}$ からの推移から漸化式を求める。$P_{a,1}$ の一般項は $P_{a,0}$ が等比数列であることから，2 項間の漸化式として求める。

[3] 2 つの放物線で囲まれた図形の面積を求めるもので，2 交点を通る直線で 2 つの部分に分けると面積公式が利用できる。

全体として，試験時間の割には問題量が多い。ほとんどがマークセンス法であるため，速くて，正確な計算力が求められる。

◀英　語▶

1　解答　(1)―(c)　(2)―(a)　(3)―(d)　(4)―(d)　(5)―(a)

◆全　訳◆

≪遅刻に罰金を科した結果≫

ポッドキャストの「隠された脳」の回で，司会のシャンカー＝ヴェダンタムは，行動経済学者のサム＝ボウルズにインタビューしている。以下のやり取りは，会話開始数分後に行われたものである。

ボウルズ：イスラエルのハイファには託児所がものすごく多いんですよ。子供たちが朝に来て，親御さんが夕方に迎えに来ます。それで，よくあることなんですが，遅刻する親がいるんですね。そこで，託児所は遅刻する親に罰金を科すことにしたんですよ。そのことを知った行動経済学者が数名おりまして，「託児所の半分で罰金を科して，残りの半分では罰金を科さなければ，いい実験になるんじゃないか」と言いました。そんなわけで，ある日，親が子供を預けに来ると，こんな貼り紙があったんです。「明日から，子供を迎えに来るのに 10 分以上遅刻した方には，10 イスラエルシケルの罰金となります」

前の週にどうだったのかを記録しておき，それから，罰金のある託児所と罰金のない託児所でそれぞれ遅刻者の数を記録したんです。結果は驚きでしたよ。罰金がない託児所では変化はありませんでした。ところが，遅刻する親に罰金を科した託児所では，遅刻の件数が 2 倍になったんです。2 倍ですよ！

どうすればこの現象を説明できるでしょうか？　罰金の目的は，親に子供を定刻に迎えに来てもらうことでした。最も有力な説明はフレーミング効果だと思います。人間の決断は，選択肢がどう提示されるかに影響されるのです。子供を迎えに来るのが早いか遅いかを，親は本質的に道徳上の問題として考えていました。子供が不安がっているかもしれないし，先生だって家に帰って自分の子供と一緒にいたいかもしれないとかそういったことがあるので，子供を定刻に迎えに来るべきなのです。確かに，ときには渋滞のせいで遅刻することはあります。それにしても，それは道徳上の問題でした。ところが，それに値段をつけた途端に，商品のようになったのです。T シャツやビールと一緒です。多少遅刻したくなったとして，ここでは遅刻が買えるのです。たった 10 イスラエルシケルしかかかりません。そこで親御さんは，遅刻を倫理上の問題から多かれ少なかれ自分の利益の問題だというように変換したのだと考えられます。しかもどう見ても，10 イスラエルシケルは実際に親御さんに別のふるまいをさせるほど多額の罰金ではなかったのです。

ヴェダンタム：ハイファの託児所の話で悲しいことのひとつは，託児所が罰金に関する方針を転換した時にどうなったかです。明らかに失敗だったので，運営者は方針を転換して，「いいでしょう，罰金はなしにします」と言いました。その後，どうなったのですか？

ボウルズ：これがまた驚きなんですよ。罰金を撤回すると，罰金があった託児所では遅刻が続きました。遅刻に罰金を科すと，親は遅刻しました。そして罰金を撤回しても，遅刻は続いたのです。では，原因は何だったのでしょう？　これこそまさにフレーミングの話なんだと思います。以前は倫理上の問題だったのです。定刻に来るべきであって，親御さんも努力したり努力しなかったりしましたが，それは倫理上の問題でした。ひとたびこれが「御希望ならば申し付けください，ちょっとの遅刻は購入できます」という問題になってしまうと，それは変わらなかったのです。罰金の撤回後は親御さんにとっては，遅刻は金で買える，とすでに言われていて，理由は知らないけど罰金がなくなったから，今はタダで買えるようになったんだ，と思えたわけです。

ヴェダンタム：（笑）経済学部にお友達がいらっしゃったら，ハイファの問題は，罰金を導入したことではなくて，罰金額が不十分で，ある意味では，インセンティブが不十分だったことだ，とおっしゃるんじゃないでしょうか。10 シケルではなく，200 シケルにしておけば，全員が定刻に来たはずです。だって，そうなると，15 分に 200 シケルの価値があるとは誰も思いませんから。

ボウルズ：その反論は全くもって正しいと思います。人々をルールに従わせる金銭的インセンティブの量というものがあるのです。ただ，多額の罰金やその他の罰則がある社会で我々が暮らしたいか，となると判然としません。特に，人々の良い市民になりたいとか隣人に優しくありたいとか教師に対して思いやりを持ちたいとかいった願望を結集させるさまざまな方法が探せる場合には，です。

◀解　説▶

(1)「ハイファの託児所で行われた実験の結果を最もよく表している記述は以下のうちどれか」
(a)「罰金を科すことは，親の遅刻の量に全く影響しなかった」
(b)「託児所の収益が2倍になった」
(c)「罰金導入後，送迎の遅刻数が大幅に増えた」
(d)「罰金がない託児所では，定刻に子供を迎えに来る親がわずかに増えた」
(c)がボウルズの第1発言第2段第4文（In the ones …）に一致。
(2)「ヴェダンタムが言及している『悲しいこと』を最もよく表している記述は以下のうちどれか」
(a)「託児所が送迎の遅刻に罰則を科すのをやめても，親の遅刻は続いた」
(b)「親が罰金の支払いを拒み，託児所は一銭も回収できなかった」
(c)「罰金の支払いを避けるために，多くの親が子供を託児所に預けるのをやめた」
(d)「託児所当局が送迎の遅刻の罰金を廃止した」
(a)がボウルズの第2発言第2～4文（When they took … continued coming later.）に一致。penalize「～に罰則を科す」
(3)「ボウルズによれば，送迎の遅刻に罰金が課された託児所に通っていた子供の親の行動の最適な説明はどれか」
(a)「遅刻に罰則を科せられた結果，親の道徳は低下した」
(b)「親は交通渋滞につかまることが多いので，遅刻を避けられなかった」
(c)「託児所が送迎の遅刻に関する方針を変更したことに親は気づかなかった」
(d)「親は今や遅刻を避けるべきものではなくひとつの選択肢として見ている」
(d)がボウルズの第1発言最終段第13文（So, I think …）に一致。
(4)「ヴェダンタムが提案する『反論』を最もよく表している記述は以下のうちどれか」
(a)「ハイファはこの種の実験に理想的な場所ではなかった」

(b)「ボウルズには，この実験に参加しなかった経済学部の友人がいる」
(c)「報告とは違い，実際には全員が定刻に来た」
(d)「罰金額が小さすぎて，親の行動を変えるインセンティブとして機能しなかった」

(d)がヴェダンタムの第2発言第1文（(*Laughter*) I'm wondering‥）に一致。incentive「インセンティブ」とは，何かをするための動機を刺激するもののこと。

(5)「このエピソードの主な教訓を最もよく表している記述は以下のうちどれか」
(a)「公共政策が人々に悪いことをさせないことに特化すると，人々が他者を正しく遇しようとする能力を意図せずして傷つける」
(b)「人々の身勝手さを法律で規制するのが政府の仕事だ」
(c)「人間は根本的に自分の利益を動機にしている」
(d)「人々に正しいことをさせるインセンティブを設計するのは容易だ」

(a)が正解。「悪いこと」は親の託児所への遅刻，「良いこと」は親が定刻に迎えに来ることを指す。do（right / well）by ～「～を（正しく／良く）遇する」

2　**解答**　(6)―(b)　(7)―(a)　(8)―(d)　(9)―(d)　(10)―(a)

◀解　説▶

(6)(b)carries out → is carried out
「この研究プロジェクトは個人研究として行われるが，学生にはメンターが割り当てられ，個別サポートや，研究の進み具合の監督をしてもらえる」（V）carry out（O）this research project「研究プロジェクトを行う」という他動詞→目的語の関係なので，this research project is carried out のように受動態になる必要がある。

(7)(a)as a good → as good a
「初めて会った時，彼は誰にも劣らないラグビープレイヤーであるだけでなく，誠実な人でもあることがわかりました」「とても形容詞な名詞という表現をつくる場合
①a very＋形容詞＋名詞

②such a＋形容詞＋名詞

③as〔so / too / how (ever)〕＋形容詞＋a＋名詞

の語順がある。ここでは③の形。

(8)(d) developing → (to) develop

「国際ビジネスの難しさや原理に関する学生の理解を深めることは，学生が異文化間コミュニケーション能力を伸ばすのに役立つ」help *A* *doing* の形は不可。help *A* (to) *do*「*A* が～するのを手伝う，*A* が～するのに役立つ」が正しい語法。

(9)(d) resulting in → resulting from

「地球の平均気温がこれ以上急激に上昇するのを防ぐための効果的な対策のひとつは，今までよりはるかに高い基準を課すことによって，産業プロセスで生じる温室効果ガスの排出（二酸化炭素）をさらに削減することだ」 動詞の result は因果関係を表し

①原因 result in 結果と②結果 result from 原因の 2 つがある。

greenhouse gas emissions (CO_2)「温室効果ガスの排出（二酸化炭素）」と industrial processes「産業プロセス」の関係は，①ではなく②である。

(10)(a) the double size → double the size

「新しい社長が計画している 200 億円の投資案は，前社長の案の 2 倍以上の規模だが，長期的に見ると，会社の成長にマイナス効果を与える可能性がある」 double〔half〕the size of～「～の大きさの 2 倍〔半分〕」の語順が正しい。

(11)―(b)　(12)―(c)　(13)―(d)　(14)―(b)　(15)―(b)　(16)―(d)
(17)―(c)　(18)―(b)　(19)―(d)　(20)―(a)

◆全　訳◆

≪言語再生プログラムの効用≫

7 月のこと，7 歳児と 8 歳児およそ 20 人が，北カリフォルニアのフーパ渓谷インディアン居留地のサマーキャンプに集合した。歌を歌ったり，人形芝居をしたり，ゲームをしたりするのだ。そして，特別ルールが 1 つ。「英語禁止」である。この 5 日間のサマーキャンプは，ほぼすべてフーパ語で行われるからだ。フーパ語は，州のその地域に大半が居住するフーパ

渓谷の部族およそ 4,000 人の母語である。

何十年間にもわたって，フーパ語の母語話者数は減少している。教えて次世代に伝えられるほどフーパ語が流暢な人は，現在のところ約 20 人しかいないと部族の人々は推測している。このキャンプは，若年期の没入法で事態を変えようという企てなのだ。「それを常に目標にしています」と部族の一員であるサラ＝チェイスは言う。彼女はフーパ族教育協会とともにこのキャンプを企画している。「(そうしないで) どうやって新たな母語話者を作れるというんですか？」

世界で話されている言語の数が激減する中，こうした目標を歴史や生活様式と不可分に結びついている文化の中核の維持を目指すますます多くの先住民族社会が共有するようになっている。「我々が現在直面しているのは，人類史の実に興味深い新たな 1 章です。人々が時流に逆らって，自分たちの言語を存続させようとしたり，消えていく言語を取り戻そうとしたりしているのです」と言うのはオレゴン大学言語学教授ガブリエル＝ペンズ＝バエズである。

一部の専門家の予測によれば，現存している約 7,000 の言語の半数が，今世紀末には流暢に話せる人がいなくなる。約 245 件の言語再生プログラムに関する調査を，オレゴン大学の言語再生研究所所長でもあるバエズ博士が 2016 年および 2017 年に実施したところ，その半数以上が 2000 年以降に開始されていた。約 30％は 2010 年以降に開始されたものだった。

国連総会は 2019 年を「国際先住民族言語年」として宣言した。その目標は，先住民族言語に差し迫った危機に「世界的関心」を集め，さらに，フーパ渓谷の部族のような言語再生への取り組みを記念することである，と述べるのはユネスコ知識社会部門の普遍的使用・保存課課長ボイヤン＝ラドイコフだ。「こういった言語を保存する方法を，世界が見つけなくてはいけません。そうすることで，文化的アイデンティティや多様性，そして異文化間の対話が大いに進む，と我々は信じています」とラドイコフ氏は述べる。

チェイス氏によれば，フーパ渓谷の部族の話は，部族が最初に現在の北カリフォルニアになる地域に居住した数千年前にさかのぼる。1850 年代中頃の金の発見は，現地に白人を，そして暴力的衝突をもたらした。1893 年，インディアン事務局はフーパ渓谷インディアン学校を設立したが，この学校では，全米の他のそういった寄宿学校と同様に，白人の教師が伝統的衣服を焼き捨て，子供たちにイングランド風の名前を与え，親から受け継いだ言語を話すのを禁止した。フーパ渓谷でも全米でも，幼いネイティブアメリカンたちはどんどん英語にさらされていった。年長者の多くは自分たちの母語を抑圧し，子供たちに母語を話すのをやめさせたが，それはそもそも母語を教わっていればの話である。

チェイス氏のような小さな取り組みが多大な影響を及ぼし得ることを示す先例がいくつもある。言語再生の取り組みとして最も広く知られたうちの2つは，ニュージーランドのマオリ語と，ハワイ語に関するものであり，この2つも同じようなやり方で始まった。

1980年代までに，ハワイ語の流暢な母語話者は約1,500人にまで減っていた。そこで，ハワイ大学ヒロ校の教授陣が幼稚園を設立し，ハワイ語を話す年長者たちにハワイ語を教えてもらった。ゆっくりと，毎年新学年が増えていき，ハワイ語が教育の主要言語である幼稚園から高校までの教育制度をつくることに成功した。

こういった言語再生の取り組みの目標のひとつは，自信の回復である。バエズ博士によれば「言語の喪失は，人々が被る可能性のある抑圧の非常に明白な証拠」なのであり，「多大な敗北感と脆弱性を示す」ものなのだ。

それはチェイス氏にとっては「コロニアリズム〔植民地化政策〕によって損なわれた生活様式の再生」に関わるものである。「言語は実のところ，全く別の世界の見方，感じ方なのです」と彼女は言う。「言語にはあまりにも多くの力が秘められています」

少なくとも参加者の1人は刺激を受けたようだ。ほぼ毎日，フーパ渓谷の部族の一員で7歳児のグレース＝ケーンは，フーパ語で歌を歌っています，と母親のブランダイス＝デイヴィスは言う。グレースはペットの犬にもフーパ語で話しかけ，姉にもフーパ語の単語や語句を教え始めた。お母さんががっかりしたことに，グレースは親の言うことを聞きたくないときには「イヤだ」とフーパ語で言うのである。「娘にとっては，ただの一時のお遊びですが，私にとっては希望，フーパ族の未来への希望みたいなものなのです」とお母さんは語る。

◀解　説▶

⑾「本文によると，このサマーキャンプの独自ルールは何か」

(a)「子供たちは北カリフォルニアに居住しなくてはならない」
(b)「子供たちはフーパ語で話さなくてはいけない」
(c)「子供たちは参加するためには 7 ～ 8 年生になっていなくてはならなかった」
(d)「子供たちは 7 月中ずっとキャンプにいなくてはならない」

(b)が第 1 段第 3 ・最終文（And there will … of the state.）に一致。

(12)「本文によると，フーパ語の現在の話者たちを最もよく表している記述は以下のうちどれか」
(a)「約 20 人が基礎レベルのフーパ語を話せる」
(b)「何十年間にもわたって，フーパ語の母語話者はフーパ語を子供たちに教えてきた」
(c)「他の人たちに話し方を教えられるほどフーパ語をよく知っている人は少数しかいない」
(d)「フーパ語を理解できる人は世界に 4,000 人しかいない」

(c)が第 2 段第 1 ・ 2 文（For decades, native … tribe members estimate.）に一致。

(13)「ガブリエル＝ペレズ＝バエズ教授によれば，現在が先住民族社会にとって重要な時であるのはなぜか」
(a)「先住民族社会は，似た文化の言語を組み合わせることに対する寛容性が高いから」
(b)「先住民族社会は，新たな言語の習得に費やす時間が多いから」
(c)「先住民族社会は，文化的遺産を放棄することによって時流に逆らっているから」
(d)「先住民族社会は，自文化の死滅しつつある部分の保存に取り組んでいるから」

(d)が第 3 段最終文（“We are facing …）に一致。

(14)「本文によると，以下の記述のうちどれが正しいか」
(a)「絶滅危惧言語を保存するプログラムは 2000 年以降に減り始めた」
(b)「約 3,500 の言語が，高度に熟達した話し手を失う危機にある」
(c)「2017 年に実施された調査では，世界の言語は 245 しか見つからなかった」
(d)「先住民族言語の 30％が世紀末には絶滅するだろう」

(b)が第4段第1文（Some experts predict …）に一致。(d)は30％ではなく50％である。

⒂「2019年の『国際先住民族言語年』の目標ではない記述は以下のうちどれか」

(a)「先住民族言語が直面している危険への意識を高める」

(b)「先住民族言語を誰もが使えるようにする」

(c)「言語を保存するために取り組んでいる人々の仕事を称える」

(d)「異文化間の会話を奨励する」

(b)は，第5段第1文（The United Nations …）に universal access という語句があるが，これはユネスコ知識社会部門の課の名前の一部であるため目的とは言えない。よって(b)が正解。(a)・(c)は第5段第1文に一致，(d)は第5段最終文（"We believe that …）に一致。

⒃「本文によると，白人との出会いは，フーパ渓谷の部族にどんな影響を与えたか」

(a)「部族の人々が白人と金をめぐる暴力的な紛争で命を落とした」

(b)「インディアン事務局がフーパ渓谷インディアン学校を閉鎖した」

(c)「フーパ族の人々が英語の名前をもっと希望するようになった」

(d)「部族の年長者たちが，若い世代がフーパ語を話すのをやめさせた」

(d)が第6段最終文（Many older people …）に一致。dissuade〔discourage〕*A* from *doing*「*A*が～するのを思いとどまらせる，*A*に～させない」

⒄「本文によると，サラ＝チェイスの言語再生プログラムの将来的な成功を示唆するどんな証拠があるか」

(a)「プログラムは全国の報道機関の注目を集めた」

(b)「彼女の取り組みは1980年代以降，広く認められている」

(c)「類似のプログラムが他の言語を保存している」

(d)「彼女はハワイとニュージーランドですでに成功を収めている」

(c)が第7段第1・最終文（There are precedents … a similar fashion.）に一致。

⒅「本文によると，ハワイ大学の教授陣がハワイの現地語を保存するためにとった対策は何か」

(a)「ハワイ語の年配話者を雇用して，大学で教えてもらった」

(b)「主にハワイ語で教える初等・中等教育制度を作った」
(c)「ハワイの生徒 1,500 人を新設の高校に入学させた」
(d)「まず自分の子供たちをハワイ語で教える放課後プログラムに入れた」

(b)が第 8 段第 2 文（Professors at the …）および同段最終文（Slowly, adding a …）に一致。secondary school〔education〕とは中学・高校を指す（*cf.* higher education「高等教育」=「大学」）。

(19)「本文によると，言語再生プログラムの目標のひとつは何か」
(a)「すべての社会に言語喪失への対処法を教えること」
(b)「植民地化で生じた抑圧の更なる証拠を発見すること」
(c)「先住民族社会に言語による自衛の方法を教えること」
(d)「先住民族の自尊心を取り戻すこと」

(d)が第 9 段第 1 文（One of the …）に一致。confidence「自信」≒self-worth「自尊心」

(20)「本文によると，グレース＝ケーンはキャンプで学んだフーパ語をどのように使っているか」
(a)「家で親に反対する時に使っている」
(b)「ペットの犬をフーパ語で叱っている」
(c)「キャンプ後に，母のためにフーパ語の歌を書いたり歌ったりしている」
(d)「妹にキャンプで習ったことを教えている」

(a)が最終段第 4 文（To Ms. Davis's …）に一致。

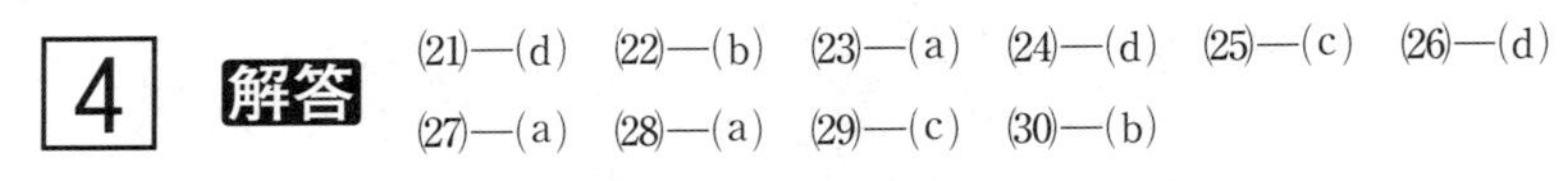

4 解答

(21)—(d)　(22)—(b)　(23)—(a)　(24)—(d)　(25)—(c)　(26)—(d)
(27)—(a)　(28)—(a)　(29)—(c)　(30)—(b)

◆全　訳◆

≪ジェーンとバーバラの友情≫

著作権の都合上，省略。

著作権の都合上，省略。

◀解　説▶

(21)「バーバラが施設で泣いていた理由として最も可能性が高いのは？」

(a)「雨でお気に入りのスーツが台無しになったから」

(b)「上司にとても腹を立てていたから」

(c)「夫が離婚を望んでいたから」

(d)「住む場所がなかったから」

冒頭文の homeless shelter「ホームレス施設」より(d)が正解。

(22)「施設の人たちはなぜ驚いたのか？」

(a)「バーバラがずぶ濡れで泣いていたから」

(b)「２人がすでに知り合いだったから」

(c)「ジェーンがアルコール問題の公認カウンセラーだったから」

(d)「２人があまりに騒々しかったから」

(b)がジェーンの第１発言最終文（They looked so …）に一致。go way back「昔からの知り合いである」

(23)「バーバラが『落ち込んだ』といった理由として最も可能性が高いのは？」

(a)「ジェーンがホームレスになっていたから」

(b)「ジェーンに会いたくなかったから」
(c)「ジェーンが彼女との約束を破ったから」
(d)「周囲の人たちにじろじろ見られたから」

バーバラの第2発言（I was disappointed …）の for you に注目する。このfor you は「あなたのために，あなたのこと（境遇）を思って」落ち込んだという内容なので，(a)以外では成立しない。よって(a)が正解。

(24)「バーバラがジェーンに会えて嬉しかった理由として最も可能性が高いのは？」
(a)「バーバラはジェーンの姉だったから」
(b)「ジェーンはドラッグ問題のカウンセラーだったから」
(c)「２人には共通のセラピストがいたから」
(d)「バーバラには親友が必要だったから」

(d)がバーバラの第4発言第2文（It helped me …）および同発言最終文（We were like …）に一致。

(25)「バーバラの人生がジェーンとの再会後好転した理由でないものはどれか？」
(a)「２人はお互いに親密な関係だと感じていた」
(b)「ジェーンはバーバラの問題に耳を傾けた」
(c)「ジェーンはバーバラにアパートを借りるお金を貸した」
(d)「２人は必要な時にはお互いにアドバイスを与え合った」

金銭の貸し借りに関する記述はないので，(c)が正解。

(26)「２人が一緒に住むことを決めた時，ジェーンはどんな気持ちを求めていたか？」
(a)「スペースがたくさんある快適な場所が欲しかった」
(b)「家族と住める場所が欲しかった」
(c)「もっと有能で自立しているように感じたかった」
(d)「２人両方に属するような家が欲しかった」

(d)がジェーンの第5発言第2文（And I just …）に一致。

(27)「バーバラが『運命は私の味方をしていた』と言った意味は？」
(a)「ジェーンとの出会いはとてもラッキーだった」
(b)「アパートを手に入れられたのはよかった」
(c)「よい料理用レンジを手に入れられて嬉しかった」

(d)「独力で物事をやるほうがよい」

下線部の直前に meeting that day in that shelter とあるので(a)が正解。下線部は「可能性は私に有利だった」が直訳。

(28)「『お互いを支え合っていた』の意味は？」

(a)「必要な時にお互いを助けたり守ったりする」

(b)「入浴時にお互いの背中を流す」

(c)「１人になれる時間をお互いに与え合う」

(d)「一緒に料理や掃除をして時間を過ごす」

(a)が正解。have *one's* back「人を守ってやる，面倒をみてやる」

(29)「バーバラが『これにする！』と非常に迅速に言った理由として最も可能性が高いのは？」

(a)「料理用レンジは高価で珍しいから」

(b)「彼女の町では冬はとても寒いから」

(c)「バーバラは大の料理好きだから」

(d)「彼女は新しい電子レンジが必要だったから」

下線部直前の I saw the kitchen range「キッチンでレンジを見た」や，下線部直後のジェーンの発言 She handles the food.「彼女（バーバラ）が料理をする」を踏まえると(c)が正解。

(30)「バーバラがジェーンに『口出ししないで』という理由は？」

(a)「ジェーンの話し声がとても大きすぎるから」

(b)「ジェーンが干渉しすぎるから」

(c)「ジェーンが強い恨みを抱いているから」

(d)「ジェーンがあまりにもだらしがないから」

(b)が正解。mind *one's* (own) business は通常，命令文で使い「自分自身のことを気にしろ」=「口出しするな，こちらのことに構うな」という意味。

5 解答

(31)―(b)　(32)―(d)　(33)―(a)　(34)―(a)　(35)―(c)　(36)―(c)
(37)―(d)　(38)―(a)　(39)―(b)　(40)―(c)

◆全　訳◆

≪日本のコロナ対策への評価≫

日本は，世界一高齢化が進んでいる国であり，混雑した大都市が多数ある人気の観光先でもあるが，2020 年 5 月時点で，主要諸国の中でコロナによる死亡率が最も低い国のひとつでもある。日本の医療制度は崩壊していない。多くの企業は自主的に営業停止したが，政府は企業に営業停止を一度も強制しなかった。もっとも，今週，内閣総理大臣の安倍晋三は，日本のコロナとの闘いは大成功だと宣言し，全国の有事体制，すなわち，わずか 1 カ月半だけ続いた一種の「軽度のロックダウン〔自粛生活〕」を解除した。

「日本ならではのやり方で，わずか 1 カ月半で，今回の流行をほぼ収束させることができました」と安倍首相は述べ，いわゆる「日本モデル」がこの世界的パンデミックから脱する道を与えている，と付言した。

しかし，何が日本の偉業の原因だったのか，そして，諸外国がそのやり方から教訓を学ぶことができるのかは依然として未知数である。日本はコロナウイルスによる死者数を実際よりも少なく数えていると評論家は述べており，更なる感染の波が来れば，政府の自画自賛というべき声明が台無しになるかもしれない，と警告する人もいる。

日本の相対的に低い死亡率を説明する理論は多岐に渡っており，マスク着用の普及，定期的な手洗いの実践，ハグや握手などの身体を使った挨拶がほぼないことといった文化的特性から，ただのまぐれといったものまである。

さらに，政府の施策や規則に従えという強い圧力を感じた国民の行動の変化などを含む他の多くの要因が組み合わさって作用している可能性もある。

どんなやり方にせよ，日本は今までのところ，死亡率を低く抑えることに成功している。アメリカやヨーロッパ諸国で数万人が記録されている時ですら，日本では 900 人足らずの死亡者しか記録されていない。

日本は当初，ウイルスへの感染を疑う人に対して，熱が 4 日以上，あるいは 65 歳以上の場合は 2 日以上続かない限り，支援を求めないように指示した。重症に思える人でも拒否されたため，政府は問題の実際の程度を隠そうとしているという説も生まれた。

さらに，日本政府が早くから言っていたのは，検査キットは供給不足なので，供給制限しなくてはならない，ということだった。しかし，この議論は次第に下火になっていったが，これは検査能力の半分を使った日すらなく，検査能力が 1 日 24,000 人にまで増えたからだ。

表面上，日本はありそうにもない成功をおさめているので，政府内部の一部を含めた公衆衛生の専門家たちの多くは，日本の経験から何らかの決定的な結論を引き出さないように警告している。

専門家たちは，日本はまだ逃げ切ったわけではなく感染の第 2 波，第 3 波がいつ起こってもおかしくないと警告している。今年の死亡者数に関するデータがもっと手に入れば（東京都はコロナウイルスの死亡者数を実際よりも数十人も少なく数えている兆候がある），印象はそれほど良く見えないかもしれない。

◀解　説▶

(31) a popular tourist destination with large, crowded cities「混雑した大都市が多数ある人気の観光先」 この with は that has とほぼ同義。

(32) a path out of ～「～からの出口」

(33) account for ～「～を説明する，～の原因である」

(34) at work「作用している」

(35) succeed in *doing*「～することに成功する」

(36) be infected with ～「～に感染している」

(37) 完了形と組んで継続期間を表す for である。

(38) in short supply「供給不足である」

(39) increase *A* to *B*「*A* を *B* まで増やす」

(40) (at) any time「いつ何時でも」

解答 (41) COMPLETED (42) CARRIED (43) PERFECT (44) SHAPING (45) DISCUSSED (46) ACCESSED (47) EXTENSIVE (48) CURIOUS (49) REGIONAL (50) ABILITY

◆全　訳◆

≪新幹線が日本経済に与える影響力≫

ちょうど今月から 50 年前，日本の超特急列車が初走行を完了し，徹夜で待っていた多数の人々に駅で歓迎された。この新たな高速鉄道は 2 つの巨大な経済拠点である東京と大阪を接続し，2 都市間の移動時間を約 7 時間から 4 時間へと削減した。この列車は日本語では新幹線と呼ばれ，歴代乗車者数は約 100 億人で，安全性・信頼性に関する完璧な記録を誇っている。致命的な列車の脱線や衝突は一切なく，平均遅延時間は 36 秒である。

新幹線は長い間，日本人の能率の良さの象徴だったが，日本経済の形成における新幹線の重要性は象徴的ということをはるかに超えるものである。日本の人口の大半は驚くほど少ない数の土地に住んでいる（国土のわずか 20％しか人が住めない）ので，新幹線は働く人たちを密集した都市から都市へと移動させる見事な解決策なのだ。

新幹線に関して，最も頻繁に議論される（そして最も直感で理解できる）効果は，働く人たちが遠隔の比較的未開発の地域に住み，例えば東京まで 2 時間で通勤するのを可能にしていることだ。最近『ガーディアン』誌が報じたところでは，新幹線は「日本のますます大部分を，首都東京のベッドタウン同然に」してきた。新幹線のもう 1 つの顕著な効果は，観光のしやすさである。遠く離れた場所に鉄道で簡単にアクセスできるので，観光客の訪問する確率が上がる。

しかし，高速鉄道網建設に対する経済的な面からの賛成論はおおざっぱに表明される傾向にある。こうした議論は全体としての成長に着目するのだ。もちろんこれは有益なことだが，中国やイギリス，アメリカなどの国が広範な高速鉄道網をすでに建設しているかその可能性を検討中であることを考えると，よりきめ細やかなアプローチが役に立つかもしれない。

この推論が，ダートマス大学やオスロ大学の経済学者と経済産業省所管の日本総合研究所が共著した新たな討議資料が作成される原動力となった。研究者たちの関心は，新幹線が地域経済ではなく企業レベルに与える影響である。日本の経済活動の大半を網羅する信用報告書を作成している企業のデータを使用し（使われた数値は 100 万社近くから得たものである），2004 年の新たな鉄道網の導入後に企業と納入業者間に生まれた関係を一層わかりやすく視覚化できた。

結論としては，企業に対する新幹線の主なメリットのひとつは，企業と納入業者を結びつける能力である。日本では，企業と納入業者または顧客間の平均距離は約 20 マイルであり，全国の納入業者を探すために投資する余裕があるのは，通常最も高収益な企業のみである。新幹線はそうした優位性をフラットにして，中小企業でも遠隔の納入業者と取引を行ったうえで品質も保証されるようになっている。

クロスワードの横：

(41)「『終わらせる』を意味する語の正しい語形」

(42)「『連れて行ったり，持って行ったりする』を意味する語の正しい語形」

(47)「『広い地域を覆ったり，影響を与えたりする』を意味する語」

(48)「『何かをもっと学んだり知ったりしたがること』を意味する語」

(49)「『特定の地域に関した，地元の』を意味する語」

クロスワードの縦：

(43)「『欠点や過失がない』を意味する語」

(44)「『形を与えたり，作ったりする』を意味する語の正しい語形」

(45)「『別の人やグループと何かに関して話す』を意味する語の正しい語形」

(46)「『使用したり，入場したり，接近したりできる』を意味する語の正しい語形」

(50)「『能力，物事を行う力や技術』を意味する語」

◀解　説▶

(41) completed their first trips「初走行を完了した」

(42) has carried roughly 10 billion riders since then「その時以来，約 100 億人の乗客を運んできた」

(43) with a perfect record of ～「～の完璧な記録」

(44) its importance in shaping Japan's economy「日本経済の形成におけるその重要性」

(45) The most frequently discussed … effect of the bullet train「新幹線の最も頻繁に議論される効果」

(46) far-flung places are easily accessed by rail「遠く離れた場所に鉄道で簡単にアクセスできる」

(47) extensive high-speed train systems「広範な高速鉄道網」

(48) be curious about ～「～に関心がある」

(49) regional economies「地域経済」

(50) its ability to *do*「その～する能力」

❖講　評

試験時間 75 分に対して，大問 6 題，小問 50 問の出題（1～2は小問 5 問ずつ，3～6は小問 10 問ずつ）。1～5はマークセンス法，6は長文の空所10カ所に入る英単語をクロスワードパズルと英語による定義をヒントに記述する形式だった。

[1] 遅刻を減らすために導入した罰金が逆効果になったという話で，the framing effect「フレーミング効果」や monetary incentive「金銭的インセンティブ」など経済学部に即した内容が扱われている。インターネット放送の書き起こしであり，比較的読みやすい。

[2] 誤り指摘問題5問。頻出の文法項目に関わるものが多く，全問正解したい。

[3] 少数言語保護に関する800語程度の英文で，2021年度の大問で最も読む分量が多い。大学入試英語の頻出テーマだが，特に外国語学部を擁する上智大学で頻度が高い。すべて内容説明問題で，丁寧に読めば迷わないが，適当に流し読むと間違って選びそうな選択肢が多い。

[4] *Story Corps* からの出題は，2020年度の経済学科の[3]，経営学科[6]でも見られた。貧困問題などがテーマである点も共通している。(22)・(27)・(28)などでは見慣れないイディオムが関わっているが，文脈から推測可能。(30) mind *one's* own business は重要。

[5] 新型コロナウイルスに関する話題の英文で空所補充10問。差がつくとすれば(34)・(36)・(38)・(40)あたりかと思われる。

[6] 英単語の記述問題10問。いずれも常識的な単語ばかりで，全問正解も十分に可能。単語を活用して記入する場合があることに注意。

MEMO

MEMO

MEMO

2021 年度　一般選抜
（学部学科試験・共通テスト併用型）

学部学科試験
サンプル問題

以下では，上智大学（法・経済学部）の2021 年度の一般選抜（学部学科試験・共通テスト併用型）について，大学より公表された学部学科試験のサンプル問題を掲載しています。

法　学　部
法律学科・国際関係法学科・地球環境法学科

◀社会（国際関係や環境問題を含む）と法・政治
に関する試験（基礎学力や思考力を問うもの）▶

【学部学科試験名】学部共通試験

社会（国際関係や環境問題を含む）と法・政治に関する試験（基礎学力や思考力を問うもの）
※学部共通試験のため、一度の試験で複数学科の併願が可能

【試験時間】　７５分

【出題の意図、求める力等】

社会（国際関係や環境問題を含む）と法・政治に関する文章を読み、その内容を理解し、表現することができるかを問う。サンプル問題では、国の統治制度を題材としている。

※サンプル問題の出題形式は例であり、問題数は本試験と異なる場合があります。

1　次の文章を読んで、後の問いに答えなさい。

君主制は人類の有する制度の中でもっとも古く、もっとも恒久性のある、それゆえもっとも光栄ある制度の一つである。

これはドイツ出身でのちにアメリカで活躍した憲法学者カール・レーヴェンシュタイン（1891～1973）の言葉である。君主制に関するいまや古典の感がある著作を記した彼は、君主制の種類を簡潔に示してくれている。まずは、一定の家族や王朝の成員が継承秩序にしたがって代々位を引き継いでいく「世襲君主制」と、一定の選挙方法によって君主を選んでいく「選挙君主制」である。後者は、中世から近世にかけてのヨーロッパ中央部に君臨した「神聖ローマ帝国」の皇帝の場合などに当てはまる。大小350ほどの聖俗諸侯たちの頂点に立つ皇帝は、そのなかでも有力な7人（17世紀末からは9人）の選帝侯による選挙で選ばれていた。

現在でも、マレーシアでは「スルタン（王）」を有する9つのヌグリ（州）の間で、輪番制で5年ごとに国王（キング）を互選で選出しており、これも「選挙君主制」に入るだろう。

しかし、有史以来の君主たちの多くが「世襲君主制」によって位に即（つ）いてきた。レーヴェンシュタインはこれをさらに3つに区分している。

まずは「絶対君主制」である。ルイ14世（在位1643～1715年）時代のフランス王政に代表される統治形態であり、絶対的な支配者、すなわち［　①　］から解放された王が、神意の命じた権利によって思うままに統治でき、神に対してのみ責任を負っていた。17世紀以降のヨーロッパに一般的に見られ、ロシア革命（1917年）によって倒されたロマノフ王朝とともにヨーロッパでは完全に消滅したとされる。ただし中東諸国や20世紀のエチオピア帝国（1974年消滅）ではこれに近い体制が続いていると、レーヴェンシュタインは分析した。

次に「立憲君主制」である。19世紀のプロイセン王国（現在のドイツ北東部）に代表され、「君主は君臨しかつ統治する」体制となる。すなわち国王が［　②　］者であると同時に支配権の所有者ともなる。ここでは王権と議会という二つの国家機関が並存し、レーヴェンシュタインの言葉を借りればその「合奏」が立憲君主制の本質となる。しかし、国王の背後には軍隊・警察・行政がついているため、国王と議会との間に意見対立が生じた場合には、権利の推定はつねに国王に有利に働く。それゆえ、絶対君主制に転じることも容易である。19～20世紀のドイツ諸国や第1次世界大戦後のブルガリア、ルーマニア、ギリシャなどその典型例であった。また、第2次世界大戦後のエジプトやイランの場合も「立憲的な装いをこらした絶対君主制」であり、これらはいずれも消滅の憂き目に遭っている。

そして最後が「議会主義的君主制」である。19世紀のイギリスで確立され、ベルギーなどのベネルクス諸国、スウェーデンなどの北欧諸国でも採用された「国王は君臨すれども統治せず」の体制となる。立法は議会に委ねられ、行政は議会内で多数派を形成している政党の信任を得た内閣によって担われる。その際に大臣たちの責任は、君主ではなく［　③　］に対して問われる。

レーヴェンシュタインの著作は、1952年に西ドイツで刊行されたが、その時点ですでに彼は根底に権威的な統治形態や仮装した国王独裁を秘めた「［　④　］の時代は去り、民主主義的な国家の要求に応えられる「［　⑤　］」だけが存立の見込みがある」と、鋭く見通していた。すなわち君主制の存立は、民主主義的に正当化されている場合のみ是認されうるというわけである。

はたしてその後の歴史を振り返ってみると、刊行の翌年に革命で倒壊されたエジプト（1953年）をはじめチュニジア（57年）、イラク（58年）、イエメン（62年）、リビア（69年）、そしてイラン（79年）と、中東に見られた「［　⑥　］」国家では、次々と君主制が倒され、共和制へと転じた。けだしレーヴェンシュタインの慧眼（けいがん）といえよう。

このように21世紀の今日の世界では、君主制を採る国の多くが「 ⑦ 」の下で統治を進めているか、それに近いかたちで君主制を継続させている。レーヴェンシュタインが定義づけた「立憲君主制」は、今日のわれわれの目から見れば、専制主義的な側面が強くそれゆえのちに軍部や民衆から倒壊させられた。本書でこれから主に見ていく君主制国家の統治形態は、議会主義民主主義に基づくものであり、「議会主義的」という表現は当然となってくる。

したがって（…中略…）本書では、レーヴェンシュタインが「議会主義的君主制」と定義づけたものを含め、ひろく「立憲君主制（constitutional monarchy）」と呼び、このあとの議論も展開していきたい。

さらに、レーヴェンシュタインの著作が刊行されてから20年ほど後に、スウェーデンで大きな変革が見られた。1974年に制定された新しい憲法により、それまで国王が保持していた、内閣の任免権や法律の裁可権、軍の統帥権や恩赦権など、その政治的権能が大幅に縮減されたのである。国王の国政上での役割は儀礼的および代表的な権能に限定されるようになった。憲法学者の下條芳明は、このような君主制を新たに「 ⑧ 君主制」と呼び、戦後日本の天皇制とも比較しながら検討を進めている。（…中略…）

その下條も述べているとおり、君主制（特に世襲君主制）というある特定の一族に特権的な地位を与える制度と、民主主義的というすべての人間が生まれながらにして平等という考え方は相互に異質なはずである。それが巧みに調和させられたのが、「(A)議院内閣制」という制度の定着によってであった。そこでは、君主制が民主主義に適合するかたちで再編されるとともに、民主主義社会にとっても君主制が権威の源泉とされるようになった。

民主主義の理念と合致する国家形態は、 ⑨ よりも ⑩ であると考えるのが普通であろう。 ⑪ では、通常は男女普通選挙に基づいた国民投票により、自分たちの国家元首にして政府の首長たる「大統領」が選ばれるからだ。しかし（…中略…）君主制か共和制かという国家形態と、それが専制主義的か民主主義的かという統治形態とは、必ずしも合致はしないのである。日本の憲法学を牽引した宮沢俊義が当を得た見解を示してくれている。

「ヒトラァ時代のドイツは、共和制であった。ムッソリニ時代のイタリヤは、君主制であった。しかし、ひとしく君主制だからといって、イギリスとファッショ・イタリヤを一方におき、ひとしく共和制だからといって、アメリカ合衆国とナチ・ドイツとを他方において、両者を対立させ、比較してみることに、意味のないことは、明らかである。むしろ、一方には絶対制としてのナチ・ドイツとファッショ・イタリヤとをおき、他方には、民主制としてのイギリスとアメリカ合衆国とをおき、両者を対立させ、比較することが、きわめて重要な意味をもつ」

本書がこれから検討していくとおり、現代の社会では、王室が民主主義を助け、強化する場面が増えている。その嚆矢（こうし）となったのも、近現代のイギリス王室であった。

（出典：君塚直隆『立憲君主制の現在－日本人は「象徴天皇」を維持できるか』新潮選書（2018年）23-28頁）

問1　文中の ① の中に入る語としてもっとも適切なものを、下記から1つ選べ。

（ア）民衆の批判
（イ）革命の危険性
（ウ）選挙
（エ）国
（オ）法

問２　文脈から判断して、本文の他の個所で使用されている言葉をもって、文中の［　②　］、［　③　］、［　⑨　］、［　⑩　］、［　⑪　］を埋めよ。

問３　文中の［　④　］、［　⑤　］、［　⑥　］、［　⑦　］に入る語として適切なものは、下記のいずれか、選択せよ。

（ア）見せかけの立憲君主制
（イ）議会主義的君主制

問４　空欄の［　⑧　］に、日本国憲法で用いられている漢字２文字を入れよ。

問５　下線部(A)の「議員内閣制」を説明する文章を、本文中から50字以内で抜き出しなさい。

問６　①～⑥の文章について、本文の内容と適合するものを「○」、適合しないものを「×」とした場合の正しい組み合わせを（ア）～（オ）の選択肢から選びなさい。

①選挙君主制は、中世から近世にかけてのヨーロッパにのみみられた。
②絶対君主制においては、君主は神に対してのみ責任を負った。
③君主制であれば専制的になるし、共和制であれば民主的になる。
④立憲君主制における議会の制度的基盤は、きわめて脆弱であった。
⑤君主制や共和制という外形だけで統治形態を評価するのは適切でない。
⑥共和制とは、君主を持たない国家形態のことである。

（選択肢）

	①	②	③	④	⑤	⑥
（ア）	×	×	○	○	×	○
（イ）	○	○	×	×	○	×
（ウ）	×	○	×	○	○	○
（エ）	○	×	○	×	×	×
（オ）	×	○	×	○	×	○

問７　大日本帝国憲法で想定されている日本の国家形態は、本文で示されている各種君主制度のうち、選挙君主制、絶対君主制、立憲君主制、議会主義的君主制のいずれに該当するか（「世襲君主制」は除き、立憲君主制については議会主義的君主制を含まない概念とする)。「天皇」「帝国議会」という文言を用いて、100字以内で説明しなさい。なお、「天皇」「帝国議会」という文言の使用回数に制約はない。

⇨解答例（大学発表），解説（教学社作成）は *21* 頁。

経済学部　経済学科・経営学科

◀数　学▶

【学部学科試験名】　学部共通試験

数学（数Ⅰ・Ⅱ・A・B（数列、ベクトル）を範囲とする）

※経営学科を受験する者は、選択科目として、数学、または、英語のいずれかを選択

※数学は、学部共通試験のため、数学受験者は一度の試験で経済学科、経営学科の併願が可能

【試験時間】　７５分

【出題の意図、求める力等】

経済学や経営学を学ぶために必要となる計算力や基礎的な数学力と、新しい問題にも対応できる柔軟な思考力を測る。

※サンプル問題の出題形式は例であり、問題数は本試験と異なる場合があります。

1

(1) x の 2 次式 $P(x)$ について, x^2 の係数が 2 であり, $x+1$ で割ったときの余りが 1, $x-2$ で割ったときの余りが -8 である。このとき,

$$P(x) = 2x^2 + \boxed{\text{ア}}\,x + \boxed{\text{イ}}$$

である。

(2) 年利率 5 %, 1 年ごとの複利で資金を運用する。必要であれば, $\log_{10} 2 = 0.3010$, $\log_{10} 3 = 0.4771$, $\log_{10} 7 = 0.8451$ として用いてよい。

(i) 1 万円の元金を運用したとき, 元利合計が初めて 2 万円を超えるのは $\boxed{\text{ウ}}$ 年後である。

(ii) 毎年 1 万円ずつ積み立てる。つまり, 1 年後の時点の資金は, はじめの 1 万円の元利合計と, 新たに積み立てた 1 万円の合計になり, 2 年後の時点の資金は, 1 年後の時点の資金に対する元利合計と, 新たに積み立てた 1 万円の合計になる。このとき, 資金が初めて 20 万円を超えるのは $\boxed{\text{エ}}$ 年後である。

(3) A, B を事象, $\overline{A}$ を A の余事象とする。

$$P(A) = \frac{3}{5}, \quad 0 < P(B) < 1, \quad \frac{P_{\overline{A}}(B)}{P_A(B)} = 9$$

のとき,

$$P_B(A) = \frac{\boxed{\text{オ}}}{\boxed{\text{カ}}}$$

$$P_B(\overline{A}) = \frac{\boxed{\text{キ}}}{\boxed{\text{ク}}}$$

$$P(B) = \boxed{\text{ケ}} \times P(A \cap B)$$

$$P(A \cup B) = \boxed{\text{コ}} \times P(A \cap B) + \frac{\boxed{\text{サ}}}{\boxed{\text{シ}}}$$

である。

2　N を 2 以上の整数とする。整数 a, b に対し，演算 $\oplus$ を

$$a \oplus b = \Big((a+b) \text{ を } N \text{ で割ったときの余り}\Big)$$

と定義する。例えば，$N=2$ のとき，

$$0 \oplus 0 = 0, \quad 0 \oplus 1 = 1, \quad 1 \oplus 1 = 0, \quad 1 \oplus 3 = 0$$

である。

(1) 次の条件によって定められる数列 $\{a_n\}$ を考える。

$$a_1 = 1, \quad a_{n+1} = a_n \oplus (n+1) \qquad (n = 1, 2, 3, \cdots)$$

(i) $N=4$ のとき，$a_3 = \boxed{ス}$ である。

(ii) $N \geqq 4$ とする。

N が偶数のとき，$a_{N+1} = \dfrac{\boxed{セ}}{\boxed{ソ}} N + \boxed{タ}$，

N が奇数のとき，$a_{N+1} = \boxed{チ}$ である。

(iii) N が偶数のとき，$a_{N-1} = \dfrac{\boxed{ツ}}{\boxed{テ}} N + \boxed{ト}$，

N が奇数のとき，$a_{N-1} = \boxed{ナ}$ である。

(2) N を偶数とし，$N = 2M$ と表す。ただし，M は自然数である。次の条件によって定められる数列 $\{b_n\}$ を考える。

$$b_1 = 1, \quad b_{n+1} = b_n \oplus (2n+1) \qquad (n = 1, 2, 3, \cdots)$$

このとき，$b_M = 0$ となる必要十分条件は，N が $\boxed{ニ}$ の倍数となることである。N が $\boxed{ニ}$ の倍数でない偶数のとき，

$$b_M = \frac{\boxed{ネ}}{\boxed{ノ}} N \text{ である。}$$

3 kを実数とする。2つの関数

$$f(x) = |2x+1|x + 2x + 3, \quad g(x) = 2(x+1)^2 + k(|x| - 1)$$

を考える。

(1) $y = f(x)$ と $y = g(x)$ のグラフが

- 異なる3つの交点をもつのは, $k <$ [ハ] または [ハ] $< k <$ [ヒ] のときである。このうち,

(i) $k <$ [ハ] または [ハ] $< k \leqq$ [フ] のとき, 交点の x 座標は

[ヘ], [ホ], $\dfrac{\text{[マ]} + k}{\text{[ミ]}}$ （ただし, [ヘ] $<$ [ホ]）

である。

(ii) [フ] $< k <$ [ヒ] のとき, 交点の x 座標は

[ム], [メ], $\dfrac{\text{[モ]} + k}{\text{[ヤ]} - k}$ （ただし, [ム] $<$ [メ]）

である。

- 異なる2つの交点をもつのは, $k =$ [ハ] または $k >$ [ヒ] のときである。

(2) $k = -5$ のとき, $y = f(x)$ と $y = g(x)$ によって囲まれた図形の面積を求めよ。

【サンプル問題の出典】

1 … 上智大学 2019 年度一般入試（学科別）2 月 4 日実施分　1 数学　1
（経済学科、心理学科、ドイツ語学科、ポルトガル語学科、看護学科）

2 … 上智大学 2015 年度一般入試（学科別）2 月 4 日実施分　1 数学　2
（経済学科、教育学科、心理学科、英語学科）

3 … 上智大学 2016 年度一般入試（学科別）2 月 7 日実施分　3 数学　3 改題
（経営学科、社会福祉学科、地球環境法学科）

⇨解答・解説（教学社作成）は *25* 頁。

経済学部 経営学科

◀英　語▶

【学部学科試験名】

英語

※選択科目として、英語、または、数学のいずれかを選択

【試験時間】　７５分

【出題の意図、求める力等】

従来の一般入試（学科別）の出題と同様に、語彙、文法、読解を中心とした英語力を問う出題とする。本学科では、現代社会の様々な事象について、英語で書かれた情報を、深く、正確に理解する力を求めている。

※サンプル問題の出題形式は例であり、問題数は本試験と異なる場合があります。

1 次の会話文を読み，空欄(1)～(10)に入る最適な語句を(a)～(d)から一つ選びなさい。

A journalist visits Jackie for an interview at the Kennedy summer house in Hyannis Port, Massachusetts.

Jackie: You know what I think of history?

Journalist: Of history?

Jackie: I've read (1)________, more than people realize. The more I read, the more I wonder. When something is written down, does it make it true?

Journalist: It's all that we have.

Jackie: (2)________. We have television now. Now at least people can see for their own eyes.

Journalist: That tour of the White House that you did a couple years ago for CBS*. I always assumed that you did that (3)________ a purpose. No? After that, you won an Emmy Award.

Jackie: I didn't do that program for me. I (4)________ it for the American people.

Journalist: And the talk of the taxpayer money being (5)________ for the restoration of the White House?

Jackie: I raised every dime privately that we spent on that restoration. I loved that house and I wanted to (6)________ it with the American people to impart** a sense of America's greatness. Objects and artifacts last far longer than people and they (7)________ important ideas. History, identity, beauty.

Journalist; But I (8)________ that the readers would like to know what it is like to be a member of your family.

Jackie: Imagine a little boy (9)________ by all these objects and artifacts... Having his older brother die in battle then going off to that same war, and coming home a hero. People see that little boy born to wealth, privilege, willing to sacrifice everything for his ideals in service to his nation.

Journalist: Royalty. You make them sound like royalty.

Jackie: Well, for royalty, you need tradition and for tradition you need time.

Journalist: Well, I guess it has to (10)________ somewhere. Right? There has to be a Day 1.

*CBS: a TV network in the US

**impart: to make (information) known

Adapted from "Jackie." *Asahi Weekly*, 26 Mar. 2017, p.8.

(1)	(a) a great deal	(b) none	(c) a few	(d) many
(2)	(a) Had	(b) Has	(c) Have	(d) Will have
(3)	(a) at	(b) by	(c) for	(d) on
(4)	(a) did	(b) had done	(c) might do	(d) would do
(5)	(a) cut	(b) held	(c) made	(d) wasted
(6)	(a) compare	(b) equip	(c) exchange	(d) share

(7)	(a) reject	(b) report	(c) represent	(d) reverse
(8)	(a) am sure	(b) am unaware	(c) doubt	(d) propose
(9)	(a) surprised	(b) surrounded	(c) suspended	(d) supposed
(10)	(a) go	(b) look	(c) settle	(d) start

出典：上智大学 2018 年度一般入試（学科別）2 月 4 日実施分　4 英語 [1] 一部改変

[2] 次の英文を読み、(11)～(20)の問いにもっとも適切な答えを(a)～(d)から一つ選びなさい。

"My dad can't come to the phone right now. May I take a message?" It is an expression we hear less and less as the shared family phone disappears.

Nearly half of U.S. households no longer have landlines* and instead rely on their cellphones, up from about 27% five years ago, the National Center for Health Statistics says. Among young adults ages 25 through 34, fewer than one-third have landlines. Even at homes with landlines, the phone rings mainly with telemarketers and poll-takers.

Few miss being tied by a cord to a 3-pound telephone. But family landlines had their pluses. Small children had an opportunity to learn telephone manners, siblings had to share, and parents had to set boundaries governing its use.

Bryna Klevan got her first summer job during college, as a receptionist for a law firm, partly because of skills learned answering the family landline. "I had a polite telephone voice, and I knew how to answer and get the caller to the right person," says Ms. Klevan.

Tracy Kurschner learned as a toddler to spell her name by listening to her mother spell it for others on the phone. "She'd say, 'Hello, this is Mrs. Zajackowski, Z-A-J-A-C-K-O-W-S-K-I,'" says Ms. Kurschner, a Minneapolis communications consultant. "People were just shocked that I knew how to spell my name by age 3."

Overhearing adults' phone conversations taught children "the nurturing work of adulthood," such as setting up doctor appointments or planning activities for loved ones, says Sherry Turkle, author of "Reclaiming Conversation" and a professor at the Massachusetts Institute of Technology. "Now all that work is done silently, by tapping on a keyboard."

Sharing the landline often required parents to set boundaries around its use. "Parents said, 'When we're at dinner and the landline rings, we don't answer it,'" Dr. Turkle says. It also caused family conflict, says Laura Markham, a New York clinical psychologist. Siblings fought over who got to use the landline, and for how long. Parental anger rained down on any child whose long conversations blocked incoming calls.

The landline put children in situations where they had to talk with adults, Dr. Markham says. Calling a friend at home often meant talking with a parent who answered—a conversation that was "a little bit uncomfortable, but manageable," and that helped children learn conversation skills, she says.

Now, children's and teens' cellphone communications are "more private, for better or worse, and a little less connected to the larger community," Dr. Markham says. Many parents miss having "some sense of who was calling your child, or trying to reach your child." Dr. Turkle says.

Some families coach their children on phone skills. Jeff Levy often uses the landline in his Providence, R.I., home, to talk with relatives on birthdays and holidays. When his 11-year-old son Jonah got a call at home recently from his Little League coach, inviting Jonah to join his team, Jonah was polite but shy. Standing nearby, Mr. Levy says he realized Jonah "isn't really comfortable having a conversation with an adult on the phone who isn't a relative." He coached him gently, whispering, "Say thank you."

Adapted from Shellenbarger. S. (April 13th, 2016). "What children learned from the shared family phone." *Wall Street Journal.* Print. Retrieved April 27th, 2017.

*Landlines = 固定電話

(11) According to the article, what happens "less and less"?
- (a) Parents take less messages for their children.
- (b) People use answering machines less than before.
- (c) Children remember less of their parent's messages.
- (d) Families use a single home phone less than before.

(12) According to the article, which of the following statements is true about landlines in the US?
- (a) Only 30% of people still rely solely on their cellphones.
- (b) Most 25-34 year olds ignore their landlines and use their cell phones.
- (c) Sales calls and surveys make up the bulk of incoming calls to landlines.
- (d) Three-pound cords were often connected to American landlines.

(13) Which of the following is **NOT** a past benefit of landlines?
- (a) Landlines prepared children to work for their parents.
- (b) Landlines helped teach children to be polite.
- (c) Landlines promoted cooperation between brothers and sisters.
- (d) Landlines allowed parents to set household rules.

(14) What impressed people about Tracy Kurschner?
- (a) She could spell Kurschner before she was three.

(b) She could spell her family name by the time she was three.

(c) She could spell her last name after listening to her father spell it.

(d) She could spell her last name before her three siblings could.

(15) Why was Byrna Klevan able to get her first job?

(a) She practiced speaking on the phone at her family's law firm.

(b) Wanting to work in law, she practiced having a polite voice.

(c) Talking on her home phone taught her how to manage callers.

(d) Growing up, she was free in the summer to talk on the phone.

(16) What benefit did Dr. Turkle see in children listening to their parents talk on the phone?

(a) Listening helped children learn to spell their names.

(b) Listening helped children learn to connect with loved ones online.

(c) Listening helped children learn how to arrange events for family.

(d) Listening helped children learn how to quietly use their keyboards.

(17) According to Dr. Markham, how did talking on the phone teach children conversation skills?

(a) Children had to learn how to talk to their friend's parents.

(b) Children had to learn how to speak to friends at home.

(c) Children had to learn how to talk to their parent's friends.

(d) Children had to learn how to speak like adults on the phone.

(18) According to the article, what do parents miss about having a landline?

(a) Parents miss the low cost of having a landline.

(b) Parents miss the feeling of sharing a single phone.

(c) Parents miss being able to always reach their children.

(d) Parents miss knowing who their children are speaking to.

(19) Which of the following best describes Jonah Levy?

(a) His father coaches his Little League team on phone skills.

(b) He only talks to family on birthdays and holidays.

(c) He feels awkward speaking on the phone to older people who aren't family.

(d) He's always shy when he's forced to speak to anyone on a landline.

(20) After reading the article, which of the following best describes the current attitude young people have toward cellphone use?

(a) They prefer to mix their time on their cellphone and family phone.

(b) They appreciate the privacy that cellphones provide.

(c) They prefer the sound of tapping keyboards, to tapping phone keys.

(d) They appreciate being less connected to their online communities.

出典：上智大学 2018 年度一般入試（学科別）2 月 9 日実施分　6 英語 5

3　(21)～(30)の下線部(a)～(d)の中で間違いのあるものを一つ選び正しい形に直しなさい。

(21) (a)Scientists have not confirmed (b)any general rise in ocean levels, but Pacific islanders believe (c)something is already happening (d)and blames global warming.

(22) (a)For thousands of years, the Isahaya wetlands in southern Japan teemed with exotic birds, rare fish and (b)a rich, delicate ecosystem that sustained (c)more than 500 species of sea life, some (d)of whom are endangered.

(23) (a)Even if he had been driving (b)more slowly, (c)it will have been quite impossible to avoid the accident, in (d)which six people were seriously injured.

(24) (a)Although I am not sure about this, (b)I think that, when my brother (c)is in Europe last year, (d)he went to England.

(25) When I (a)reached to the library, (b)I found that it was closed, (c)and would not reopen (d)until the next morning.

(26) The university (a)did not allow (b)the students submit their (c)term papers after the (d)final exam.

(27) (a)As Robert had a (b)severe stomach ache, (c)he informed his school and (d)stay in bed for the whole day.

(28) This (a)class will provide the (b)students with opportunities to (c)get to know many people from (d)different cultural background.

(29) (a)Famous for his (b)complicating sentences, the (c)Australian novelist, Patrick White, wrote (d)compelling stories about love and identity.

(30) (a)Finding in coffee, tea, cola nuts and cocoa, the alkaloid, caffeine, (b)acts as a (c)mild stimulant (d)by increasing the heart rate.

出典：上智大学 2015 年度一般入試（学科別）2 月 9 日実施分　6 英語　1　一部改変

4 次の英文を読み，(31)～(40)に入る最も適切な語を(a)～(j)の中から一つ選びなさい。ただし同じ語を二度使ってはならない。

A photo exhibition (31) Swedish stay-at-home dads who took parental leave for more than six months convincingly poses questions on societal perceptions of masculinity and gender equality.

Johan Bavman, 35, whose "Swedish Dads" collection of photos has been exhibited in 25 countries since the two-year project was completed in 2015, says he wants to show role models who are often "not perfect" as fathers, worn out from (32) care of the kids.

Among the 45 fathers portrayed with their children in a photo book, 25 of whom are shown in the exhibition, are a dad (33) the floor while (34) his baby on his back, one (35) his three kids brush their teeth and another looking at a smartphone while holding his baby in his other arm.

The photographer based in Malmo, Sweden, who spent a total of 19 months on parental leave for his own two sons and recently came back to work, was motivated to look for other stay-at-home dads because, he says, "[I had] no one I could relate to" when his first child was born five years ago.

Bavman says that most pictures of (36) are too commercialized, such as ones that show happy dads, or parents (37) their children on park swings, often (38) out the negative emotions that go into (39) up children. "Not often (would) you see pictures that express the emotions of tiredness and hard work you have to put in (40) parents," he says.

Adapted from Kaneko, Maya. "Images of Swedish stay-at-home dads spark conversations on masculinity." *The Japan Times*. (Kyodo) 22 Dec. 2017. www.japantimes.co.jp/culture/2017/12/22/arts/images-swedish-stay-home-dads-spark-conversations-masculinity/#.WzmKIYVolFY. Accessed 2 July 2018.

(a)	becoming	(b)	bringing	(c)	carrying	(d)	depicting
(e)	helping	(f)	leaving	(g)	parenting	(h)	pushing
(i)	taking	(j)	vacuuming				

出典：上智大学 2019 年度一般入試（学科別）2 月 4 日実施分　4 英語 [2]

5 (41)～(50)の問いに対する最適な答えを(a)～(d)の中から１つ選びなさい。

(41)The Abe administration has begun discussions for tightening regulations on overtime work in an attempt to rectify the notoriously long working hours at Japanese firms—which not only threaten the health of company employees but are also blamed for leaving them with little time to spend with their families. This causes difficulties for couples raising children. The government's resolve for pushing through this agenda will be tested by whether and how it will overcome anticipated opposition from business circles. The administration so far has a track record of pushing for deregulation of labor rules, such as exempting certain workers from work-hour regulations. It needs to demonstrate its seriousness by coming up with effective measures to reduce overtime work.

This seems to be another example of Prime Minister Shinzo Abe's newfound interest in labor-friendly issues. Along with his bid to introduce an equal pay for equal work principle—supposedly to improve conditions for the nation's growing ranks of irregular workers—the administration plans to consider a cap on overtime hours by revising the Labor Standards Law. It plans to feature the outline of the policies in a plan to be compiled next month for Abe's pet project to "promote the dynamic engagement of all citizens."

According to OECD statistics, workers in 2013 put in an average of 2,071 hours in South Korea, 1,795 in the United States, 1,746 in Japan and 1,713 in Canada. These figures are far higher than in many European economies—1,313 hours in Germany, 1,401 in France, 1,478 in Italy, 1,328 in the Netherlands and 1,659 in Britain.

Average working hours per year in Japan have been on a gradual decline. But this is mainly because part-time workers are making up a larger percentage of the nation's labor force. Working hours for full-time employees have reportedly not declined so much.

The chronically long hours are linked to the problem of overwork, which can cause labor accidents, overwork-induced deaths and suicides. The practice also hampers the full participation of women in the labor force in various ways. In fiscal 2014, there were 277 cases of labor accidents in which company employees suffered brain or heart diseases that were blamed on their heavy workload, and in most cases the workers had logged more than 80 hours of overtime each month.

One reason Japan has been slow to reduce working hours lies in the Labor Standards Law. It limits work to eight hours a day and 40 hours a week. But a company's management can make employees work longer if it concludes an agreement with the firm's labor union in accordance with Article 36 of the law. Overtime of up to 45 hours per month and up to 360 hours per year is allowed under such an accord. And the law also says labor and management can sign an agreement with a special provision that allows more than 45 hours of monthly overtime for up to six months of the year for such reasons as busy seasons. Such accords effectively circumvent the limits on overtime hours. According to a 2013 survey by the Health, Labor and Welfare Ministry, 62 percent of big companies and 26 percent of small and medium-size businesses have labor-management accords with such a provision.

Reportedly under consideration by the government is setting a uniform cap on overtime hours and having penalties for firms that violate the limit. To reduce overtime and protect the health of workers, such steps are long overdue. The government should follow the lead of the European Union, which has a limit on overtime.

Business circles may oppose such moves, testing the Abe administration's resolve. Another question will be whether the regulations will be effective enough to curb overtime hours. The measure will be meaningless if the limit is set too high. The government is reportedly weighing exceptions to the planned rule for certain sectors and job categories. But the regulations will lose their meaning if the exceptions are broadly allowed.

Adapted from Editorial. *The Japan Times*. (April 16, 2016). Retrieved from:
http://www.japantimes.co.jp/opinion/2016/04/16/editorials/laboring-reduce-overtime/

(41) Which of these statements best describes the meaning of the underlined sentence in Paragraph 1?
(a) The administration wants to reduce overtime hours as they affect the health and family life of employees.
(b) The administration wants to reduce overtime hours as many Japanese companies are in debt.
(c) The administration wants to reduce overtime hours to boost the economy.
(d) The administration wants to reduce overtime hours to increase the birth-rate in Japan.

(42) In Paragraph 2, the writer is suggesting that Prime Minister Abe has
(a) always been interested in labor issues.
(b) recently become interested in labor issues.
(c) no interest in labor issues.
(d) a strong interest in labor issues.

(43) According to the article, which country has (on average) longer working hours than Japan?
(a) South Korea
(b) Canada
(c) Italy
(d) Germany

(44) According to Paragraph 4, the average working hours per year in Japan have
(a) slowly reduced.
(b) remained stable.
(c) steadily increased.
(d) dramatically fallen.

(45) According to the article, which of these is <u>**not**</u> a problem caused by overwork?
(a) labor accidents
(b) death (caused by overwork)
(c) divorce
(d) suicide

(46) According to the article, how can companies make their employees work longer?

(a) By asking the government
(b) By agreeing with the executives
(c) By pressuring them to work more
(d) By negotiating with the labor unions

(47) According to Paragraph 7, which statement is **false**?
(a) The government plans on capping overtime hours.
(b) The government plans to impose penalties on companies that break the law on overtime.
(c) The government plans are overdue.
(d) The government plans to follow the lead of the European Union.

(48) What is the Abe administration doing in regard to new laws on overtime work?
(a) It is planning them.
(b) It is against them.
(c) It is blocking them.
(d) It is abandoning them.

(49) According to the article, who may be opposed to the plans to reduce overtime?
(a) The Democratic Party of Japan
(b) workers
(c) businesses
(d) the government

(50) Which of these titles best describes the overall content of the article?
(a) Employees Dying from Overwork
(b) Government Attempts to Reduce Overwork
(c) Business Fights Government Plans to Reduce Overwork
(d) Japan: A Nation Against Overwork

出典：上智大学 2017 年度一般入試（学科別）2 月 9 日実施分　6 英語　3

⇨解答・解説（教学社作成）は *33* 頁。

解答編

法学部
法律学科・国際関係法学科・地球環境法学科

◀社会（国際関係や環境問題を含む）と法・政治に関する試験（基礎学力や思考力を問うもの）▶

（注） 以下の解答例は大学発表，解説は教学社作成のものです。

1 **解答**

問１．(オ)

問２．②統治　③議会　⑨君主制　⑩共和制　⑪共和制

問３．④―(ア)　⑤―(イ)　⑥―(ア)　⑦―(イ)

問４．象徴

問５．立法は議会に委ねられ，行政は議会内で多数派を形成している政党の信任を得た内閣によって担われる。

問６．(ウ)

問７．〔解答例〕 世襲制である天皇を国家元首とし，これに対して大臣の補佐を踏まえて統治権を与える一方で，帝国議会も設置するという２つの国家機関並存制である点で，立憲君主制である。(80字)

◀解　説▶

≪君主制について≫

問１．空欄前後から〈①は直前の「絶対的な支配者」と同一であり，王は①から解放されている〉ことと，〈その王は神意の命（＝命令）には従っている〉という２点を理解する。ここから①は〈神よりも下にあるが王よりも上にある絶対的な支配者〉ということになる。神ではないが人々が従う絶対的なものが〈法〉であることは，法学部を目指す受験生ならわかるだろう，という意図の感じられる設問である。

問２．②直前の「すなわち」という〈前後同一関係〉を示す語に注目して前部をみると「君主は君臨しかつ統治する」とあるので，この「君臨」も

しくは「統治」のいずれかが入ると考える。次に直後をみると「支配権の所有者」とあり，これが「君臨」の言い換えであると考えれば，この「君臨」と「同時に」成り立つのは「統治」であるということになる。

③直前をみると，「立法は議会に委ねられ，行政は議会内で多数派を形成している政党の信任を得た内閣によって担われる」とあるので，ここから〈内閣の大臣たちの責任は信任を与えた議会に対して問われる〉という点を理解する。

⑨・⑩・⑪まず空欄⑨・⑩を含む文の関係を確認すると「民主主義の理念と合致する国家形態は，⑨よりも⑩であると考えるのが普通であろう」とあるので，ここから〈⑨＝非民主主義側／⑩＝民主主義側〉という関係を理解する。次に⑪の直後をみると「…国民投票により，自分たちの国家元首にして政府の首長たる『大統領』が選ばれる」とあるので，ここから〈⑪＝民主主義側〉であることを理解する。そして⑪の次の文に「君主制か共和制かという国家形態と，それが専制主義的か民主主義的かという統治形態とは，必ずしも合致はしない」とあるので，ここから〈君主制＝専制主義的（＝非民主主義的）／共和制＝民主主義的〉という関係を読み取り，それぞれの空欄に適切な語を当てはめる。

問３．④直前の「仮装した」という表現に注目。

⑤まず空欄④の直後の「の時代は去り」という記述から〈④⇔⑤〉の関係を読み取り，さらに⑤直前の「民主主義的な国家の要求に応えられる」という記述より，一般的な意味での「議会主義的君主制」が入ると理解する。

⑥直前の「エジプト」をはじめとする国名に注目して前部に戻ると，空欄②の段落の末尾に「エジプト…の場合も『立憲的な装いをこらした絶対君主制』であり」と書かれているので，ここには「見せかけ」の方が入ると理解する。

⑦空欄④・⑤の段落をみると，「④（＝見せかけの立憲君主制）の時代は去り，民主主義的な国家の要求に応えられる⑤（＝議会主義的君主制）だけが存立の見込みがある」とあるので，その見通しがそのまま「21 世紀の今日の世界」に実現しているとすれば，⑦に入るのは「議会主義的君主制」となる，と理解できる。

問４．設問文に「日本国憲法」とあり，空欄直後に「戦後日本の天皇制」

とあることから，〈戦後日本の天皇に関する日本国憲法での扱い〉が問われていると理解する。「日本国憲法」の第１章第１条に「天皇は，日本国の象徴であり日本国民統合の象徴であつて」とあるので，この「象徴」が答えである。

問５．「議院内閣制」とは〈議会の信任を内閣存立の必須条件とする制度〉で，議会内で多数を制する政党が内閣を組織し，その内閣が議会に対して連帯して責任を取る。今回は下線の「議院」と「内閣」という語に注目し，両者の関係が説明されている箇所を本文でさがす。すると空欄③の前部に「行政は議会内で多数派を形成している政党の信任を得た内閣によって担われる」とあり，これが「議院（＝国政を審議する議会の場）」と「内閣」の関係を示した唯一の箇所となるので，この部分を該当する箇所と理解し，抜き出す。

問６．①「選挙君主制」については冒頭の引用文に続く２つの段落に記述があり，「現在でも，マレーシアでは…５年ごとに国王を互選で選出しており，これも『選挙君主制』に入るだろう」と説明されている。よって×。

②空欄①を含む文の内容と合致する。よって○。

③空欄⑨の段落に「君主制か共和制かという国家形態と，それが専制主義的か民主主義的かという統治形態とは，必ずしも合致はしないのである」とある。よって×。

④空欄②の段落に「立憲君主制」について「国王と議会との間に意見対立が生じた場合には，権利の推定はつねに国王に有利に働く」とあるので，選択肢の「脆弱」という語に合致する。よって○。

⑤は，③で述べられている内容と基本的には同じである。空欄⑨の段落を参照。よって○。

⑥空欄⑪に「共和制」が入ることを問２で確認しているという前提でその後部をみると，「共和制」について「通常は男女普通選挙に基づいた国民投票により，自分たちの国家元首にして政府の首長たる『大統領』が選ばれる」とあるので，君主は存在しない（もしくは存在する必要のない）国家形態であることがわかる。よって○。

これらを満たすのは(ウ)である。

問７．「大日本帝国憲法」については，本文に触れられていないので事前にある程度の知識を持っておく必要がある。その知識と本文の内容を照合し，指定された各種君主制度のうちから該当するものを選択する，という設問である。

まず「天皇」について。「大日本帝国憲法」における「天皇」の位置付けは「万世一系」（第１条），「皇位ハ皇室典範ノ定ムル所ニ依リ皇男子孫之ヲ継承ス」（第２条），「天皇ハ国ノ元首ニシテ統治権ヲ総攬シ此ノ憲法ノ条規ニ依リ之ヲ行フ」（第４条）となっている。これを本文の記述と照合すると「一定の家族や王朝の成員が継承秩序にしたがって代々位を引き継いでいく『世襲君主制』」（冒頭引用文の後の段落），「君主は君臨しかつ統治する」「国王が②（＝統治）者であると同時に支配権の所有者ともなる」（以上空欄②の段落）の部分が対応しているのでこれらの部分をまとめる。

次に「帝国議会」について。「大日本帝国憲法」における「帝国議会」の位置付けは「天皇ハ帝国議会ノ協賛ヲ以テ立法権ヲ行フ」（第５条）とあり，ここから〈世襲君主である天皇と，その協賛機関である帝国議会が並存している〉状態が理解できる。これを本文の記述と照合すると「王権と議会という二つの国家機関が並存し」（空欄②の次の文）の部分が対応しているのでこの部分をまとめる。

さらに問５で確認した〈議会と内閣の関係〉に関しても確認してみる。「大日本帝国憲法」における「内閣」の位置付けは「天皇ハ行政各部ノ官制及文武官ノ俸給ヲ定メ及文武官ヲ任免ス」（第10条），「国務各大臣ハ天皇ヲ輔弼シ其ノ責ニ任ス」（第55条）とあるので，ここから〈内閣は天皇の輔弼（＝天皇の行為や決定に関し進言し，その結果について責任を負うこと）機関であって，内閣（の大臣）は議会に対してではなく，天皇に対して責任を負う〉（空欄③の段落参照）形になっていることがわかる。

これらの条件を満たしている国家形態は，空欄②の段落で説明されている「立憲君主制」とほぼ重なるので，ここから「大日本帝国憲法」下の国家形態は「立憲君主制」であると理解し，これまで確認した各要素を簡潔にまとめる。具体的な条文を知らなくても，日本史や公民の学習で日本国憲法と大日本帝国憲法のおおよその違いを知っていれば，解答の方向性はつかめるはずである。

経済学部　経済学科・経営学科

◀数　学▶

（注）　以下の解答・解説は教学社作成のものです。

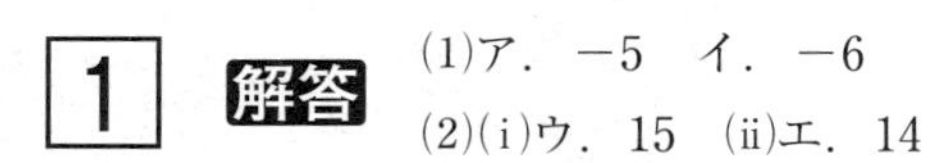

1 **解答** (1)ア．-5　イ．-6

(2)(i)ウ．15　(ii)エ．14

(3)オ．1　カ．7　キ．6　ク．7　ケ．7　コ．6　サ．3　シ．5

◀解　説▶

≪小問3問≫

(1)　$P(x)=2x^2+ax+b$ とおくと

$$\begin{cases} P(-1)=1 \\ P(2)=-8 \end{cases}$$

であるから

$$\begin{cases} 2-a+b=1 \\ 8+2a+b=-8 \end{cases} \qquad (a,\ b)=(-5,\ -6)$$

$\therefore\quad P(x)=2x^2-5x-6$　（→ア，イ）

(2)(i)　1万円の元金を運用し，n 年後に初めて2万円を超えるとすると

$$10000\times(1.05)^n>20000$$

$$\left(\frac{7\times3}{2\times10}\right)^n>2$$

$$\log_{10}\left(\frac{7\times3}{2\times10}\right)^n>\log_{10}2$$

$$n(\log_{10}7+\log_{10}3-\log_{10}2-1)>\log_{10}2$$

$$n(0.8451+0.4771-0.3010-1)>0.3010$$

$$0.0212n>0.3010$$

$$n>\frac{0.3010}{0.0212}=14.1\cdots$$

よって，15年後に2万円を超える。（→ウ）

(ii) 毎年1万円ずつ積み立て，m 年後に資金が初めて20万円を超えるとすると

$$[[\{(10000\times1.05+10000)\times1.05+10000\}\times1.05+10000]\times\cdots]\times1.05+10000$$

$$=10000+10000\times1.05+10000\times1.05^2+\cdots+10000\times1.05^m$$

$$=10000\times\frac{1.05^{m+1}-1}{1.05-1}>200000$$

$$1.05^{m+1}-1>1$$

$$1.05^{m+1}>2$$

$$\left(\frac{7\times3}{2\times10}\right)^{m+1}>2$$

$$\log_{10}\left(\frac{7\times3}{2\times10}\right)^{m+1}>\log_{10}2$$

$$0.0212(m+1)>0.3010$$

$$m+1>\frac{0.3010}{0.0212}=14.1\cdots$$

$$m>13.1\cdots$$

よって，14年後に20万円を超える。（→エ）

(3) $$\frac{P_{\overline{A}}(B)}{P_A(B)}=9$$

$$P_{\overline{A}}(B)=9P_A(B)$$

$$\frac{P(\overline{A}\cap B)}{P(\overline{A})}=9\frac{P(A\cap B)}{P(A)}$$

$P(A)=\frac{3}{5}$，$P(\overline{A})=\frac{2}{5}$ だから　　$P(\overline{A}\cap B)=6P(A\cap B)$

ここで，$P(A\cap B)=p$ $(0<p<1)$ とすると，下の表のようになる。

これから

$$P_B(A)=\frac{P(A\cap B)}{P(B)}$$

$$=\frac{p}{7p}=\frac{1}{7}\quad(\text{→オ，カ})$$

$$P_B(\overline{A})=\frac{P(\overline{A}\cap B)}{P(B)}$$

	B	$\overline{B}$	
A	p	$\frac{3}{5}-p$	$\frac{3}{5}$
$\overline{A}$	$6p$		$\frac{2}{5}$
	$7p$		

$$=\frac{6p}{7p}=\frac{6}{7}\quad (\to キ，ク)$$

$$P(B)=7p$$
$$=7P(A\cap B)\quad (\to ケ)$$

$$P(A\cup B)=P(A)+P(B)-P(A\cap B)$$
$$=\frac{3}{5}+7p-p$$
$$=6p+\frac{3}{5}$$
$$=6P(A\cap B)+\frac{3}{5}\quad (\to コ〜シ)$$

2 解答

(1)ス．2　セ．1　ソ．2　タ．1　チ．1　ツ．1　テ．2　ト．0　ナ．0

(2)ニ．4　ネ．1　ノ．2

◀解　説▶

≪帰納的に定義された数列の剰余≫

(1)(i)　$a_2=a_1\oplus 2=1\oplus 2=3$

$a_3=a_2\oplus 3=3\oplus 3=2$　(→ス)

(ii)　数列 $\{A_n\}$ を $A_1=1$，$A_{n+1}=A_n+(n+1)$ $(n=1,\ 2,\ 3,\ \cdots)$ で定義すると，a_n は A_n を N で割った余りである。

数列 $\{A_n\}$ の一般項は，$n\geqq 2$ のとき

$$A_n=1+\sum_{k=1}^{n-1}(k+1)$$
$$=1+\frac{1}{2}n(n-1)+(n-1)$$
$$=\frac{1}{2}n(n+1)\quad (これは\ n=1\ のときも成り立つ)$$

$N\geqq 4$ で N が偶数のとき

$$A_{N+1}=\frac{1}{2}(N+1)\{(N+1)+1\}=\frac{1}{2}(N+2)N+\frac{1}{2}N+1$$

a_{N+1} は A_{N+1} を N で割った余りと一致し，$\frac{1}{2}(N+2)$ は整数であるから

$$a_{N+1}=\frac{1}{2}N+1\quad (\to セ〜タ)$$

$N \geqq 4$ で N が奇数のとき

$$A_{N+1}=\frac{1}{2}(N+1)\{(N+1)+1\}=\frac{1}{2}N(N+1)+N+1$$

$$=\left\{\frac{1}{2}(N+1)+1\right\}N+1$$

a_{N+1} は A_{N+1} を N で割った余りと一致し，$\left\{\frac{1}{2}(N+1)+1\right\}$ は整数であるから

$$a_{N+1}=1 \quad (\to チ)$$

(iii)　(ii)と同様に考えて

N が偶数のとき

$$A_{N-1}=\frac{1}{2}(N-1)N=\frac{1}{2}(N-2)N+\frac{N}{2}$$

より　$a_{N-1}=\frac{1}{2}N+0$　(→ツ～ト)

N が奇数のとき

$$A_{N-1}=\frac{1}{2}(N-1)N$$

より　$a_{N-1}=0$　(→ナ)

(2)　数列 $\{B_n\}$ を $B_1=1$，$B_{n+1}=B_n+(2n+1)$ $(n=1,\ 2,\ 3,\ \cdots)$ で定義すると，b_n は B_n を N で割った余りである。

数列 $\{B_n\}$ の一般項は，$n \geqq 2$ のとき

$$B_n=1+\sum_{k=1}^{n-1}(2k+1)=1+2\times\frac{1}{2}n(n-1)+(n-1)$$

$$=n^2$$ （これは $n=1$ のときも成り立つ）

$N=2M$ （M は自然数）のとき

$$B_M=M^2=\left(\frac{N}{2}\right)^2=\frac{N}{4}\times N$$

となり，b_n は B_n を N で割った余りと一致するので，$b_M=0$ となる必要十分条件は，$\frac{N}{4}$ が整数，すなわち N が4の倍数となることである。

(→ニ)

また，N が4の倍数でない偶数のとき

$$B_M=M^2=\left(\frac{N}{2}\right)^2=N\times\frac{N-2}{4}+\frac{1}{2}N$$

と変形できるので，$\dfrac{N-2}{4}$ が整数であるから

$$b_M=\frac{1}{2}N\quad(\to ネ,\ ノ)$$

3 解答

(1)ハ．-5　ヒ．-1　フ．-3　ヘ．-1　ホ．1
マ．1　ミ．4　ム．-1　メ．1　モ．1　ヤ．1

(2)　$k=-5$ のとき，$h(x)=g(x)-f(x)$ とおくと

$$h(x)=\begin{cases}4x^2+3x-1+5(x+1) & \left(x<-\dfrac{1}{2}\text{ のとき}\right)\\ x-1+5(x+1) & \left(-\dfrac{1}{2}\leqq x<0\text{ のとき}\right)\\ x-1+5(1-x) & (0\leqq x\text{ のとき})\end{cases}$$

$$=\begin{cases}4(x+1)^2 & \left(x<-\dfrac{1}{2}\text{ のとき}\right)\\ 6x+4 & \left(-\dfrac{1}{2}\leqq x<0\text{ のとき}\right)\\ -4x+4 & (0\leqq x\text{ のとき})\end{cases}$$

$\displaystyle\int_{-1}^{1}|g(x)-f(x)|dx=\int_{-1}^{1}|h(x)|dx$ より，$y=f(x)$ と $y=g(x)$ によって囲まれた図形の面積は $y=h(x)$ と x 軸により囲まれた図形の面積に等しい。したがって，$-1\leqq x\leqq-\dfrac{1}{2}$，$-\dfrac{1}{2}\leqq x\leqq 0$，$0\leqq x\leqq 1$ の範囲に分割して求めると，求める図形の面積は

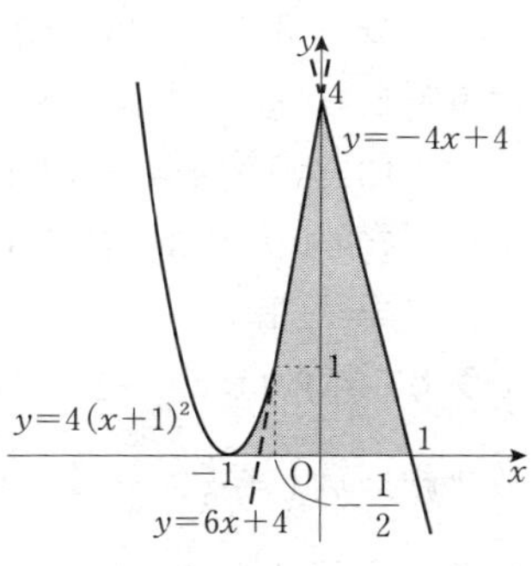

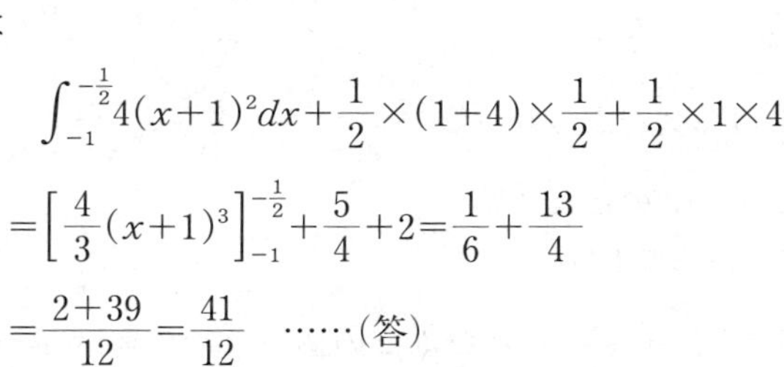

$$\int_{-1}^{-\frac{1}{2}}4(x+1)^2dx+\frac{1}{2}\times(1+4)\times\frac{1}{2}+\frac{1}{2}\times1\times4$$

$$=\left[\frac{4}{3}(x+1)^3\right]_{-1}^{-\frac{1}{2}}+\frac{5}{4}+2=\frac{1}{6}+\frac{13}{4}$$

$$=\frac{2+39}{12}=\frac{41}{12}\quad\cdots\cdots(答)$$

◀解　説▶

≪2つのグラフが共有する点の個数，囲まれる図形の面積≫

(1)　$h(x)=g(x)-f(x)$ とおく。

$$h(x)=2(x+1)^2+k(|x|-1)-(|2x+1|x+2x+3)$$
$$=2x^2+2x-1-|2x+1|x+k(|x|-1)$$
$$=\begin{cases}2x^2+2x-1+(2x+1)x+k(-x-1) & \left(x<-\frac{1}{2}\text{ のとき}\right)\\ 2x^2+2x-1-(2x+1)x+k(-x-1) & \left(-\frac{1}{2}\leqq x<0\text{ のとき}\right)\\ 2x^2+2x-1-(2x+1)x+k(x-1) & (0\leqq x\text{ のとき})\end{cases}$$
$$=\begin{cases}4x^2+3x-1-k(x+1) & \left(x<-\frac{1}{2}\text{ のとき}\right)\\ x-1-k(x+1) & \left(-\frac{1}{2}\leqq x<0\text{ のとき}\right)\\ x-1-k(1-x) & (0\leqq x\text{ のとき})\end{cases}$$

[1]　$x<-\frac{1}{2}$ のとき，$h(x)=0$ となる x の個数は，放物線 $y=4x^2+3x-1$ と直線 $y=k(x+1)$ の共有点の個数である。これらが接するとき

$$4x^2+3x-1=k(x+1) \iff 4x^2+(3-k)x-(k+1)=0$$

は重解をもつ。したがって，判別式を D とすると，$D=0$ より

$$(3-k)^2-4\cdot4\{-(k+1)\}=0$$
$$k^2+10k+25=0 \qquad (k+5)^2=0$$
$$\therefore\quad k=-5$$

であり，重解は $x=-1$ である。

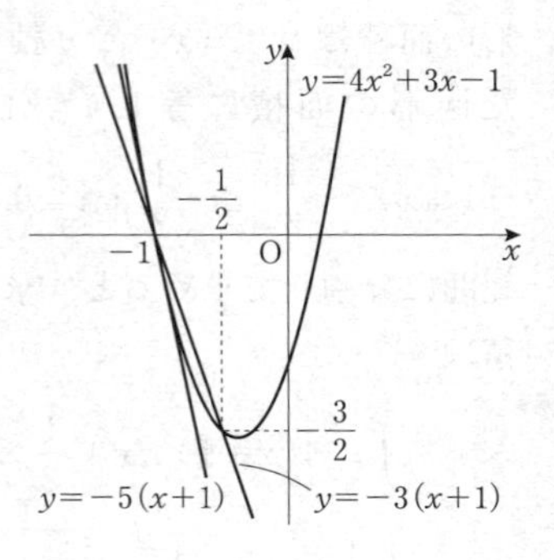

放物線は点 $\left(-\frac{1}{2},\ -\frac{3}{2}\right)$ を通り，直線がこの点を通るとき，$k=-3$ である。したがって，$x<-\frac{1}{2}$ における共有点の個数は

$k<-5$，$-5<k<-3$ のとき2個

$k=-5$，$-3\leqq k$ のとき1個

[2]　$-\frac{1}{2}\leqq x<0$ のとき，$h(x)=0$ となる x の個数は，2直線 $y=x-1$,

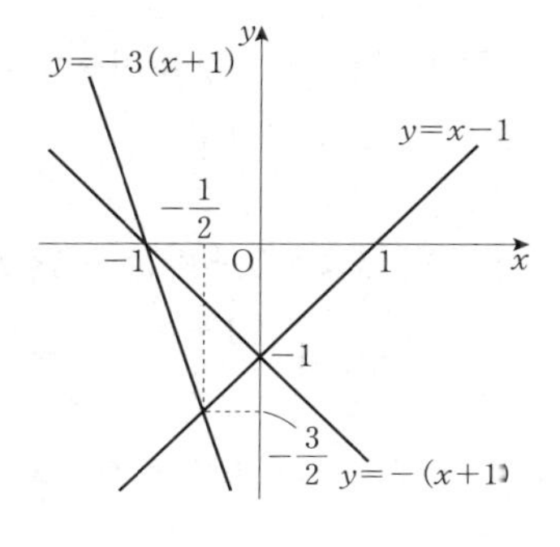

$y=k(x+1)$ の共有点の個数である。右の図からわかる通り，その個数は

$k<-3$，$-1\leqq k$ のとき 0 個

$-3\leqq k<-1$ のとき 1 個

［3］ $0\leqq x$ のとき，$h(x)=0$ となる x の個数は，2 直線 $y=x-1$，$y=k(1-x)$ の共有点の個数である。$k=-1$ のとき，2 直線は一致し，それ以外のときは点 $(1,\ 0)$ のみを共有する。したがって

$k\neq-1$ のとき 1 個，$k=-1$ のとき無数

まとめると，下の表のようになる。

k	…	-5	…	-3	…	-1	…
$x<-\frac{1}{2}$	2 個	1 個	2 個	1 個	1 個	1 個	1 個
$-\frac{1}{2}\leqq x<0$	0 個	0 個	0 個	1 個	1 個	0 個	0 個
$0\leqq x$	1 個	1 個	1 個	1 個	1 個	無数	1 個
解の個数	3 個	2 個	3 個	3 個	3 個	無数	2 個

したがって，$y=f(x)$ と $y=g(x)$ のグラフが

・異なる 3 つの交点をもつのは

$k<-5$ または $-5<k<-1$ （→ハ・ヒ）

のときである。このうち

(i) $k<-5$ または $-5<k<-3$ のとき，$x<-\frac{1}{2}$ に共有点を 2 個，$0\leqq x$ に共有点を 1 個 $(x=1)$ もつ。$x<-\frac{1}{2}$ の方の共有点の x 座標は

$$4x^2+(3-k)x-(k+1)=0$$

を満たす。

$$(x+1)\{4x-(k+1)\}=0 \qquad \therefore\quad x=-1,\ \frac{1+k}{4}$$

$k=-3$ のとき，$x<-\frac{1}{2}$ に共有点を 1 個 $(x=-1)$，$-\frac{1}{2}\leqq x<0$ に共有

点を1個$\left(x=-\dfrac{1}{2}\right)$，$0 \leqq x$ に共有点を1個（$x=1$）もつ。$k=-3$ のとき

$$\frac{1+k}{4}=-\frac{1}{2}$$

だから，$k<-5$ または $-5<k \leqq -3$ のとき，交点の x 座標は　（→フ）

$$-1,\ 1,\ \frac{1+k}{4}\quad (\text{→ヘ〜ミ})$$

(ii)　$-3<k<-1$ のとき，$x<-\dfrac{1}{2}$ に共有点を1個（$x=-1$），$-\dfrac{1}{2} \leqq x<0$ に共有点を1個，$0 \leqq x$ に共有点を1個（$x=1$）もつ。$-\dfrac{1}{2} \leqq x<0$ の範囲の共有点の x 座標は

$$x-1=k(x+1) \qquad \therefore \quad (1-k)x=1+k$$

を満たす。したがって，交点の x 座標は

$$-1,\ 1,\ \frac{1+k}{1-k}\quad (\text{→ム〜ヤ})$$

• 異なる2つの交点をもつのは，$k=-5$ または $k>-1$ のときである。

(2)　絶対値を含む関数のグラフで囲まれた図形の面積なので，丁寧に場合分けをすることが大事である。(1)を解答する過程でわかったこと（$k=-5$ のとき，$y=f(x)$ と $y=g(x)$ のグラフが $x=-1$ で接し，異なる2つの交点をもつこと）が，$y=g(x)-f(x)$ のグラフに正しく反映されていることを確認しておこう。なお，(1)を解く際に頭の中で導入した文字を，(2)で定義せずに使うようなことのないよう，注意すること。

経済学部　経営学科

◀英　語▶

(注)　以下の解答・解説は教学社作成のものです。

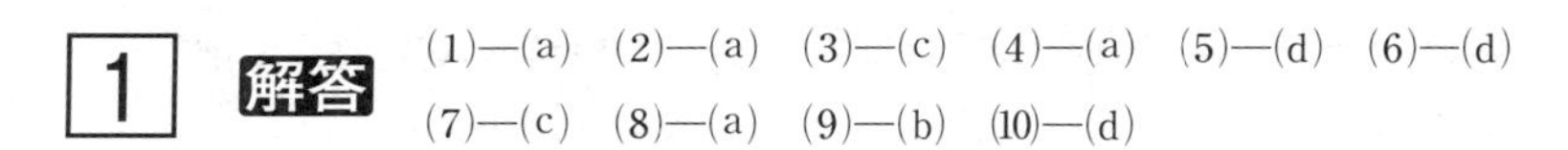

1　**解答**　(1)―(a)　(2)―(a)　(3)―(c)　(4)―(a)　(5)―(d)　(6)―(d)
(7)―(c)　(8)―(a)　(9)―(b)　(10)―(d)

◆全　訳◆

≪ジャクリーン＝ケネディへのインタビュー≫

あるジャーナリストが，マサチューセッツ州ハイアニスポートのケネディ家の別荘を，ジャッキーへのインタビューのため訪問している。

ジャッキー：私が歴史についてどう考えているかわかる？

ジャーナリスト：歴史についてですか？

ジャッキー：大量に読んできたの。人々が知っている以上にね。読めば読むほど，不思議になっていったわ。あることが書かれているとき，そのことが物事を本当にするのかしら。

ジャーナリスト：それが全てですからね。

ジャッキー：全てだったの。今はテレビがあるわ。今なら少なくとも人は自分自身の目で確かめることができるのよ。

ジャーナリスト：あなたがCBSテレビで2～3年前に行ったホワイトハウスへのあの旅行のことですね。私はいつも，あなたがある目的のためにそれをしたのだと思っていました。違いますか？　あの後，あなたはエミー賞を取ったのですから。

ジャッキー：その番組を自分のためにやったんじゃないわ。アメリカ国民のためにやったのよ。

ジャーナリスト：では，納税者のお金がホワイトハウスの改装のために浪費されているという噂は？

ジャッキー：あの改装に使ったお金は全額私が個人的に集めたのよ。私はあの建物を愛していたし，アメリカが偉大だという感覚を知ってもらうためにアメリカ国民と共有したかったの。物や工芸品は人間よりもはるかに長く生き続け，それらは大切な観念を表しているの。歴史や固有性や美しさをね。

ジャーナリスト：でも，読者の方々はあなたの家族の一員になることがどのようなことなのか知りたいだろうと私は確信しています。

ジャッキー：小さな男の子がこれら全ての物や工芸品に囲まれていると想像してみて。彼の兄は戦闘で死に，その後同じ戦争に出かけていってヒーローとして帰ってくるの。人々は富と特権のある家に生まれたその男の子が，国に貢献して自分の理想のために喜んで全てを犠牲にするだろうと考えるの。

ジャーナリスト：王権。それは王権のように聞こえます。

ジャッキー：そうね，王権のためには伝統が必要だし，伝統のためには時間が必要だわ。

ジャーナリスト：では，どこかで始まらないといけませんね。そうでしょう？　初日がなければなりません。

◀解　説▶

(1)　(a)「大いに」 (b)「何ひとつ～ない」 (c)「少々」 (d)「たくさんの」
直後に more than ～ という表現が続いている点に注意。これは当該部分をさらに詳しく説明していると考えられるので，(a)の a great deal が最も適切である。(d)を使った many more の用法なら，more の前にカンマがあってはいけない。

(2)　直前のジャーナリストの It's all that we have. を受けた言葉である。ジャーナリストは現在形で話しているが，ジャッキーは直後で「今はテレビがある」と言っているので，それは過去のことで現在は違うと言いたかったのだと考えられる。よって最も適切なのは過去形の(a)である。

(3)　purpose の前に不定冠詞の a が置かれている点に注意。可算名詞としての purpose は「目的，意図」という意味なので，その前の前置詞としては「～のために」で目的を表す(c) for が最も適切である。on purpose で「わざと」という成句があるが，無冠詞である。

(4)　直前の文と当該文が対比の形で述べられている点に注意。つまり，「自分のためにしたのではなく，アメリカ国民のためにしたのだ」という主旨である。よって，前文の didn't do に対して did が用いられたと考えられる。正解は(a)である。

(5) (原形の意味で) (a)「～を切り詰める」 (b)「～を所有する」

(c)「～を得る，もうける」 (d)「～を無駄に使う」

直後でジャッキーが「改装の費用は個人的に集めた」と弁解している点に注意。当該箇所の主語となる部分は「納税者のお金」であり，批判的な論調であることを考えると，最も適切なのは(d)である。

(6) (a)「～を (…と) 比較する」 (b)「～に (…を) 備えつける」

(c)「～を (…と) 交易する」 (d)「～を (…と) 分かちあう」

目的語は it = that house = the White House で，with の目的語は the American people である。建物と人間を比較するのは不自然なので(a)は不適。人間を備えつけることはできないので(b)も不適。建物を交易することはできないので(c)も不適。物を人と共有するという意味になる(d)が最も適切である。

(7) (a)「～を拒絶する」 (b)「～を伝える」

(c)「～を表す」 (d)「～を逆にする」

they は前半部分の Objects and artifacts を指す。これらの物が「人間以上に長持ちする」ことで可能になる動作を考えると，(c)の「～を表す」が最も適切である。

(8) (a)「～を確信する」 (b)「～を知らない」

(c)「～を疑う」 (d)「～を提案する」

that 以下の意味は「読者はジャッキー一族の一員になるのがどういうことか知りたいと思うだろう」となる。次の発言から，家族になることの説明が始まるので，ジャーナリストは答えを促す発言をしていると考えられる。(a)が最も適切である。

(9) (a)「驚いている」 (b)「囲まれている」

(c)「ぶら下げられている」 (d)「思われている」

過去分詞の後置修飾用法で，受け身の意味で a little boy を説明している。能動態にしたときの主語が all these objects and artifacts なので，これにマッチする動詞は(a)か(b)であるが，特権階級の家族になることの説明なので(b)が最も適切である。

(10) (a)「行く」 (b)「見る」 (c)「落ち着く」 (d)「始まる」

直後の文の a Day 1 に注意。これは「最初の日，初日」という意味で，あることの始まりを表していると考えられる。よって(d)が最も適切である。

2 解答

(11)―(d) (12)―(c) (13)―(a) (14)―(b) (15)―(c)
(16)―(c) (17)―(a) (18)―(d) (19)―(c) (20)―(b)

◆全　訳◆

≪家庭の固定電話から子供が学ぶもの≫

「お父さんは今は電話に出られません。ご用件を伺いましょうか？」 それは共有の家庭用電話が姿を消すにつれてますます聞かなくなっている表現である。

全国保健統計センターによると，5年前の約27％から増加して，米国のおよそ半分の家庭にはもう固定電話がない。25歳から34歳までの若い成人の間では，固定電話があるのは3分の1未満である。固定電話がある家でさえ，電話は主にテレマーケターと世論調査員からかかってくる。

3ポンドの電話にコードによってつながれていないのを寂しく思う者はほとんどいない。しかし，家庭用固定電話にはそれなりの利点があった。小さい子供には電話への応対を学ぶ機会があったし，兄弟は共有しなければならなかったし，親はその使用を管理する範囲を設定しなければならなかった。

ブライナ＝クレーヴェンは，一部には家庭用固定電話に答えることから学んだ技能があったので，法律事務所の受付係として大学時代に初めての夏休みのアルバイトに就いた。「私には電話向けの礼儀正しい口調があって，受け答えの方法と電話をかけてきた人を適切な人につなぐ方法を知っていたんです」と，クレーヴェンさんは言う。

トレーシー＝キュルシュナーは，幼児のときに，母親が電話で他の人のために自分の名前の綴りを言うのを聞いて，自分の名前を綴れるようになった。「彼女は，『もしもし，こちらはザジャコワスキー夫人です，Z-A-J-A-C-K-O-W-S-K-Iです』と言っていたものです」と，ミネアポリスのコミュニケーション・コンサルタントであるキュルシュナーさんは言う。「私が3歳までに私の名前の綴り方を知っていたことに人々はとても驚いていました」

大人たちの電話の会話を立ち聞きすることで，子供たちは，医者の予約の手はずを整えたり最愛の人たちとの活動を計画したりというような「大人へと育成していく活動」を教わったと，『会話を取り戻すこと』の著者でマサチューセッツ工科大学の教授であるシェリー＝タークルは言う。「今ではそうした活動がすべて無言で，キーボードをたたくことによって行われています」

固定電話を共有していると，親はその使用について範囲を設けなければならないことが多い。「親は，『夕食中に固定電話が鳴っても，私たちは電話に出ない』と言いました」と，タークル博士は言う。それは家族の争いも引き起こしたと，ニューヨークの臨床心理学者のローラ＝マーカムは言う。兄弟はだれが固定電話を使う機会を得るか，そしてどれくらい長くかについて言い争った。かかってくる電話を遮断する長電話をしたらどんな子供にも，親の怒りが降り注いだ。

マーカム博士によると，固定電話のために，子供たちは大人たちと話さなければならない状況に置かれた。家にいる友人に電話をすると，しばしば電話に出た親と話すことになり――「ほんの少し気まずいが対処はできる会話」――それによって子供たちは会話の技能を身につけることができたと，彼女は言う。

現在では，子供たちと十代の若者が行う携帯電話によるコミュニケーションは，「良くても悪くても個人的になり，より大きな共同体とのつながりが少し薄くなっている」と，マーカム博士は言う。多くの親が，「だれが自分の子供に電話をかけているのか，つまり連絡を取ろうとしているのかについての，ある程度の理解」を得る機会を逃していると，タークル博士は言う。

子供たちに電話での技能を指導している家庭もある。ジェフ＝レビーは，ロードアイランド州プロビデンスの自宅で，誕生日と休日に親類と話すのにしばしば固定電話を使用する。11歳の息子ジョナが最近家でリトルリーグのコーチから彼がチームに加わるように誘う電話を受けたとき，ジョナは礼儀正しかったが恥ずかしがっていた。レビーさんによると，近くに立っていて，ジョナが「親類でない大人と電話で会話をするのはあまり心地が良くない」ことに気がついたそうだ。「お礼を申し上げなさい」とささやいて，彼は優しくジョナを指導した。

◀解　説▶

⑾「記事によれば，『ますます起こらなくなっている』のは何か」

(a)「親が子供たちのために伝言を受けなくなっている」
(b)「人々が以前よりも留守番電話を使わなくなっている」
(c)「子供たちは親の伝言を少ししか思い出さなくなっている」
(d)「家庭はたった1台の家庭電話を以前よりも使わなくなっている」
第1段第3文（It is an expression …）に家庭用電話での受け答えを「ますます」"less and less" 聞かなくなっているとある。その原因は第2段第1文（Nearly half of U.S. households …）の「米国のおよそ半分の家庭にはもう固定電話がない」ためなので，(d)が正解。

⑿「記事によれば，以下の中で合衆国の固定電話について正しい文はどれか」
(a)「たった30%の人々がまだ携帯電話だけに頼っている」
(b)「25歳から34歳までの人々の多くは固定電話を無視して自分の携帯電話を使う」
(c)「セールスの電話と調査が固定電話にかかってくる電話の大部分を占めている」
(d)「3ポンドのコードがアメリカの固定電話につながっていることが多かった」
第2段第3文（Even at homes with landlines, …）に「固定電話がある家でさえ，電話は主にテレマーケターと世論調査員からかかってくる」とあるので，(c)が正解。人々全体の携帯電話使用率については記述がないので，(a)は不適。同段第2文（Among young adults …）に「25歳から34歳までの若い成人の間では，固定電話があるのは3分の1未満」とあるので，(b)は本文の内容と一致しない。第3段第1文（Few miss being tied …）に「3ポンドの電話」とあるので，(d)は本文の内容と一致しない。

⒀「以下の中で固定電話の過去の恩恵でないのはどれか」
(a)「固定電話は子供たちに親のために働く準備をさせた」
(b)「固定電話は子供たちに礼儀正しくすることを教えるのに役だった」
(c)「固定電話は兄弟姉妹間の協力を促した」
(d)「固定電話のおかげで親は家族のルールを設けることができた」
第3段第3文（Small children had …）に「小さい子供には電話への応対を学ぶ機会があった」「兄弟は共有しなければならなかった」「親はその使用を管理する範囲を設定しなければならなかった」とあり，それぞれが選択肢の(b)〜(d)と一致する。(a)は本文中に記述がなく，これが正解となる。
⒁ 「トレーシー＝キュルシュナーについて人々を感動させたことは何か」
(a)「彼女は3歳になる前にキュルシュナーと綴ることができた」
(b)「彼女は3歳になるまでに名字を綴ることができた」
(c)「彼女は父親が自分の名字の綴りを言うのを聞いた後それを綴ることができた」
(d)「彼女は3人の兄弟より先に名字を綴ることができた」
第5段第2文（“She'd say, …）で，母親が「『こちらはザジャコワスキー夫人です，Z-A-J-A-C-K-O-W-S-K-I です』と言っている」のを聞いて，キュルシュナーは自分の名字ザジャコワスキーを3歳までに綴ることができるようになっていたので，(b)が正解。
⒂ 「ブライナ＝クレーヴェンはなぜ初めての仕事に就くことができたのか」
(a)「彼女は家族の法律事務所で電話で話す練習をしていた」
(b)「法律関係で働きたかったので，彼女は礼儀正しい口調になることを練習していた」
(c)「自分の家庭の電話で話すことで彼女は電話をかけてきた人々に対処する方法を教えられた」
(d)「成長して，彼女は夏には電話で自由に話すことができた」
第4段第1文（Bryna Klevan got …）の後半に「家族用固定電話に答えることから学んだ技能」とあり，同段第2文（“I had a polite …）の後半に「電話をかけてきた人を適切な人につなぐ方法を知っていた」とあるので，(c)が正解。
⒃ 「タークル博士は親が電話で話すのを子供たちが聞くことにどんな利点を見出しているか」
(a)「聞くことは子供たちが自分の名前を綴れるようになるのに役だった」
(b)「聞くことは子供たちが最愛の人たちとオンラインでつながれるようになるのに役だった」
(c)「聞くことは子供たちが家族の行事の準備をする方法を学ぶのに役だった」
(d)「聞くことは子供たちが無言でキーボードを使う方法を学ぶのに役だった」

第6段第1文（Overhearing adults' phone…）の中に，「最愛の人たちとの活動を計画するような『大人へと育成していく活動』を教わった」とあるので，(c)が正解。(a)はトレーシー＝キュルシュナーの場合なので，不適。固定電話の利点が本文の主旨なので online の(b)は不一致。(d)については同段第2文（"Now all that work…）で言及されているが，電話で話すのを聞くことの利点ではないので，不適。

(17) 「マーカム博士によると，電話で話すことがどのように子供たちに会話の技能を教えたのか」

(a)「子供たちは友人の親と話す方法を学ばなければならなかった」

(b)「子供たちは家で友人と話す方法を学ばなければならなかった」

(c)「子供たちは親の友人と話す方法を学ばなければならなかった」

(d)「子供たちは電話で大人のように話す方法を学ばなければならなかった」

第8段第2文（Calling a friend…）に「家にいる友人に電話をすると，しばしば電話に出る親と話すことになり」とあり，それが「子供たちが会話の技能を身につけるのに役立った」とあるので，(a)が正解。

(18) 「記事によれば，親は固定電話を持たないことで何を逃しているか」

(a)「親は固定電話を持つ費用の安さを逃している」

(b)「親はたった1台の電話を共有する気持ちを逃している」

(c)「親はいつも子供たちと連絡を取ることができる機会を逃している」

(d)「親は自分の子供たちが誰と話しているかを知る機会を逃している」

第9段第2文（Many parents miss…）に「『だれが自分の子供に…連絡を取ろうとしているのかについてのある程度の理解』を得る機会を逃している」とあるので，(d)が正解。

(19) 「以下の中でジョナ＝レビーを最もよく説明しているのはどれか」

(a)「彼の父が電話の技能についてリトルリーグを指導する」

(b)「彼は誕生日と休日に家族とだけ話をする」

(c)「彼は家族ではない年上の人と電話で話して気まずく感じている」

(d)「彼は固定電話で誰かと話をしなければならないときはいつも恥ずかしくなる」

最終段第4文（Standing nearby,…）に「ジョナは『親類でない大人と電話で会話をするのはあまり心地が良くない』」とあるので，(c)が正解。

(d)は「誰かと話をしなければならないときはいつも」の部分が本文中に記述がなく，不適。

(20) 「記事を読んだ後で，以下の中で若い人々が携帯電話の使用に対して持っている現在の態度を最もよく説明しているのはどれか」

(a)「彼らは自分の携帯電話の時間と家庭用電話の時間を混ぜる方を好む」

(b)「彼らは携帯電話が与えてくれるプライバシーをありがたく思う」

(c)「彼らは電話のキーを打つのよりもキーボードを打つ音のほうが好きである」

(d)「彼らはオンラインの社会とつながりが少なくなっていることをありがたく思う」

第9段第1文（Now, children's and teens' cellphone …）に「子供たちと十代の若者が行う携帯電話によるコミュニケーションは，『良くても悪くても個人的になり』」とあるので，若い人々が携帯電話を好み，プライバシーを重視する方向に進んでいることがわかる。よって，(b)が正解。(a)と(c)と(d)は本文中に記述がないので，不適。

3 解答

（選択肢→正しい形の順）(21)―(d)→and blame
(22)―(d)→of which　(23)―(c)→it would have been
(24)―(c)→was in Europe　(25)―(a)→reached the library
(26)―(b)→the students to submit　(27)―(d)→stayed in bed
(28)―(d)→different cultural backgrounds
(29)―(b)→complicated sentences　(30)―(a)→Found in

◀解　説▶

(21) 「科学者は海面の高さの全体的な上昇を確認していないが，太平洋の島の住民は何かがすでに起こっていると信じ，地球温暖化を非難している」

(d)が誤り。等位接続詞の and は動詞 believe と blames をつないでおり，主語は複数形の Pacific islanders なので三人称単数現在の s は必要ない。

(22) 「何千年もの間，日本南部にある諫早干潟は風変わりな鳥，珍しい魚，そして，500 種以上の海洋生物を維持する豊かで繊細な生態系であふれていたが，その種の中には絶滅の危険にさらされているものもいる」

(d)が誤り。関係代名詞の先行詞が人以外の 500 species of sea life なので,

whomは使えない。動植物を先行詞とする場合は，whichを使う。

(23)「彼がもっとゆっくりと運転していたとしても，6人の人々が重傷を負ったその事故を避けるのはまったく不可能であっただろう」

(c)が誤り。従属節が過去完了形になっているので，この文は仮定法過去完了の構文を使っていると考えられる。よって，主節のwillはwouldとすべきである。even if～「たとえ～だとしても」は仮定法で使うことが可能である。

(24)「これについて確信はないのだが，兄は昨年ヨーロッパにいたとき，イギリスに行ったと思う」

(c)が誤り。直後にlast yearと過去を表す語があるので，isは過去形にするべきである。

(25)「私が図書館に着いたとき，図書館は閉まっていて，翌日の朝まで開館されないことがわかった」

(a)が誤り。reachは他動詞で目的語を従えることができるので，前置詞のtoは不要である。

(26)「大学は学生が学期末試験後に学期末レポートを提出することを認めていなかった」

(b)が誤り。動詞allowはallow *A* to *do*「*A*が～するのを認める」のように目的語とto不定詞を従える。

(27)「ロバートは胃が激しく痛んだので，学校に連絡して1日中寝ていた」

(d)が誤り。述語動詞のinformedとstayがandで接続されているので，stayも過去形であるべき。

(28)「この授業は学生に異なる文化的背景からきている多くの人々と知り合いになる機会を提供するだろう」

(d)が誤り。backgroundは可算名詞・不可算名詞のいずれでも用いられるが，ここはdifferent「さまざまな，異なる」とあるので複数形にするべき。

(29)「難しい文章を書くことで有名なオーストラリア人の小説家パトリック＝ホワイトは，愛と自己同一性についての読まずにはいられない物語を書いた」

(b)が誤り。動詞complicate「～を複雑にする，～を難しくする」は2つの分詞形容詞を持つ。過去分詞形で修飾するcomplicated sentencesの場合は，「難しくされた文章＝難しい文章」となる。現在分詞形で修飾する complicating sentences の場合は，「～を難しくするような文章」となり，意味が通らない。(d)の compelling「注目せずにはいられない」は，ここでは「物語」を修飾するので「読まずにはいられない」となる。

(30) 「コーヒー，お茶，コーラの実，ココアの中に見られるアルカロイド，カフェインは心拍数を増やすことで軽い興奮剤としての働きをする」
(a)が誤り。分詞構文が使われているが，主語の the alkaloid, caffeine は「見つける」立場ではなく，「見つけられる」立場にあるので，過去分詞を用いた分詞構文でなければならない。

解答　(31)―(d)　(32)―(i)　(33)―(j)　(34)―(c)　(35)―(e)　(36)―(g)　(37)―(h)　(38)―(f)　(39)―(b)　(40)―(a)

◆全　訳◆

≪在宅パパの写真集≫

6カ月以上の育児休暇を取得したスウェーデンの在宅パパを収めたある写真展が，男らしさや性の平等の社会的認識についてもっともな疑問を投げかけている。

ヨハン＝バフマン，35歳は，その写真集『スウェーデンのパパたち』が，その2年にわたるプロジェクトが2015年に完成してから25カ国で展示されているのだが，自分が見てもらいたいのは父親としてしばしば「不完全な」，子どもの世話に疲れ果てている姿であると語る。

写真集の中で子どもと一緒に写っている45人の父親のうち，25人が写真展で展示されているのだが，その中には，赤ちゃんを背負いながら掃除機をかけているパパや，3人の子どもの歯磨きを手伝っているパパや，片腕で赤ちゃんを抱いてもう一方の手でスマートフォンを見ているパパなどがいる。

スウェーデンのマルメを本拠地とするその写真家は，自身の2人の息子のために計19カ月を育児休暇に費やし，最近仕事に復帰したのだが，彼は他の在宅パパを探すことを思い立った。彼の言によれば，5年前に1人目の息子が生まれたとき，「自分が関われる人が誰もいなかった」からである。

バフマンは，子育ての写真の大半は，幸せそうなパパや公園のブランコで子どもを押している両親が写っている写真のように，あまりにも商品化されすぎており，子育てに含まれる後ろ向きの感情を除外していることが多いと話す。「親になることにつきものと思わなければならない，疲労や重労働の感情を表現している写真を目にすることはそれほど多くないのです」と彼は言う。

◀解　説▶

(31)　A photo exhibition「写真展」が主語，Swedish stay-at-home dads「スウェーデンの在宅パパ」が目的語の関係となる動詞を考える。depict は「(作品が)（人を）描写する」という意味であり，この現在分詞の(d)が最も適切である。

(32)　直後の care of the kids がヒントとなる。take care of ～で「～の世話をする，面倒を見る」という意味であり，本文の趣旨にも合致している。よって，(i)が正解。なお，この taking は前置詞 from の直後なので動名詞である。

(33)　この段落では，父親が家事や育児を行っている場面が説明されている。目的語が the floor「床」なので，vacuum「～に掃除機をかける」が適切であり，その現在分詞 vacuuming の(j)が正解。

(34)　目的語が his baby「赤ちゃん」で，on his back「背中に」と続いているので，carry「～を運ぶ」が最も適切であり，その現在分詞 carrying の(c)が正解。

(35)　目的語の his three kids に動詞 brush の原形が続いている点に注意。これは help O（to）*do* で「O が～するのを手伝う」という表現であると考えられる。よって，help の現在分詞 helping の(e)が正解。なお，直前の one は a dad を指している。

(36)　直前の most pictures「大半の写真」を of とともに修飾している。ここで述べられている写真が何をテーマにしているかを考えると，parent「親になる，親として行動する」の動名詞 parenting の(g)が最も適切であるとわかる。

(37)　意味上の主語が parents「親」，目的語が their children on park swings「公園のブランコに乗っている子ども」であることから，動詞として適切なのは push「～を押す」である。よって，その現在分詞 pushing の(h)が最も適切である。

(38) 直後に out があり，さらにその目的語として the negative emotions「後ろ向きの感情」が続いていることから，out とともに成句を作る動詞であると考えられる。leave out ～「～を省く，除く」であれば，楽しげな写真ばかりが並んでいてつらさを隠そうとしている，という本文の趣旨にも合致する。よって，leave の現在分詞 leaving の(f)が正解である。

(39) 直後の up とそれに続く目的語 children から，「子どもを育てる」という表現ではないかと想像できる。さらに「後ろ向きの感情が～に含まれる」という表現からも当該部分は「子育て」であると考えられる。よって，bring up「(子ども）を育てる」の動名詞 bringing の(b)が正解である。

(40) in *doing* で「～するときに」の意味なので，どういうときに疲労や重労働を感じるかを考える。「親になる」の意味となる become が最も適切である。よって，become の動名詞 becoming の(a)が正解。

5 解答

(41)—(a)　(42)—(b)　(43)—(a)　(44)—(a)　(45)—(c)
(46)—(d)　(47)—(d)　(48)—(a)　(49)—(c)　(50)—(b)

◆全　訳◆

≪政府が超過労働を減らそうと試みる≫

安倍政権は日本の会社における悪名高いほど長い労働時間を是正しようとして超過勤務への規制を厳しくする議論を始めている――長い労働時間は会社の従業員の健康を脅かすだけではなく家族と過ごす時間をほとんど残さない原因とされている。これによって，子供を育てる夫婦にとっては困難が生じる。この議題を通そうとする政府の決意は，政府が予想される財界からの反対を克服するかどうか，そしてどのように克服するかによって試されるだろう。これまで政府には，一定の労働者を就業時間規則から免除するような，労働規則の規制緩和を推し進めてきた実績がある。政府は残業を減らす効果的な対策を提案することでその真剣さを明らかに示す必要がある。

これは安倍晋三首相が労働者優先の問題に新たな関心をもっていることを示す別の一例だと思われる。同一労働同一賃金の原則を導入しようとする彼の努力とともに――たぶん非正規労働の従業員が全国で増大している状況を改善するために――政府は労働基準法を改訂することによって残業時間の上限を検討する予定である。政府は安倍のお気に入りのプロジェクト「一億総活躍社会（全市民の精力的参加推進）」のために来月まとめられる計画でその政策の概要を取り上げる予定である。

OECD の統計によると，2013 年に労働者は平均して，韓国では 2,071 時間，合衆国では 1,795 時間，日本では 1,746 時間，カナダでは 1,713 時間を（労働に）費やした。これらの数字は多くのヨーロッパ諸国よりはるかに高い――ドイツでは 1,313 時間，フランスでは 1,401 時間，イタリアでは 1,478 時間，オランダでは 1,328 時間，イギリスでは 1,659 時間である。

日本の年間平均労働時間数は徐々に減少してきている。しかしこれはおもにパートタイム労働者が国内の労働力人口の大きな割合を占めているからである。報じられているところでは，正規従業員の労働時間はそれほど減少していない。

慢性的に長い労働時間は超過労働の問題と関係していて，それによって労働災害や，超過労働が誘因となる死亡や自殺を引き起こす場合がある。また，慣行によって女性が全面的に労働人口に参加することがさまざまな面で妨げられてもいる。2014 年度には，会社従業員が過酷な仕事量のせいとされる脳疾患や心臓病を患った労働災害の事例が 277 件あり，そのほとんどの場合労働者の残業は毎月 80 時間以上に達していた。

日本が労働時間を減少させるのに時間がかかっている一つの理由は労働基準法にある。それは労働を 1 日 8 時間，1 週間 40 時間に制限している。しかし，会社の経営者側はその基準法の第 36 条に従い会社の労働組合と協定を結べば，従業員をより長い時間働かせることができる。このような合意の下で 1 カ月では 45 時間まで，1 年では 360 時間までの残業が認められている。そして，また，基準法には，労働者側と経営者側は繁忙期などの理由で年 6 カ月までなら月 45 時間以上の残業を認める特別条項のある協定を締結することができる，と書かれている。このような協定は実質的には残業時間の制限の抜け道となっている。厚生労働省の 2013 年の調査によると，大企業の 62 パーセントと中小企業の 26 パーセントがこのような条項のある労使協定を結んでいる。

報じられているところでは，残業時間に一様の上限を決め，その制限に違反する会社に罰則を設けることが，政府によって検討されているとのことだ。残業を減らして労働者の健康を守るためには，このような対策がもっと早くからなされるべきであった。政府は残業に制限を設けている欧州連合の例にならうべきである。

財界は安倍政権の決意を試そうとしてそのような動きに反対するかもしれない。もう一つの問題は規制が残業時間を抑制するほど効果的になるかどうかである。制限があまりに高く設定されると，対策は無意味になるだろう。報じられているところでは，政府は予定されている規則に一定の分野と職種に対する例外を検討しているようだ。しかし，例外が広く認められると，規則は意味を失うだろう。

◀解　説▶

(41)「これらの文の中で第1段の下線部の文の意味を最もよく言い表しているのはどれか」

(a)「政府は従業員の健康と家族生活に害を及ぼすので残業時間を減らしたいと思っている」

(b)「政府は多くの日本の会社が負債を抱えているので残業時間を減らしたいと思っている」

(c)「政府は経済を押し上げるために残業時間を減らしたいと思っている」

(d)「政府は日本の出生率を増加させるために残業時間を減らしたいと思っている」

全訳下線部を参照。内容をまとめると，安倍政権が残業を規制する議論を始めたが，その目的は長い労働時間を是正することであり，長い労働時間は従業員の健康を脅かし家族と過ごす時間を少なくする。以上の内容に合うのは(a)である。tighten「～を厳しくする」 overtime work「超過勤務」 in an attempt to *do*「～しようとして」 rectify「～を是正する」 leave *A* with *B*「*A* に *B* を残す」

(42)「第2段で，安倍首相は…と筆者は示唆している」

(a)「いつも労働問題に関心をもってきた」

(b)「最近労働問題に関心をもつようになった」

(c)「労働問題にまったく関心がない」

(d)「労働問題に強い関心をもっている」

第1文（This seems to be another example …）に「労働者優先の問題に新たな関心をもっている」とあるので，(b)が正解。

(43)「記事によると，日本より平均労働時間が長い国はどれか」

(a)「韓国」　(b)「カナダ」
(c)「イタリア」　(d)「ドイツ」
第3段第1文（According to OECD statistics, …）に平均労働時間は「…韓国では2,071時間，…日本では1,746時間」とあるので，(a)が正解。
(44)「第4段によると，日本の年間平均労働時間数は…」
(a)「ゆっくりと減少している」
(b)「変動しないままである」
(c)「着実に増加している」
(d)「急激に減っている」
第1文（Average working hours per year in Japan …）に「日本の年間平均労働時間数は徐々に減少している」とあるので，(a)が正解。
(45)「記事によると，これらの中で超過労働によって引き起こされた問題ではないのはどれか」
(a)「労働災害」(b)「(超過労働によって引き起こされた）死」
(c)「離婚」　(d)「自殺」
第5段第1文（The chronically long hours …）の後半に「労働災害，超過労働が誘因となる死亡や自殺を引き起こす」とあるので，(c)が正解。
(46)「記事によると，会社はどのようにして従業員を長く働かせることができるか」
(a)「政府に頼むことによって」
(b)「役員と同意することによって」
(c)「従業員にもっと働くよう強要することによって」
(d)「労働組合と交渉することによって」
第6段第3文（But a company's management …）に「会社の経営者側は…労働組合と協定を結べば，従業員をより長い時間働かせることができる」とあるので，(d)が正解。
(47)「第7段によると，どの文が間違っているか」
(a)「政府は残業時間に上限を決めることを計画している」
(b)「政府は残業に関する法律に違反する会社に刑罰を科すつもりである」
(c)「政府の計画はもっと早くからなされるべきであった」
(d)「政府は欧州連合の例にならうつもりである」
(a)と(b)は第1文（Reportedly under consideration …）と一致。(c)は第2

文（To reduce overtime …）と一致。第3文（The government should follow …）に「政府は…欧州連合の例にならうべきである」とあるが，これは筆者の主張であって，政府がそのように表明しているわけではないので，(d)が本文と一致しない。

(48)「安倍政権は超過勤務に関する新しい法律について何をしようとしているか」

(a)「政権は法律を計画している」

(b)「政権は法律に反対している」

(c)「政権は法律を阻止しようとしている」

(d)「政権は法律を断念しようとしている」

政権が超過勤務に関する新しい法律を作ろうとしていることは明らかなので，(a)が正解。

(49)「記事によると，誰がおそらく残業を減らす案に反対するか」

(a)「民主党」 (b)「労働者」

(c)「実業界」 (d)「政府」

最終段第1文（Business circles may oppose …）に「財界は…そのような動きに反対するかもしれない」とあるので，(c)が正解。

(50)「これらの表題の中で，記事の全体的な内容を最もよく言い表しているのはどれか」

(a)「超過労働で死ぬ従業員」

(b)「政府が超過労働を減らそうと試みる」

(c)「実業界は政府の超過労働を減らす案を阻止するために戦う」

(d)「日本：超過労働に反対する国」

政府が超過勤務に関する新しい法律を作って長い労働時間を是正しようとしていることを中心に話が進められているので，(b)が正解。(a)と(c)は本文中に記述はあるが，全体的な内容を表すには不適。(d)はまだ実現されていないことなので，不適。

2020年度

問題と解答

■推薦入試（公募制）

問題編

▶学科ごとの個別テスト内容

学　部	学　科	学科ごとの個別テストの内容
法	法　律	小論文（800 字）―社会と法に関する設問を含む小論文〈非公表〉
	国際関係法	小論文（800 字）―国際関係に関する小論文
	地球環境法	小論文（800 字）―社会（環境問題を含む）と法に関する小論文
経　済	経　済	数学の基礎に関する理解力，思考力を問う試問
	経　営	産業社会に関する理解力と思考力を問う試験（英語を含む）

▶備　考

- 高等学校長の推薦に基づき，「高等学校調査書」，「自己推薦書」，「レポート等特定課題」による書類審査と，「学科ごとの個別テスト」および「面接」によって総合的に判断し，合否判定を行う。

法学部 国際関係法学科

◀国際関係に関する小論文▶

（60分）

課題：小論文（800字）

以下の文章は、「国際政治における平和とリアリズム」の意味について書かれたものである。この文章を読んで【問】に答えよ。

まず、平和を不必要に美化することを止めなければならない。この「平和」という言葉に、他者との共存とか、偏見からの自由、あるいは戦争を廃絶した「永遠平和」などの意味を読み込むなら、「平和」が実現の難しいユートピアのように見えることだろう。だが、言葉だけの読み込みや飾りをはぎ取った平和とは、要するに戦争が行われていないという状態に過ぎない。そして、世界からすべての戦争をなくしてしまうことは難しいとしても、やはり戦争は例外的な出来事であり、世界の大半の人々にとって平和こそが現実の日常なのである。実現が難しいのは戦争の廃絶であって、平和ではない。

さらにいえば、平和がいちばん大事だ、絶対的な値打ちのある価値だ、ということもできない。戦争がない状態とはいわば政治社会の出発点に過ぎないのであって、それだけでは市民的自由も豊かな生活も保障されることはないからだ。戦争がない状態としての平和とは、ごく散文的な現実である。平和の実現とは、政治的主張の中でも最も保守的な、控え目なものに過ぎない。

もちろん問題は、どうすればその平和を実現できるのかという点にある。世界平和のために全ての武器を破棄すべきだと考えるなら、散文的な現実としての「平和」が、とても実現できそうにないユートピアとしての「平和」に変わるだろう。逆に、武器で脅さなければ平和を保つことができないと考えるなら、戦力放棄とは、武力攻撃に対して自衛する手段を捨て、自ら侵略に身をさらすような愚行に過ぎない。「平和」についての議論は、実は「平和」そのものではなく、それを実現する方法をめぐる争いの歴史だった。

世界平和を至上の価値として掲げる考え方は、戦争のもたらす被害が極度に拡大した時代の産物だった。平和論が勢いを得た時代は、ヨーロッパ世界では第一次世界大戦後、また日本であれば第二次世界大戦後という、いずれもこれまでにない戦禍を経験した直後に当たっている。戦争になれば世界の破滅だ、みんなおしまいだ、という終末観があればこそ、将来の戦争を阻止することが大きな政治課題となって現れたのである。

【問】

（1）上記の文章の要点を 200 字程度でまとめなさい。

（2）二つの大戦の直後には「将来の戦争を阻止することが大きな政治課題」となっていたが、第二次世界大戦後、何度もの戦争を世界は経験してきた。過去の反省にもかかわらず戦争は何故繰り返されるのだろうか、そしてそういった状況にどう対処すればよいのか。上記の文章を踏まえつつ述べなさい。

【出典】藤原帰一『新編　平和のリアリズム』岩波現代文庫(2010)

法学部 地球環境法学科

◀社会（環境問題を含む）と法に関する小論文▶

（60分）

課題：小論文（800字）

近年、歩きスマホ（スマートフォンを操作しながら歩くこと）をめぐるトラブルが増加している。そのため、自治体には、安全な生活環境の確保のために歩きスマホを罰則付きで規制することを求める市民の声が寄せられるようになっている。そこで、歩きスマホ問題につき、①罰則付きで規制する際に想定される課題点、②罰則付き規制以外に考え得る対応策について述べたうえで、③罰則付きの規制を導入すべきか否か、あなたの考えを述べなさい。(①から③まで合わせて800字以内)

経済学部 経済学科

◀数学の基礎に関する理解力，思考力を問う試問▶

（60 分）

注意

- 問題は 3 問ある。解答は各問題について 1 枚の解答用紙を使用すること。
- 解答は, 理由をていねいに説明すること。説明文も採点の対象になる。

1 ある機器を製造する会社 A, B があり, A 社の機器には 2%, B 社の機器には 5%の不良品が含まれている。A 社の機器と B 社の機器を 2 : 3 の割合で混ぜた大量の機器の中から 1 個を取り出す試行を考える。

(1) 取り出した機器が A 社の機器である確率を求めよ。

(2) 取り出した機器が不良品である確率を求めよ。

(3) 取り出した機器が不良品であったとき, それが A 社の機器である確率を求めよ。

2 2 つの 3 次関数 $f(x)=x^3-3x^2-9x$, $g(x)=x^3$ が与えられている。以下の問いに答えよ。

(1) 関数 $y=f(x)$ のグラフ上の点 $(1, f(1))$ における接線の方程式を求めよ。

(2) 2 つの関数 $y=f(x)$ と $y=g(x)$ のグラフをかけ。

(3) 方程式 $f(x)=ax$ が異なる実数解を 3 個もつように, 定数 a の値の範囲を定めよ。

(4) 2 つの曲線 $y=f(x)$, $y=g(x)$ で囲まれた図形の面積を求めよ。

3

(1)　等式 $(2k+1)x+(k-2)y-7k+4=0$ が k のどのような値に対しても成り立つように x, y の値を定めよ。

(2) $3^x=4^y=5$ のとき, $\dfrac{1}{x}+\dfrac{1}{y}=\log_5 a$ と表される。実数 a を求めよ。

(3) △OAB に対して, 点 P が次の条件を満たしながら動くとき, 点 P の存在範囲を求めよ。

$$\overrightarrow{\mathrm{OP}}=s\overrightarrow{\mathrm{OA}}+t\overrightarrow{\mathrm{OB}},\quad s+3t=1,\quad s\geqq 0,\quad t\geqq 0$$

経済学部 経営学科

◀産業社会に関する理解力と思考力を問う試験（英語を含む）▶

（90分）

1　次の文章を読み、問に答えなさい。

これまで、ビッグデータを前提としたAIプロファイリングが、採用や与信のような、私たちの人生の重要な場面で何の制約もなく利用されるのは「おそろしい」と述べてきた。しかし、いったい何が、どのように「おそろしい」というのだろうか。

AI推進派がいうように、このような場面でAIプロファイリングを使うことは「素晴らしい」ともいえる。たしかに、人間がもつ(あ)へんけんやバイアスを抑え込み、これまで以上に公正な採用と(い)ゆうしを可能にするという側面を忘れるべきではないのである。とすれば、こういうプラスの面があるにもかかわらず、抽象的に「おそろしさ」を唱え、いたずらに不安を煽るというのはどう考えてもフェアではない。そこで以下では、このような利用の何が問題なのかを憲法の考え方を踏まえて、少し詳しく述べておこう。

私たちがまず頭に入れておくべきなのは、ビッグデータに基づくAIプロファイリングの可謬（かびゅう）性である。当たり前のことだが、ビッグデータに基づくAIの判断にも、エラーやバイアスが紛れ込むことはある。その例として、(a)①うわべだけの相関関係(spurious correlation)、②データへの過少・過剰代表、③既存バイアスの反映が指摘されることが多い。

①は、ビッグデータ解析の結果、(う)こうりょに値しないような相関関係が出現してしまうことがある、ということである。例えば、スイミング・プールで溺れた人の毎年の数と、俳優ニコラス・ケイジの出演作品の毎年の数は歴史的に相関しているが、これは「たまたま」相関しているだけであって、アルゴリズム上は無視されなければならない。しかし、こうしたうわべだけの相関関係がアルゴリズムに組み込まれ、評価の基礎に使われてしまうことがある。

②は、ある集団が、解析の母数となるデータ・プールに過剰に代表されたり、過少に代表されたりすることがある、ということである。例えば、アメリカのボストン市は、道路状況の調査のため、市民のスマートフォンから得られるGPSデータを利用したが、その過程で、これだと高所得者の居住エリアに道路補修サービスが集中してしまうことに気づいたという。低所得者のなかにはスマートフォンをもっていない人も多く、低所得者の居住エリアからの情報が十分に集まらなかったからである。この例では、このエリアに住む人たちの情報がデータ・プールに過少に代表され、エラーが出たというわけである。

③は、現実世界においてすでに存在しているバイアスがアルゴリズムに反映され、同様のバイアスを再生産することがある、ということである。例えば、過去の従業員データを使って、「良い従業員」を予測するアルゴリズムを構築した際、過去職場に存在したバイアスをこのアルゴリズムが承継してしまうことになる。実際、イギリスの聖ジョージ病院は、人種的マイノリティと女性に対して不利のあった過去の入

学試験データに基づき「良い医学部生」を抽出するプログラムを構築したために、プロファイリングを用いた選考によって同様のバイアスを再生産することになったという。要するに、現実に存在する差別をAIが中立的なものと読み取ってしまうことで、既存の差別がアルゴリズムにそのまま反映される可能性があるということである。

このように、ビッグデータに基づくAIの判断にも誤りは生じる。私たちは、この誤りによって個人の能力や信用力に関する評価が歪み、採用や(い)ゆうしといった人生の重要な場面で不利益を受ける可能性があることを忘れるべきではないだろう。

(b)さらに私たちが注意しなければならないのは、ビッグデータの一般性である。

単純に言って、ビッグデータは特定個人のデータではなく、ある属性Ⓐと、ある属性Ⓑと、ある属性Ⓒと、ある属性Ⓓをもつ「誰か(someone)」――例えば、Ⓐ40代前半で、Ⓑ独身で、Ⓒ仕事をもつ、Ⓓ男性――が、一般的にどのような特徴や傾向をもっているかという匿名的なデータである。ビッグデータというのは、要するに、この属性(Ⓐ～Ⓩ)をものすごくたくさん補足できるから＜中略＞、限りなく「あなた(you)」自身の実態に近づけますよ、ということを意味しているのである。

しかし、ここで重要なのは、それはどこまでいっても本当の「あなた」に追いつけない、ということである。

例えば、ビッグデータ解析の結果、Ⓐ40代前半で、Ⓑ独身で、Ⓒ仕事をもつ、Ⓓ男性は、コンビニエンスストアで週に3000円から5000円の買い物をする傾向を有していることがわかったとしよう。しかし、同じ属性をもつ「あなた」が、そのような傾向を有しているとは限らない。他の誰でもない「あなた」は、昔コンビニでヤンキーにからまれてひどい目にあったため、コンビニ(え)きょうふ症となり、コンビニで一切買い物をしない(お)とくいな人物かもしれない。

要するに、ビッグデータは、どこまでいっても本当の「あなた」を知らないのである。

最近、よく、ビッグデータは、個人化(personalized)されたサービスを可能にするという言葉を耳にするが、それは正確には嘘で、あなたと同じような属性をもつ人たちが望むであろうサービスを可能にするに過ぎない。

もちろん、それは多くの場合、「あなた」が実際に望むものを提供してくれるかもしれない。しかし、それは常にではないだろう。「あなた」と「あなたのような人たち」との間には、やはりギャップがあるのである。その意味で、最近よくいわれる「個人化」は、複数の属性によってグルーピングされたセグメントに基づく「類型化」に過ぎない。ビッグデータに基づくAIの予測・評価は、厳密には、「個人主義」ではなく、「集団主義(セグメント主義)」の発想に基づいているのである(セグメントとは、共通の属性をもった集団のことをいう)。

(出典：山本龍彦「おそろしいビッグデータ：超類型化AI社会のリスク」朝日新聞出版 2017年)

問1 下線(あ)～(お)を漢字で書きなさい。

問2 下線(a)に示す通り、筆者は、ビッグデータに基づくAIの判断において起き得るバイアスやエラーについて、下記の3種類があると指摘している。
①うわべだけの相関関係
②データへの過少・過剰代表
③既存バイアスの反映

以下のA～Eに示す調査事例は、①～③のどれにあてはまる可能性が懸念されるか。

【選択肢】の中から、適切な番号を選び空欄に記入しなさい。

A) 小学生の持ち物検査をした結果、男児は寒色系、女児は暖色系の色を好むことが分かった。
B) 身長と体重には相関関係が認められ、身長が高いほど体重も重くなるという関係がある。
C) 日本の大学生の一か月あたりの可処分所得について調べるために、上智大学の学生を対象にアンケートを実施した。
D) ある食料品店の店長が、自分の店のアイスクリームの売上高を左右する要因を調べるために、当日の気温とアイスクリームの売上個数の関連を調べた。
E) 日本の女性が好む飲料の種類を調べるために、平日午後３時に全国のスーパーマーケットを回り、女性が購入している飲料を種類別にカウントした。

【選択肢】
1. ①にあてはまる可能性がある
2. ②にあてはまる可能性がある
3. ③にあてはまる可能性がある
4. いずれにもあてはまらない

問 3　下線(b)「さらに私たちが注意しなければならないのは、ビッグデータの一般性である」とは、どのような主旨か。以下の中からあてはまるものを選びなさい。

1. ビッグデータに基づく予測は、すべてのものに通じる性質を持つことに留意すべきである
2. AI の予測は、匿名のビッグデータに基づくもので、限りなく個人の実態に近いということに注意すべきである
3. AI の予測は、ビッグデータに基づくため精度は高いが、各個人の行動や選好を完璧に予測することはできない点に留意すべきである
4. ビッグデータに基づく予測は、個人化されたサービスを可能にするが、我々の望むサービスを作り出すわけではないことに気づくべきである

問 4　本文中では、AI のメリットについてどのように書かれているか。簡潔に 50 字程度でまとめなさい。

2 次の英文を読んで，問1～問4に答えなさい。

Artificial intelligence (AI) is reshaping business—though not at the blistering pace many assume.

(あ) True, AI is now guiding decisions on everything from crop harvests to bank loans, and once pie in-the-sky prospects such as totally automated customer service are on the horizon.

(い) Why the slow progress? At the highest level, it's a reflection of a failure to rewire the organization. In our surveys and our work with hundreds of clients, we've seen that AI initiatives face formidable cultural and organizational barriers. But we've also seen that leaders who at the outset take steps to break down those barriers can effectively capture AI's opportunities.

(う) The technologies that enable AI, like development platforms and vast processing power and data storage, are advancing rapidly and becoming increasingly affordable. The time seems ripe for companies to capitalize on AI. Indeed, we estimate that AI will add $13 trillion to the global economy over the next decade.

(え) Despite the promise of AI, many organizations' efforts with it are falling short. We've surveyed thousands of executives about how their companies use and organize for AI and advanced analytics, and our data shows that only 8% of firms engage in core practices that support widespread adoption.

Making the Shift

One of the biggest mistakes leaders make is to view AI as (a) a plug-and-play technology. Deciding to get a few projects up and running, they begin investing millions in data infrastructure, AI software tools, data expertise, and model development. Some of the pilots manage to eke out small gains in pockets of organizations. But then months or years pass without bringing the big wins executives expected. Firms struggle to move from the pilots to companywide programs—and from a focus on discrete business problems, such as improved customer segmentation, to big business challenges, like optimizing the entire customer journey. Leaders also often think too narrowly about AI requirements. While cutting-edge technology and talent are certainly needed, it's equally important to align a company's culture, structure, and ways of working to support broad AI adoption. But at most businesses that aren't born digital, traditional mindsets and ways of working run counter to those needed for AI. To scale up AI, companies must make the following shifts.

From siloed work to (b) collaboration.

AI has the biggest impact when it's developed by crossfunctional teams with a mix of skills and perspectives. Having business and operational people work side by side with analytics experts will ensure that initiatives address broad organizational priorities, not just isolated business issues. Diverse teams can also think through the operational changes new applications may require—they're likelier to recognize, say, that the introduction of an algorithm that predicts maintenance needs should be accompanied by an overhaul of maintenance workflows. And when development teams involve end users in the design of applications, the chances of adoption increase dramatically.

From rigid and risk-averse to agile, experimental, and adaptable.

Organizations must (c) the mindset that an idea needs to be fully baked or a business tool must have every bell and whistle before it's deployed. On the first iteration, AI applications rarely have all their desired functionality. A test-and-learn mentality will reframe mistakes as a source of discoveries, reducing the fear of failure. Getting early user feedback and incorporating it into the next version will allow firms to correct minor issues before they become costly problems. Development will speed up, enabling small AI teams to create minimum viable products in a matter of weeks rather than months. Such fundamental shifts don't come easily. They require leaders to prepare, motivate, and equip the workforce to make a change.

出典: Fountaine, T., McCarthy, B., and Saleh, T. (2019). Building the AI-Powered Organization. *Harvard Business Review*, 97(4): 62-73.より抜粋、一部を修正及び改変のうえ作成。

(注)
blistering …非常に速い、猛烈な
eke out …苦労して手に入れる
crossfunctional …枠を超えた
overhaul …分解検査する
risk-averse …リスク回避
agile …機敏な
iteration …繰り返し、反復

問１　(あ)〜(え)を内容の流れに沿って、意味が通るように並べなさい。

問２　文脈に基づいて、(a) a plug-and-play technology が持つ意味を日本語で簡略に説明しなさい。

問３　空欄（b）に入る適切な単語を選びなさい。
① close　② interdisciplinary　③ instant　④ cost-effective　⑤ internal

問４　空欄（c）に入る適切な単語を選びなさい。
① adopt　② shed　③ create　④ study　⑤ share

3

意思決定というのは、一定の目的を達成するために2つ以上の代替案の中から1つの代替案を選択することをいう。このような意思決定は、一般的にいうと、不確実な状況下で行われる。いいかえると、それぞれの代替案の成果は、将来における経済環境や企業固有の状況等に左右される。将来の状況を意思決定時点で確実に知ることは不可能である。そこで、不確実性下での意思決定と情報が持つ価値について考える必要がある。

さて、あなたは、デパートのクリスマスケーキ売り場の責任者であるとする。クリスマスに備え、ケーキをどれだけ注文するか、需要量を予測しながら意思決定しなければならない。注文はクリスマス以前に1回のみ行なえる。ケーキの正常売価は1個あたり3,000円であるが、12月25日の需要を超過した（売れ残った）ケーキは、翌日（26日）正常売価の半額でしか販売できない。半額になったケーキはすべて売ることができる。

あなたは注文数が100個、200個、300個または400個の4つの代替案のいずれかのみを選択することができ、1個当たりの仕入れ額（単価）について以下のデータを得ている。

注文数（個）	仕入単価（円）
100	2,500
200	2,400
300	2,300
400	2,200

また、過去20年間のクリスマスにおける販売実績は次の通りである。

販売数量（個）	頻度（回）
100	4
200	6
300	8
400	2
計	20

需要には何らトレンドや循環はないし、過去が将来を投影する。問1から問5に答えなさい。

問1　12月25日における実際の需要量が300個であったとする。

（1）300個注文したとき、いくらの利益または損失が生じるか。

（2）200個注文したとき、いくらの利益または損失が生じるか。

問2　12月25日における実際の需要量が100個であったとする。

（1）200個注文したとき、いくらの利益または損失が生じるか。

（2）400個注文したとき、いくらの利益または損失が生じるか。

問3
(1) 過去の実績に基づいたとき、12月25日における実際の需要量が200個である確率はいくらか。
(2) 過去の実績に基づいたとき、12月25日における実際の需要量が400個である確率はいくらか。

問4
実際の需要量は不確実であり、どの需要量が生起するかは確率によって決まる。また、ある注文量を選択した際、生起した需要量に応じて得られる利益または損失の金額は異なる。そのような場合にいかなる意思決定をするのかの基準として用いられるのが「期待値」である。期待値とは、生起した需要量に応じて得られた利得または損失の金額にその生起する確率を掛けて合計したものである。以上に基づき (1) と (2) に答えなさい。
(1) 200個注文したときの利益の期待値はいくらか。
(2) 利益の期待値が最大になる注文数を選択することが最適であるとすると、どの代替案を選択すべきか。なお、解答を得るまでの過程も明記しなさい。

問5　需要量が事前にわかれば、利益を最大化する代替案を選択できる。事前に需要量がわかっているもとでの利益の期待値と、問4 (2) で得られる利益の期待値との差額を完全情報の期待価値（Expected Value of Perfect Information：EVPI）という。すなわち、情報の持つ価値である。本問における EVPI を求めなさい。

解答編

法学部 国際関係法学科

◀国際関係に関する小論文▶

解答例　(1)　平和とは戦争が行われていない状態に過ぎない。平和とは散文的な現実であり，その実現は難しくない。問題は平和を実現する方法である。全ての武器を破棄すべきだと考えるか，武器で脅さなければ平和を維持できないと考えるか，「平和」についての議論は平和実現の方法をめぐる争いだった。平和論が勢いを得たのは，戦禍を経験した直後だった。戦争になれば世界の破滅だという終末観から，戦争阻止が政治課題となったのである。（200字程度）

(2)　筆者は，平和論が勢いを得たのは人類がこれまでにない戦禍を経験した直後であったと指摘し，それは一種の終末観によるものだとする。私は，第二次世界大戦後も何度も戦争が繰り返されてきた原因のひとつは，そのような戦争阻止の方法をめぐる議論への人々の関心が次第に薄れていったからだと考える。そしてそれは，人々に戦争阻止の重要性を気づかせるような戦禍の具体的イメージが，大国に住む人々にとってつかみにくいものとなってきたこととも，無関係でないと考える。かつての戦争では互いの領土内において人間同士の戦闘が行われ，多くの人々が直接戦禍のむごたらしさを目の当たりにした。ところが近年は，情報技術を駆使した無人機による軍事施設や中枢部への攻撃など，前線がない戦いに変化している。報じられるのは敵対国の施設を爆破する様子の衛星動画や，遠隔地から大量破壊兵器を発射する映像ばかりであり，私たちが戦場の殺し合いを見ることはない。つまり，現代では戦争とはどんなものかが想像しにくくなっており，このような状況では，人々が戦争阻止の重要性に気づくことは難しい。

だが，世界中に大量の核兵器がある現代こそ，「戦争になれば世界の破滅」なのである。こうした状況下で私たちがすべきことは，かつての戦争の悲惨さを語り継ぎ，それを実感させる事物に物理的に触れる機会を積極的に設けることにより，戦争阻止のための議論を活発化させることだと考える。((1)と合わせて 800 字以内)

◀解　説▶

≪国際政治における平和とリアリズム≫

(1)　課題文の要点を 200 字程度でまとめる問題である。「要点」であるから文章中のすべての話題を盛り込む必要はない。筆者の中心主張をとらえて，それを支えている話題を精選してまとめることになる。第 3 段の冒頭の一文「もちろん問題は，どうすればその平和を実現できるのかという点にある」から，この段落が主張の中心であることがわかるだろう。ここで筆者は，「その平和」すなわち「戦争が行われていないという状態」を実現するための方法が問題だと主張している。要約をするうえで他に押さえておくべきなのは，初めに示されている「平和」の定義と，最後の段落ということになろう。

(2)　二つの大戦の直後には「将来の戦争を阻止することが大きな政治課題」となっていたにもかかわらず，実際は第二次世界大戦後も何度も戦争が起こってきたことを踏まえて，過去の反省にもかかわらず戦争はなぜ繰り返されるのか，またそういった状況にどう対処すればよいのかを，課題文を踏まえつつ述べる問題である。まず重要なのは，課題文を踏まえつつ，という条件である。第二次世界大戦後も戦争が繰り返されてきた理由や対処策を問われているからといって，「過去の敗戦を許せず報復したい思いがあるから」「そもそも人類には征服欲があるから」などと，課題文で議論されていない事柄にだけ依拠して述べては，「上記の文章を踏まえ」たことにはならない。自分の考えを課題文の内容に関連付けながら論じる必要がある。また，意見論述として一貫した内容になるよう，理由（「何故繰り返されるのだろうか」）と対処法（「どう対処すればよいのか」）とをきちんと対応させよう。対処法が，理由として挙げた問題点を解決するものとなるよう，気をつけたい。

〔解答例〕では，大きな戦禍と平和論の流行の関係について述べている最終段落に着目して意見を論述した。まず，「戦禍を経験」したことによる

「終末観」が戦争阻止のための議論を生み出したという筆者の指摘を踏まえ，戦争阻止の議論への関心が薄れたことが，戦争を招いた可能性があると主張した。次に，このことは，現代において戦争の具体的イメージがつかみづらくなっていることと関係があると指摘した。そして，「戦争の悲惨さを語り継ぎ，それを実感させる事物に物理的に触れる機会を積極的に設けること」の必要性を，対処法として述べた。

法学部 地球環境法学科

◀社会（環境問題を含む）と法に関する小論文▶

解答例 歩きスマホを罰則付きで規制する際に想定される課題点は，他の似た行為も規制せざるをえなくなることである。例えばゲーム機を操作しながら歩くことはどうであろうか。歩きスマホを規制するならば，こちらも当然規制すべしという声が上がるだろう。では本を読みながら歩くのはどうか。危険性は同じだから，これも規制すべきだろう。つまり，手元を見ながら歩くこと一般が規制されなければ筋が通らないのである。最後には，地図や腕時計も，立ち止まって見るのでなければ罰を科されることになる。だが，これは合理的ではない。

罰則付きの規制以外の対応策として，スマートフォンに以下の機能を搭載することを提案したい。スマートフォンには位置情報システムや振動を感知する機能が内蔵されている。これを用いて，持ち主が歩きスマホをしていることを感知したら，ビープ音や振動で注意するのである。その都度操作が妨害されることにより，立ち止まって操作しようという意識が芽生えるはずである。乗り物での移動と区別できさえすれば，技術的に難しいことではないだろう。

このように別の対処法がある限り，歩きスマホを罰則付きで規制するべきではないと考える。歩きスマホを規制しても，人間は前だけを見て歩いているわけではない。歩行者の目を惹こうと意匠を凝らした広告が並び，街頭ヴィジョンも設置されている。路上パフォーマンスをする人もいる。歩行者のよそ見を誘発し，他者に危険をもたらしかねないからという理由で，これらも規制されるべきだろうか。

よそ見しながら歩いてもかまわない，と言っているわけではない。その危険性は十分に知っておく必要があるし，やめるよう訴えることは続けていかなければならない。そして歩きスマホやその他のよそ見で重大な結果を招いたときには，本人の責任を厳しく追及すべきである。しかし，歩く

という人間の基本的な行動に，不自由な制限をかけることには反対である。(800字以内)

◀解　説▶

≪歩きスマホは罰則付きで規制されるべきか≫

設問の要求は，歩きスマホ（スマートフォンを操作しながら歩くこと）について，①罰則付きで規制する際に想定される課題点，②罰則付き規制以外に考え得る対応策について述べたうえで，③罰則付きの規制を導入すべきか否か，自分の考えを述べることである。

①はある種の思考実験である。〔解答例〕では，他の行為との区別が恣意的なのではないかという考えから立論した。これ以外にも論述の方向としては，無数の歩行者を取り締まるのはコストが高くなりすぎるのではないかという問題，歩きスマホをしていたという証拠を押さえるのが難しい(物品としてのスマートフォンを見ていたのではなく，ディスプレイの表示内容を見ていたという証明は面倒なことになる）という問題などが考えられる。罰則付きで規制するからには，厳密さが要求されるのである。自分が取り締まる側や取り締まられる側になったらどうか，という点から考えると着想しやすい。

②については，罰則付き規制以外の方策ということで，実のところ解答の幅はそれほど広くない。〔解答例〕のようなスマートフォンに歩きスマホを防止する機能をつけること以外には，信号などの交通ルールとともに子供の頃から教育する，新規購入や機種変更などの契約時に歩きスマホをしないよう呼びかける，といった周知や啓発の徹底くらいになる。あるいは歩きスマホそれ自体ではなく，それによる不注意で他者に損害を与えた場合に賠償責任が重くなる，逆に事故に巻き込まれた場合には相手の責任が軽くなる，という制度を作ることも考えられる。

③についてのスタンダードな解答は，罰則付きの規制の導入に反対するものだろう。①で知恵を絞って課題点を挙げ，②で罰則付き規制以外の対応策を提出しておきながら，それでもなお罰則付きの規制を導入すべきであると説得力を減じずに主張するのは，この字数では難しいからである。可能であればここで新たな論拠を提出したいところだが，①の課題点を発展させてもよいだろう。

経済学部 経済学科

◀数学の基礎に関する理解力，思考力を問う試問▶

1 **解答** A 社の機器と B 社の機器が 2：3 の割合で混ぜられた大量の機器の中から 1 個を取り出す試行において

(1) 取り出した機器が A 社の機器である確率は

$$\frac{2}{2+3}=\frac{2}{5} \quad \cdots\cdots(\text{答})$$

(2) 取り出した機器が不良品であるのは，次の 2 つの場合(i)，(ii)が考えられる。

(i) 不良品が A 社の機器である場合

(ii) 不良品が B 社の機器である場合

(i)の確率は $\frac{2}{5}\times\frac{2}{100}=\frac{4}{500}$ であり，(ii)の確率は $\frac{3}{5}\times\frac{5}{100}=\frac{15}{500}$ である。

(i)と(ii)は排反であるから，求める確率は

$$\frac{4}{500}+\frac{15}{500}=\frac{19}{500} \quad \cdots\cdots(\text{答})$$

(3) 取り出した機器が A 社の機器である事象を A，不良品である事象を D とすると，求めるのは条件付き確率 $P_D(A)$ であり

$$P(D)\cdot P_D(A)=P(A\cap D)$$

が成り立つ。さらに(2)の結果と(i)より

$$P(D)=\frac{19}{500},\ P(A\cap D)=\frac{4}{500}$$

であるから

$$P_D(A)=\frac{P(A\cap D)}{P(D)}=\frac{4}{19} \quad \cdots\cdots(\text{答})$$

◀解　説▶

≪条件付き確率（原因の確率）≫

条件付き確率の典型問題であり，この種の条件付き確率は「原因の確

率」と呼ばれる。結果を受けて，その原因がどこにあるのかを確率的に考えることができるのである。本問の場合，取り出した機器が不良品であったという結果を受けて，その不良品がＡ社の機器であるという原因がどのくらいの確率であるかを遡って追跡することができるわけである。

Ａ社の機器の方がＢ社の機器よりも割合としては少なく，さらに，不良品を含む割合もＡ社の方がＢ社より少ないので，１個の機器を取り出し，それが不良品であったときに，Ａ社由来のものである確率は，Ｂ社由来である確率よりも低いことは感覚的にもわかるであろう。その確率が具体的にいくらであるかを計算する問題であった。(1)，(2)，(3)の順に誘導になっており，条件付き確率の本質的な意味がわかっているかどうかを問う問題である。

2 解答

(1)　$f(x)=x^3-3x^2-9x$ より

$$f'(x)=3x^2-6x-9$$

$y=f(x)$ のグラフ上の点 $(1,\ f(1))$ における接線の方程式は

$$\begin{aligned} y &= f'(1)(x-1)+f(1) \\ &= -12(x-1)+(-11) \\ &= -12x+1 \quad \cdots\cdots(答) \end{aligned}$$

(2)　$g(x)=x^3$ は単調増加関数であり，$y=g(x)$ のグラフは右のようになる。

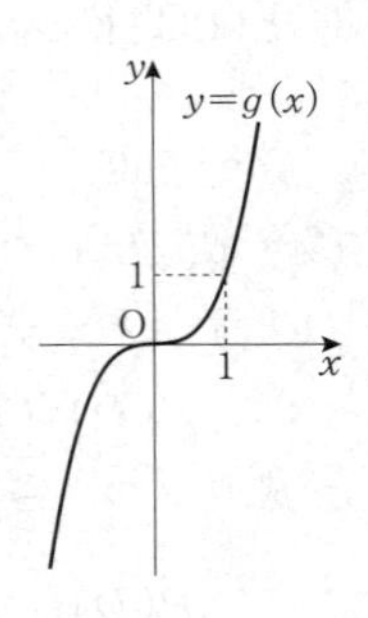

また

$$\begin{aligned} f'(x) &= 3x^2-6x-9 \\ &= 3(x^2-2x-3) \\ &= 3(x-3)(x+1) \end{aligned}$$

より，$f(x)$ の増減は次のようになる。

x	$\cdots$	-1	$\cdots$	3	$\cdots$
$f'(x)$	$+$	0	$-$	0	$+$
$f(x)$	↗	5	↘	-27	↗

$f(x)=x(x^2-3x-9)=0$ とすると

$$x=0,\ \frac{3\pm3\sqrt{5}}{2}$$

したがって，$y=f(x)$ のグラフは次のようになる。

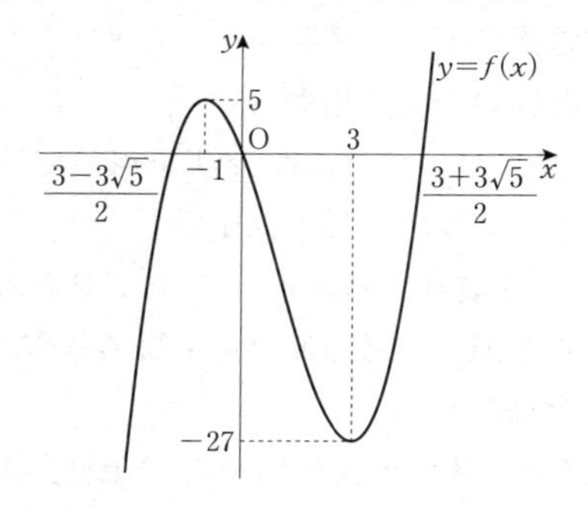

(3)　$f(x)=ax$

$\iff x^3-3x^2-(9+a)x=0$

$\iff x\{x^2-3x-(9+a)\}=0$

$\iff x=0$ または $x^2-3x-(9+a)=0$

より，方程式 $f(x)=ax$ が異なる実数解を 3 個もつ条件は，2 次方程式 $x^2-3x-(9+a)=0$ が 0 でない異なる 2 つの実数解をもつことであり

$$(x^2-3x-(9+a)=0 \text{ の判別式 } D)=3^2+4(9+a)>0$$

かつ　$-(9+a)\neq 0$

すなわち　$a>-\dfrac{45}{4}$　かつ　$a\neq -9$

より

$$-\frac{45}{4}<a<-9,\ -9<a \quad \cdots\cdots(\text{答})$$

(4)　$f(x)-g(x)=-3x^2-9x=-3x(x+3)$

であるから，$-3\leqq x\leqq 0$ において

$$f(x)-g(x)\geqq 0 \quad \text{つまり} \quad f(x)\geqq g(x)$$

であり，$x<-3$ または $0<x$ において

$$f(x)-g(x)<0 \quad \text{つまり} \quad f(x)<g(x)$$

である。

2 つの曲線 $y=f(x)$，$y=g(x)$ で囲まれた図形の面積 S は

$$S=\int_{-3}^{0}\{f(x)-g(x)\}dx=\int_{-3}^{0}\{-3x(x+3)\}dx$$

$$=(-3)\cdot\left(-\frac{1}{6}\right)\cdot\{0-(-3)\}^3=\frac{27}{2} \quad \cdots\cdots(\text{答})$$

◀解　説▶

≪接線，グラフと方程式の解，面積≫

(1)　微分法を用いた接線の公式を用いる。

(2)　$y=f(x)$ のグラフについては，微分法を用いて，導関数の符号をとらえ，増減表を作成し，グラフを描けばよい。

$y=g(x)$ のグラフは，見慣れた基本的なグラフであるから，結果だけでもよいであろう。原点を通ること，原点における接線の傾きが 0 であることに注意してグラフを描こう。

(3)「3 次方程式が異なる 3 つの実数解をもつ条件」が問われているが，3 次式が 2 次式と 1 次式に分解できるので，実際は 2 次方程式の問題に帰着される。2 次方程式が $x=0$ 以外の異なる 2 つの実数解をもつ条件を考えればよい。

(4)〔解答〕のように 2 つの関数の差の符号を調べることで，2 つのグラフの上下関係をとらえることができる。面積計算の際には，定積分の公式

$$\int_{\alpha}^{\beta}(x-\alpha)(x-\beta)dx=-\frac{1}{6}(\beta-\alpha)^3$$

が利用できる。

3　解答

(1)　$(2k+1)x+(k-2)y-7k+4=0$ が k のどのような値に対しても成り立つ条件は，$(2x+y-7)k+(x-2y+4)=0$ が k についての恒等式となることであるから

$2x+y-7=0$，$x-2y+4=0$ より

$$x=2,\ y=3\quad\cdots\cdots(答)$$

(2)　$3^x=4^y=5$ の各辺について底が 5 の対数をとると

$$\log_5 3^x=\log_5 4^y=\log_5 5$$

$$x\log_5 3=y\log_5 4=1$$

したがって，$\dfrac{1}{x}=\log_5 3$，$\dfrac{1}{y}=\log_5 4$ より

$$\frac{1}{x}+\frac{1}{y}=\log_5 3+\log_5 4=\log_5(3\times 4)=\log_5 12$$

よって，$\log_5 12=\log_5 a$ から　　$a=12$　$\cdots\cdots$(答)

(3)　辺 OB を 1：2 に内分する点を C とすると，$\overrightarrow{OB}=3\overrightarrow{OC}$ であり，

$s+3t=1$ より

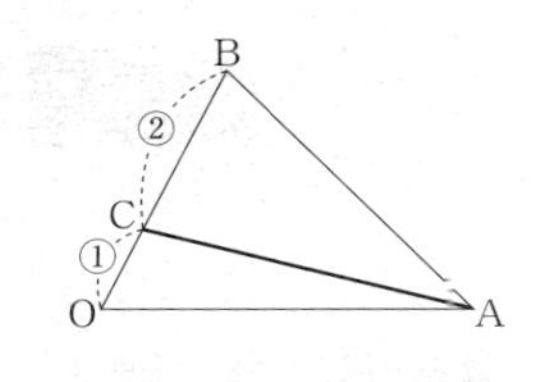

$$\begin{aligned}\overrightarrow{OP}&=s\overrightarrow{OA}+t\overrightarrow{OB}\\&=s\overrightarrow{OA}+3t\overrightarrow{OC}\\&=s\overrightarrow{OA}+(1-s)\overrightarrow{OC}\\&=\overrightarrow{OC}+s(\overrightarrow{OA}-\overrightarrow{OC})\\&=\overrightarrow{OC}+s\overrightarrow{CA}\end{aligned}$$

$s+3t=1$，$s\geqq0$，$t\geqq0$ より　　$0\leqq s\leqq1$

これより，点 P の存在範囲は，右図の太線で示された線分 AC（両端を含む）である。 ……(答)

◀解　説▶

≪小問 3 問≫

⑴　恒等式の問題である。$Ak+B=0$ が k についての恒等式となる条件は，$A=B=0$ であることを用いる。

⑵　対数の性質を利用する基本問題である。対数に関する公式

$$\log_a M^r=r\log_a M,\ \log_a M+\log_a N=\log_a MN$$

などを活用する。

⑶　ベクトルの終点の存在範囲を考える問題である。〔解答〕のように式変形をすることで，直線のベクトル方程式が得られるが，パラメーターに範囲の制限がつくため，点 P の存在範囲は線分となる。

経済学部 経営学科

◀産業社会に関する理解力と思考力を問う試験（英語を含む）▶

1 **解答**　問１．(あ)偏見　(い)融資　(う)考慮　(え)恐怖　(お)特異
問２．A－３　B－４　C－２　D－１　E－２
問３．３
問４．AIは様々な要素を含む膨大なデータを解析できるが，誤りは排除し切れず，個人の実態を予測することも難しい。(50字程度)

◀解　説▶

≪AI解析の限界≫

問２．課題文の第４～６段で「AIの判断において起き得るバイアスやエラー」の①～③が，具体例を交えて指摘されている。本設問では，５つの調査事例（A～E）について，①～③のバイアスやエラーに該当する可能性の有無が問われている。留意したいのは，選択肢の「可能性がある」という文言である。つまり，ここで求められているのは，確実に該当するか否かの判断ではなく，可能性を想定することであり，各事例を多角的に考察できるかどうかが試される。

A．正解は３。小学生の性別と色の好みの関係を，持ち物検査の結果から分析した事例である。現代日本の小学校に限っていえば，色によって男女を区別することが少なくなく，家庭や社会で，男児には寒色系，女児には暖色系の持ち物が与えられる傾向も根強い。つまり，小学生の持ち物には，小学生当人の本来の好み以上に，社会の慣習や思い込みが影響している可能性があり，この検査結果がそのままビッグデータ化されれば，AIによって社会的なバイアスが強化されてしまう。したがって「③既存バイアスの反映」に該当する可能性がある。

B．正解は４。「身長が高いほど体重も重くなる」という相関関係についてである。そもそも，どのようにデータを集計したのかは言及されていないので，「②データへの過少・過剰代表」は問題とならないだろう。また，

身長が高くなるにつれ（骨や筋肉が増える分），体重も重くなるという関係は物理的にも理に適うため，「③既存バイアスの反映」とはいえず，第４段で述べられている「たまたま」の「相関」，つまり「①うわべだけの相関関係」とも考えにくい。したがって，①〜③のいずれにも該当しない。

C．正解は２。「日本の大学生」の月間可処分所得を調べるにあたって，「上智大学の学生」を対象に調査した事例である。この調査方法は，第５段で筆者が指摘する，「ある集団」がデータの母数に過剰代表されたものといえる。というのも，上智大学が日本の大学の縮図であるとは考えにくいにもかかわらず（実際，日本屈指の難関大学では，学生の親の平均収入が高水準というデータがある），調査対象を上智大学に絞っているからである。したがって「②データへの過少・過剰代表」に該当する可能性がある。データに偏りをなくすには，幅広い大学（国公立・私立，地域，難易度）の学生を調査対象に含めなければならない。

D．正解は１。ある食料品店が，アイスクリームの売上高を左右する要因を調べるために，日々の気温とアイスクリームの売上個数の関係を調査したという事例である。確かに，気温が上がれば，アイスクリームの売上も増加するという説明は一見合理的である。しかし，この事例では，食料品店一店舗が対象となっており，その店舗独自の要因が考慮されていない。売上には，広告への掲載，新製品の発売，来店客の属性，立地（例：外気温との差が非常に激しいオフィスビル）など，様々な要素が影響し得る。仮に気温と売上個数が関係しているようにみえても，他に重要な要因があるかもしれない。よって，「①うわべだけの相関関係」に該当する可能性がある。

E．正解は２。「日本の女性」が好む飲料の種類を調べるにあたって，全国のスーパーマーケットで「平日午後３時」に時間を絞って調査した事例である。この方法をとる場合，平日３時「以外」の時間帯または休日に習慣的に来店する大勢の女性の消費行動をとらえることはできない。したがって，調査事例Ｃと同様，「ある集団」がデータに過剰代表されたと考えられ，「②データへの過少・過剰代表」に該当する可能性がある。

問３．３が正解。下線部(b)「…注意しなければならないのは，ビッグデータの一般性である」の主旨を，４つの選択肢の中から選ぶ。主旨は下線部(b)以下の段落で示されている。ビッグデータとは，ある属性（年齢や性別など）をもつ「誰か」が一般的にどのような特徴や傾向（消費行動など）をもつのかをとらえたデータである。属性の数を増やすことで，特定個人の傾向に限りなく近い予測を示すことが可能だが，「あなた」がその傾向を有しているとは限らない。つまり，各個人の実際の行動や選好を常に完璧に言い当てることはできない。これに沿った選択肢は３である。

問４．AIのメリットについて，筆者の見解を50字程度で簡潔にまとめる。解答に必要な要素として，第一に，AIのメリットが何かをまず明示する必要がある。課題文では，「ビッグデータに基づく」という言葉が多用されているが，ビッグデータの活用が前提となっている。ビッグデータとは文字通り大規模データであるが，後半の下線部(b)の直後，「単純に言って」から始まる段落中，「属性をものすごくたくさん補足できる」点が強調されている。第二に，このメリットに対する筆者の見解としては，問２と問３で確認したとおり，(1)エラーやバイアスが起こり得ること，そして(2)個人の実態の完全な予測が困難であること，が挙げられる。これらを簡潔にまとめればよい。

2　解答

問１．(あ)→(う)→(え)→(い)

問２．初期投資さえ行えば，後は自動的に企業に利益をもたらしてくれるような技術のこと。

問３．②　問４．②

◆全　訳◆

≪AI開発推進のために企業に求められること≫

人工知能（AI）がビジネスの形を変えている――もっとも，多くの人が考えているような猛スピードではないのだが。

(あ)確かに，AIは今や，農作物の収穫から銀行での借り入れに至るまで，あらゆることに関する判断を導いており，完全に自動化された消費者サービスといった，かつては絵空事だった将来の可能性まで実現しつつある。

(う)開発プラットフォーム，莫大な処理能力やデータ保存装置のような，AIを可能にする科学技術は急速に発達し，ますます手頃な値段になってきている。企業がAIに投資する機は熟しているように思われる。実際に，今後10年でAIはグローバル経済に13兆ドルをもたらすだろうと私たちは試算している。

㈤AI の有望さとは裏腹に，多くの組織の AI に対する努力は目標に達していない。私たちは何千人という管理職に対し，彼らの企業が AI や高度解析をどのように利用し，それに向けた企画を行っているのかを調査してきたが，8％の企業しか，広範な導入を後押しする本格的な取り組みを行っていないというデータが出ている。

㈹なぜ遅々とした歩みなのか？　上層部に目を向けると，それは組織を再構築するのに失敗したことの反映である。私たちの調査と何百人もの顧客との連携を通じて，AI 構想は一筋縄ではいかない文化的かつ組織上の障壁に直面していることを私たちは見てきた。だが，最初からそうした障壁を打破するための策を講じているリーダーは，AI の好機を効果的につかみ取れるということも，私たちは見てきた。

方針を転換する

リーダーが犯す最大のミスの一つは，AI をプラグ・アンド・プレイのテクノロジーとみなしてしまうことである。いくつかのプロジェクトを立ち上げて進めることを決定すると，彼らはデータ基盤，AI ソフトウェアツール，データの専門知識，そしてモデル構築に何百万ドルと投資し始める。試験的運用の中には，少しばかりの利益を組織になんとかもたらしてくれるものもある。しかし，何カ月，何年経っても，管理職が期待する大当たりがもたらされることはない。企業は，試験的運用から，会社全体の事業に移行することに注力する。そして，顧客の細分化の精度向上のような個々の事業上の問題に焦点を当てることから，カスタマージャーニー全体の最適化といった大きな事業課題に移行しようとするのだ。また，リーダーは AI が必要とするものを狭く考えすぎていることが多い。最先端の技術や人材は確かに必要だが，AI の利用拡大を支えるには，企業の文化，構造，そして働き方を調整することも同様に重要なのだ。だが，最初からデジタル化されているわけではないほとんどの事業では，従来の考え方や働き方が，AI に求められるものと対立してしまう。AI を拡大するためには，企業が以下のような方針転換を行わなければならない。

個別部署の仕事から，部門の垣根を超えた協働へ

AI が最も大きな威力を発揮するのは，様々な技術や考え方が混在する，部門を超えたチームに開発される場合だ。経営や運用側の人々が解析専門の人々と協働することによって，個別のビジネス案件にとどまらない，広

範囲の組織の優先案件を扱うイニシアチブがとれるだろう。また，多様性のあるチームは，新たな応用に求められる運用上の変革について知恵を絞ることもできる。たとえば，メンテナンスの必要性を予測するアルゴリズムの導入は，メンテナンス作業の流れの総点検に付随して行うべきだということを，そうしたチームの方が認識しやすいのだ。また，開発チームがアプリケーションのデザインにエンドユーザーを参加させたときには，それが利用される可能性は劇的に高くなる。

硬直したリスク回避型から，迅速かつ実験的な順応型へ

アイデアは完全に固めておく必要がある，あるいはビジネスツールはあらゆる機能を搭載してはじめて展開されなければならない，という考え方を，組織は捨て去らねばならない。AI のアプリケーションが最初のバージョンから，望まれるあらゆる機能を持っていることはまずない。試行から学ぶという精神があれば，ミスは発見の源泉としてとらえ直され，失敗の恐怖が軽減される。ユーザーから早い段階でフィードバックを得て，それを次のバージョンに組み込めば，企業はコストを要する問題にならないうちに，小さな問題を修正することができる。開発はスピードを増し，小規模な AI チームが，実用最小限の製品を数カ月どころか数週間で開発できるようになるだろう。そのような根本的な転換は容易にはなしえない。変化を起こすためには，準備を整え，動機を与え，労働力を用意してくれるリーダーが求められるのである。

◀解　説▶

問1．この文章の書き出しに「AI がビジネスの形を変えている」とあるので，それに続く文は，その具体例が述べられているものを選ぶのが妥当。そこで，AI を使って「農作物の収穫」や「銀行での借り入れ」を決定し，「完全に自動化された消費者サービスといった，かつては絵空事だった将来の可能性まで実現しつつある」と述べている(あ)が1番目だと考えられる。次に，(あ)の内容を受けて，これからさらに AI の導入が進んでいくと考えられる技術的要因や企業の投資，経済効果について述べている(う)が2番目だと考えるのが適切。残りの(い)と(え)では，いずれにおいても，AI 導入の支障となるものについて述べられている。どちらが先なのかを考えるために，それぞれの冒頭に注目する。(え)が，Despite the promise of AI「AI の明るい見通しにもかかわらず」という譲歩の語句から始まり，AI 開発

が実のところはあまり進んでいないという話題に切り返しているので，3番目は(え)が妥当である。最後に，Why the slow progress?「進展が遅いのはなぜか？」から始まり，その理由の説明が続く(い)が4番目だと考えると，文脈が自然につながる。したがって，(あ)→(う)→(え)→(い)の順が正解。

問2．下線部の plug-and-play は，ゲームやコンピュータなどについて用いられる言葉で，「接続するだけで，何か特別なことをしなくてもすぐ使える」という意味の形容詞。ただし，設問文に「文脈に基づいて」とあるので，この語句の一般的な意味ではなく，英文の内容を踏まえて説明する必要がある。具体的には，Making the Shift のパラグラフは，AI を plug-and-play technology とみなす失敗を犯しがちだという要旨なので，その内容を用いて説明すればよい。すなわち，当該段第2文（Deciding to get …）に，AI 技術を活用すると判断したら設備や技術に対する初期投資が行われると述べられているが，同段第3・4文（Some of the … executives expected.）には，そのことが必ずしもすぐに大きな利益を約束するわけではないとある。以上の内容を，plug-and-play technology の意味に合うように，簡潔にまとめればよい。

問3．空欄の前にある siloed とは，名詞 silo「家畜用飼料の貯蔵庫（サイロ）」から派生した動詞 silo の過去分詞形で，「閉鎖的で互いに独立した，他部門と連携しない」という意味で形容詞的に用いられている。そのような各部署独立型の業務形態から collaboration「協働」に移行すべきであるということが，このパラグラフの要旨である。すなわち，様々な部門の人々が垣根を超えて AI 開発に取り組むべきだということである。この状態を表す形容詞としては，②interdisciplinary「多分野にまたがった，部門の垣根を超えた」が最適。同段第1文（AI has the …）にある crossfunctional「枠を超えた，各部門が協力した」や，同段第3文（Diverse teams …）の diverse「多様性のある」といった語もヒントになる。①「緊密な」は，②に比べると，協働の広がりよりも度合いの方に重点があるので，不適と考えられる。③「即座の」　④「コスト効率のよい」　⑤「内部の」

問4．空欄の直後の the mindset that … it's deployed「アイデアは完全に固めておく必要がある，あるいはビジネスツールはあらゆる機能を搭載してはじめて展開されなければならないという考え方」に対して，組織はどのような態度をとるべきかを表す語を選ぶ。この段落の表題にもあるように，組織として望ましいのは agile, experimental, and adaptable「迅速かつ実験的で，順応性のある」状態である。また，同段第2～4文（On the first … costly problems.）では，AIがはじめからうまく機能することは滅多にないのだから，test-and-learn mentality「試して学ぶ精神」や early user feedback「ユーザーからの早期のフィードバック」が重要だとある。したがって，空欄の直後の例の考え方（the mindset that … it's deployed）は，②shed「捨て去る」ことが必要だと考えられる。①「採用する」は，正解の②とは逆の意味になるので不可。③「作り出す」④「学ぶ」⑤「共有する，伝える」

3 **解答** 問1．(1) 12月25日における実際の需要量が300個であり，300個注文していたとき，仕入れ額は2300×300円であり，売上は3000×300円であるから，利益は

$$3000\times300-2300\times300=700\times300=21\text{ 万円}\quad\cdots\cdots(\text{答})$$

(2) 12月25日における実際の需要量が300個であり，200個注文していたとき，仕入れ額は2400×200円であり，売上は3000×200円であるから，利益は

$$3000\times200-2400\times200=600\times200=12\text{ 万円}\quad\cdots\cdots(\text{答})$$

問2．(1) 12月25日における実際の需要量が100個であり，200個注文していたとき，仕入れ額は2400×200円であり，売上は3000×100＋1500×100円であるから，利益は

$$(3000\times100+1500\times100)-2400\times200=(30+15-48)\times10000=-3\text{ 万円}$$

すなわち，3万円の損失である。……(答)

(2) 12月25日における実際の需要量が100個であり，400個注文していたとき，仕入れ額は2200×400円であり，売上は3000×100＋1500×300円であるから，利益は

$$(3000\times100+1500\times300)-2200\times400=(30+45-88)\times10000=-13\text{ 万円}$$

すなわち，13万円の損失である。……(答)

問3．過去の実績，すなわち，過去20年間の販売実績に基づいたとき，

12 月 25 日における実際の需要量が

(1)　200 個である確率は　$\frac{6}{20}=\frac{3}{10}$　……(答)

(2)　400 個である確率は　$\frac{2}{20}=\frac{1}{10}$　……(答)

問 4．(1)　200 個注文したとき，仕入れ額は 2400×200＝48 万円であり，12 月 25 日における需要量に応じて，利益は次の表のようになる。

確率	需要量	販売数量		売　上	利益
		12 月 25 日	12 月 26 日		
$\frac{2}{10}$	100 個	100 個	100 個	3000×100＋1500×100＝45 万	−3 万
$\frac{3}{10}$	200 個	200 個	0 個	3000×200＝60 万	12 万
$\frac{4}{10}$	300 個				
$\frac{1}{10}$	400 個				

これより，利益の期待値は

$$(-3\text{万})\times\frac{2}{10}+12\text{万}\times\left(1-\frac{2}{10}\right)=9\text{万円}\quad\cdots\cdots(\text{答})$$

(2)　(1)において考察したことと同様のことを，注文数が他の代替案の場合についても考えてみる。

• 100 個注文したとき，仕入れ額は 2500×100＝25 万円であり，12 月 25 日における需要量によらず売上は 3000×100＝30 万円であるから，利益は 30 万－25 万＝5 万円となり，利益の期待値は 5 万円である。

• 300 個注文したとき，仕入れ額は 2300×300＝69 万円であり，12 月 25 日における需要量に応じて，利益は次の表のようになる。

確率	需要量	販売数量		売　上	利益
		12 月 25 日	12 月 26 日		
$\frac{2}{10}$	100 個	100 個	200 個	3000×100＋1500×200＝60 万	−9 万
$\frac{3}{10}$	200 個	200 個	100 個	3000×200＋1500×100＝75 万	6 万
$\frac{4}{10}$	300 個	300 個	0 個	3000×300＝90 万	21 万
$\frac{1}{10}$	400 個				

これより，利益の期待値は

$$(-9\text{万})\times\frac{2}{10}+6\text{万}\times\frac{3}{10}+21\text{万}\times\left(\frac{4}{10}+\frac{1}{10}\right)=10.5\text{万円}$$

•400 個注文したとき，仕入れ額は 2200×400＝88 万円であり，12 月 25 日における需要量に応じて，利益は次の表のようになる。

確率	需要量	販売数量		売　　上	利益
		12 月 25 日	12 月 26 日		
$\frac{2}{10}$	100 個	100 個	300 個	3000×100＋1500×300＝75 万	−13 万
$\frac{3}{10}$	200 個	200 個	200 個	3000×200＋1500×200＝90 万	2 万
$\frac{4}{10}$	300 個	300 個	100 個	3000×300＋1500×100＝105 万	17 万
$\frac{1}{10}$	400 個	400 個	0 個	3000×400＝120 万	32 万

これより，利益の期待値は

$$(-13\text{万})\times\frac{2}{10}+2\text{万}\times\frac{3}{10}+17\text{万}\times\frac{4}{10}+32\text{万}\times\frac{1}{10}=8\text{万円}$$

以上より，すべての代替案のうち，利益の期待値が最大となるのは，注文数を 300 個とする案（このとき，利益の期待値は 10.5 万円）である。

……(答)

問 5．需要量が事前にわかっているもとで考える。このとき，確率的に決まる需要量と同じだけの注文をすることで利益を最大化できる。
需要量と利益は，確率的に次の表のようになる。

確率	需要量	利　　益
$\frac{2}{10}$	100 個	3000×100−2500×100＝5 万
$\frac{3}{10}$	200 個	3000×200−2400×200＝12 万
$\frac{4}{10}$	300 個	3000×300−2300×300＝21 万
$\frac{1}{10}$	400 個	3000×400−2200×400＝32 万

このとき，利益の期待値は

$$5\text{万}\times\frac{2}{10}+12\text{万}\times\frac{3}{10}+21\text{万}\times\frac{4}{10}+32\text{万}\times\frac{1}{10}=16.2\text{万円}$$

したがって，事前に需要量がわかっているもとでの利益の期待値と，問 4 ⑵で得られる利益の期待値 10.5 万円との差額である完全情報の期待価値（EVPI）は

16.2 万－10.5 万＝5.7 万円　……(答)

◀解　説▶

≪需要量が確率的に決まる場合の利益の期待値≫

問題文にも記載されている通り，売り場の責任者になったつもりで文章を読んでいこう。そうすることで，利益を最大化したいという本問の意図が理解しやすくなる。12 月 25 日に売れ残ったケーキは正常売価（3000 円）の半額（1500 円）ですべて翌日（26 日）に売れるという設定であることを読み落とさないように注意しよう。

問 1・問 2．様々なケースに対して，利益や損失がどうなるのかを具体的な値で確認しようという問題である。丁寧に処理し，問題の状況を徐々に把握していこう。

問 3．過去 20 年間の需要量について，販売数量が需要量を表すと考えて頻度確率として答えればよい。たとえば⑴では，需要量が 200 個の年が過去 20 年間のうち 6 回あったので，$\frac{6}{20}=\frac{3}{10}$ の確率で，実際の需要量が 200 個になるという考え方である。

問 4．「期待値」の説明・定義が書かれているので，その定義にしたがって利益の期待値を計算していけばよい。見通しよく丁寧に処理するためにも，〔解答〕のような表を作成して計算するとよいであろう。

問 5．「需要量が事前にわかっている」もとでの場合とそうでない場合を比較して，「需要量が事前にわかっている」ことの情報の持つ価値（期待価値，EVPI）を計算しようという問題である。「需要量が事前にわかっている」場合に利益を最大化するためには，需要量と同じ個数だけ注文すればよいことは常識的にも判断できるであろう。それより少ない注文数にしてしまうと，利益をみすみす取り損ねることになるし，多い注文数だと翌 12 月 26 日に仕入単価より安い価格（半額）で売り払ってしまわなければならなくなるからである。そのもとで，期待値を計算し，問 4⑵で求めた期待値との差額を出せばよいわけである。

■一般入試（学科別）

問題編

▶試験科目・配点

学部	教　科	科　　　目	配　点
法	外国語	「コミュニケーション英語Ⅰ・Ⅱ・Ⅲ，英語表現Ⅰ・Ⅱ」，ドイツ語，フランス語のうちから１科目選択	150 点
	地歴・数学	日本史Ｂ，世界史Ｂ，「数学Ⅰ・Ⅱ・Ａ・Ｂ」のうちから１科目選択	100 点
	国　語	国語総合・現代文Ｂ・古典Ｂ（古文・漢文）	100 点
経済（経済）	外国語	「コミュニケーション英語Ⅰ・Ⅱ・Ⅲ，英語表現Ⅰ・Ⅱ」，ドイツ語，フランス語のうちから１科目選択	150 点
	数　学	数学Ⅰ・Ⅱ・Ａ・Ｂ	100 点
	国　語	国語総合（近代以降の文章を範囲とする）・現代文Ｂ	100 点
経済（経営）	外国語	「コミュニケーション英語Ⅰ・Ⅱ・Ⅲ，英語表現Ⅰ・Ⅱ」，ドイツ語，フランス語のうちから１科目選択	150 点
	地歴・数学	日本史Ｂ，世界史Ｂ，「数学Ⅰ・Ⅱ・Ａ・Ｂ」のうちから１科目選択	100 点
	国　語	国語総合（近代以降の文章を範囲とする）・現代文Ｂ	100 点

▶備　考

- 経済（経済）学部の数学と経済（経営）学部の英語・数学のみ掲載。
- 「数学Ｂ」は「数列・ベクトル」から出題する。

英語

◀経済学部 経営学科▶

（90分）

1　次の会話文を読んで，下線部(1)〜(10)の空所に対して，最も適切なものを(a)〜(d)の中からそれぞれ一つずつ選びなさい。

When Mr. Standart's secretary looked up at me, I said, "My name is Ben Carson. I'm a student from Yale, and I'd like to see Mr. Standart for just a minute...."

"I'll see if he is free." She went into his office, and a minute later Mr. Standart himself came out. He smiled, and his eyes met mine as he held out his hand. "Nice of you to come by and see me," he said. "(1)________"

As soon as we finished the formalities, I said, "Mr. Standart I need a job. I'm having a terrible time trying to find work. (2)________ for two weeks, and (3)________"

"(4)________ Did you try personnel here?"

"No jobs here either," I said.

"(5)________" Mr. Standart picked up the phone and punched a couple of numbers, while I looked around his mammoth office. It was exactly like the fabulous sets of executive suites I'd seen on television.

I didn't hear the name of the person he talked to, but (6)________ "(7)________ His name is Ben Carson. Find a job for him."

Just that. Not given as (8)________ but as a simple directive from the kind of man who had the authority to issue that kind of order.

After thanking Mr. Standart I went back to the personnel office. This time the director of the personnel himself talked to me. "(9)________, but we can put you in the mail room."

"(10)________ I just need a job for the rest of the summer."

Adapted from Carson, Ben and Cecil Murphey. *Gifted Hands: The Ben Carson Story*. Zondervan, 1996.

(1) (a) How are things going for you at Yale?
(b) I don't see why you're here.
(c) I'm very grateful to you.
(d) Seems like you're enjoying your student life, aren't you?

(2) (a) I've been thinking about it
(b) I've been watching TV
(c) I've been out every day
(d) I've been visiting libraries

(3) (a) I can't find a thing.
(b) I don't know who to ask.
(c) I don't see anyone.
(d) I have no clue.

(4) (a) Is that right?
(b) You look so depressed.
(c) I have nothing to offer.
(d) You overlooked something.

(5) (a) You'd better talk to another department's secretary.
(b) There is nothing that can be done about that.
(c) We'll just have to see what we can do.
(d) Please feel free to ask me anything.

(6) (a) I could tell from his tone of voice.
(b) I was wildly guessing.
(c) I was worried too much.
(d) I heard the rest of his words.

(7) (a) I have a good friend of mine here.
(b) I'm sending a young man down to your office.
(c) I haven't seen you for a while but I have a favor.
(d) I don't know him personally.

(8) (a) a reward
(b) a harsh command
(c) a metaphor
(d) an easy-to-understand phrase

(9) (a) I was looking for somebody else
(b) I was expecting to see you again
(c) Chances are very slim
(d) We have enough people

(10) (a) Anything.
(b) No thank you.
(c) Would you reconsider?
(d) I'm not surprised.

2 次の文章を読んで，⑾～⒇の中に入る最も適切な語を(a)～(j)の中から一つ選びなさい。ただし，同じ選択肢は二回使ってはならない。

Job fairs were held across Japan on Thursday, (11) off the job-hunting season for students (12) from university next spring.

The months long recruitment process can make or break careers. Lifetime employment is still common in Japan, especially compared to Western countries.

This year, students are likely to benefit from firms' eagerness to hire amid a (13) nationwide labor shortage.

The country's largest business lobby has embargoed interviews for new hires until June and actual (14) until October, to ensure fairness and to give students time to prepare. Smaller firms and foreign companies that are not members of the Japan Business Federation, known as the Keidanren, are not subject to the embargo and can hire freely.

Students in black suits piled into a job fair (15) held through Friday at the Makuhari Messe convention center in the city of Chiba. The event—organized by Recruit Career Co., which runs the job-hunting website Rikunabi—is one of the largest of its kind in Japan, (16) more than 600 firms (17) Hitachi Ltd. and Japan Airlines Co.

Job fairs, typically held in the nation's largest cities, are also seeking to reach a wider audience. Rival website Mynavi livestreamed parts of its Tokyo job fair, (18) students elsewhere in the country and abroad to tune in.

"The trend continues to be one of companies being short on workers and having difficulty recruiting," said Takao Yoshimoto, editor-in-chief of Mynavi. "Companies are rushing to secure talent before their competitors, such as by (19) interviews right as the embargo lifts."

Despite the favorable conditions, employment-seeking students were careful not to be overly optimistic.

Keitoku Doi, a 21-year-old university student who was attending another job fair in Osaka, said: "They say it's a seller's market, but I'm still worried so I'll begin (20) early."

In 2015, the Keidanren changed the embargo on job interviews from August to June, giving students less time to research the companies to which they plan to apply and instead allowing them more time to focus on their studies.

Adapted from Kyodo. " 'Make or break' job-hunting season begins for university students in Japan." *The Japan Times.* (Kyodo) Web. 1 Mar. 2018.

(a) allowing　(b) beginning　(c) being　(d) deepening
(e) featuring　(f) graduating　(g) hiring　(h) including
(i) kicking　(j) preparing

3 次の文章を読んで，(21)～(30)の設問に最適な答えを(a)～(d)から一つ選びなさい。

The notion of the poor as too lazy or morally deficient to deserve assistance seems to be everlasting. Public policies limit poor people to substandard services and incomes below the subsistence level, and Congress and state legislatures are tightening up even on these miserly allocations(22)—holding those in the "underclass" responsible for their own sorry state. Indeed, labeling the poor as undeserving has lately become politically useful as a justification for the effort to eliminate much of the antipoverty safety net and permit tax cuts for the affluent people who do most of the voting.

(23) offers mainstream society a convenient avoidance of its own responsibility. Blaming poor men and women for not working, for example, takes the onus(24) off both private enterprise and government for failing to supply employment. It is easier to <u>charge</u>(25) poor unmarried mothers with lacking family values than to make sure that there are jobs for them and for the young men who are not marriageable because they are unable to support families. Indeed, the poor make excellent scapegoats for a range of social problems, such as street crime and drug and alcohol addiction. Never mind the reversal of cause and effect that underlies this point of view—for centuries crime, alcoholism, and single motherhood have risen whenever there has not been enough work and income to go around.

The undeserving underclass is also a useful notion for employers as the economy appears to be entering a period of long-term stagnation. Jobs are disappearing—some displaced by labor-saving technologies, others exported to newly industrializing, low-wage countries, others lost as companies "downsize" to face tougher global competition. Indeed, the true rate of unemployment—which includes involuntary part-time workers and long-term "discouraged" workers who have dropped out of the job market altogether—has remained in double digits for more than a generation and no longer seems to drop during times of economic strength. Labeling poor people as lacking the needed work ethic is a politically simple way of shedding them from a labor market that will most likely never need them again.

The most efficient solution to poverty is not welfare but full employment. In the short run, therefore, today's war against the poor should be replaced with efforts to create jobs for <u>now-surplus</u>(27) workers. New Deal-style programs of large-scale governmental employment, for example, can jump-start a slow economy. Besides being the fastest way to put people to work, a public-works program can improve the country's infrastructure, including highways, buildings, parks, and computer databases.

In addition, private enterprise and government should aim to stimulate the most promising <u>labor-intensive</u>(28) economic activities and stop encouraging new technology that will further destroy jobs—reviving, for example, the practice of making cars and appliances partly by hand. A parallel policy would tax companies for their use of labor-saving technology; the revenues from this tax would pay for alternative jobs for people in occupations that technology renders obsolete. (29) This idea makes good business as well as social sense: Human workers are needed as customers for the goods that machines now produce.

To distribute the jobs that do exist among more people, employers could shorten the work day, week, or year. Several large manufacturing companies in Western Europe already use worksharing to create a thirty-five-hour week. U.S. joblessness may require reducing the work week to thirty hours.

Adapted from Gans, Herbert. "Fitting the Poor into the Economy." *America Now: Short Readings from Recent Periodicals*, edited by Robert Atwan, Bedford/St. Martin's, 1997, pp. 89-90.

(21) The first paragraph implies that ______.

(a) poor people understand the welfare system

(b) poor people's income level has changed over time

(c) poor people should be responsible for themselves

(d) poor people are eager to participate in the political process

(22) The word allocations (22) in this sentence refers to ______.

(a) money

(b) goods

(c) spaces

(d) place

(23) Select the phrase that best fits in the blank in (23).

(a) Such misplaced blame

(b) Such honest opinion

(c) Such a confusing situation

(d) Such generous ideas

(24) The word closest in meaning to onus(24) is ____________.

(a) eyes

(b) stance

(c) responsibility

(d) earnings

(25) What does charge(25) mean in this sentence?

(a) energize

(b) accuse

(c) permit

(d) involve

(26) According to the author, ____________.

(a) technological innovation has little to do with unemployment

(b) lowering income has little to do with unemployment

(c) volunteer workers have a lot to do with unemployment

(d) global competition has a lot to do with unemployment

(27) What does now-surplus(27) mean in this sentence?

(a) The currently rich.

(b) The currently poor.

(c) The currently employed.

(d) The currently unemployed.

(28) The labor-intensive (28) in this sentence refers to ____________.

(a) manual work

(b) creative work

(c) technological work

(d) additional work

(29) This idea makes good business as well as social sense (29) because ____________.

(a) it helps the poor become apolitical

(b) it helps the rich become apolitical

(c) it helps both new and old technologies

(d) it helps both producers and consumers

(30) The article suggests that ____________.

(a) the poor should help themselves

(b) the government should cut welfare tax

(c) the society should focus on job creation

(d) the high-tech companies should be taxed

4 次の文章を読んで，(31)〜(40)の問いに対する最適な答えを(a)〜(d)の中から１つ選びなさい。

The applause at the end of my talk had barely quieted down when the woman from the third row approached me. I had been speaking to faculty in a university English department in the southern United States, and I had noticed this woman even before I began the talk. She had settled into a seat in the front of the room and (32)________ through my handout; full of numbers, statistics, and figures. A look of horror had settled on her face. "Oh no" I thought, "this is going to be a disaster."

I was speaking about a research study that used a corpus linguistics approach. This approach involves using computers to analyse large collections of spoken or written texts. The strength of using a large corpus is that we can see what language choices typically occur in certain contexts when we consider many different writers or speakers. Concerning academic writing, for example, I have heard some teachers claim that first person pronouns (I, we) are not appropriate in the sciences and passive voice should be used, and they have many selected examples to prove their point. However, corpus-based studies can show us that scientific articles do sometimes use first person pronouns.

To find the patterns over many texts, corpus linguists use quantitative analysis such as counts or statistics comparing the frequencies of different grammatical structures or different words. The language choices are then described fully by looking at how the grammar and vocabulary are used in the texts. The ultimate goal, describing how language is used, is helpful for any language teacher, but I knew many people who had a block against numbers and statistics. After all, they had gone into language because they hated math! They took one look at corpus studies and saw numbers, tables, figures, statistics, computers, and they decided corpus linguistics was too foreign, too mathematical, just too complicated for them.

The specific study I was presenting showed how language varies across different types of academic writing. For example, it compared textbooks and research articles and it compared students' papers in university history and biology courses (two common choices for fulfilling general education requirements in US universities). The study was clearly applicable to faculty in this English department, which offered writing courses for all students at the University. But with many faculty trained in literature, creative writing, and rhetoric, I had suspected this audience was likely to be a tough one, and that look of confusion and horror over my handout convinced me I was right.

The woman from the third row made it to the podium(39), and I winced inwardly, reminding myself to be sympathetic. Then a big smile broke out on her face. "I just have to tell you—I understand this! I looked at this handout at the beginning and saw all those numbers with charts and thought, 'There is no way I can make sense of this,' but you explained it and I understood! I can understand this! And it's really interesting!"

Adapted from Conrad, Susan. "Corpus-based research is too complicated to be useful for writing teachers." *Writing Myths: Applying Second Language Research to Classroom Teaching*, edited by Joy Reid, The University of Michigan Press, 2008, pp. 115-116.

(31) What did the woman from the third row feel about the handout in the beginning?

(a) It was full of numbers.

(b) It was about mathematics.

(c) It was easy to read.

(d) It was terrifying.

(32) Which word best fits in (32) ________________?

(a) whipped

(b) flipped

(c) slipped

(d) ripped

(33) Which of these is a strength of using a large corpus?

(a) It uses computers.

(b) It examines speaking.

(c) It analyses language in context.

(d) It corrects grammar errors.

(34) What does the writer mention about the use of first-person pronouns in scientific writing?

(a) They are used but should never be in the sciences.

(b) They are used but are not appropriate.

(c) They are used but should be replaced by the passive voice.

(d) They are used but not often.

(35) What does corpus research NOT analyse?

(a) Numbers

(b) Words

(c) Computers

(d) Statistics

(36) What is NOT one of the reasons that language teachers hate math?

(a) Too statistical

(b) Too alien

(c) Too confusing

(d) Too critical

(37) The study the writer was presenting was mainly researching different ______________.

(a) types of textbooks

(b) types of articles

(c) types of student writing

(d) types of academic writing

(38) The study was applicable to this English department because the faculty taught academic writing to ______________.

(a) literature students

(b) all students

(c) history students

(d) biology students

(39) What word could replace podium(39)?

(a) chair

(b) table

(c) stand

(d) hall

(40) What can you infer from the final paragraph about the woman from the third row?

(a) She was angry and wanted to tell the presenter.

(b) She was impressed and wanted to thank the presenter.

(c) She was confused and wanted to ask the presenter a question.

(d) She was understanding and wanted to help the presenter.

5 次の文章を読んで，(41)〜(50)の設問に最適な答えを(a)〜(d)から一つ選びなさい。

In the <u>hierarchy</u>(41) of human needs, good health is right at the top. There's a reason we say, "to your health," whenever we clink glasses.

In the complicated world of politics, therefore, with numerous (42)＿＿＿＿ issues coming at us 24 hours a day, it's not surprising that concerns clearly relevant to our health and that of our families regularly rise to the top of our society's priority list. The effect of plastic on our health should be at the top of that list today.

As Bruce Lourie and I explain in our book *Slow Death by Rubber Duck*, once an issue transforms into a human health concern, it becomes far more likely to be taken up by our elected leaders, noticed by the general public and consequently solved.

The smoking debate followed this path. Once the focus became the damaging effects of second-hand smoke, i.e., it's not just the health of smokers at risk but the health of all those around them, (44)<u>the momentum for change became impossible for even the most defiant cigarette companies to resist</u>.

What we are witnessing now is the genesis of another human health problem that I believe has the potential to dominate public debate over the next decade: the discovery that tiny plastic particles are <u>permeating</u>(45) every human on earth.

Plastic, it turns out, never really disappears. In response to time and sunlight, or the action of waves, it just gets mushed into smaller and smaller bits. These microscopic particles then enter the food chain, air and soil. In the past couple of years, scientists have started to find these particles in an astonishing range of products including table salt and honey, bottled and tap water, shellfish and … beer. In one recent study, 83 per cent of tap water in seven countries was found to contain plastic micro-fibres.

When the snow melts in Canada to reveal a winter's worth of Tim Hortons' cups and lids, every person in this country notices the plastic litter that surrounds us. Many of us know of the vast and accumulating patches of garbage in the ocean. I hear shoppers in the produce aisles of my local grocery store grumbling at the increasing size of the plastic that encases the organic arugula.

None of this, really, matters much. Do I care that sea turtles are choking to death on the plastic grocery bags I use every day? (47)________. But certainly not enough to inconvenience myself.

But if it turns out that my two boys have a dramatically increased chance of contracting prostate cancer because of all the plastic particles that are implanted in their growing bodies, now you've got my attention. Make it stop, please.

Forget recycling. We can't recycle ourselves out of this problem. The issue is our society's addiction to plastic itself. Those plastic micro-fibres I mentioned? Scientists are now saying that one of the primary sources in our drinking water is the lint that comes off the synthetic fabric of our clothing. It's not just the plastic we're throwing away that's the problem; it's the plastic items we surround ourselves with every day.

The new science on plastic micro-particles is stunning and I'm guessing only the tip of a toxic iceberg.(50)

Adapted from Smith, Rick. "We must kill plastic to save ourselves." *The Globe and Mail.* Web. 21 Apr. 2018.

(41) The word hierarchy(41) in this sentence most likely means ________________.

(a) a method of controlling alcohol consumption in human beings
(b) a system in which things are arranged by their importance
(c) a formula for determining different levels of success for humans
(d) a state of disorder resulting from human greed rather than need

(42) Based on the context in paragraph 2, select the word that best fits in (42)________________.

(a) competing
(b) agreeable
(c) interrupting
(d) purposeful

(43) In paragraph 3, the author suggests that solutions to important issues become possible when these issues ________________.

(a) alter the lives of influential politicians in a direct manner
(b) change public perception through the input of local doctors
(c) are presented as affecting humanity in an unfavorable way
(d) are discussed in books such as *Slow Death by Rubber Duck*

(44) Based on the context in paragraph 4, the probable meaning of the underlined sentence (44) is that cigarette companies ____________.

(a) successfully opposed the movement

(b) eventually had to give in to change

(c) effectively maintained the status quo

(d) aggressively supported this reform

(45) In paragraph 5, the word permeating (45) most likely means ____________.

(a) punishing

(b) entering

(c) controlling

(d) frustrating

(46) In paragraph 6, which of the following is NOT true?

(a) These particles were discovered in only a limited number of products.

(b) Despite lengthy exposure to water, plastics do not mineralize or go away.

(c) In some countries most of the tap water was polluted with these particles.

(d) Plastic particles can be so minute that they are invisible to the naked eye.

(47) Based on the content in paragraphs 7 and 8, select the answer that is most suitable for (47) ____________.

(a) Never

(b) Sort of

(c) Not really

(d) Rather

(48) In paragraphs 7 to 9, the author seems to suggest that, due to inconvenience, people tend to avoid taking action on the plastics issue, except in the case where ____________.

(a) the plastic litter (trash) is revealed after the snow melts
(b) research confirms that organic foods will be unsafe to eat
(c) evidence shows that it will seriously impact loved ones
(d) the plastic in the ocean becomes too enormous to ignore

(49) In paragraph 10, what, according to the author, is the solution to this enormous problem?

(a) We should invest more funds in developing better recycling technology.
(b) We must prohibit clothing manufacturers from using synthetic materials.
(c) We should create storage units for the proper disposal of plastic goods.
(d) We must ultimately put an end to the production and use of plastic.

(50) What does the author mean by the phrase only the tip of a toxic iceberg (50) in the context of this sentence?

(a) That the solution to this issue is unreachable due to its height.
(b) That this new science on micro-particles is rather impressive.
(c) That this information is a minute part of a destructive whole.
(d) That tips of icebergs provide clues to containing this problem.

6　次の会話文を読んで，(51)～(60)の問いに対する答えとして，最も適切なものを(a)～(d)の中からそれぞれ一つずつ選びなさい。

著作権の都合上，省略。

著作権の都合上，省略。

Adapted from Kushner, Larry and Eileen Kushner. "You came home and you brought singles, five dollar bills, and coins, and we started playing McDonald's." *StoryCorps.* Web. 16 Sept. 2016.

(51) What does Larry mean by it got pretty tough (51)?

(a) They could only afford stale food.

(b) They barely had enough food.

(c) She was not a good cook.

(d) The children had to fight for food.

(52) What was Carl's job at the McDonald's?

(a) The manager.

(b) The conductor.

(c) The examiner.

(d) The advertiser.

(53) What was Eileen's next responsibility?

(a) Cooking Big Macs.

(b) Being a cashier.

(c) Cleaning the counter.

(d) Buying the ingredients.

(54) What does Eileen mean by I thought I was going to die (54)?

(a) She was seriously ill.

(b) She was overjoyed.

(c) She was thrilled.

(d) She was scared.

(55) They played "McDonald's" because ________________.

(a) The children loved it.

(b) Eileen missed working at the McDonald's.

(c) They needed to have some fun.

(d) Larry wanted to help Eileen learn how to do math.

(56) Choose the most appropriate word for $\underset{(56)}{\underline{\hspace{6em}}}$.

(a) customer

(b) cashier

(c) child

(d) celebrity

(57) What does $\underset{(57)}{\underline{\text{it}}}$ mean?

(a) How to play McDonald's well.

(b) How to do addition.

(c) How to pack food in boxes.

(d) How to support each other.

(58) What does Larry mean by $\underset{(58)}{\underline{\text{You took the ball and ran with it}}}$?

(a) You became a good rugby player.

(b) You did the rest by yourself.

(c) You broke many rules.

(d) You surprised me with your progress.

(59) What did Eileen probably use to think of herself?

(a) That she was not strong.

(b) That she was not rich.

(c) That she was not pretty.

(d) That she was not smart.

(60) What does Eileen mean by $\underset{(60)}{\underline{\text{we made it}}}$?

(a) That they invented the lightbulb.

(b) That they created the problem.

(c) That they learned a business lesson.

(d) That they survived the difficult time.

7　次の文章を読んで，下線部(61)～(70)の設問に最適な答えを(a)～(d)から一つ選びなさい。

著作権の都合上，省略。

著作権の都合上，省略。

Adapted from Nadworny, Elissa. “A Dystopian High School Musical Foresaw The College Admissions Scandal.” npr. Web. 12 Apr. 2019.

(61) Choose the most appropriate word for ___(61)___.

(a) immense

(b) immediate

(c) unique

(d) strict

(62) Choose the most appropriate word for ___(62)___.

(a) fictional

(b) realistic

(c) abnormal

(d) incredible

(63) What are the Granite Bay students stressed about?

(a) Their grades.

(b) Their financial situation.

(c) Their looks.

(d) Their popularity.

(64) What does pay their dues (64) mean?

(a) Make up for their mistakes.

(b) Pay for their education.

(c) Make an effort.

(d) Earn their own money.

(65) What does You've got daddy's checkbooks (65) mean?

(a) You stole your father's checkbooks.

(b) Your father is always watching over you.

(c) Your father loves you so much.

(d) You can buy whatever you want.

(66) Choose the most appropriate word for (66)__________.

(a) lost

(b) stolen

(c) discovered

(d) strengthened

(67) Choose the most appropriate phrase for (67)__________.

(a) who they really are

(b) who they wish to be

(c) who they used to be

(d) who they cannot be

(68) What does Ryan was playing the game (68) say about Ryan?

(a) He was just having fun.

(b) He was doing what was expected.

(c) He was being selfish.

(d) He was trying to be someone else.

(69) Choose the most appropriate word for (69)__________.

(a) comfortable

(b) comparative

(c) considerate

(d) competitive

(70) Choose the most appropriate word for (70)__________.

(a) pessimistic

(b) hopeful

(c) afraid

(d) enthusiastic

8 次の文章を読んで，(71)〜(75)の問いに対する最適な答えを(a)〜(d)の中から１つ選びなさい。

Even people who know nothing about the "critical period" language research are certain that, in school programs for second or foreign language teaching, "younger is better." However, both experience and research show that older learners can attain high, if not "native," levels of proficiency in the second language. Furthermore, it is essential to think carefully about the goals of an instructional program and the context in which it occurs before we (71)________ about the necessity—or even the desirability—of the earliest possible start.

The role of the critical period in second language acquisition is still much debated. For every researcher who holds that there are (72)________ on language acquisition, there is another who considers that the age factor cannot be separated from factors such as motivation, social identity, and the conditions for learning. Researchers argue that older learners may well speak with an accent because they want to continue being identified with their first language cultural group, and adults rarely get access to the same quantity and quality of language input that children receive in play settings.

Many people conclude on the basis of studies that it is better to begin second language instruction as early as possible. Yet it is very important to (74)<u>bear in mind</u> the context of the studies. They deal with the highest possible level of second language skills, the level at which a second language speaker is indistinguishable from a native speaker. But achieving native-like mastery of the second language is not a goal for all second language learning, in all contexts.

When the objective of second language learning is native-like mastery of the target language, it is usually desirable for the learner to be completely surrounded by the language as early as possible. However, early intensive exposure to the second language may cause the loss or incomplete development of the child's first language.

When the goal is basic communicative ability for all students in the school setting, and when it is assumed that the child's native language will remain the primary language, it may be more efficient to begin second or foreign language teaching later.

Adapted from Lightbown, Patsy M. and Nina Spada. *How Languages Are Learned.* Oxford University Press, 2002, pp. 67-68.

(71) Which phrase best fits the blank (71) ______?

(a) run a mile
(b) jump to conclusions
(c) break the ice
(d) spill the beans

(72) Which word best fits the blank (72) ______?

(a) conferences
(b) contents
(c) conflicts
(d) constraints

(73) What is one reason NOT given that explains why older second language learners may speak with an accent?

(a) They don't have the same amount of input as children do.
(b) They don't receive input that is as good as children.
(c) They don't want to lose their first language identity.
(d) They don't get to play as much as children.

(74) What does bear in mind (74) mean?

(a) research

(b) consider

(c) teach

(d) deliver

(75) Why is native-like mastery of the second language not a goal for all learners?

(a) Because it will damage the acquisition of the first language.

(b) Because the educational system does not have the know-how for it.

(c) Because the age factor cannot be separated from motivation.

(d) Because the role of the critical period is controversial.

数学

マークによる数値解答欄についての注意

解答欄の各位の該当する数値の欄にマークせよ。その際，はじめの位の数が0のときも，必ずマークすること。

符号欄がもうけられている場合には，解答が負数の場合のみ − にマークせよ。（0または正数の場合は，符号欄にマークしない。）

分数は，既約分数で表し，分母は必ず正とする。また，整数を分数のかたちに表すときは，分母を1とする。根号の内は，正の整数であって，2以上の整数の平方でわりきれないものとする。

解答が所定欄で表すことができない場合，あるいは二つ以上の答が得られる場合には，各位の欄とも Z にマークせよ。（符号欄がもうけられている場合，− にはマークしない。）

〔解答記入例〕 ア に7， イ に −26 をマークする場合。

	符号	10 の 位											1 の 位										
		0	1	2	3	4	5	6	7	8	9	Z	0	1	2	3	4	5	6	7	8	9	Z
ア	○	●	○	○	○	○	○	○	○	○	○	○	○	○	○	○	○	○	○	●	○	○	○
イ	●	○	○	●	○	○	○	○	○	○	○	○	○	○	○	○	○	○	●	○	○	○	○

〔解答表示例〕

$-\frac{3}{2}$ を，$\frac{\square}{\square}$ にあてはめる場合 $\frac{\boxed{-3}}{\boxed{2}}$ とする。

0を，$\frac{\square}{\square}$ にあてはめる場合 $\frac{\boxed{0}}{\boxed{1}}$ とする。

$-\frac{\sqrt{3}}{2}$ を，$\frac{\square}{\square}\sqrt{\square}$ にあてはめる場合 $\frac{\boxed{-1}}{\boxed{2}}\sqrt{\boxed{3}}$ とする。

$-x^2+x$ を，$\square\, x^2+\square\, x+\square$ にあてはめる場合

$\boxed{-1}\, x^2+\boxed{1}\, x+\boxed{0}$ とする。

◀経済学部 経済学科▶

（60分）

1

(1) $73x + 61y = 1$ を満たす整数 x, y の組のうち，y が正で最も小さいものは

$$x = \boxed{\text{ア}},\ y = \boxed{\text{イ}}$$

であり，x が正で最も小さいものは

$$x = \boxed{\text{ウ}},\ y = \boxed{\text{エ}}$$

である。

(2) 実数 a, b が $0 < a < b < \dfrac{1}{a} < b^2$ を満たすとき，［あ］～［え］に選択肢 (a)～(d) の中から正しいものを選んでマークせよ。

(i) $x = \log_a b,\ y = \log_a b^2$ のとき，［あ］。

(ii) $x = \log_a ab,\ y = 0$ のとき，［い］。

(iii) $x = \log_a b^2,\ y = \log_{\frac{1}{a}} b$ のとき，［う］。

(iv) $x = \log_b \dfrac{b}{a},\ y = \log_a \dfrac{a}{b}$ のとき，［え］。

［あ］～［え］の選択肢：

(a) $x < y$ が必ず成り立つ
(b) $x > y$ が必ず成り立つ
(c) $x = y$ が必ず成り立つ
(d) $x < y$ が成り立つことも $x > y$ が成り立つこともあり得る

2 次の立方体の展開図を組み立てる。立方体の一辺の長さは 6 であり，点 P は辺 BH を 2 : 1 に内分する点，点 Q は辺 LM を 2 : 1 に内分する点である。

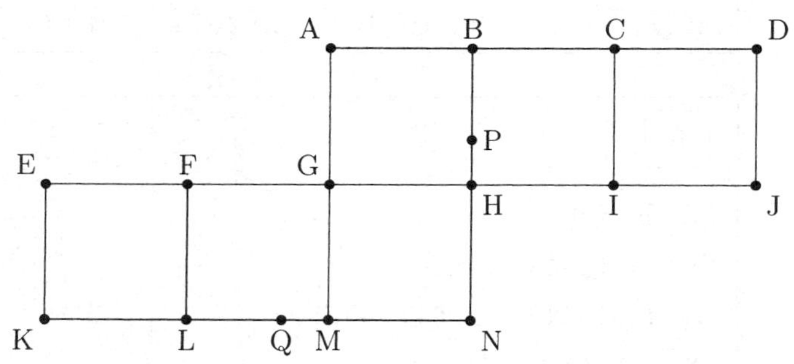

(1) この展開図を組み立てたとき，点 B と一致する点は［お］であり，点 D と一致する点は［か］である。

(2) 立方体の表面を通る P から Q への経路の長さの最小値は［き］である。

(3) 3 点 A, L, P を通る平面を α とする。立方体を平面 α で切断するとき，その断面は［く］であり，断面の面積は［オ］$\sqrt{［カ］}$ である。

(4) 3 点 A, P, Q を通る平面を β とする。立方体を平面 β で切断するとき，その断面は［け］であり，断面の周の長さは

$$［キ］\sqrt{［ク］}+［ケ］\sqrt{［コ］}$$

である。ただし，［ク］ < ［コ］とする。

［お］，［か］の選択肢：

(a) A　(c) C　(e) E　(f) F　(g) G
(h) H　(i) I　(j) J　(k) K　(ℓ) L　(m) M　(n) N

き の選択肢：

(a) 6　(b) 8　(c) 12　(d) 16　(e) 20
(f) $8\sqrt{2}$　(g) $4\sqrt{10}$　(h) $4\sqrt{13}$　(i) $2\sqrt{34}$　(j) $4+6\sqrt{2}$

く，け の選択肢：

(a) 正三角形
(b) 直角二等辺三角形
(c) (a)(b) 以外の二等辺三角形
(d) (b) 以外の直角三角形
(e) (a)(b)(c)(d) 以外の三角形
(f) 正方形
(g) (f) 以外の長方形
(h) (f)(g) 以外の平行四辺形
(i) (f)(g)(h) 以外の四角形
(j) 五角形
(k) 六角形

3　関数 $f(x)=x^2-4x+2$ を考える。

実数 t に対し，$t \leqq x \leqq t+3$ の範囲における $f(x)$ の最小値を $g(t)$ とすると，

$$g(t)=\begin{cases} \boxed{\text{こ}} & (t \leqq \boxed{\text{サ}} \text{ のとき}) \\ \boxed{\text{さ}} & (\boxed{\text{サ}} \leqq t \leqq \boxed{\text{シ}} \text{ のとき}) \\ \boxed{\text{し}} & (\boxed{\text{シ}} \leqq t \text{ のとき}) \end{cases}$$

である。

また，正の実数 s に対し，

$$G(s)=3\int_s^{s+1} g(t)dt$$

とするとき，

$$G(s)=\begin{cases} \boxed{\text{す}} & (0<s \leqq \boxed{\text{ス}} \text{ のとき}) \\ \boxed{\text{せ}} & (\boxed{\text{ス}} \leqq s \leqq \boxed{\text{セ}} \text{ のとき}) \\ \boxed{\text{そ}} & (\boxed{\text{セ}} \leqq s \text{ のとき}) \end{cases}$$

である。

$\boxed{\text{こ}}$ 〜 $\boxed{\text{し}}$ の選択肢：

(a) -2　(b) 0　(c) 2　(d) 3
(e) $t-2$　(f) t　(g) $t+2$　(h) $t+3$
(i) $t^2-10t+23$　(j) t^2-6t+7　(k) t^2-4t+2
(ℓ) t^2-2t-1　(m) t^2-2　(n) t^2+2t-1
(o) t^2+4t+2　(p) t^2+6t+7

| す | ～ | そ | の選択肢：

(a) -6　(b) 0　(c) 3　(d) 6

(e) s　(f) $s+1$　(g) $3s$　(h) $3s+3$

(i) s^2+2s-1　(j) s^2-4s+2　(k) s^2-6s+6

(ℓ) $3s^2-9s+1$　(m) $3s^2-3s+1$　(n) $3s^2+3s+1$

(o) s^3-3s^2-3s+5　(p) s^3-3s^2+3s-7

◀経済学部 経営学科▶

(60 分)

1 (1) 3×3 のマス目に 1 つずつ石を置いていく。このとき，石を置くマス目は，まだ石が置かれていないマス目の中から等確率で選ぶものとする。縦・横・斜めのいずれかに石が 3 つ並んだ時点で，石を置くのを終了する。

(i) 石を 3 つ置いた時点で終了する確率は $\dfrac{\boxed{ア}}{\boxed{イ}}$ である。

(ii) 石を 4 つ置いた時点で終了する確率は $\dfrac{\boxed{ウ}}{\boxed{エ}}$ である。

(2) 空間内の図形の位置関係について，$\boxed{あ}$ ～ $\boxed{え}$ に選択肢 (a) ～ (d) の中から正しいものを選んでマークせよ。

(i) 平面 α と α 上の点 P に対し，P を通り α 上のすべての直線と垂直な直線は $\boxed{あ}$ 。

(ii) 平面 α と α 上の直線 ℓ，および ℓ 上の点 P に対し，P を通り ℓ と直交するが α と直交しない直線は $\boxed{い}$ 。

(iii) 異なる 2 平面 α, β が交わるとき，α, β の両方に垂直な直線は $\boxed{う}$ 。

(iv) 2 直線 ℓ, m がねじれの位置にあるとき，ℓ, m の両方と直交する直線は $\boxed{え}$ 。

あ ～ え の選択肢：

(a) 存在しない
(b) ただ1つ存在する
(c) 2つ以上の有限個存在する
(d) 無数に存在する

2 座標平面のベクトルの集合 V に対して, 次の命題 (p), (q) を考える。

(p) $\overrightarrow{u} \in V$ かつ $\overrightarrow{v} \in V$ ならば, $\overrightarrow{u} + \overrightarrow{v} \in V$ が成り立つ。
(q) $\overrightarrow{v} \in V$ ならば, 任意の実数 k に対して $k\overrightarrow{v} \in V$ が成り立つ。

V として以下の (A) ～ (H) で与えられるベクトルの集合を考えるとき, それぞれについて, 選択肢 (a) ～ (d) の中から正しいものを選んでマークせよ。

(A) $\{\overrightarrow{v} = (x, y) \mid x + 3y = 1\}$
(B) $\{\overrightarrow{v} = (x, y) \mid 2x + y = 0\}$
(C) $\{\overrightarrow{v} = (x, y) \mid x + y \geqq 0\}$
(D) $\{\overrightarrow{v} = (x, 0) \mid x \geqq -1\}$
(E) $\{\overrightarrow{v} = (x, y) \mid xy = 0\}$
(F) $\{\overrightarrow{v} = (x, y) \mid x^2 + y^2 = 0\}$
(G) $\{\overrightarrow{v} = (x, y) \mid x^2 + y^2 = 1\}$
(H) $\{\overrightarrow{v} = (x, y) \mid |x| \leqq |y|\}$

(A) ～ (H) の選択肢：

(a) 命題 (p) と命題 (q) の両方を満たす
(b) 命題 (p) を満たすが命題 (q) を満たさない
(c) 命題 (p) を満たさないが命題 (q) を満たす
(d) 命題 (p) も命題 (q) も満たさない

3 2 次関数 $y = x^2 - 2x + 3$ のグラフを C とする。自然数 n に対し，次を満たすように，点 A_n と直線 ℓ_n を定める。

- A_n は C 上の点である。
- A_1 は x 座標が -1 である。
- ℓ_1 は A_1 を通り，傾き -1 の直線である。
- C と ℓ_n との交点は A_n, A_{n+1} の 2 点である。
- 2 直線 ℓ_n, ℓ_{n+1} は点 A_{n+1} で直交する。

また，こうして定めた点 A_n の x 座標を x_n とする。

(1) A_2 の座標は $\left(\boxed{\text{オ}}, \boxed{\text{カ}} \right)$ である。

(2) ℓ_2 の方程式は $y = \boxed{\text{キ}}\, x + \boxed{\text{ク}}$ である。

(3) A_3 の座標は $\left(\boxed{\text{ケ}}, \boxed{\text{コ}} \right)$ である。

(4) x_{n+1} を x_n を用いて表すと，n が奇数のときは $x_{n+1} = \boxed{\text{お}}$ であり，n が偶数のときは $x_{n+1} = \boxed{\text{か}}$ である。

$\boxed{\text{お}}$, $\boxed{\text{か}}$ の選択肢：

(a) $x_n + 1$	(b) $x_n + 3$	(c) $x_n - 1$
(d) $x_n - 3$	(e) $-x_n + 1$	(f) $-x_n + 3$
(g) $x_n^2 - 2x_n + 1$	(h) $x_n^2 - 2x_n + 3$	(i) $-x_n^2 + 2x_n + 1$

(5) x_n の値として現れない整数のうち，正で最小のものは $\boxed{\text{サ}}$ である。

(6) C と ℓ_n で囲まれた図形の面積は，$\dfrac{\boxed{\text{シ}}}{\boxed{\text{ス}}} \times \left| n + \dfrac{\boxed{\text{セ}}}{\boxed{\text{ソ}}} \right|^3$ である。

解答編

英語

◀経済学部 経営学科▶

1 **解答** (1)—(a)　(2)—(c)　(3)—(a)　(4)—(a)　(5)—(c)　(6)—(d)
(7)—(b)　(8)—(b)　(9)—(d)　(10)—(a)

◆全　訳◆

≪スタンダート氏に仕事をもらいに行ったベン＝カーソン≫

スタンダート氏の秘書が顔を上げたので，私はこう言った。「ベン＝カーソンと言います。イェール大学の学生です。スタンダート氏に少しだけお会いしたいのですが…」

「空いているか確認します」 秘書はスタンダート氏のオフィスに入って行き，１分後にスタンダート氏自身が出て来た。彼は笑みを浮かべ，私と目が合うと，手を差し出した。「会いに来てくれてありがとう。イェール大学での学生生活はどうですか？」と彼は言った。

形式的なやり取りを終えると，私は切り出した。「スタンダートさん，仕事がほしいんです。仕事探しにものすごく苦労しています。２週間，毎日ずっと外に出ているんですが，何一つ見つかりません」

「本当に？　ここの人事部には聞いてみましたか？」

「ここにも仕事はありませんでした」と私は答えた。

「我々にできることを考えてみるしかないですね」 スタンダート氏は受話器を取り，番号をいくつか押した。その間，私は彼の巨大なオフィスを見渡していた。テレビで見たことのある重役室の豪華セットそのものだった。

電話の相手の名前は聞き取れなかったが，それ以外は聞き取れた。「今からある青年を君のところに行かせる。ベン＝カーソン君だ。彼に仕事を見つけてやってくれ」

　それしか言わなかった。厳しい命令としてではなく，単なる指示を出す権限のある人物からのその種の指令として，だった。

　スタンダート氏にお礼を言って人事部に戻ると，今度は人事部長が直々に私に話しかけてくれた。「人材は充足していますが，郵便仕分け室になら配属できますよ」

「何でも構いません。夏の残りの期間，とにかく仕事が必要なんです」

◀解　説▶

(1)　(a)「イェール大学での学生生活はどうですか？」 (b)「なぜ君がここに来たのかわかりません」 (c)「君には大いに感謝しています」 (d)「学生生活を楽しんでいるようですね」

直後で the formalities「形式的なやり取り」とまとめられる内容なので(a)が最適。

(2)　(a)「ずっとそのことを考えて」 (b)「ずっとテレビを見て」 (c)「毎日ずっと外に出て」 (d)「ずっと図書館に通って」

直前の「仕事探しにものすごく苦労しています」という内容に続くものなので(c)が適切。

(3)　(a)「何一つ見つかりません」 (b)「誰に聞いていいかわかりません」 (c)「誰とも会っていません」 (d)「手がかりなしです」

3 文後の，No jobs here either「ここ（スタンダート氏の会社）にも仕事はありませんでした」から，(a)が適切。a thing とは a job のこと。

(4)　(a)「本当に？」 (b)「とても落ち込んでいるみたいですね」 (c)「私にはあげられるものはありません」 (d)「君は何かを見落としました」

直前の(3)「何一つ（仕事が）ない」を受け，かつ直後の「ここの人事部には聞いてみましたか」につながる発言として，(a)が適切。

(5)　(a)「他の部署の秘書と話した方がいいです」 (b)「それに関してできることは何もありません」 (c)「我々にできることを考えてみるしかないですね」 (d)「遠慮しないで私に何でも聞いて下さい」

(c)「我々にできること」の具体的内容として，次の文でスタンダート氏は電話をかけ，ベンへの仕事の手配を行っている。

(6)　(a)「彼の声の調子からわかった」 (b)「私は当てずっぽうをしていた」 (c)「私は心配しすぎていた」 (d)「それ以外の彼の言葉は聞き取れた」

(d)が正解。I didn't hear ～ but I heard … という対応関係。the rest「それ以外」とは，「電話の相手の名前」以外である。

(7) (a)「ここに親友がいるんだ」 (b)「今からある青年を君のところに行かせる」 (c)「久しぶりだけど，お願いがあるんだ」 (d)「彼とは面識がない」

直後のHisで受けるものを含まない(c)は不可。(a)「親友」ではない。ベンとスタンダート氏は対面で話しているわけだから，(d)も不適。したがって，(b)が正解。

(8) (a)「褒美」 (b)「厳しい命令」 (c)「隠喩」 (d)「わかりやすい言い方」

(b)が正解。not *A* but *B* の構文で，command「命令」ではなく directive「指示」という対比関係になる（文末の order「指令」もほぼ同義）。

(9) (a)「誰か探していたんです」 (b)「また会えると思っていました」 (c)「見込みはほとんどありません」 (d)「人材は充足しています」

直後の but 以下との関係を踏まえると，(d)が最適。

(10) (a)「何でも構いません」 (b)「いいえ結構です」 (c)「考え直してくれませんか？」 (d)「驚きません」

直後の「とにかく仕事が必要」という内容を踏まえると，(a)が最適。

(11)―(i) (12)―(f) (13)―(d) (14)―(g) (15)―(c) (16)―(e)
(17)―(h) (18)―(a) (19)―(b) (20)―(j)

◆全 訳◆

≪日本の大学生の就活事情≫

木曜日に日本中で就職フェアが開催された。来春，大学卒業予定の学生にとっては就活シーズンの幕開けである。

数カ月に及ぶ採用プロセスで，キャリアの成否が決まる。終身雇用は，特に西欧諸国と比べた場合，日本では依然として普通である。

全国的な労働力不足が深刻化する中，各企業は積極的に採用を行っているので，今年の学生は有利になりそうだ。

日本最大の業界団体は新規採用予定者への面接は6月まで，実際の採用は10月まで禁止している。これは公平性を確保し，学生に準備時間を与えるためだ。経団連として知られる日本経済団体連合会の非会員である中小企業や外資系企業は，この禁止に縛られることなく，自由に採用できる。

千葉市の幕張メッセで金曜日まで開催中の就職フェアには，リクルートスーツを着た学生たちが殺到した。このフェアは，就活ウェブサイトリクナビを運営する株式会社リクルートキャリア主催で，日本最大の就職フェアの一つである。600 社以上が参加し，その中には日立製作所や日本航空もある。

就職フェアは通常，国内の大都市で開催されるが，参加者の拡充も目指している。競合ウェブサイトのマイナビは，都内の就職フェアの一部を生配信し，国内全域さらには海外にいる学生にも見られるようにした。

「企業が人手不足で採用に苦労しているという傾向が続いています」とマイナビ編集長吉本隆男は語る。「各社は競合他社に先んじて人材を確保しようと急いでいます。例えば，就活解禁直後に面接を始めたりしています」

しかし就活中の学生は，こうした有利な状況にもかかわらず，楽観的になりすぎないように注意している。

21 歳の大学生，ドイ＝ケイトクは大阪で行われていた別の就職フェアに参加しており，こう述べている。「売り手市場だと言われていますが，まだ不安なので，早めに準備を始めることにしました」

2015 年，経団連は採用面接の解禁を 8 月から 6 月に繰り上げたため，学生は応募しようと思う企業を研究する時間が減り，その代わり，大学での学業に専念できる時間が増えている。

◀解　説▶

⑾　kick off ～「～を始める」

⑿　graduate from university「大学を卒業する」

⒀　a deepening nationwide labor shortage「深まっている全国的な労働力不足」　この deepening は形容詞。

⒁　actual hiring「実際の採用」　この hiring は名詞。

⒂　a job fair being held through Friday「金曜日まで開催中の就職フェア」　being 以下が現在分詞句となって，a job fair を後置修飾している。

⒃　The event is one of …, featuring ～「このイベントは…の一つであり，～を呼びものにしている」が直訳。featuring 以下は The event を主語とする分詞構文（≒and it features ～）。

⒄　*A* including *B*「*B* を含む *A*，*A* 例えば *B*」　*A* の具体例が *B* という

関係。別の大問，例えば③第4段第4文（Besides being…）に the country's infrastructure, including highways, buildings, …，⑤第6段第4文（In the past…）に an astonishing range of products including table salt and honey, … の用例がある。

⒅　分詞構文。allow *A* to *do*「*A* が～するのを可能にする」（≒enable *A* to *do*）

⒆　begin interviews right as the embargo lifts「就活解禁直後に面接を始める」（as は接続詞，lifts は自動詞）

⒇　begin preparing early「早期に準備を始める」

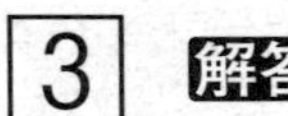

㉑―(c)　㉒―(a)　㉓―(a)　㉔―(c)　㉕―(b)　㉖―(d)
㉗―(d)　㉘―(a)　㉙―(d)　㉚―(c)

◆全　訳◆

≪貧困問題の最も効率的な解決策≫

貧しい人々は怠け者だったり道徳心に欠けたりするので，支援には値しないという考え方は，永久に続くように思える。公共政策は貧しい人々に対して，低水準の公共サービスと，最低生活水準以下の所得しか与えず，連邦議会や州議会はその微額の配分すら緊縮しており，「底辺層」の人々の惨状を彼らの自己責任にしている。実際，貧しい人々を支援に値しないとみなすことは，貧困層支援の安全網の多くを取り除き，投票者の大部分である富裕層への減税を認める取り組みの正当化手段として，近年，政治的に有用なこととなっている。

そのような責任転嫁の誤りは，社会のメインストリームに対して，責任回避の便利な手段を与えている。例えば，貧しい人々が働いていないことが悪いということにすれば，民間企業と政府のいずれもが雇用供給失敗の責任から免除される。貧しい未婚の母親たちの家族的価値観の欠如を非難する方が，彼女たちや，家族を支えられないので結婚できない若い男性に対して仕事を保証するよりも簡単なのである。実際のところ，貧しい人々は，路上犯罪や薬物・アルコール依存症といったさまざまな社会問題の最適なスケープゴートにされている。こうした見方の根本には，もちろん因果関係の逆転がある。何百年もの間，全員に行き渡るほどの仕事や所得がないときには必ず，犯罪もアルコール依存症もシングルマザーも増加している。

さらに，支援に値しない底辺層という考え方は，雇用者にとっても便利である。なぜならば，景気は長期低迷期に入りつつあるようだからだ。仕事はなくなりつつある。省力化テクノロジーによって放逐された仕事もあるし，新たに工業化の進んだ低賃金国に輸出された仕事もあるし，厳しさを増す国際競争に対処すべく企業が「ダウンサイジング」（人員削減）した結果，消えた仕事もある。実際，真の失業率――非自発的非常勤労働者，並びに，求人市場から完全に脱落している長期的「就業意欲喪失」労働者を含めた率――は一世代（30 年）以上にわたって 2 桁であり，好景気の時期にも，もはや下がりそうにない。貧しい人々は必要な勤労倫理を欠いているとみなすことは，今後二度と彼らを必要としないであろう労働市場から彼らを切り捨てる政治的な得策なのである。

貧困問題に対する最も効率的な解決策は，福祉ではなく完全雇用である。したがって，短期的に見れば，現在の貧困撲滅キャンペーンは，現在の余剰人員に対する雇用創出の取り組みに代わるべきである。例えば，政府による大規模雇用というニューディール的政策を行えば，停滞している景気が一気に活性化する。公共事業計画は人々に職を与える最速の方法であるだけでなく，幹線道路，建造物，公園，コンピュータデータベースなどの国のインフラも改善できる。

さらに，民間企業や政府が目指すべき目標は，最も前途有望な労働集約型の経済活動を刺激し，雇用の破壊を進めるような新たなテクノロジーの奨励をやめることである。例えば，自動車や電化製品を部分的に手作りしていた慣行の復活である。これに類似する政策は，省力化テクノロジーを使用した企業への課税であろう。この税収は，テクノロジーにより廃れた職種の従事者の代替職種の給与に充てられる。この案は社会的意味を持つだけでなく，景気も改善させる。現在，機械が生産している商品を買う客として，人間の働き手は必要なのだから。

既存の仕事をより多くの人々に分配するためには，雇用者は労働時間を日・週・年単位で減らすことができる。西ヨーロッパの大手メーカー数社はすでにワークシェアリングによって週 35 時間労働を実現している。アメリカの失業状況を鑑みると，週間労働時間を 30 時間に減らす必要があるかもしれない。

◀解　説▶

(21) 「第１段が示唆しているのは…」

(a)「貧しい人々は福祉制度を理解している」

(b)「貧しい人々の所得水準が徐々に変化している」

(c)「貧しい人々は自己責任をとるべきだ」

(d)「貧しい人々は政治過程に参加したがっている」

第１文の The notion of the poor as too lazy or morally deficient to deserve assistance「貧しい人々は怠け者だったり道徳心に欠けたりするので，支援には値しないという考え方」，第２文（Public policies limit …）の holding those in the "underclass" responsible for their own sorry state「『底辺層』の人々の惨状を彼らの自己責任にしている」，第３文（Indeed, labeling …）の labeling the poor as undeserving「貧しい人々を支援に値しないとみなすこと」をまとめた(c)が正解。選択肢(a)，(b)，(d)はいずれも第１段に記述がない。なお，第２段以降で筆者はこの(c)の考えに反対の立場をとっていることがわかる。

(22) these miserly allocations は直前の substandard services and incomes below the subsistence level を受けており，incomes「所得」に関連する(a) money が正解。

(23) (a)「そのような責任転嫁の誤り」(b)「そのような正直な意見」(c)「そのような混乱した状況」(d)「そのような寛大な考え方」

第１段の内容を受ける表現。(21)がヒントになっており，A is responsible for B = A is to blame for B「A は B に対して責任がある，B は A のせいだ」という同意表現から(a)が正解。

(24) (c) responsibility「責任」が正解。Blaming ［①poor men and women］… takes the onus off ［②both private enterprise and government］…「［①貧しい人々］のせいにすることで，［②民間企業と政府の両方］の onus を免除する」が中心構造。直前の文（Such misplaced blame offers …）に，「そのような責任転嫁の誤り（貧しい人々が悲惨な状況にあるのは自己責任とすること）は，社会のメインストリームに対して，責任回避の便利な手段を与えている」とあり，当該文はこの具体例を示している。(b)「姿勢，立場」(d)「賃金，利潤」

(25) (b) accuse が正解。charge A with B = accuse A of B「A を B のこ

とで非難する」 (a)「～を活性化する」 (c)「～を許可する」 (d)「～を巻き込む」

(26) 「筆者によれば…」

(a)「技術革新と失業率の関係はほとんどない」

(b)「所得低下と失業率の関係はほとんどない」

(c)「ボランティア従事者と失業率の関係は強固である」

(d)「国際競争と失業率の関係は強固である」

(d)が第3段第2文（Jobs are disappearing…）に一致。同文に global competition「国際競争」の記述があり，others（＝other jobs） lost が unemployment「失業（率）」に対応する。downsize「人員削減する」

(27) (a)「現在，裕福な人々」 (b)「現在，貧しい人々」 (c)「現在，雇われている人々」 (d)「現在，雇われていない人々」

surplus「黒字」（⇔deficit「赤字」）は基本語彙。surplus workers は比喩的に「余剰人員」（plus「プラス」に存在している，ということから）を表しており，(d)が正解。

(28) (a)「手仕事」 (b)「創造的な仕事」 (c)「テクノロジーによる仕事」 (d)「追加の仕事」

(a)が正解。labor-intensive「労働集約型の，たくさんの人手を要する」同文ダッシュ（—）以降の具体例に「自動車や電化製品の部分的な手作り」とあるのもヒント。

(29) 「この案が社会的意味を持つだけでなく，景気も改善させる理由は…」

(a)「貧しい人々を政治的に無関心にするのに役立つから」

(b)「裕福な人々を政治的に無関心にするのに役立つから」

(c)「新旧両方のテクノロジーに役立つから」

(d)「生産者と消費者両方に役立つから」

直後の Human workers を producers，customers を consumers と言い換えた(d)が正解。

(30) 「本文が示唆しているのは…」

(a)「貧しい人々は自助努力をすべきだ」

(b)「政府は福祉税を削減すべきだ」

(c)「社会は雇用創出に取り組むべきだ」

(d)「ハイテク企業は課税されるべきだ」

(c)が正解。第4段第1文（The most efficient…）で「貧困問題に対する最も効率的な解決策は，福祉ではなく完全雇用（full employment）である」と明確に言及している他，第4段第2文（In the short run, …）の efforts to create jobs，第4段第3文（New Deal-style…）の large-scale governmental employment，最終段第1文の To distribute the jobs，最終段第2文（Several large manufacturing…）の worksharing など，同意表現が多数ある。

解答　(31)―(d)　(32)―(b)　(33)―(c)　(34)―(d)　(35)―(c)　(36)―(d)
(37)―(d)　(38)―(b)　(39)―(c)　(40)―(b)

◆全　訳◆

≪コーパス言語学者の思い≫

講演終わりの拍手が鳴りやまないうちに，3列目にいた女性が私に近づいてきた。私はアメリカ合衆国南部のとある大学の英語学科の教員を対象に講演したところであり，講演前からすでに彼女の存在に気づいていた。彼女は部屋の前方の席に腰を下ろし，私の資料に目を通していた。数字，統計，図式だらけのものだ。ギョッとした表情が彼女の顔に浮かんでいた。「まずいな，これはひどいことになるぞ」と私は思った。

私の講演内容は，コーパス言語学の手法を使った調査研究だった。この手法はコンピュータを使い，大量の話し言葉・書き言葉を分析するものである。巨大コーパスを使うことの強みは，数多くの異なる書き手や話し手を考慮しながら，特定の状況においてどの言語選択が一般的になされるかがわかる点である。例えば，学術的文章の場合，一部の教師が主張するところでは，一人称代名詞（私，私たち）は学問には不適切であり，受動態を使うべきであり，彼らは自説を証明するために数多くの例を厳選してくる。しかし，コーパスに基づく研究によれば，学術記事でも時として一人称代名詞が使われていることがわかる。

多くのテキストの法則を発見すべく，コーパス言語学者は集計や統計などの量的分析を用いて，異なる文法構造や異なる単語の頻度を比較している。文法や語彙がテキストの中でどう使われているかを見ることで，言語選択は完全に記述される。最終目標である言語使用法の記述は，すべての言語教師に役立つが，私の知り合いには，数字や統計に拒否反応を示していた人が多い。結局のところ，この人たちが言語分野に進んだのは，数学が嫌いだったからである！　コーパス研究を一瞥し，数字，表，図式，統計，コンピュータを目にすると，コーパス言語学はあまりにも異質，あまりにも数学的，要するにあまりにも複雑すぎて，自分たちの手に負えないと決めつけてしまった。

私がプレゼンしていた特定の研究は，さまざまな種類の学術的文章では言語がどのように異なるかを示したものだった。例えば，教科書と研究記事を比較したり，大学生のレポートを歴史と生物の授業で比較したりした（この２つの授業は，アメリカの大学で一般教養の必修要件を満たすために選択されることが多い）。この研究は当大学の英語学科の教員にも明らかに役立つものだった。英語学科は大学の全ての学生対象にライティングの授業を開講しているのだ。しかし教員の多くは，文学，創作，修辞学専攻なので，この聴衆は扱いにくいものになりそうだと私は思っていた。そして，私の資料を見たときの困惑したギョッとした表情は，私に自分の考えの正しさを確信させるものだった。

３列目にいた女性が演壇まで来ると，私は内心たじろぎつつ，思いやりを持とうと自分に言い聞かせていた。すると，彼女は破顔一笑こう言ったのだ。「先生に申し上げなくちゃと思いまして――これ，わかりましたよ！　最初に資料を見たら，いろんな数字とか図表が目に入ってきて，『これはわかるわけないわ』って思ったんですけど，先生にご説明いただいて，わかりました！　私にもこれが理解できるんです！　とっても面白いです！」

◀解　説▶

(31)「３列目にいた女性は，資料について最初どう思っていたか」

(a)「数字だらけだ」　(b)「数学に関するものだ」

(c)「読みやすい」　(d)「恐ろしい」

第１段第４文（A look of horror …）より(d)が正解。

horror（名詞）「恐怖」― horrible / horrifying（形容詞）「恐ろしい」，terror（名詞）「恐怖」― terrible / terrifying（形容詞）「恐ろしい」という関係である。

(32)　(b)が正解。flip through ～「～をパラパラとめくる，～に目を通す」テレビ番組の進行に使われるパネルの「フリップ」もこの単語である。(a)

「～を鞭で打った」 (c)「～を滑らせた」 (d)「～を引き裂いた」

(33) 「以下のうち，巨大コーパスを使うことの強みはどれか」

(a)「コンピュータを使っている」

(b)「話し言葉を調べている」

(c)「状況における言語を分析している」

(d)「文法的誤りを修正している」

第2段第3文（The strength of…）にin certain contextsとあるので(c)が正解。

(34) 「学術的文章における一人称代名詞の使用に関して筆者は何と言っているか」

(a)「使われているが学問では決して使われるべきではない」

(b)「使われているが不適切である」

(c)「使われているが受動態に置き換えるべきだ」

(d)「使われているが頻繁ではない」

第2段最終文（However, corpus-based studies…）にdo sometimes useとあるので，(d)が正解。first-person pronoun「一人称代名詞」

(35) 「コーパス研究が分析しないものはどれか」

(a)「数字」 (b)「単語」 (c)「コンピュータ」 (d)「統計」

第3段第1文（To find the patterns…）のcountsが(a), statisticsが(d), different wordsが(b)に対応している。正解は(c)で，第2段第2文にThis approach involves using computersとあり，コンピュータは分析に用いるツールであって，分析対象ではないとわかる。

(36) 「言語教師が数学嫌いな理由でないものはどれか」

(a)「あまりにも統計的だ」 (b)「あまりにも異質だ」

(c)「あまりにも混乱する」 (d)「あまりにも批判的だ」

第3段最終文（They took one…）のtoo foreignが(b), too mathematicalが(a), just too complicatedが(c)に対応するので，残った(d)が正解。

(37) 「筆者がプレゼンした研究が主に調べていたのは，さまざまな…」

(a)「種類の教科書」 (b)「種類の記事」

(c)「種類の生徒の文章」 (d)「種類の学術的文章」

第4段第1文（The specific study…）にdifferent types of academic writingとあるので(d)が正解。

(38)「この研究がこの英語学科に役立つ理由は，そこの教員が学術的文章を…に教えているからだ」
(a)「文学専攻の学生」 (b)「全学生」
(c)「歴史専攻の学生」 (d)「生物専攻の学生」
第4段第3文（The study was…）に offered writing courses for all students at the University とあるので(b)が正解。
(39) make it to～「～へ進んで来る」 第1段第1・2文（The applause at… began the talk.）から，筆者はこのときまで講演をしていたことがわかる。それを踏まえると，podium≒(c)stand「演壇」が最適。
(40)「3列目にいた女性に関して，最終段から何が推測できるか」
(a)「腹が立って，発表者に伝えたかった」
(b)「感動して，発表者にお礼を言いたかった」
(c)「混乱して，発表者に質問したかった」
(d)「思いやりがあって，発表者に手を貸したかった」
最終段第3～最終文（"I just have … it's really interesting!"）より(b)が正解。同文に多用されている「！」（感嘆符）が She was impressed「彼女は感動した」に対応する。the presenter「発表者」は筆者を指す。

5 解答

(41)―(b)　(42)―(a)　(43)―(c)　(44)―(b)　(45)―(b)　(46)―(a)
(47)―(b)　(48)―(c)　(49)―(d)　(50)―(c)

◆全　訳◆

≪マイクロプラスチックによる環境汚染≫

人間の欲求の階層序列において，トップにくるのは健康である。乾杯するときに "to your health"「あなたの健康のために」と言うのは理にかなっている。

それゆえ，多数の相反する問題が四六時中舞い込んでくる複雑な政治の世界においても，我々の健康や家族の健康に明確に関連する懸案事項が社会の優先順位リストのトップに常にくるのは当然のことだ。プラスチックが我々の健康に及ぼす影響は，今日，リストのトップにくるべきである。

ブルース＝ラウリーと私が我々の本『ラバーダックによる緩慢な死』で説明しているように，問題が人間の健康上の懸念事項になれば，その問題を我々が選挙で選んだ指導者たちが取り上げ，一般大衆が気づき，結果的に解決される可能性が極めて高くなる。

喫煙論争もこうした経緯をたどった。喫煙者自身だけではなく，周囲にいる全員の健康も危険にさらされているといった具合に，副流煙が及ぼす悪影響が注目され出すと，改革への気運は最も反抗的なタバコ会社ですら抵抗できないほどになった。

我々が現在目の当たりにしているのは，新たな人間の健康問題の創生であり，私の考えでは，公共の議論は今後 10 年間，この問題で持ち切りになる可能性がある。微細なプラスチック粒子が地球上の全人類に浸透していることが発見されたのだ。

プラスチックは実際には決して消失しないと判明している。時間が経ったり，日光や波の動きを受けたりすると，どんどん小さな粒子になっていくだけなのだ。そして，この微細粒子が食物連鎖や大気，土壌に入ってくる。過去数年間，科学者たちはこうした粒子が驚くほど幅広い商品に含まれていることを次々に発見している。食卓塩，ハチミツ，ボトル入り飲料水，水道水，甲殻類，ビールなどだ。近年のある研究によれば，7 カ国で水道水の 83% にプラスチックの超極細繊維（マイクロプラスチックファイバー）が含まれていた。

カナダで雪がとけて，一冬分たまったティム・ホートンズ（カナダのコーヒー・ドーナツチェーン店）のコップやフタが露出すると，この国の全員が自分たちの周囲のプラスチックゴミに気づく。海には集積したゴミの巨大なかたまりが浮いていることを我々の多くは知っている。地元の食料品店の陳列棚では，買い物客が有機ルッコラの包装プラスチックのサイズが大きくなっていると文句を言っているのが聞こえてくる。

ただ，こういったことはどれも大した問題ではない。自分が毎日使っているプラスチックの買い物袋でウミガメが窒息死していることを気にするだろうか？　多少は。でも，自分が不自由な思いをしてまで，ということはまずない。

しかし，うちの 2 人の息子が，成長中の身体にプラスチック粒子が溜まるせいで，前立腺ガンになる可能性が飛躍的に上がるとわかったら，話を聞く気になるはずだ。お願いだから，やめさせて，と。

リサイクルのことは忘れてほしい。リサイクルではこの問題は解決できない。重要なのは，現代社会のプラスチック依存である。先に挙げたマイクロプラスチックファイバーとは何か？　科学者たちの現在の説明によれば，飲料水にマイクロプラスチックが含まれている主な原因の一つは，衣類の合成繊維から出る糸くずである。問題なのは，我々が廃棄しているプラスチックだけではなく，我々を日々取り囲んでいるプラスチック製品でもあるのだ。

マイクロプラスチックに関する新知見は驚くべきものであり，私が指摘しているのも有毒な氷山の一角にすぎないのだ。

◀解　説▶

(41)　(a)「人間のアルコール消費量を抑える方法」
(b)「物事をその重要性にしたがって配列するシステム」
(c)「人間のさまざまな成功の程度を測定する公式」
(d)「人間の欲求ではなく欲望から生じる混乱状態」
hierarchy［háiərὰ:rki］「ヒエラルキー，階層序列」の説明は(b)が正解。同文は（Maslow's）hierarchy of needs「（心理学者マズローの）欲求5段階説」で，人間の基本的欲求は physiological needs「生理的欲求」に始まり，最終的に self-actualization needs「自己実現欲求」に至るとされることを踏まえている。

(42)　(a)competing「相反する，矛盾する」が正解。competing は分詞形容詞で，competing issues＝issues that compete with each other という関係。内容上，直前の In the complicated world of politics「複雑な政治の世界では」ともうまくつながる。
(b)「好ましい」 (c)「邪魔するような」 (d)「目的のある」

(43)　「第3段で筆者が示唆するところでは，重要な問題の解決が可能になるのは，そういった問題が…」
(a)「影響力のある政治家たちの生活を直接変えるとき」
(b)「地域医師からの情報で大衆の認識が変わるとき」
(c)「人類に悪影響を及ぼすものとして提示されるとき」
(d)「『ラバーダックによる緩慢な死』などの本で論じられるとき」
第3段（As Bruce Lourie…）の once an issue transforms into a human health concern「問題が人間の健康上の懸念事項になれば」を言い換えた(c)が正解。in an unfavorable way「好ましくないやり方で」

(44)　「第4段の内容によれば，下線部(44)の意味するところは，おそらくタバコ会社は…ということである」

(a)「運動反対に成功した」

(b)「最終的には変化に屈せざるを得なかった」 give in to～「～に屈する」(＝yield〔submit / surrender / succumb〕to～)

(c)「現状をうまく維持した」

(d)「この改革に積極的に賛成した」

(b)が正解。下線部(44)の基本構文は *A* is impossible (for S) to *do*「(Sが) *A*を～するのは不可能だ」の，isがbecomeになったもの。

the momentum for change「改革への気運」 defiant「反抗的な」

(45) tiny plastic particles are permeating every human on earthが第6段第3文でThese microscopic particles then enter the food chain, air and soil.と言い換えられているので，(b)enteringが正解。

(a)「～を罰する」 (c)「～を制御〔支配〕する」 (d)「～を苛立たせる」

(46) 「第6段で，以下のうちで正しくないものはどれか」

(a)「これらのプラスチック粒子はごく限られた数の商品の中でのみ発見された」 第6段第4文 (In the past…) のin an astonishing range of products「驚くほど幅広い商品に」に矛盾するので，これが正解。

(b)「水にさらされている長さにかかわらず，プラスチックは石化もしないし消失もしない」 第6段第1・2文 (Plastic, it turns… and smaller bits.) に一致。mineralize「石化〔鉱物化〕する」

(c)「一部の国では，水道水の大半がプラスチック粒子で汚染されていた」 第6段最終文 (In one recent…) に一致。

(d)「プラスチック粒子は非常に微細なので，肉眼では見えない」 第6段第3文These microscopic particles「この微細粒子」のmicroscopicは「顕微鏡でしか見えない」という意味なので，一致。

(47) 直前の疑問文Do I care that～?「私は～を気にするだろうか」を受けて，(I) sort of (care that). But (I care) certainly not enough to *do*「多少は気にするが，～するほどは気にしない」とつながる。sort of「多少は」(＝kind of / somewhat) は陳述緩和の副詞句。

(48) 「第7～9段で筆者が示唆しているところでは，不便さのせいで，人々はプラスチック問題に対する行動をとるのを避ける傾向にある。ただし例外となるのは…という事例である」

(a)「雪どけ後にプラスチックゴミが露出する」
(b)「有機食品が危険で食べられないと研究が確証する」
(c)「プラスチックが最愛の人に深刻な影響を与えると証拠が示す」
(d)「海のプラスチックがあまりに巨大になり無視できなくなる」
(c)が第９段第１文（But if it …）に一致。my two boys を loved ones「最愛の人」と一般化して言い換えている。

(49)「第 10 段で，筆者によれば，この巨大な問題の解決策は何か」
(a)「より優れたリサイクル技術開発のために資金投入を増やす」
(b)「衣類メーカーが合成素材を使うのを禁止する」
(c)「プラスチック製品の適切な処理のために倉庫一式を作る」
(d)「究極的にはプラスチックの生産・使用をやめる」
第 10 段最終文（It's not just …）より(d)が正解。It's not just *A* that's the problem; it's *B*.「*A* だけでなく *B* も問題だ」（It's ～ that … は強調構文）

(50)　(a)「この問題の解決策にはその高さゆえに手が届かない」
(b)「マイクロプラスチックに関する新知見は非常に印象的だ」
(c)「この情報は破滅的な全体のごく小さな一部である」
(d)「氷山の一角がこの問題を封じ込める手がかりを与えてくれる」
the tip of the iceberg「氷山の一角」は決まり文句で，(c)a minute part of a whole「全体の小さな一部」を表す（氷山全体のうち，水面に出ているのはごく一部であることから）。toxic「有毒な」≒destructive「破壊的な」

(51)―(b)　(52)―(a)　(53)―(b)　(54)―(d)　(55)―(d)　(56)―(a)
(57)―(b)　(58)―(b)　(59)―(d)　(60)―(d)

◆全　訳◆

≪マクドナルドごっこの思い出≫

著作権の都合上，省略。

著作権の都合上，省略。

著作権の都合上，省略。

◀解　説▶

(51)「ラリーが『本当に大変だったな』で言いたいのは何か」

(a)「古くなった食べ物しか買えなかった」

(b)「ほとんど十分な食べ物が買えなかった」

(c)「彼女は料理が上手でなかった」

(d)「子供たちは食べ物を争わなくてはならなかった」

直前のアイリーンの発言 we had no extra spending money を受けて for food に続くので(b)が正解。barely「ほとんど～ない，かろうじて～する」

(52)「マクドナルドでのカールの仕事は何か」

(a)「店長」 (b)「車掌」 (c)「点検係」 (d)「広告業者」

アイリーンの第 2 発言第 3 文（And he said, …）でカールは "You're hired." と言っているので，(a)が正解。

(53)「アイリーンの次の仕事とは何か」

(a)「ビッグマックの調理」 (b)「レジ係」

(c)「カウンターの清掃」 (d)「材料の購入」

下線部前後に「カウンター」「足し算」とあるので(b)が正解。

(54)「アイリーンが『死んじゃうかと思ったわ』で言いたいのは何か」

(a)「彼女は重病だった」 (b)「彼女は大喜びだった」

(c)「彼女はワクワクしていた」 (d)「彼女は恐れていた」

下線部直後に「目が腫れるほど泣いた」「私，やめるわ」とあるので，(d)が正解。I'm gonna＝I'm going to

(55)「2 人が『マクドナルドごっこ』をした理由は…」

(a)「子供たちがマクドナルドごっこを好きだったから」

(b)「アイリーンはマクドナルドで働けなくなったから」

(c)「2 人は楽しむ必要があったから」

(d)「ラリーはアイリーンの算数学習を手伝いたかったから」

アイリーンの第 3 発言の第 4 文（And in my …）「足し算ができない」，

第6文（I went home …）「お釣りを数えられない」，第8文（You came home …）「1ドル札，5ドル札，コインを持ってきて」を総合すると(d)が正解。

(56)　アイリーンが「レジ係」((53)参照）なので，ラリーは(a)「お客さん」役である。(d)「有名人」

(57)　(a)「マクドナルドごっこを上手にする方法」

(b)「足し算をする方法」

(c)「食品を箱に詰める方法」

(d)「お互いを支える方法」

(55)の内容を踏まえれば(b)が正解。

(58)　「ラリーが『君がボールを受け取って，走って行ったんだよ』で言いたいのは何か」

(a)「君はラグビーがうまくなったな」

(b)「君は残りは自分でやったな」

(c)「君は多くの規則を破ったな」

(d)「君は進歩して私を驚かせたな」

(b)が正解。ラリーが「ドアを開け」，アイリーンが「ボールを受け取って，走って行った」という文字通りの意味から推測可能。take the ball and run with it「前任者から引き継いで主導権を発揮する」

(59)　「アイリーンは自分のことを以前はおそらくどう思っていたか」

(a)「強くなかった」 (b)「裕福ではなかった」

(c)「可愛くなかった」 (d)「頭がよくなかった」

(53)～(55)や(57)を考慮すると「足し算（計算）」の能力が問題になっているのだから，(d)が正解。

(60)　「アイリーンが『うまくいったのよ』で言いたいのは何か」

(a)「2人が電球を発明した」

(b)「2人が問題をつくった」

(c)「2人が商売上の教訓を学んだ」

(d)「2人が大変な時期を生き延びた」

このitはa very valuable lessonやthe lightbulbを指しているわけではないので(a)や(c)は不適。make itは「成功する，どうにかやり遂げる」という意味のイディオムで(d)が正解。

7 解答

(61)—(a) (62)—(b) (63)—(a) (64)—(c) (65)—(d) (66)—(a)
(67)—(a) (68)—(b) (69)—(d) (70)—(b)

◆全 訳◆

≪プレッシャーに苦しむアメリカの高校生≫

著作権の都合上，省略。

著作権の都合上，省略。

◀解　説▶

(61)　直前文に under immense pressure とあり，文頭の Really「実際」は話が同方向に続く表現なので，同じく(a)immense「巨大な，多大な」（＝huge / gigantic / colossal / tremendous）が入る。

(b)「直接的な」 (c)「独自の」 (d)「厳格な」

(62)　(b)が正解。realistic characters「リアルな登場人物」 第13段第1文にも “It's just so disgustingly real!” とある。

(a)「虚構の」 (c)「異常な」 (d)「信じられない（ほど素晴らしい）」

(63) 「グラニット・ベイの生徒は何のストレスに苦しんでいるのか」

(a)「自分の成績」 (b)「自分の金銭事情」

(c)「自分の外見」 (d)「自分の人気」

直前文に the pressure to do well at Granite Bay「グラニット・ベイ高校でいい成績を取るというプレッシャー」とあるので，(a)が正解。第 1 段第 1 文（A new musical…）の your class rank — determined by grades and test scores も関連表現。

(64) (a)「ミスの埋め合わせをする」 (b)「学費を払う」

(c)「努力する」 (d)「自分の金を稼ぐ」

due には形容詞で「当然の」，名詞で「当然支払われるべきもの」という意味がある。下線部の直訳は「当然支払われるべきものを支払う」つまり「義務を果たす」で，それに最も近いものは(c)である。下線部の直後に Who needs to read textbooks?「(金持ちの子は) 教科書なんて誰が読む必要があるだろう？」とあることから，金持ちでない子は教科書を読まなければならない＝勉強という努力をしなければならない，ということになるので，(c)につながる。

(65) (a)「父親の小切手帳を盗んだ」

(b)「父親にいつも監視されている」

(c)「父親にものすごく愛されている」

(d)「欲しいものを何でも買える」

have got＝have であり，アメリカは支払いに check「小切手」を使うことが多い。ここでの You は高校生なので，要するに子供が親名義のクレジットカードを自由に持たせてもらっているような状況である。したがって，(d)が正解。

(66) (a)が正解。part of me got lost along the way「私の一部が途中で失われた」が直訳。本問は(67)と連動しており，いわゆる思春期特有の「アイデンティティ・クライシス」の状況である。

(b)「盗まれた」 (c)「発見された」 (d)「強化された」

(67) (a)「本当の自分」 (b)「なりたい自分」

(c)「以前の自分」 (d)「なれない自分」

(a)が正解。第 8 段第 1 文（In the show, …）の the difference between

[①who we actually are] and [②what people want from us]「[①本当の自分] と [②周りの期待] の違い」を受けて, reconcile [②expectations] with [①who they really are]「[②周囲の期待] と [①本当の自分] との折り合いをつける」となる。who *A* is「*A* とは何者か」= *A*'s identity「*A* のアイデンティティ〔自己同一性〕」である。

(68) 「『ライアンは正々堂々とやっていた』はライアンに関してどう言っているか」

(a)「ただ楽しんでいた」 (b)「期待されていたことをやった」

(c)「一時的に利己的だった」 (d)「別人になろうとしていた」

Ryan「ライアン」は, 直前文 (Senior Natalie Collins …) の a student (自分の順位を上げるために, 親が金を払っていた生徒) を指している。直後の just like the rest of you, および第13段第2・3文 ("We're all fighting … Just like Ryan.) から, the game とは勉強で上に行くための戦いで, ライアンを含め, 生徒は皆必死にそれをしているとわかる。また, (67)でも見た通り, 生徒は「本当の自分」と「周りの期待」のズレに苦しんでいる。以上から, 周りの期待に沿うよう一生懸命勉強するのが play the game だとわかる。play the game は「正々堂々と行動する」という意味のイディオム。

(69) stressful と同格で並んでいるので, マイナスの意味の形容詞が入る。(d)competitive「競争が激しい」のみマイナスの意味である。

(a)「快適な」 (b)「相対的な」 (c)「思いやりのある」

(70) be hopeful (that) *A* will *do*「*A* が～することを望む」(＝hope (that) *A* will *do*) の語法から(b)が正解。(a)「悲観的な」や(c)「怖がって」は内容の方向性が逆。(d)enthusiastic「熱心な」は that 節をとらない。

8 解答 (71)―(b) (72)―(d) (73)―(d) (74)―(b) (75)―(a)

◆全 訳◆

≪第二言語学習のあるべき目標≫

「臨界期」の言語研究に関して何一つ知らない人でも, 第二言語・外国語教育の学校カリキュラムでは「若ければ若いほどいい」と確信している。しかし, 経験と研究のいずれもが示すところでは, 第二言語において年配の学習者は，「ネイティブ」レベルではないにせよ，高い習熟度を得られる。さらに言えば，できる限り早期に始めるのが必要であり，さらには望ましいという結論に飛びつく前に，教育プログラムの目標やそれを行う状況を慎重に考えることが不可欠である。

第二言語習得に臨界期が果たす役割は，依然として盛んに議論されている。言語習得には何らかの制約があると考える研究者と同じ数だけ，年齢という要因は動機・社会的アイデンティティ・学習状況などの要因とは切り離せないと考える研究者がいる。研究者たちによれば，年配の学習者が話すときに訛る可能性が高い理由は，第一言語の文化集団とずっとつながっていたく，成人は子供が遊びながら得るのと同量・同質の言語インプットを得られることは滅多にないからだ。

こうした研究から，多くの人々はできるだけ早く第二言語教育を始める方がよいと結論づける。しかし，こうした研究が行われた背景を念頭に置くことは非常に重要である。こうした研究が対象としているのは，第二言語で可能な最高水準の能力，すなわち，第二言語話者がネイティブスピーカーと区別できなくなるレベルである。しかし，第二言語のネイティブレベルでの習得は，すべての状況で，すべての第二言語学習の目標になるとは限らない。

第二言語学習の目標が，目標言語のネイティブレベルでの習得であれば，学習者はできるだけ早く100％目標言語の環境に身を置くのが普通は望ましい。しかし，早期に第二言語に集中的にさらされることで，子供の第一言語の発達が遅れたり不完全になったりする可能性がある。

学校教育で学生全員が基本的コミュニケーション能力をつけることが目標であり，子供の第一言語がずっと主要言語であることが想定されているならば，第二言語・外国語教育の開始はもっと遅い方が能率的かもしれない。

◀解　説▶

(71)　(b)が正解。before we jump to conclusions「結論に飛びつく〔早合点する〕前に」（＝before jumping to conclusions）でほぼ決まり文句。また，conclusions about ～「～に関する結論」というつながりもある。

(a)「さっさと逃げる」　(c)「会話の口火を切る」　(d)「秘密をぶちまける」

(72)　(d)が正解。constraint on ～「～に関する〔対する〕制約」（＝restriction on ～）という語法から決まる。

(a)「会議」 (b)「内容」 (c)「対立」

(73)「年配の第二言語学習者が話すときに訛ることがある理由として挙げられていないものはどれか」

(a)「子供と同量の言語インプットがないから」

(b)「子供と同質の言語インプットがないから」

(c)「第一言語のアイデンティティを失いたくないから」

(d)「子供ほど多く遊ぶようにならないから」

第2段第3文（Researchers argue that …）の they want to continue being identified with their first language cultural group「第一言語の文化集団とずっとつながっていたい」に(c), adults rarely get access to the same quantity and quality of language input that children receive in play settings「成人は子供が遊びながら得るのと同量・同質の言語インプットを得られることは滅多にない」に(a)・(b)が対応しているので，残る(d)が正解。

(74) bear〔keep〕in mind～「～を念頭に置く」（＝remember）であり，(b)consider「～を考慮する」が類義。

(75)「第二言語のネイティブレベルでの習得が全学習者の目標にはならない理由は何か」

(a)「第一言語の習得に有害だから」

(b)「教育システムがそのためのノウハウを持たないから」

(c)「年齢という要因は動機と切り離せないから」

(d)「臨界期の果たす役割は盛んに議論されているから」

第4段第2文（However, early intensive …）の may cause the loss or incomplete development of the child's first language「子供の第一言語の発達が遅れたり不完全になったりする可能性がある」に(a)が一致。

❖講　評

試験時間90分に対して，大問8題，小問75問の出題（全問マークセンス法)。1～7は小問10問ずつ。8のみ小問5問である。

1 6は会話文主体，2 3は経済関係，4 8は英語教育・言語学関係，5は環境問題，7は人文系テーマ，と読解英文もバラエティーに富んでいる。

[1] 映画化もされた自伝に基づく空所補充問題。比較的平易な表現が多い。主人公が仕事を探しているという状況把握が解答には必須。(8)は語彙問題。

[2] 共通選択肢の空所補充問題。選択肢はすべて *doing* の形であり，動名詞・現在分詞の区別の他，分詞形容詞や名詞も含まれており，語彙力と同時に文法的判断も欠かせない。(11)・(12)は句動詞。(17) including は頻出表現で，[3][5]の本文中にも用例がある。

[3] 近年問題になっている経済学的自己責任論への批判的文章。A is responsible for $B = A$ is to blame for B などといった，重要表現に絡めた設問が多い。(27) surplus workers，(28) labor-intensive といった経済学固有の語彙も設問となっている。

[4] コーパス言語学に関する専門書からの出題だが，出題部分はエッセイ的で読みやすい。選択肢が全般的に短く，また，問題文の表現が選択肢でもそのまま使われているものが多いので，総じて平易である。(39) podium は知らないと厳しい。

[5] 最近の大学入試で多く出題されているマイクロプラスチックに関する英文。(41) hierarchy や(50) the tip of the iceberg は上智大学レベルでは常識。(45) permeate は難語だが，言い換え箇所を発見できれば解ける。

[6] 老夫婦が若い頃の苦労を振り返っている会話文問題。総じて平易で，同じことを重ねて聞いている設問が目立つ。(60) make it は有名イディオム。

[7] アメリカの高校生活に基づく演劇制作に関する英文。(61)は直前文に全く同じ表現がある。(64) pay their dues，(68) play the game はイディオムとして高度であり，正解の選択肢もややわかりにくく書かれている。(67)は言い換え箇所の発見がカギ。

[8] 第二言語習得（Second Language Acquisition: SLA）に関する英文。critical period「臨界期」は頻出論点（第二言語を母語話者並みに習得可能な上限年齢：一般に 12 歳程度とされる）。(72) constraint はやや難。他は標準的。

数学

◀経済学部 経済学科▶

1 **解答**　ア．−5　イ．6　ウ．56　エ．−67
(2)あ―(b)　い―(b)　う―(a)　え―(b)

◀解　説▶

≪小問2問≫

(1)　ユークリッドの互除法により

$73=61+12$

$61=12\times5+1$

$\therefore\ 1=61-12\times5$

$=61-(73-61)\times5$

$=73\times(-5)+61\times6$

$$\begin{array}{rl} & 73x+61y=1 \\ -) & 73\times(-5)+61\times6=1 \\ \hline & 73(x+5)+61(y-6)=0 \end{array}$$

ここで，61 と 73 は互いに素であるから

$$\begin{cases} x+5=61k \\ y-6=-73k \end{cases}$$（ただし，k は整数）

と表せて

$$\begin{cases} x=61k-5 \\ y=-73k+6 \end{cases}$$

よって，y が正で最も小さいとき，$k=0$ であり

$(x,\ y)=(-5,\ 6)$　（→ア，イ）

x が正で最も小さいとき，$k=1$ であり

$(x,\ y)=(56,\ -67)$　（→ウ，エ）

(2)　$0<a<b<\dfrac{1}{a}<b^2$ から，$y=x$，$y=x^2$，$y=\dfrac{1}{x}$ のグラフを比較すると

$$0<a<1<b<\frac{1}{a}<b^2$$

である。

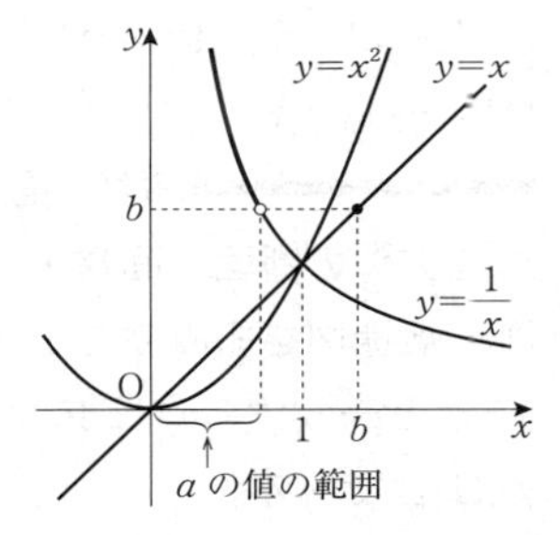

(i)　$0<a<1,\ b>1$ から

$$x=\log_a b<0$$

であり

$$y=2\log_a b<\log_a b=x$$

よって　(b)　(→あ)

(ii)　$0<a<1<b<\frac{1}{a}$ から

$$0<a<1,\ 0<ab<1$$

であり

$$x=\log_a ab>0=y$$

よって　(b)　(→い)

(iii)　(i)と同様に，$\log_a b<0$ であるから

$$x=2\log_a b<0,\ y=\log_{\frac{1}{a}} b=\frac{\log_a b}{\log_a \frac{1}{a}}=-\log_a b>0$$

よって　(a)　(→う)

(iv)　$x=\log_b \frac{b}{a}=1-\log_b a=1-\frac{1}{\log_a b}$

$$y=\log_a \frac{a}{b}=1-\log_a b$$

ここで，$0<a<1<b<\frac{1}{a}$ から

$$-1<\log_a b<0$$

であるから

$$0<-\log_a b<1<-\frac{1}{\log_a b}$$

よって　(b)　(→え)

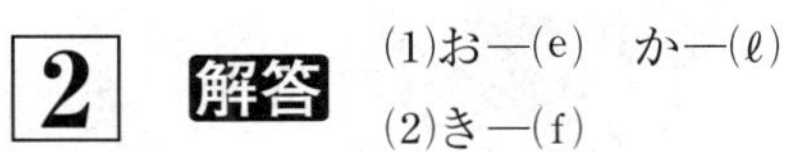

2　**解答**　(1)お―(e)　か―(ℓ)
(2)き―(f)

(3)く―(g) オ．12 カ．13

(4)け―(j) キ．3 ク．2 ケ．6 コ．13

◀解 説▶

≪立方体の断面・面積・周の長さ≫

(1) 展開図を組み立てると，右図のようになり，点Bと一致する点はEであり，点Dと一致する点はLである。

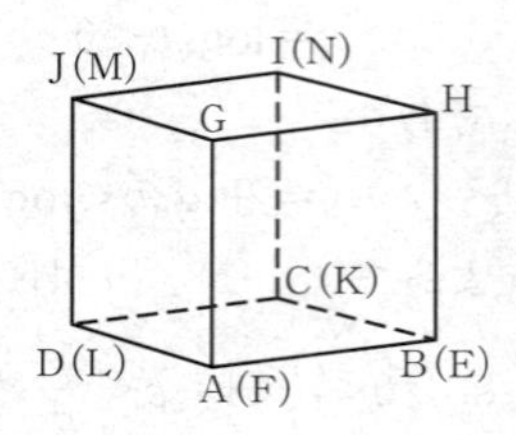

よって (e) (→お)，(ℓ) (→か)

(2) 平面BDMHに関する対称性より，面AGHBを通る経路のみを考えればよい。

最短経路は，辺AGと交わる最短経路（下図の r_1）と，辺GHと交わる最短経路（下図の r_2）の短い方である。

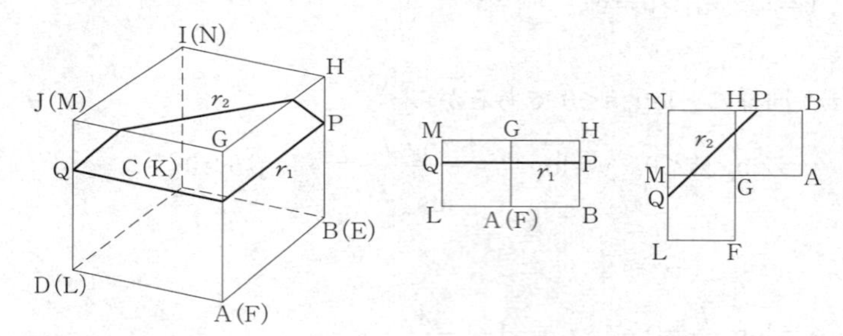

r_1 の長さは $2AB=2\times6=12$

r_2 の長さは $\sqrt{2}PN=\sqrt{2}\times8=8\sqrt{2}$

$12=\sqrt{144}$，$8\sqrt{2}=\sqrt{128}$ であるから

求める最小値は $8\sqrt{2}$

よって (f) (→き)

(3) 3点A，L，Pを通る平面 α で立方体を切断した断面は，右図のように正方形以外の長方形になる。

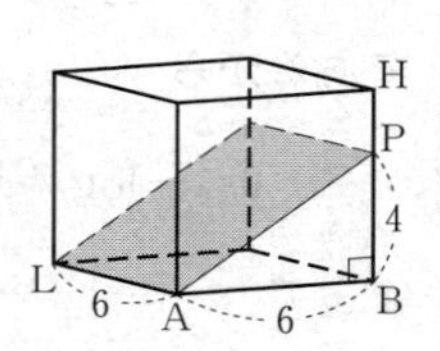

よって (g) (→く)

$$AP=\sqrt{6^2+4^2}=2\sqrt{13}$$

であるから，断面の面積は

$$6\times2\sqrt{13}=12\sqrt{13} \quad (\to オ，カ)$$

である。

(4)　3 点 A，P，Q を通る平面 β で立方体を切断した断面は，右図のように五角形になる。

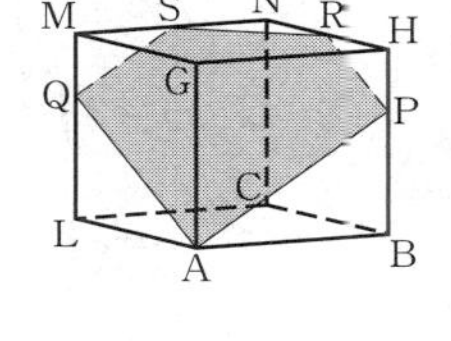

よって　　(j)　(→け)

平面 β が辺 HN，MN と交わる点をそれぞれ R，S とする。

$\triangle PHR \backsim \triangle QLA$ より　　$RH=3$

よって

$$RN=3,\ PR=\sqrt{2^2+3^2}=\sqrt{13}$$

平面 GACN に関する対称性より

$$SM=SN=3,\ QS=\sqrt{13}$$

$RN=SN=3$ より　　$SR=3\sqrt{2}$

また　　$AP=AQ=2\sqrt{13}$

よって，求める長さは

$$2\sqrt{13}\times 2+\sqrt{13}\times 2+3\sqrt{2}=3\sqrt{2}+6\sqrt{13}$$　(→キ～コ)

3　解答

こ―(n)　さ―(a)　し―(k)　サ．-1　シ．2
す―(a)　せ―(p)　そ―(ℓ)　ス．1　セ．2

◀解　説▶

≪2 次関数の最小値，定積分≫

$$f(x)=(x-2)^2-2$$

2 次関数 $f(x)$ のグラフの軸の方程式は $x=2$ であるから

(i)　$t+3\leqq 2$，すなわち $t\leqq -1$ のとき　(→サ)

$$g(t)=f(t+3)$$
$$=t^2+2t-1 \quad \cdots\cdots①$$　(→こ)

(ii)　$t\leqq 2\leqq t+3$，すなわち $-1\leqq t\leqq 2$ のとき　(→シ)

$$g(t)=f(2)$$
$$=-2 \quad \cdots\cdots②$$　(→さ)

(iii)　$t\geqq 2$ のとき

$$g(t)=f(t)$$
$$=t^2-4t+2 \quad \cdots\cdots③$$　(→し)

①，②，③から

(I)　$s>0$ かつ $s+1\leqq 2$，すなわち $0<s\leqq 1$ のとき　(→ス)

$$G(s)=3\int_s^{s+1}(-2)dt$$
$$=3\Big[-2t\Big]_s^{s+1}$$
$$=-6$$　(→す)

(II)　$s\leqq 2\leqq s+1$，すなわち $1\leqq s\leqq 2$ のとき　(→セ)

$$G(s)=3\int_s^{2}(-2)dt+3\int_2^{s+1}(t^2-4t+2)dt$$
$$=3\Big[-2t\Big]_s^{2}+3\Big[\frac{t^3}{3}-2t^2+2t\Big]_2^{s+1}$$
$$=s^3-3s^2+3s-7$$　(→せ)

(III)　$2\leqq s$ のとき

$$G(s)=3\int_s^{s+1}(t^2-4t+2)dt$$
$$=3\Big[\frac{t^3}{3}-2t^2+2t\Big]_s^{s+1}$$
$$=3s^2-9s+1$$　(→そ)

❖講　評

大問3題の出題で，1は2問の小問集合であった。すべて解答はマークセンス法となっている。

1　(1)　1次不定方程式の整数解を求める問題は，係数が大きい数であるときは，ユークリッドの互除法を利用するのがセオリーである。

(2)　対数の大小関係は，a と1と b とさらに b と $\frac{1}{a}$ との大小関係から考える。

2　立方体の断面に関する出題で，切断面と立方体の辺との交わり方がポイントとなる。

3　2次関数の定積分に関する出題で，積分区間の値の範囲により，的確に積分区間を分けなければならない。

全体的に基本から標準レベルの難度で，重要事項をしっかりと整理しておくことが望まれる。

◀経済学部 経営学科▶

1 **解答** (1)ア．2　イ．21　ウ．2　エ．7
(2)あ―(b)　い―(d)　う―(a)　え―(b)

◀解　説▶

≪小問2問≫

(1)(i) 石を3つ置くとき，石の置き方は全部で

$_9P_3=9\cdot 8\cdot 7$ 通り

このうち，石を3つ置いた時点で縦・横・斜めのいずれかに石が3つ並ぶ置き方は，縦，横の並びがそれぞれ3通り，斜めが2通りあり，そのそれぞれに対して石を置く順序が3! 通りあるから

$(3+3+2)\times 3!$ 通り

よって，求める確率は

$$\frac{(3+3+2)\times 3!}{9\cdot 8\cdot 7}=\frac{2}{21}\quad (\to ア，イ)$$

(ii) 石を4つ置くとき，石の置き方は全部で

$_9P_4=9\cdot 8\cdot 7\cdot 6$ 通り

このうち，石を4つ置いて縦・横・斜めのいずれかに石が3つ並んでいる配置は，1列に並んだ3つの石以外のもう1つの石の置き方が6通りあるから，(i)より

$(3+3+2)\times 6$ 通り

石を4つ置いた時点で終了するとき，列をなさない1つの石が1～3番目に置かれるから，4つの石を置く順序は

$3\times 3!$ 通り

よって，石を4つ置いた時点で終了する置き方は

$(3+3+2)\times 6\times 3\times 3!$ 通り

であるから，求める確率は

$$\frac{(3+3+2)\times 6\times 3\times 3!}{9\cdot 8\cdot 7\cdot 6}=\frac{2}{7}\quad (\to ウ，エ)$$

(2)(i) 点Pを通り，平面α上のすべての直線と垂直な直線は，Pを通るαの法線であり，ただ1つ存在する。よって　(b)　(→あ)

(ii)　直線 l 上の点 P を通り，l と垂直な直線は，点 P を通り，直線 l と垂直な平面上の点 P を通る直線すべてであるから，α と直交しないものは無数に存在する。よって　(d)　(→い)

(iii)　異なる 2 平面 α，β が交わるとき，これらは平行でない。α，β と垂直な直線はそれぞれの法線ベクトルと平行であるが，これらのベクトルは平行でないから，α，β の両方に垂直な直線は存在しない。
よって　(a)　(→う)

(iv)　2 直線 l，m がねじれの位置にあるとき，それぞれを含む 2 つの平面で，平行なものがただ 1 組存在する。これらの法線ベクトルは平行であるから，l をこの法線方向に平行移動した直線で m と 1 点で交わる直線が存在する。したがって，この交点を通り，法線ベクトルと平行な 1 本の直線が，l，m の両方と直交する。よって　(b)　(→え)

2　解答

(A)―(d)　(B)―(a)　(C)―(b)　(D)―(d)　(E)―(c)　(F)―(a)
(G)―(d)　(H)―(c)

◀解　説▶

≪平面ベクトルの集合≫

(A)　命題(p)　$\vec{u}=\vec{v}=(1,\ 0)$ のとき　$\vec{u}+\vec{v}=(2,\ 0)\notin V$

命題(q)　$\vec{v}=(1,\ 0)$，$k=2$ のとき　$k\vec{v}=(2,\ 0)\notin V$

よって　(d)

(B)　命題(p)　$\vec{u}=(x_1,\ -2x_1)$，$\vec{v}=(x_2,\ -2x_2)$ に対して

$\vec{u}+\vec{v}=(x_1+x_2,\ -2(x_1+x_2))$ は，$2x+y=0$ を満たし　$\vec{u}+\vec{v}\in V$

命題(q)　$\vec{v}=(x_2,\ -2x_2)$ に対して

$k\vec{v}=(kx_2,\ -2kx_2)$ は，$2x+y=0$ を満たし　$k\vec{v}\in V$

よって　(a)

(c)　命題(p)　$\left.\begin{array}{l}\vec{u}=(x_1,\ y_1),\ x_1+y_1\geqq 0\\ \vec{v}=(x_2,\ y_2),\ x_2+y_2\geqq 0\end{array}\right\}$ に対して

$\vec{u}+\vec{v}=(x_1+x_2,\ y_1+y_2)$ は，$(x_1+x_2)+(y_1+y_2)\geqq 0$ を満たし

$\vec{u}+\vec{v}=\in V$

命題(q)　$\vec{v}=(1,\ 0)$，$k=-1$ のとき　$k\vec{v}=(-1,\ 0)\notin V$

よって　(b)

(D)　命題(p)　$\vec{u}=(-1,\ 0)$，$\vec{v}=(-1,\ 0)$ のとき　$\vec{u}+\vec{v}=(-2,\ 0)\notin V$

命題(q)　$\vec{v}=(-1,\ 0)$，$k=2$ のとき　$k\vec{v}=(-2,\ 0)\notin V$

よって　(d)

(E)　命題(p)　$\vec{u}=(1,\ 0)$，$\vec{v}=(0,\ 1)$ のとき　$\vec{u}+\vec{v}=(1,\ 1)\notin V$

命題(q)　$\vec{v}=(x_2,\ y_2)$，$x_2y_2=0$ に対し

$k\vec{v}=(kx_2,\ ky_2)$ は $k^2x_2y_2=0$ を満たし　$k\vec{v}\in V$

よって　(c)

(F)　$\vec{v}=(0,\ 0)$ であり，これは命題(p)，(q)を満たす。よって　(a)

(G)　命題(p)　$\vec{u}=(1,\ 0)$，$\vec{v}=(0,\ 1)$ のとき　$\vec{u}+\vec{v}=(1,\ 1)\notin V$

命題(q)　$\vec{v}=(1,\ 0)$，$k=2$ のとき　$k\vec{v}=(2,\ 0)\notin V$

よって　(d)

(H)　命題(p)　$\vec{u}=(1,\ 1)$，$\vec{v}=(1,\ -1)$ のとき　$\vec{u}+\vec{v}=(2,\ 0)\notin V$

命題(q)　$\vec{v}=(x_2,\ y_2)$，$|x_2|\leqq|y_2|$ に対して

$k\vec{v}=(kx_2,\ ky_2)$ であり

$$|ky_2|-|kx_2|=|k|(|y_2|-|x_2|)\geqq 0$$

より，$|kx_2|\leqq|ky_2|$ であるから　$k\vec{v}\in V$

よって　(c)

3　解答

(1)オ．2　カ．3

(2)キ．1　ク．1

(3)ケ．1　コ．2

(4)お―(e)　か―(f)

(5)サ．4

(6)シ．4　ス．3　セ．−5　ソ．2

◀解　説▶

≪漸化式で表される座標平面上の点，直線と曲線で囲まれた図形の面積≫

(1)　$A_1(-1,\ 6)$ であるから

$l_1: y=-x+5$

であり，C と l_1 の交点は A_1，A_2 であるので

$$\begin{cases} y=x^2-2x+3 \\ y=-x+5 \end{cases}$$

$x^2-2x+3=-x+5$

$x^2-x-2=0$

$(x+1)(x-2)=0$

$\therefore\ x=-1,\ 2$

よって　$\mathrm{A}_2(2,\ 3)$　(→オ，カ)

(2)　l_1，l_2 は A_2 で直交するから，l_2 の傾きは1であり

$l_2: y=x+1$　(→キ，ク)

(3)　A_3 は C と l_2 との交点であるから

$$\begin{cases} y=x^2-2x+3 \\ y=x+1 \end{cases}$$

$x^2-2x+3=x+1$

$x^2-3x+2=0$

$(x-1)(x-2)=0$

$\therefore\ x=1,\ 2$

よって　$\mathrm{A}_3(1,\ 2)$　(→ケ，コ)

(4)　n が奇数のとき，点 $(x_n,\ x_n{}^2-2x_n+3)$ を通る傾き -1 の直線と C との交点が A_{n+1} である。

$l_n: y=-x+x_n{}^2-x_n+3$

C の方程式と連立し

$x^2-2x+3=-x+x_n{}^2-x_n+3$

$x^2-x-x_n{}^2+x_n=0$

$(x-x_n)(x+x_n-1)=0$

$x_{n+1}\neq x_n$ だから

$x_{n+1}=-x_n+1$

よって　(e)　(→お)

n が偶数のとき

$l_n: y=x+x_n{}^2-3x_n+3$

であり，同様に

$$x^2-2x+3=x+x_n{}^2-3x_n+3$$
$$x^2-3x-x_n{}^2+3x_n=0$$
$$(x-x_n)(x+x_n-3)=0$$

$x_{n+1}\neq x_n$ だから

$$x_{n+1}=-x_n+3$$

よって　(f)（→か）

参考　2 次方程式の解と係数の関係を用いてもよい。

(i)　n が奇数のとき

方程式 $x^2-x-x_n{}^2+x_n=0$ の 2 解が x_n，x_{n+1} であるから，解と係数の関係より　$x_n+x_{n+1}=1$

よって　$x_{n+1}=-x_n+1$

(ii)　n が偶数のとき

方程式 $x^2-3x-x_n{}^2+3x_n=0$ の 2 解が x_n，x_{n+1} であるから，解と係数の関係より　$x_n+x_{n+1}=3$

よって　$x_{n+1}=-x_n+3$

(5)　(4)から

$$\begin{cases} x_{n+1}=-x_n+1 & (n\text{ が奇数}) \\ x_{n+1}=-x_n+3 & (n\text{ が偶数}) \end{cases}$$

(i)　n が奇数のとき

$$\begin{aligned} x_{n+2}&=-x_{n+1}+3 \\ &=-(-x_n+1)+3 \\ &=x_n+2 \end{aligned}$$

$n=2m-1$ とおくと

$$x_{2m+1}=x_{2m-1}+2,\quad x_1=-1$$

であるから

$$x_{2m-1}=x_1+2(m-1)=2m-3$$
$$x_n=n-2$$

よって，$x_1=-1$，$x_3=1$，$x_5=3$，$x_7=5$，…となり，-1 以上の奇数がすべて現れる。

(ii)　n が偶数のとき

$$x_{n+2}=-x_{n+1}+1$$
$$=-(-x_n+3)+1$$
$$=x_n-2$$

$n=2m$ とおくと

$$x_{2m+2}=x_{2m}-2,\ x_2=2$$

であるから

$$x_{2m}=x_2-2(m-1)=-2m+4$$
$$x_n=-n+4$$

よって，$x_2=2$，$x_4=0$，$x_6=-2$，…となり，2以下の偶数がすべて現れる。

(i)，(ii)より，x_n の値として現れない整数のうちで，正で最小のものは4である。（→サ）

(6)　C と l_n との交点の x 座標は x_n，x_{n+1} であり，C と l_n で囲まれた図形の面積を S とすると

(i)　n が奇数のとき

$$l_n: y=-x+x_n{}^2-x_n+3$$
$$x_n=n-2,\ x_{n+1}=-(n-2)+1=-n+3$$

であり

$$S=\left|\int_{x_n}^{x_{n+1}}\{(-x+x_n{}^2-x_n+3)-(x^2-2x+3)\}dx\right|$$
$$=\left|-\int_{x_n}^{x_{n+1}}(x-x_n)(x+x_n-1)dx\right|$$
$$=\left|-\int_{n-2}^{-n+3}\{x-(n-2)\}\{x-(-n+3)\}dx\right|$$
$$=\frac{1}{6}|2n-5|^3$$
$$=\frac{4}{3}\left|n-\frac{5}{2}\right|^3$$

(ii)　n が偶数のとき

$$l_n: y=x+x_n{}^2-3x_n+3$$
$$x_n=-n+4,\ x_{n+1}=-(-n+4)+3=n-1$$

であり

$$S=\left|\int_{x_n}^{x_{n+1}}\{(x+x_n{}^2-3x_n+3)-(x^2-2x+3)\}dx\right|$$

$$=\left|-\int_{x_n}^{x_{n+1}}(x-x_n)(x+x_n-3)dx\right|$$

$$=\left|-\int_{-n+4}^{n-1}\{x-(-n+4)\}\{x-(n-1)\}dx\right|$$

$$=\frac{1}{6}|2n-5|^3$$

$$=\frac{4}{3}\left|n-\frac{5}{2}\right|^3$$

(i), (ii)から

$$S=\frac{4}{3}\left|n-\frac{5}{2}\right|^3 \quad (\rightarrow シ〜ソ)$$

参考　l_n の方程式を用いずに次のようにしてもよい。

C と l_n で囲まれた図形の面積を S とすると，C と l_n との交点の x 座標は x_n，x_{n+1} であるから

$$S=\left|\int_{x_n}^{x_{n+1}}\{-(x-x_n)(x-x_{n+1})\}dx\right|$$

$$=\frac{1}{6}|x_{n+1}-x_n|^3$$

ここで，(5)より

(i)　n が奇数のとき

$x_n=n-2$，$x_{n+1}=-x_n+1=-n+3$ より

$$x_{n+1}-x_n=-2n+5$$

(ii)　n が偶数のとき

$x_n=-n+4$，$x_{n+1}=-x_n+3=n-1$ より

$$x_{n+1}-x_n=2n-5$$

よって，(i), (ii)のいずれの場合も

$$|x_{n+1}-x_n|=|2n-5|$$

したがって

$$S=\frac{1}{6}|2n-5|^3=\frac{4}{3}\left|n-\frac{5}{2}\right|^3$$

❖講　評

大問3題の出題で，1は2問の小問集合であった。すべて解答はマークセンス法となっている。

1　(1)　確率の計算であるが，順列の個数を計算すればよく，公式を利用して合理的に処理したい。

(2)　空間図形の平面と直線の位置関係に関する出題で，法線ベクトルを考えることですっきりする。

2　ベクトルの集合に関する出題で，和や実数倍について集合が閉じているかを考える。

3　放物線と直線の交点の座標に関する漸化式を導き，直線と放物線で囲まれる図形の面積を求めるものであるが，やや難度が高い。

全体としては，試験時間の割には計算量が多く，また，大問の後半は前半と比べて難度が上がる。ケアレスミスなく計算できる力をつけ，前半で失点しないようにしたい。

2019年度

問題と解答

■推薦入試（公募制）

問題編

▶学科ごとの個別テスト内容

学　部	学　科	学科ごとの個別テストの内容
法	法　　律	小論文（800 字）―社会と法に関する設問を含む小論文
	国際関係法	小論文（800 字）―国際関係に関する小論文〈非公表〉
	地球環境法	小論文（800 字）―社会（環境問題を含む）と法に関する小論文
経　済	経　　済	数学の基礎に関する理解力，思考力を問う試問
	経　　営	産業社会に関する理解力と思考力を問う試験（英語を含む）

▶備　考

- 高等学校長の推薦に基づき，「高等学校調査書」，「自己推薦書」，「レポート等特定課題」による書類審査と，「学科ごとの個別テスト」および「面接」によって総合的に判断し，合否判定を行う。

法学部 法律学科

◀社会と法に関する設問を含む小論文▶

（60分
解答例省略）

課題：小論文（800字）

下記の文章①は，「東京都オリンピック憲章にうたわれる人権尊重の理念の実現を目指す条例」に関する記事の一部です。また，②はこの条例の前文の一部，③は，条例の抜粋です。これらを読んで，あなたが考えたことを800字以内で論じてください。

①　人権の尊重をうたう東京都の条例案が10月3日，都議会総務委員会で賛成多数で可決された。5日の本議会で成立し，来年4月に全面施行される見通しだが，恣意的な運用や「表現の自由」への影響を心配する声があがっている。

都の条例案に対し，元大学教授やジャーナリスト有志らのグループが「表現の自由を不当に侵害し，自由な言論やジャーナリズムを脅かしかねない」と反対声明を発表。市民団体「外国人人権法連絡会」共同代表の弁護士は「首都である東京で，ヘイトスピーチを含む差別を防ぐための条例ができることは評価できる」としつつ，[都の施設の利用に関する] 制限基準が条例に書かれない点を「知事が恣意的に基準をつくれてしまう」と問題視する。

②　東京に集う多様な人々の人権が，誰一人取り残されることなく尊重され，東京が，持続可能なより良い未来のために人権尊重の理念が実現した都市であり続けることは，都民全ての願いである。

東京都は，このような認識の下，誰もが認め合う共生社会を実現し，多様性を尊重する都市をつくりあげるとともに，様々な人権に関する不当な差別を許さないことを改めてここに明らかにする。そして，人権が尊重された都市であることを世界に向けて発信していくことを決意し，この条例を制定する。

③ （啓発等の推進）
第十条　都は，不当な差別的言動を解消するための啓発等を推進するものとする。
（公の施設利用制限）
第十一条　知事は，公の施設において不当な差別的言動が行われることを防止するため，公の施設の利用制限について基準を定めるものとする。
（拡散防止措置及び公表）
第十二条　知事は，次に掲げる表現活動が不当な差別的言動に該当すると認めるときは，事案の内容に即して当該表現活動に係る表現の内容の拡散を防止するために必要な措置を講ずるとともに，当該表現活動の概要等を公表するものとする。ただし，公表することにより第八条の趣旨を阻害すると認められるときその他特別の理由があると認められるときは，公表しないことができる。
一　都の区域内で行われた表現活動
二　都の区域外で行われた表現活動（都の区域内で行われたことが明らかでないものを含む。）で次のいずれかに該当するもの
ア　都民等に関する表現活動
イ　アに掲げる表現活動以外のものであって，都の区域内で行われた表現活動に係る表現の内容を都の区域内に拡散するもの
2　前項の規定による措置及び公表は，都民等の申出又は職権により行うものとする。
3　知事は，第一項の規定による公表を行うに当たっては，当該不当な差別的言動の内容が拡散することのないよう十分に留意しなければならない。
4　第一項の規定による公表は，インターネットを利用する方法その他知事が認める方法により行うものとする。

出典：①https://www.asahi.com/articles/ASLB33K6BLB3UTIL00F.html（朝日新聞 2018 年 10 月 3 日付記事）
②③http://www.soumu.metro.tokyo.jp/10jinken/tobira/pdf/regulations2.pdf
なお，①につき，出題の都合上，省略・改変した箇所がある。

法学部 地球環境法学科

◀社会（環境問題を含む）と法に関する小論文▶

（60分）

課題：小論文（800字）

日本のみならず世界の著名な観光地では，観光客の急増が地域の市民の生活環境や自然環境に負の影響を及ぼし，結果として観光客の満足度も低下させる観光公害（オーバーツーリズム）が問題となっている。

2015年9月の国連総会で採択された持続可能な開発のための2030アジェンダでの持続可能な開発目標（SDGs＝Sustainable Development Goals）を受けて，国連世界観光機関（UNWTO）が「観光と持続可能な開発目標」という指針をまとめた。日本でも，2018年6月18日，観光庁内に「持続可能な観光推進本部」を新設し，観光客と地域住民との共存・共生に関する対応策を検討する。観光においても「持続可能性」を追求することが喫緊の課題となっているのだ。

では，「持続可能な観光」とは何か。日本または世界の観光地における外国人旅行客増加に伴う具体的な問題事例を挙げながら，800字以内で答えなさい。

経済学部 経済学科

◀数学の基礎に関する理解力，思考力を問う試問▶

(60分)

注意

- 問題は3問ある。解答は各問題について1枚の解答用紙を使用すること。
- 解答は，理由をていねいに説明すること。説明文も採点の対象になる。

1 (1)　$x=\dfrac{\sqrt{5}-\sqrt{2}}{\sqrt{5}+\sqrt{2}}$，$y=\dfrac{\sqrt{5}+\sqrt{2}}{\sqrt{5}-\sqrt{2}}$ のとき，次の値を求めよ。

(a)　x^2+y^2

(b)　x^2-y^2

(2)　k は定数とする。直線 $(-k+1)x+(2k+1)y+2k-5=0$ は，k の値に関係なく定点を通る。その定点の座標を求めよ。また，この直線が $(2,\ -1)$ を通るように，k の値を定めよ。

(3)　和 $S=1\cdot3+5\cdot3^2+9\cdot3^3+\cdots+(4n-3)\cdot3^n$ を求めよ。

2 　a を定数とし，$f(x)=\displaystyle\int_0^x(t^2-at-a+3)dt$ とする。このとき，次の問いに答えよ。

(1)　$a=3$ のとき，$y=f(x)$ のグラフをかけ。

(2)　関数 $y=f(x)$ が極値をもつように，定数 a の値の範囲を定めよ。

(3)　y は $x=\alpha$ で極大，$x=\beta$ で極小になるとする。$\alpha+\beta=4$ のとき，$\beta-\alpha$ の値を求めよ。

3　赤玉4個，青玉3個，白玉1個が入っている袋から玉を1個取り出し，色を確かめてから袋に戻す。このような試行を最大で3回まで繰り返す。ただし，白玉を取り出したときは以後の試行を行わない。次の確率を求めよ。

(1)　試行が1回または2回で終了となる確率

(2)　赤玉がちょうど2回取り出される確率

(3)　青玉が少なくとも1回取り出される確率

経済学部 経営学科

◀産業社会に関する理解力と思考力を問う試験（英語を含む）▶

（90 分）

1　次の文章を読んで問１～問５に答えなさい。

一に立地，二に立地，三，四が無くて，五に立地。こんな格言を，小売業ではよく耳にします。商品に自信があっても，店を飾り立てても，従業員をよくしつけても，店に人が来なければ埃が積もるだけ。店を気に入ったと口にする客ですら，ついでもない限り，なかなか店まで足を運んでくれるものではない。だから，他の何はさておくとしても，まずは人の流れの中に店を出せ。そんな話になるのでしょう。

(1)同じ格言は，そのまま戦略にも当てはまります。「立地」が悪ければ，他の努力がすべて水泡に帰するのは戦略とて同じことなのです。どうせ事業を構えるなら，需要があって，供給が少ない，そういう「立地」を選ぶに限ります。もう気付かれた読者もいらっしゃると思いますが，これぞ，成長戦略のウソを取り上げた節の中で私が「照準」と呼んだものの正体に他なりません。

制約の少ない創業時に「立地」を選ぶのは，容易と言えば言い過ぎになるかもしれませんが，決して難事ではありません。「立地」の良し悪しを見分ける①シンガンが創業者にありさえすれば，あとは実行だけの問題です。デルやサウスウエスト航空を始めとして，創業者の慧眼で「立地」に成功した企業は，アメリカでは数多く知られています。日本でも，よく考えてみると，成功例は少なくありません。私が調べた電機・精密機器業界では，ヒロセ電機やウシオ電機やキーエンスの他にも，図研や日本デジタル研究所やノーリツ鋼機や，堀場製作所や HOYA が間違いなく②シュウイツな

「立地」で高収益をものにした会社だと思います。

既存の大企業となると，話は変わります。もはや「立地」選択の自由はありません。それどころかすでに選んだ「立地」では供給が次第に増えていき，需要は徐々に減っていく，そんな事態に見舞われているところが多いのではないでしょうか。利益率の長期低落傾向が物語るのは，そういう「立地」の荒廃です。その様は，かつて駅前の一等地で③ハンジョウした店が，人が車に乗って郊外に向かう時代に入り，今や人影まばらなアーケード街にポツンと取り残されているのと似ています。

全国④ツツウラウラにある駅前商店街では，人の流れをもう一度駅前に取り戻そうと，青年部の人たちが奮闘しています。そして，その姿をメディアが盛んに報道します。しかしながら，少し違うことが現実の中では起きていて，駅前商店街の衰退を逆手にとって大きく利する人たちが出てきているのです。大手流通企業が郊外に建設するショッピング・センターの中に出店したり，自ら田んぼを埋め立てて駐車場付きの大型店を出した人たちが，それにあたります。彼らは駅前では考えられなかった⑤ヒヤクを遂げており，(2)あらためて物事の二面性を思い知らされます。

企業の命運を分ける戦略は，まさにここにあります。そう，「立地替え」です。荒廃の進んだ旧天地を捨て，新天地に打って出る。これをいかに実現するかという話です。「立地替え」は⑥カケネなしの難業であり，時間もかかります。であるがゆえに，戦略の核心となるのです。

一口に「立地賛え」とは言っても，旧天地には⑦バクダイな投資がなされているのが普通です。さらに，少なくなったとは言え，まだ得意客もついています。そんな旧天地を捨てるのは忍びないでしょう。また，新天地に関しても，いざそれをどこに求めるかとなると，合意を見るのは大変です。社内には様々な意見があるでしょうし，純粋な意見の相違を超えた利害の対立をはらむことも珍しくありません。こうして大半の経営者は⑧ジキショウソウと尻込みし，「機」を逃すことになるのです。

比喩的に「立地」の荒廃という言い方をしましたが，これはまさに戦略の中心テーマです。大企業は，競争に打ち勝ったからこそ大企業として存在するわけで，その「立地」に何らかの優位性があったことは間違いありません。しかし「立地」の優位性には寿命があります。優位性が大きければ大きいほど，競合企業がにじり寄ってきますし，需要をよく満たせば満たすほど，⑨コウバイイヨクは他の飛び地に向かっていくものです。こうして，どんな「立地」でも，その優位性は遅かれ早かれ消えてなくなります。

皆さんも，どこかで企業の有限寿命説を耳にしたことがあるでしょう。企業が本当に⑩イセイの良い時期は三〇年かそこらで終わりを迎え，あとは生きる⑪シカバネ同然になり下がる。または経営がおかしくなって倒産してしまう，そんな内容です。これは英語でいうフォークロアに相当します。一人の権威が唱えたというのではなく，多くの人が独立に何らかの経験を通してそう考えるに至り，それを何気なく口にしたところ，周囲の人々の共感を誘い，まことしやかに語り継がれてきたということです。それだけに，⑫イチマツの真理が含まれている可能性は高いのではないでしょうか。

もちろん，企業の有限寿命説を⑬ガクメンどおりに信奉するわけにはいきません。創業以来一世紀以上の歴史を重ねて来たGEの健在ぶりを見れば，その点に議論の余地はないでしょう。しかしそのGEとて，個々の事業は大幅に入れ替えています。ということは，有限寿命を抱えるのは個々の事業であり，事業の⑭シンチンタイシャさえきちんとすれば，(3)事業のポートフォリオとして成り立つ企業は寿命と無縁でいられるのかもしれません。それでも企業に寿命があるように見えるのは，世の企業の大半が創業の事業と共に心中を遂げるから。そう考えれば，つじつまは合うのです。

寿命を迎えた事業は消えてなくなるわけではありません。たいていの場合は生きながらえるのですが，GDPに占めるウエイトがどんどん下がっていくのです。

陶磁器，絹織物，石炭。これらはすべて，日本の花形事業でした。今となってはウソのような話ですが，事業が⑮クチていくことを物語る好例と言ってよいでしょう。人間が生きていく上で不可欠な農業ですら，二〇世紀の間にGDP比は十分の一程度に下がってしまいました。

有限寿命説が本当に事業レベルで成立するのかどうかは，ここでの主題ではありません。注目してほしいのは，それがずっと語り継がれてきたという事実です。これは，「立地」の荒廃現象が多くの人々の感知するところとなってきたことを物語っています。それだけ普遍性の高い現象なのでしょう。遅すぎることなく，早すぎることなく，「立地」の荒廃にどう処するのかは戦略の永遠のテーマと言ってよいかと思います。

出典：三品 和広『経営戦略を問いなおす』ちくま新書，2006 年，pp. 65-69。

問1　下線部①～⑮のカタカナを漢字に直しなさい。必要に応じて送り仮名を付けること。

問2　下線部(1)の「立地」を説明しなさい。

問3　下線部(2)の筆者の考える「物事の二面性」とは，具体的にどのような内容か。

問4　下線部(3)の事業のポートフォリオとして成り立つ企業とはどのような企業か。

問5　優れた経営者とはどのような行動をする人のことか。筆者の主張に即して説明しなさい。

2

次の英文を読んで，問1～問4に答えなさい。

Psychological ＿(あ)＿. The human mind is a notoriously imperfect instrument. Extensive research has shown that the way we process information is subject to a slew of flaws — scholars call them cognitive biases — that can lead us to ignore or underestimate approaching disaster. Here are a few of the most common:

- We tend to harbor illusions that things are better than they really are. We assume that potential problems won't actually materialize or that their consequences won't be severe enough to merit preventive measure. "We'll get by," we tell ourselves.
- We give great weight to evidence that supports our preconceptions and discount evidence that calls those preconceptions into question.
- We are creatures of the present. We try to maintain the status quo while downplaying the importance of the future, which undermines our motivation and courage to act now to prevent some distant disaster. We'd rather avoid a little pain today than a lot of pain tomorrow.

- Most of us don't feel compelled to prevent a problem that we have not personally experienced or that has not been made real to us through pictures or other vivid information. We act only after we've experienced significant harm or are able to graphically imagine ourselves, or those close to us, in peril.

All of these biases share something in common: They are self-serving. (省略) Much of Shell's failure to anticipate the disastrous response to its decision to dump the Brent Spar can be traced to the self-serving biases of its people — to their unshakable belief that they were right. Shell was an engineering company run by executives trained to make decisions through rigorous technical and economic analysis. Having reviewed more than 30 independent studies and arrived at "The correct answer" about the Spar, and having received approval from the British government to sink it, executives at Shell UK were utterly confident that their decision made the most sense, and they assumed that every reasonable person would see the issue their way. They were unprepared to deal with a group of true believers who opposed any dumping on principle and who were skilled at making emotional arguments that resonated with the public. In the contest for people's hearts and minds, emotion easily defeated analysis — much to the consternation of Shell executives. Even well after it was obvious that they were losing the battle, the leaders of Shell UK still couldn't back away from a failing course of action.

Organizational ＿(あ)＿. The very structure of business organizations, particularly those that are large and complex, makes it difficult to anticipate predictable surprises. Because companies are usually divided into organizational silos, the information leaders need to see and assess an approaching threat is often fragmented. Various people have various pieces of the puzzle, but no one has them all. In theory, corporate management should play the role of ＿(い)＿, bringing together the fragmented information in order to see the big picture. But the barriers to this happening are great. Information is filtered as it moves up through hierarchies ── sensitive or embarrassing information is withheld or glossed over. （省略） Organizational silos not only disperse information; they also disperse responsibility. In some cases, everyone assumes that someone else is taking responsibility, and so no one ever acts. In other cases, one part of an organization is vested with too much responsibility for a particular issue. Other parts of the organization, including those with important information or perspectives, aren't consulted or are even actively pushed out of the decision making process.

出典：Michael Watkins and Max Bazerman. 2003. "Predictable Surprises: The Disasters You Should Have Seen Coming." *Harvard Business Review*, 81(3): 72-80. より抜粋。

（注） slew … たくさん，多数，大量
illusion … 錯覚
status quo … 現状維持
peril … ～を危険にさらす
anticipate … ～を予測する
Brent Spar … 海上油田で使用される巨大なブイ（浮標）
hierarchy … 階層

問１．(あ)に共通に入る最も適切な単語を次から１つ選びなさい。

a．Uncertainties　　b．Strength
c．Vulnerabilities　　d．Attention

問２．下線のThey are self-servingの意味を本文の内容に沿って日本語で簡潔に説明しなさい。

問３．下線のorganizational silosはどのような状況を意味しているか。本文の内容に沿って日本語で簡潔に説明しなさい。

問４．(い)に入る最も適切な単語を次から１つ選びなさい。

a．Synthesizer　　b．Moderator
c．Facilitator　　d．Inventor

3　以下の各問に答えなさい。

ある企業Sは製品Xを製造していることとします。そして，企業Sは製品Xの製造のためちょうど2つの工場を持っていることとします。これらの工場を工場Aと工場Bと記します。製品Xの生産量とその生産に要する費用の関係は工場に依存していて，下表の通りとします。

工場A

生産量	0	1	2	…	n	…
費用	0	1	2	…	n	…

工場B

生産量	0	1	2	…	n	…
費用	0	1/20	1/5	…	$(1/20)\times n^2$	…

ただし，いずれの工場においても，製品Xの生産量は0以上の整数の範囲とします。

以下では，工場Aにおける生産量をx，工場Bにおける生産量をyで表し，「工場Aの生産量と工場Bの生産量の組み」を$(x,\ y)$を用いて表します。そして，$x+y$を総生産量とよびます。また，工場Aで生ずる費用と工場Bで生ずる費用の和を総費用とよぶこととします。

例えば，$(x,\ y)=(3,\ 2)$であれば，総費用は

$$3+(1/20)\times 2^2=3+(1/5)=16/5$$

となります。

このとき，以下の各問いに答えなさい。

問1．$(x,\ y)=(7,\ 9)$，$(8,\ 8)$，$(9,\ 7)$の各場合について，総費用を求めなさい。

問2．総生産量を8個とするとき，総費用を最小にする$(x,\ y)$を求めなさい。なお，解答を得るまでの過程も明記しなさい。

問3．総生産量を16個とするとき，総費用を最小にする$(x,\ y)$を求めなさい。なお，解答を得るまでの過程も明記しなさい。

問4．総生産量を20個とするとき，総費用を最小にする$(x,\ y)$を求めなさい。なお，解答を得るまでの過程も明記しなさい。

問５．企業Ｓが総費用を最小にする $(x,\ y)$ を選択する場合に，いずれの工場においてもその生産量が１以上となる総生産量の範囲を求めなさい。なお，解答を得るまでの過程も明記しなさい。

解答編

法学部 地球環境法学科

◀社会（環境問題を含む）と法に関する小論文▶

解答例　持続可能な観光とは，旅行客が観光地を訪れることによって生み出す利益を元手に，観光地側が環境保全と人材育成を行い，魅力を引き上げ，それがますます旅行客の満足度を高めるという，好サイクルのある観光のことだと考える。単に訪問者数の増加だけを目指しても，いずれ頭打ちになる。訪問のたびに新たな魅力を発見してもらい，リピーターを確保することでしか，持続可能性は実現できない。

オーバーツーリズムは，こうした持続可能な観光を妨げる問題である。事例として京都の現状を取り上げよう。外国人旅行客の増加により，寺社は混雑し，本来の静かな信仰の場ではなくなっている。祇園のような地域では，食べ歩きや舞妓の無断撮影など，マナー違反がみられる。また，人気の観光名所の周囲にも人が溢れ，住民の不安と不満のもとになっている。「観光公害」という言葉も生まれているが，加害者扱いされてなお繰り返し訪れたいと考える旅行客がいるだろうか。

持続可能な観光の実現には，観光地の人々にとって受け入れ可能な形で，旅行客側の満足を最大限にすることが重要だ。そのためには，訪問する側と受け入れる側の相互理解が何よりも必要である。旅行客は，現地の習慣やマナーなどをできるだけ学んでいくべきだ。名所の表面を眺めるだけでは，結局満足度の低い旅になるだろう。受け入れ側も，積極的に相手を理解するよう努力すべきである。たとえば，外国人旅行客がいだく不満として日本人の語学力の低さが挙げられるが，観光産業に携わる者は，マニュアル対応ではなく双方向的な意思疎通ができるよう，語学力を磨くべきである。そうすれば，旅行客の満足度を高めるだけでなく，マナー違反に対応することも可能になり，全体的にみれば観光地側の負担や不満も抑制される。京都を含め，何らかの形で観光税が導入されている観光地は世界中にあるが，こうした人材の育成のためにそれらを活用することも必要だろう。(800 字以内)

◀解　説▶

≪持続可能な観光とは何か≫

設問の要求は「持続可能な観光」とは何か，日本または世界の観光地における外国人旅行客増加に伴う具体的な問題事例を挙げながら述べることである。

外国人旅行客増加に伴う問題としては，やはり日本の事例の方がイメージしやすいだろう。〔解答例〕では京都を取り上げているが，世界遺産登録後の白川郷や富士山などの事例も見聞きしているはずだ。海外の事例だと，ローマやパリ，バルセロナのような国際観光都市，グランドキャニオンやガラパゴス諸島のような自然・景観型の観光地が取り上げやすいと思われる。

〔解答例〕は，「持続可能な観光」とは，観光地の魅力と旅行客の満足が互いを高め合うサイクルだという考え方から出発している。希少な自然や景観，リゾート性を売り物にした観光地の場合，このような持続可能性の達成のためにまず考えられるのは，訪問者数の制限であろう。訪れる人が制限されれば，自然や景観の破壊も軽度で済み，保全のコストも低く抑えられるからである。もっともその制限を，ガイド料金や宿泊料金，交通料金などの値上げにより経済的な敷居を高く設定することで行うのか，あるいは募集と抽選などの形で行うのかは難しいところだ。前者では，料金さえ払えばいいという風潮を生みかねないし，後者の場合，環境保全に回すべき資金が入ってきづらくなる。それにどう対応するかも提案できればいい解答になるだろう。

一方で京都などの観光都市の場合，訪問者の数を制限するのは当然ながら不可能である。それ以外の方法で，オーバーツーリズムを抑制しつつ旅行客の満足を高める方策を考える必要がある。〔解答例〕は，人の育成がその方策となるという観点から議論を展開している。旅行客を相手にした商業施設から環境保全や人材育成のための資金を供出してもらう仕組みなどを具体的に論じることもできる。

気をつけてほしいのは，近年の日本国内の状況にのみとらわれて外国人観光客の急増を諸悪の根源とみなすような論にすべきではない，ということだ。目を海外に転じれば，かつてヨーロッパの観光地に殺到する日本人の団体旅行客がどれほどの悪評をこうむっていたかが思い起こされるだろう。訪問する側と受け入れる側の双方を考慮した，バランスのある論述を心がけてほしい。

経済学部 経済学科

◀数学の基礎に関する理解力，思考力を問う試問▶

1

解答 (1) 題意より

$$x=\frac{(\sqrt{5}-\sqrt{2})^2}{(\sqrt{5}+\sqrt{2})(\sqrt{5}-\sqrt{2})}=\frac{7-2\sqrt{10}}{3}$$

$$y=\frac{(\sqrt{5}+\sqrt{2})^2}{(\sqrt{5}-\sqrt{2})(\sqrt{5}+\sqrt{2})}=\frac{7+2\sqrt{10}}{3}$$

であり

$$x+y=\frac{14}{3},\ xy=1,\ x-y=-\frac{4\sqrt{10}}{3}$$

であることに注意しておく。

(a)
$$x^2+y^2=(x+y)^2-2xy=\left(\frac{14}{3}\right)^2-2\cdot 1$$
$$=\frac{178}{9}\quad \cdots\cdots(答)$$

(b)
$$x^2-y^2=(x+y)(x-y)=\left(\frac{14}{3}\right)\cdot\left(-\frac{4\sqrt{10}}{3}\right)$$
$$=-\frac{56\sqrt{10}}{9}\quad \cdots\cdots(答)$$

(2) 直線 $(-k+1)x+(2k+1)y+2k-5=0$ が，k の値によらず，定点 $(X,\ Y)$ を通る条件は，$(-k+1)X+(2k+1)Y+2k-5=0$ がすべての実数 k に対して成り立つことである。

すなわち，$(-X+2Y+2)k+(X+Y-5)=0$ が k についての恒等式となることであるから

$$-X+2Y+2=0,\ X+Y-5=0$$

$$\therefore\ X=4,\ Y=1$$

よって，求める定点の座標は $(4,\ 1)$ である。 ……(答)

また，この直線が $(2,\ -1)$ を通る条件は

$$(-2-2+2)k+(2-1-5)=0$$

より　$k=-2$　……(答)

(3)　$S=1\cdot3+5\cdot3^2+9\cdot3^3+\cdots+(4n-3)\cdot3^n$

$$3S=1\cdot3^2+5\cdot3^3+9\cdot3^4+\cdots+(4n-3)\cdot3^{n+1}$$

より

$$-2S=1\cdot3+\underbrace{4\cdot3^2+4\cdot3^3+\cdots+4\cdot3^n}_{\text{ここが等比数列の和になっている}}-(4n-3)\cdot3^{n+1}$$

$$=3+\frac{4\cdot3^2(3^{n-1}-1)}{3-1}-(4n-3)\cdot3^{n+1}$$

$$=3+2\cdot3^{n+1}-18-(4n-3)\cdot3^{n+1}$$

$$=-(4n-5)\cdot3^{n+1}-15$$

これより

$$S=\frac{(4n-5)\cdot3^{n+1}+15}{2}\quad\cdots\cdots(\text{答})$$

別解　(3)　$f(x)=(ax+b)\cdot3^{x+1}$ とし，$f(x)-f(x-1)$ が $(4x-3)\cdot3^x$ となるように，定数 a，b を定めたい。

$$f(x)-f(x-1)=(ax+b)\cdot3^{x+1}-\{a(x-1)+b\}\cdot3^x$$

$$=\{(3ax+3b)-(ax+b-a)\}\cdot3^x$$

$$=\{2ax+(a+2b)\}\cdot3^x$$

より，$2a=4$，$a+2b=-3$ となる定数 a，b として，$a=2$，$b=-\frac{5}{2}$ がとれる。

よって，$f(x)=\left(2x-\frac{5}{2}\right)\cdot3^{x+1}$ に対して

$$f(x)-f(x-1)=(4x-3)\cdot3^x$$

が x の恒等式となり

$$S=\sum_{x=1}^{n}(4x-3)\cdot3^x=\sum_{x=1}^{n}\{f(x)-f(x-1)\}$$

$$=f(n)-f(0)=\left(2n-\frac{5}{2}\right)\cdot3^{n+1}-\left(-\frac{15}{2}\right)$$

$$=\frac{(4n-5)\cdot3^{n+1}+15}{2}$$

◀解　説▶

≪小問 3 問≫

(1)　式の値を求める計算であるが，(a)x^2+y^2 が x と y の対称式であるのに対し，(b)x^2-y^2 は x と y の対称式でないことに注意しよう。x と y の対称式は，$x+y$ と xy の 2 つの式（これらを基本対称式という）で表されるので，あらかじめ $x+y$ と xy の値を計算しておくとよい。

(b)の x^2-y^2 は $(x+y)(x-y)$ と因数分解できることから，$x-y$ を計算すればよいことがわかる。その際，x と y のそれぞれに対して，分母の有理化を行った。どのパーツが計算できればよいのかを考え，必要最小限の計算で済む工夫をしよう。

(2)　直線が k の値に関わらずある定点を通過するという設定の問題である。図形と方程式の基本的な問題であり，図形的な状況を数式におき換えて処理することが求められている。実質的には，k についての恒等式となる条件として処理することになる。直線が点を通るという図形的な状況は，点の座標が直線の方程式の解となっているという数式に翻訳できることの認識を問う問題である。

(3)　初項が 1 で公差が 4 の等差数列と，初項が 3 で公比が 3 の等比数列を“かけあわせて”作った数列の和の計算である。これには様々な計算法があるが，〔解答〕では，S に対して $3S$ を考え，その差を利用した。〔別解〕のように，和が打ち消しあうような工夫ができる $f(x)$ を（ある程度形を想定して）探し，それを利用する方法もある。

2　**解答**　(1)　$a=3$ のとき

$$f(x)=\int_0^x (t^2-3t)\,dt=\left[\frac{1}{3}t^3-\frac{3}{2}t^2\right]_0^x$$

$$=\frac{1}{3}x^3-\frac{3}{2}x^2=\frac{1}{3}x^2\left(x-\frac{9}{2}\right)$$

また

$$f'(x)=x^2-3x=x(x-3)$$

であり，$f(x)$ の増減は次表のようになる。

x	$\cdots$	0	$\cdots$	3	$\cdots$
$f'(x)$	$+$	0	$-$	0	$+$
$f(x)$	↗	0	↘	$-\frac{9}{2}$	↗

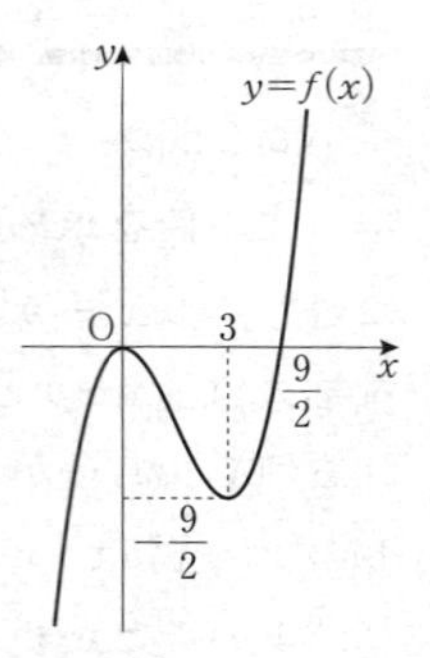

したがって，$y=f(x)$ のグラフは右のようになる。

(2)　$f'(x)=x^2-ax-a+3$ である。

3次関数 $y=f(x)$ が極値をもつための a の条件は，x の2次方程式 $f'(x)=0$ が異なる2つの実数解をもつこと，すなわち $f'(x)=0$ の判別式 $D>0$ である。

$$D=a^2-4(-a+3)=a^2+4a-12$$
$$=(a+6)(a-2)>0$$

よって　　$a<-6,\ 2<a$　……(答)

(3)　y は $x=\alpha$ で極大，$x=\beta$ で極小となるので，(2)の条件のもとで，$f'(x)=0$ つまり $x^2-ax-a+3=0$ の異なる2つの実数解が $x=\alpha,\ \beta$ $(\alpha<\beta)$ である。

解と係数の関係より

$$\begin{cases}\alpha+\beta=-\dfrac{-a}{1}=a\\[2mm] \alpha\beta=\dfrac{-a+3}{1}=-a+3\end{cases}$$

いま，$\alpha+\beta=4$ であるから，$a=4$ であり，これは(2)で求めた a の条件を確かに満たし，これより，$\alpha\beta=-1$ である。

ここで

$$(\beta-\alpha)^2=\alpha^2-2\alpha\beta+\beta^2=(\alpha+\beta)^2-4\alpha\beta$$
$$=4^2-4\cdot(-1)=20$$

であり，$\beta-\alpha>0$ であるから

$$\beta-\alpha=\sqrt{20}=2\sqrt{5}\quad\cdots\cdots(\text{答})$$

◀解　説▶

≪定積分で表された関数≫

$f(x)$ が定積分を用いた式で定義されているが，積分計算が容易に実行できるので，その結果，3次関数 $f(x)$ を扱う問題となっている。

(1)　a の値が具体的に3のときと提示されているので，素直に計算を進め

ていけばよい。

(2)　a を定数とし，$g(t)$ を x を含まない t の関数とするとき，

$f(x)=\int_a^x g(t)dt$ に対して，$f'(x)=g(x)$，$f(a)=0$ が成り立つ。

特に，$f'(x)=g(x)$ は微分と積分が逆の操作であることを表しており，「微分積分学の基本定理」とよばれることがある。

$f'(x)=x^2-ax-a+3$ は $f(x)$ の定義に含まれる積分の被積分関数と“同じ”関数である。

(3)　α，β が $f'(x)=0$ の異なる 2 つの実数解であることを読み取り，解と係数の関係を用いて対称式の計算にもちこめばよい。このタイプの融合問題は，この分野での頻出問題である。$a=4$ より α，β は $x^2-4x-1=0$ の解であるから，解の公式を用いて

$$\beta-\alpha=(2+\sqrt{5})-(2-\sqrt{5})=2\sqrt{5}$$

として求めることもできる。

3　解答

(1)　試行が 1 回で終了となるのは，1 回目で白玉を取り出すときであり，その確率は $\frac{1}{8}$ である。

また，試行が 2 回で終了となるのは，1 回目で白玉以外を取り出し，2 回目で白玉を取り出すときであり，その確率は $\left(1-\frac{1}{8}\right)\cdot\frac{1}{8}$ である。

これらは排反であるので，求める確率は

$$\frac{1}{8}+\left(1-\frac{1}{8}\right)\cdot\frac{1}{8}=\frac{15}{64}\quad\cdots\cdots(答)$$

(2)　赤玉がちょうど 2 回取り出されるのは，次の 3 つの場合である。

1 回目	2 回目	3 回目	確　率
赤	赤	赤以外	$\frac{4}{8}\times\frac{4}{8}\times\frac{4}{8}=\frac{1}{8}$
赤	青	赤	$\frac{4}{8}\times\frac{3}{8}\times\frac{4}{8}=\frac{3}{32}$
青	赤	赤	$\frac{3}{8}\times\frac{4}{8}\times\frac{4}{8}=\frac{3}{32}$

これらは排反であるから，求める確率は

$$\frac{1}{8}+\frac{3}{32}+\frac{3}{32}=\frac{10}{32}=\frac{5}{16}\quad\cdots\cdots(答)$$

(3)　余事象（青玉が取り出されない場合）を考える。青玉が1回も取り出されないのは，次の3つの場合である。

1回目	2回目	3回目	確　率
白			$\frac{1}{8}$
赤	白		$\frac{4}{8}\times\frac{1}{8}=\frac{1}{16}$
赤	赤	青以外	$\frac{4}{8}\times\frac{4}{8}\times\frac{5}{8}=\frac{5}{32}$

これらは排反であるから，求める確率は

$$1-\left(\frac{1}{8}+\frac{1}{16}+\frac{5}{32}\right)=1-\frac{11}{32}=\frac{21}{32}\quad\cdots\cdots(答)$$

◀解　説▶

≪取り出した玉の色の確率≫

試行が最大3回まで繰り返されること，取り出した玉はその都度袋に戻すこと，白玉を取り出したら終了という3つの条件を正しく読み取ることが大切である。

(1)　1回または2回で終了するのは，その回に白玉を取り出す場合であるから，どのタイミングで白玉を取り出すのかで分けて考えればよい。

(2)　赤玉がちょうど2回取り出される場合，白玉が出るのか出ないのか，青玉が出るのか出ないのか，出るとすればどのタイミングで出るのかを考えれば，パターン数はそれほど多くないことに気づくであろう。もれなく書き出し，正確に確率計算を行い，それらを足し合わせればよい。

(3)　青玉が少なくとも1回取り出される場合を直接考えるよりも，余事象の青玉が1回も取り出されない場合を全体の確率1から引く方が，扱う玉の色が白または赤に限定されるので考えやすい。

経済学部 経営学科

◀産業社会に関する理解力と思考力を問う試験（英語を含む）▶

1 **解答**　問１．①心眼　②秀逸　③繁盛　④津々浦々　⑤飛躍　⑥掛け値　⑦莫大　⑧時期尚早　⑨購買意欲　⑩威勢　⑪屍　⑫一抹　⑬額面　⑭新陳代謝　⑮朽ち

問２．企業が商品・サービスを販売する市場のこと。

問３．荒廃が進む駅前商店街で再生を目指して奮闘する人たちがいる反面，郊外の新たな大型店に活路を見出し，大成功する人たちが現れていること。

問４．寿命の異なる複数の事業分野を組み合わせて経営している企業。

問５．筆者は，経営戦略の要は「立地」であるとしている。まず，需要と供給の両面から，立地の良し悪しを見極められるかが経営者に必要な資質といえる。もっとも，事業に寿命があるように，立地の優位性は永続するものではなく，優位性が時間の経過とともに失われてきた事業には見切りをつけなければ企業としての成長を続けることは難しい。したがって，さまざまな障害がある中でも，積極果敢かつ臨機応変に立地を変更できる人物こそが優れた経営者だと考えられる。

◀解　説▶

≪経営戦略の要としての「立地替え」≫

問２．課題文における「立地」の意味を説明する問題。下線部(1)直後に「事業を構えるなら，需要があって，供給が少ない，そういう『立地』を…」とある。ここから「立地」とは，需要と供給が存在し，企業が事業を展開する場，つまり市場（事業領域）を指すと読み取れる。さらに，何に対する需要や供給かといえば，企業経営に関する課題文なので，商品やサービスとなる。

問３．筆者の考える「物事の二面性」を具体的に説明する問題。「二面性」なので，対照的な二つの側面を明記しなければならない。下線部(2)を含む第５段に「駅前商店街の衰退を逆手にとって大きく利する人たち」とあり，

衰退と成功が対比されている。あとは，同段の内容に基づき，どのように利益を得ているのかを説明すればよい。

問4．「事業のポートフォリオとして成り立つ企業」の意味を説明する問題。「ポートフォリオ」とは一般的に，様々な資産や金融商品を組み合わせた集合体を指す。下線部(3)「事業のポートフォリオとして成り立つ企業（は寿命と無縁でいられるのかもしれません）」とあるが，具体的にどのような企業なのか。それは，企業の有限寿命説を覆す事例として下線部直前で挙げられている，GE（ゼネラル＝エレクトリック）のような企業である。同社が一世紀以上存続している理由は，「個々の事業は大幅に入れ替えて」いる点にあると筆者は指摘している。この「個々の事業」という言葉から，一企業が複数の事業を運営していることがわかる。なお，GEは米国を代表するコングロマリット（複合企業）である。

問5．筆者の主張に即して，優れた経営者がとるべき行動を説明する問題。課題文における主なポイントは，①企業の経営戦略にとって「立地」が重要であること，しかし，②「立地」はいずれ荒廃し，その優位性は失われること，そのため，③企業が荒廃に対応（立地替え＝事業転換）する必要性があること，である。この論旨を踏まえ，理想的な企業経営者の行動をまとめればよいだろう。本文の表現を参考にしつつ，適切な換言を行うことで内容理解を示す必要がある。

本問には指定字数がないので，時間的な制約も考えれば，上記の要点だけでも問題はないと考えられるが，〔解答〕では内容に厚みを持たせ200字程度でまとめた。

2　解答

問1．c

問2．災いごとや反対意見を無視したり過小評価したりする原因となる先入観は，自分の判断こそが正しいという思い込みに通じるために利己的であるということ。

問3．企業体は多くの部署に分かれているため，それぞれが抱えている情報や負うべき責任が分散され断片的になっているという状況。

問4．a

◆全　訳◆

≪企業が災難に見舞われる2つの原因≫

心理的脆弱性について。人間の心は不完全であることで有名な装置である。私たちが情報を処理する方法は多くの弱点——学者たちはそれを認知バイアスと呼んでいる——を孕んでおり，それによって私たちは迫りくる災いを無視したり，過小評価したりしてしまうということが，広範な調査により明らかになっている。いくつかの最も一般的なものは以下の通りである。

- 私たちは，物事を実際よりも良くとらえる錯覚を抱きがちである。起こりうる問題は実際には現実化しない，あるいはそのような問題の結果は予防策を講じるに値するほど深刻なものではないと，私たちは推測してしまう。「なんとかなるだろう」と私たちは自分に言い聞かせてしまうのだ。
- 私たちは，自分の先入観を肯定してくれる証拠を非常に重視し，その先入観に疑義を差し挟むような証拠を軽んじてしまう。
- 私たちは，現在重視の生き物である。現状を維持しようとし，未来の重要性を軽視する。そのことによって，遠い将来の災難を防ぐために今から行動しようとする動機や気概が弱ってしまうのだ。明日の大きな苦痛よりも，むしろ今日のわずかな苦痛を避けたいと思ってしまうのだ。
- ほとんどの人は，個人的に経験したことがなかったり，画像や生々しい情報によってリアルに感じられるように作られてはいなかったりする問題に対しては，それを防ごうとも思わない。多大な損害を経験したり，自分自身や身近な人々が危険に陥ることを如実に想像できるようになって，はじめて行動するのである。

こうしたバイアスにはすべて共通点がある。利己的なのだ。（省略）ブレント・スパー（＝海上油田で使用される巨大なブイ）を投棄するという決定が招いた悲惨な結果をシェル社が予測に失敗した原因の大部分は，内部の人々の利己的なバイアス，すなわち，自分たちが正しいという揺るぎない思い込みに求められる。シェル社は，厳密な技術的かつ経済的分析によって決定を下すように訓練された幹部たちが経営する工学技術系の企業だった。30を超える独自の研究を見直してスパーをめぐる「正解」にたどり着き，それを沈めることに対して英国政府からの承認を得ていたので，英シェル社の幹部たちは，自分たちの決定こそが最も理に適っているという絶対的な自信を持ち，合理的な人なら誰でも自分たちと同じようにこの件を考えるだろうと思い込んでいた。原則的にいかなる投棄にも反対の立場をとり，大衆の共感を呼ぶ感情的議論をするのに長けた，強い信念を持つ集団に対処するための準備を，彼らはしていなかった。シェル社の幹部がひどく驚いたことに，人心を得る競争において感情は分析を容易に打ち負かした。彼らが戦いに敗北するのが明白になってからずっと後になっても，英シェル社の重役たちは，失敗路線から撤退できなかった。

組織的脆弱性について。企業組織の構造そのものが，特に巨大な複合企業の場合は，予想可能な不意打ちを予測しにくくしている。企業は大抵の場合，複数の組織のサイロに分かれているため，迫りくる脅威を見定め，査定するのに幹部が必要とする情報は，断片的であることが多い。様々な人が様々なパズルのピースを持っているが，すべてのピースを手にしている人はいないのだ。理論上，企業経営は統括者の役割を果たすべきであり，大局を見据えるために断片的な情報を組み合わせるものだ。だが，それをやるのを妨げる障害は大きい。情報は，上階層に上がってくるにつれてフィルターにかけられ，慎重に扱うべき情報や厄介な情報は撤回されたり，伏せられたりしてしまう。（省略）組織のサイロは情報を分散させるだけでなく，責任をも分散させる。場合によっては，他の誰かが責任を取るだろうと全員が考えてしまい，誰も決して行動をとらないということもある。また，組織の一部署が，特定の案件に関して大きすぎる責任を負わされる場合もある。組織の他の部署は，重要な情報や見識を持つ部署も含め，意見を求められなかったり，意思決定プロセスから積極的に排除されたりさえもするのである。

◀解　説▶

問1．２カ所の空所(あ)に注意。それぞれの段落で，問題を引き起こしたり，防げなかったりする背景にある心理的・組織的な原因が説明されている。たとえば心理的な原因は箇条書きで説明されているとおり，私たちの思い込みや思考方法にある。また，組織的な原因は情報や責任が分散していることだとこの記事は述べている。これらの心理的・組織的な根本原因を説明する英単語としては，ｃの Vulnerabilities「脆弱性，内在している弱点」が最適。ａの Uncertainties「不確実性」はｃと同じくマイナスイメージの言葉だが，何かが不確かであることによって問題が引き起こされているという説明は本文中にはない。よって不適。b の Strength はプラスイメージの単語なので，問題が引き起こされることについて述べた本文の内容に合わない。d の Attention についても，「心理的注意」と「組織的注意」では文脈に適さない。

問２．self-serving は「利己的な，自己奉仕的な」という意味の形容詞。下線部の主語の They は，コロンの前の All of these biases を指しており，より具体的には，その前に４つの箇条書きで説明されている cognitive biases「認知バイアス」のことを意味する。bias は，そのままカタカナで「バイアス」と訳されることが多いが「偏った見方，先入観」といった意味である。ただし，下線部をそのまま訳すのではなく，問題文にあるように，「本文の内容に沿って」どのように利己的であるかを説明することが必要である。まず，「認知バイアス」については，第１段第３文（Extensive research …）の後半に端的な説明が述べられており，that can lead us to ignore or underestimate approaching disaster「それによって私たちは迫りくる災いを無視したり，過小評価したりしてしまう」とある。また，下線部の後の（省略）を挟んだ次の文（Much of Shell's failure …）の後半では，「認知バイアス」が the self-serving biases「自己奉仕バイアス，利己的なバイアス」と言い換えられており，さらに their unshakable belief that they were right「自分が正しいという揺るぎない思い込み」と表現されていることにも注目。それ以降に，この「自己奉仕バイアス，利己的なバイアス」によってシェル社が犯したミスの例が詳しく説明されている。つまり，シェル社の重役たちは，ブレント・スパーを沈めるという自分たちの判断が誰から見ても正しいはずだと思い込んで，それに反対する人々を無視してしまったのである。以上の要点を押さえながら，They are self-serving. の意味を説明すればよい。

問３．silo は，語そのものの意味としては「家畜用飼料などを蓄えておく貯蔵庫，サイロ」だが，ここでは比喩的に「個々で独立した閉鎖的な部門」の意味で用いられている。そのことは，下線部直後の the information … often fragmented「迫りくる脅威を見定め，査定するのに幹部が必要とする情報は，断片的であることが多い」などから推測できるだろう。解答を作成するにあたって押さえておきたいポイントは以下の２つ。１つ目が，下線部を含む段の第５文（In theory, …）後半 bringing together … the big picture「大局を見据えるために断片的な情報を組み合わせる」で，企業の中では個々の部署が断片的な情報を持っているという点。２つ目が，同段の（省略）の直後の第８文（Organizational silos not only …）で述べられているように，情報だけでなく責任も分散しがちであるという点。これらを簡潔にまとめればよい。

問４．空所を含む文は，「理論的には，企業経営は（　　）の役割を演じるべきだ」の意。それを具体的に述べたのが，空所直後の分詞構文 bringing together the fragmented information in order to see the big picture「大局的な状況を見据えるために断片的な情報を組み合わせる」である。「組み合わせる」とあることから，企業の役割としては a の Synthesizer「統括者，統合する立場」が最も妥当である。c の Facilitator「世話役，進行者，司会」は，「まとめ役」と訳されることもあるが，あくまで物事が容易に進むように他者を促す助言者のことをいい，各部署の情報をまとめ上げて実行に移すような主体的な立場を意味しないので不適。

b．「調整者，モデレーター」　d．「発明者」

3　**解答**　問１．$(x,\ y)=(7,\ 9)$ の場合の総費用は

$$7+\frac{1}{20}\times 9^2=\frac{221}{20}\quad \cdots\cdots（答）$$

$(x,\ y)=(8,\ 8)$ の場合の総費用は

$$8+\frac{1}{20}\times 8^2=\frac{56}{5}\quad \cdots\cdots（答）$$

$(x,\ y)=(9,\ 7)$ の場合の総費用は

$$9+\frac{1}{20}\times 7^2=\frac{229}{20}\quad \cdots\cdots（答）$$

問２．総生産量を m（m は０以上の整数）とする。すなわち，$x+y=m$ とする。ここで，x，y はともに０以上 m 以下の整数である。また，総費用を z とすると

$$z=x+\frac{1}{20}y^2=\frac{1}{20}y^2+(m-y)$$

$$=\frac{1}{20}y^2-y+m$$

$$=\frac{1}{20}(y-10)^2+(m-5)$$

と表せる。

$m=8$ のとき，$y=0$，1，2，…，8 に対して

$z=\frac{1}{20}(y-10)^2+3$ は $y=8$ のときに最小となる。

このとき，$x=0$ である。

よって，総費用を最小にする $(x,\ y)$ は　(0，8)　……(答)

問 3．$m=16$ のとき，$y=0$，1，2，…，16 に対して

$z=\frac{1}{20}(y-10)^2+11$ は $y=10$ のときに最小となる。

このとき，$x=6$ である。

よって，総費用を最小にする $(x,\ y)$ は　(6，10)　……(答)

問 4．$m=20$ のとき，$y=0$，1，2，…，20 に対して

$z=\frac{1}{20}(y-10)^2+15$ は $y=10$ のときに最小となる。

このとき，$x=10$ である。

よって，総費用を最小にする $(x,\ y)$ は　(10，10)　……(答)

問 5．$y=0$，1，2，…，m のとき，総費用 $z=\frac{1}{20}(y-10)^2+(m-5)$ を最小とする y の値は，$m\leqq 10$ なら $y=m$ のときに最小となるが，このとき $x=0$ となってしまう。

一方，$m\geqq 11$ なら $y=10$ のときに最小となり，このとき $x=m-10$ $(\geqq 1)$ は 1 以上の整数である。

よって，求める総生産量の範囲は，11 以上の整数である。　……(答)

◀解　説▶

≪総生産量と総費用の関係≫

問 1．問題文に例示されている $(x,\ y)=(3,\ 2)$ にならって，計算すればよい。

問 2 〜問 5．問 2 〜問 4 は同じ趣旨の設問であるが，総生産量の個数が異なることで，異なる現象が観察される。それを踏まえて問 5 を考えること

になる。実質は，総費用 z が y の 2 次関数として，$z=\frac{1}{20}(y-10)^2+(m-5)$ と表され，軸が $y=10$ で下に凸の放物線をグラフとしてもつので，軸が y のとり得る値の範囲に含まれるかどうかを考える問題になっている。結論としては，総生産量が 10 個以下の場合はすべて工場Ｂで製造すると総費用が最も安くなり，総生産量が 11 個以上の場合は 10 個は工場Ｂで製造し，残りは工場Ａで製造すると総費用が最も安くなる。

■一般入試（学科別）

問題編

▶試験科目・配点

学部	教科	科目	配点
法	外国語	「コミュニケーション英語Ⅰ・Ⅱ・Ⅲ，英語表現Ⅰ・Ⅱ」，ドイツ語，フランス語のうちから１科目選択	150点
	地歴・数学	日本史Ｂ，世界史Ｂ，「数学Ⅰ・Ⅱ・Ａ・Ｂ」のうちから１科目選択	100点
	国語	国語総合・現代文Ｂ・古典Ｂ（古文・漢文）	100点
経済（経済）	外国語	「コミュニケーション英語Ⅰ・Ⅱ・Ⅲ，英語表現Ⅰ・Ⅱ」，ドイツ語，フランス語のうちから１科目選択	150点
	数学	数学Ⅰ・Ⅱ・Ａ・Ｂ	100点
	国語	国語総合（近代以降の文章を範囲とする）・現代文Ｂ	100点
経済（経営）	外国語	「コミュニケーション英語Ⅰ・Ⅱ・Ⅲ，英語表現Ⅰ・Ⅱ」，ドイツ語，フランス語のうちから１科目選択	150点
	地歴・数学	日本史Ｂ，世界史Ｂ，「数学Ⅰ・Ⅱ・Ａ・Ｂ」のうちから１科目選択	100点
	国語	国語総合（近代以降の文章を範囲とする）・現代文Ｂ	100点

▶備　考

- 経済（経済）学部の数学と経済（経営）学部の英語・数学のみ掲載。
- 「数学Ｂ」は「数列・ベクトル」から出題する。

英語

◀経済学部 経営学科▶

(90分)

1 次の生徒とアドバイザーのやり取りに関する英文を読んで，(1)～(10)にあてはまる語句として最も適切なものをそれぞれ(a)～(d)から選びなさい。

Dear Harlan: I'm facing a tough choice. Like all high-school students, I need to decide on a university to spend the next four to five years. I'm down to two choices: One is in my hometown and would require me to stay home while I'm there, but the tuition is free. At the other school, I would have to pay for tuition. The second school is my dream school. I love my family, but I want to branch out and do things on my own. (1), my parents would be the ones paying for my schooling, and it seems unfair to (2). If money were no object, of course I would go to my dream school—but free tuition cannot be ignored. Any advice on how to make the decision?

Dear Stuck: I appreciate how much you love your parents and family. You're incredibly generous. It's not the norm for an 18-year-old to be this (3). Just don't let this distract you from following your dreams. It's what your parents want. They can decide whether they'll help you pay for college. It's their choice. (4), you could just as easily look at your family's investment and sacrifice as a source of inspiration. You could allow them to pay the first year of college and then plan to pay for the rest. You could go to your dream school and spend your time looking for other students who have figured out how to pay for college (5) accumulating debt. You could look for scholarships, part-time jobs that pay and leadership positions or jobs that pay. You could take classes over the summer and work to graduate early. You can forge a path that will show family members and high-school grads how to live their dreams and not go broke.

You can make this work, but there's more to this answer: I'm guessing you're (6) about what's next. See, if your parents invest in you, and the family feels the strain of your education, you will need to be successful. And that's frightening for anyone. Here's my advice: (7) in terms of four years. Think about this as a one-year challenge. Go to your dream school for one year. Make part of living your dream figuring out how to pay for college so your parents don't feel the strain. Dedicate your year to finding resources. Start finding people like you who paid for college. Talk to seniors who are going to graduate and ask them about their financial story. Talk to the financial aid department about how students pay for college. Talk to the dean of your major and ask the same questions. There (8) department scholarships or new opportunities. You might discover your college has a program that can help you graduate in three years. Spend the next year investing in yourself and meeting people who can help. (9) how much money you find, you'll meet amazing people and build new relationships. People will see you as someone who is focused, motivated and passionate. You will be successful (10).

Adapted from "H.S. Grad Reflects on the Impact School Choice Can Have on Family." *The New York Times*, April, 9, 2018 http://www.helpmeharlan.com

(1) (a) Although (b) However
(c) Notwithstanding (d) Therefore

(2) (a) make them pay for it (b) pay for it myself
(c) let them have their ways (d) pursue my dream for them

(3) (a) critical (b) closed-minded
(c) self-aware (d) judgmental

(4) (a) On account of feelings (b) In spite of their generosity
(c) Instead of feeling guilty (d) With regard to living expenses

(5) (a) while (b) in need of
(c) because of (d) without

(6) (a) scared (b) upset
(c) confident (d) excited

(7) (a) Start planning your future (b) Stop thinking about this
(c) Forget your dreams (d) Don't try to pay for college

(8) (a) must have been (b) are no
(c) could be (d) have been

(9) (a) Regardless of (b) In proportion to
(c) Referring to (d) With respect to

(10) (a) for a short time (b) no matter what
(c) in business (d) however you try

2 以下の英文を読んで，⑾～⒇について最適な解答を(a)～(d)の中から選びなさい。

著作権の都合上，省略。

著作権の都合上，省略。

Adapted from Rizzoli and Isles Season 3 episode 1

(11) When Korsak says that "biology doesn't make him her father," what does he mean?

(a) There are special genes that fathers pass on to children.

(b) Maura's father failed his biology class in high school.

(c) Being a 'good' father involves actively raising a child.

(d) Only a real medical test will prove that they are related.

(12) What does Korsak mean when he says "take down Paddy Doyle"?

(a) They were able to shoot and arrest him.

(b) Jane and Korsak beat Paddy in a fight.

(c) Korsak had to carry Paddy downstairs.

(d) They wrote notes of what Paddy said.

(13) What do we know about the suspect that Paddy shot?

(a) He shot Agent Dean in the leg.

(b) He was trying to kill Maura.

(c) He got shot by Jane earlier.

(d) He murdered Maura's mother.

(14) What does Jane mean when she says "we were handling it"?

(a) To hold on tightly to something.

(b) To have everything under control.

(c) To make an object easy to hold.

(d) To understand your instructions.

(15) What kind of work does Agent Dean do?

(a) He is a doctor in a hospital.

(b) He works as a private detective.

(c) He is an ambulance driver.

(d) He works for the government.

(16) Why did Agent Dean follow Maura and Jane?

(a) Because he is in love with Maura.

(b) Because he wanted to catch Paddy.

(c) Because he was running late.

(d) Because he was doing his job.

(17) What does Maura mean when she says "if Paddy wanted Dean dead, he'd be dead"?

(a) Paddy was very angry with Dean.

(b) Paddy wasn't trying to kill Dean.

(c) Paddy was aiming a gun at Dean.

(d) Paddy is really friends with Dean.

(18) What does Maura mean when she says "play judge and jury"?

(a) You want to win at all the games.

(b) You aren't being very serious.

(c) Taking the power to punish people.

(d) Knowing how a legal case could end.

(19) What does Jane think Paddy was going to do?

(a) He was going to kill several of them.

(b) He was going to take them to dinner.

(c) He was planning on running away.

(d) He was going to kidnap the suspect.

(20) At the end of this scene, how does Jane feel about her relationship with Maura?

(a) She thinks this fight is just a temporary problem.

(b) She doesn't think that Maura is too emotional.

(c) She thinks Korsak will help them to be friends.

(d) She doesn't think they will be friends anymore.

3 以下の英文を読んで，(21)～(30)について最適な解答を(a)～(d)の中から選びなさい。

One day just after moving to Hawaii, I found my girlfriend sitting on the floor with the guy from the internet company. But, I realised, they weren't talking about the internet. Instead, I found, he was inviting her to come boar hunting with him. As the days passed, the friendly happenings increased. On another occasion, we were headed for a swim in the ocean, when someone on shore warned us that the current was too strong to swim safely, then offered us a beer and invited us to go canoeing.

There may be many words to explain these kinds of encounters, but at least one of them is 'aloha'. And as it turns out, 'aloha' is actually the law here. The word 'aloha' is used in place of hello and goodbye, but it means much more than that. It's also a way of describing the spirit of the islands—the people and the land—and what makes this place so unique.

"Alo means 'face to face' and Ha means 'breath of life'," according to Davianna Pomaika'i McGregor, a Hawaii historian. But McGregor also noted that there are several less literal, but equally valid, interpretations of the word. One especially important interpretation was shared at the 1970 conference, Hawaii 2000, where people had gathered to discuss the past, present and future of Hawaii. It was a time of intense disagreement in the islands, over Vietnam and other political issues, and after hearing an emotional speech from a Hawaiian elder, they began to form a law based on the aloha spirit—in other words, the unique spiritual and cultural code of a Hawaii that is uniting rather than dividing.

Aloha is a concept that grew out of the necessity for Hawaiians to live in peace and work together, in harmony with the land and their spiritual beliefs, McGregor told me. It makes sense. Hawaii is the most isolated population centre in the world: the California coast is around 2,400 miles away; Japan is more than 4,000 miles. "Being isolated, historically, our ancestors needed to treat each other and the land, which has limited resources, with respect," McGregor said. "For Hawaiians, the main source of labour was human. So there was a need for collective work among extended families and a high value placed on having loving and respectful relationships."

The law is mostly symbolic, but that doesn't mean it doesn't work—especially when political leaders or business people get out of line. "This law is virtually impossible to enforce because it is a philosophy that directs a code of behavior and way of life. Nonetheless ... all citizens and government officials of Hawaii are supposed to behave according to this law," Dana Viola, first deputy attorney general of Hawaii, said in an email. If a business or a government official doesn't act with aloha spirit, they could lose business or be embarrassed publicly. "So the consequences are real," she added.

But Wendell Kekailoa Perry, assistant professor at the Hawai'inuiakea School of Hawaiian knowledge, who has studied the Aloha Spirit Law in depth, said that the law and its effects aren't always positive. "It can be a problem because it ignores all of the complexities of our life and society," Perry said. Sometimes, he said, it can be used to silence native Hawaiians who are protesting injustices in the islands. When that happens, "The aloha they are using is actually part of the 'passive' and 'don't-make-waves' native identity created during the US occupation and control." Although the law has flaws, it still resonates strongly.

"Visitors to Hawaii often talk about how Hawaii is a beautiful place, but the most special part of their experience has been the people, and how nice people are," said Hawaii State Representative Tulsi Gabbard. For now, I'll say that aloha, for me, is kindness and harmony—something important to keep in mind between 'hello' and 'goodbye'.

Adapted from http://www.bbc.com/travel/story/20180422-in-hawaii-being-nice-is-the-law

(21) Why was the author surprised by the conversation between her girlfriend and the employee from the internet company?

(a) Because her girlfriend was sitting on the floor.
(b) Because her girlfriend and the cable guy were old friends.
(c) Because her girlfriend usually talks to strangers.
(d) Because they were talking about going hunting together.

(22) The author describes many things that happened right after moving to Hawaii at the beginning of this passage. Why is the author surprised by these events?

(a) Because in Hawaii, beer is a very expensive gift to give.
(b) Because hunting for boars is very popular in Hawaii.
(c) Because people in Hawaii are so friendly to strangers.
(d) Because some people still use canoes to travel around.

(23) What does Davianna Pomaika'i McGregor believe about the definition of aloha?

(a) She believes that her definition is the only correct one.
(b) She believes that there are several correct definitions.
(c) She believes that the 1970 conference definition is best.
(d) She believes it means to live in peace and work together.

(24) According to the passage, what was Hawaii like in 1970?

(a) There were lots of tourists visiting the islands.
(b) People were extremely friendly to new residents.
(c) People were arguing over social and political issues.
(d) Bad politicians lost supporters and had to apologize.

(25) Why is the Aloha Spirit Law hard to enforce?

(a) Because it's just a general set of guidelines.

(b) Because the law is very old and not used.

(c) Because the law affects all citizens in Hawaii.

(d) Because there are not enough police officers.

(26) According to Davianna Pomaika'i McGregor, what is the reason why ancient Hawaiians respected the land?

(a) Because the land was expensive for people to buy.

(b) Since they were isolated and had limited resources.

(c) Because the land creates food for the people to eat.

(d) Since the Aloha Spirit Law says they have to do it.

(27) According to the passage, what can happen if people don't follow the Aloha Spirit Law?

(a) They can get arrested by the state police.

(b) They might have to pay money to the government.

(c) They can lose customers or get shamed in public.

(d) They have to leave Hawaii and not come back.

(28) In the passage, what does Professor Perry say is part of the problem with the Aloha Spirit Law?

(a) It doesn't pay attention to problems in Hawaiian society.

(b) It is too hard to enforce because the law is very complex.

(c) Enforcing the Aloha Spirit Law costs too much money.

(d) Nobody in Hawaii believes in the spirit of aloha anymore.

(29) How is the Aloha Spirit Law used to silence Hawaiian protesters?

(a) It asks them to only have protests at certain places.

(b) It says that family is more important than protesting.

(c) The law clearly states that protest is illegal in Hawaii.

(d) It discourages them from complaining about injustices.

(30) What does Representative Tulsi Gabbard think is the most important thing about Hawaii?
(a) That Hawaii is the most beautiful state.
(b) That the people in Hawaii are so friendly.
(c) That you can have cocktails on the beach.
(d) That nobody protests about anything in Hawaii.

4 以下の英文を読んで，(31)〜(40)について最適な解答を(a)〜(d)の中から選びなさい。

After the Second World War, most of Japan accepted the new American domination of their society. A few, however, including some writers and intellectuals, (31) of the modernity brought by the victorious Americans, sought out a solution to what they thought of as the problem of modernity. It is through one of these post-war Japanese intellectuals, Yukio Mishima (1925-70), that we are able to glimpse this renewed attempt to re-explore and close the rift between (32) culture and modernity. His novels, plays and films provide us with a sense of disenchantment* that he feels in relation to what he perceives as the new, ever-more westernized Japan, even as he attempts to reconcile this with the Modernity present in his own ideals. Born Hiraoka Kimitake on January 14, 1925, Mishima began his life with a peculiar childhood dominated by his (33) and often sickly grandmother Natsu. She had him taken away from his mother at a very young age and confined him to her sickroom. It is very likely that during this stage in Mishima's life he began to develop his later (34) with the infinite and death.

In Mishima's *Confessions of a Mask*, often seen as at least partially autobiographical, the main character, Kochan, describes his fascination with gruesome fairy tales, in particular, a Hungarian fairy tale in which the protagonist is killed (35) times, only to be revived, again and again. He writes, "On his face was the resolve of death. If this prince had been destined to be a conqueror in the engagement with the dragon, how faint would have been his fascination for me. But fortunately the prince was destined to die." What is interesting here is the described desirability of (36). Mishima goes on to describe Kochan's dissatisfaction with the fact that the prince actually magically survives the encounter and subsequent deaths and (37) ends up rescuing his sister and marrying a beautiful princess; Mishima actually edits the story so that instead of surviving the encounter, the prince is tortured and dies, thus making his ideal (38). It is likely that there is a self-destructive drive in the character and, by extension, Mishima, who also read gruesome fairytales as a child and was fascinated by the deaths in them. The destructive drive is one that specifically (39) the destruction of order and beauty. Mishima describes the prince in the story being regally dressed, "looking down the terrifying throat of the (40) dragon that was about to set upon him." The description of the prince is one of perfect order; everything is in its proper place and the prince stands there, about to be devoured, built up perfectly, brick by brick, word by word, from Mishima's preceding description. He is then "chewed greedily into bits" by the dragon.

*disenchantment =〔幻想・盲信が〕打ち砕かれること

Adapted from "Overcoming Modernity in Yukio Mishima" by Joseph Verbovszky, Discussions, 2013, VOL. 9 NO. 2 http://www.inquiriesjournal.com/articles/797/overcoming-modernity-in-yukio-mishima

(31) (a) ignorant (b) conscious
(c) careful (d) respectful

(32) (a) contemporary (b) memorable

(c) religious (d) traditional

(33) (a) aged (b) timely
(c) inexperienced (d) fake

(34) (a) submissions (b) obsessions
(c) possessions (d) permissions

(35) (a) multiple (b) frequent
(c) two (d) some

(36) (a) conquest (b) revival
(c) death (d) births

(37) (a) initially (b) favorably
(c) ultimately (d) slowly

(38) (a) beginning (b) ending
(c) bride (d) home

(39) (a) removes (b) seeks
(c) attacks (d) discovers

(40) (a) raging (b) soothing
(c) dying (d) crying

5　次の英文(41)～(50)の下線部(a)～(d)のうち，誤りのあるものを一つ選びなさい。

(41) You know how you sometimes have a truly great conversation, when there are(a) a mutual understanding and the discussion just flows(b)? Uri Hasson, a Princeton professor of psychology and neuroscience, is studying(c) the mechanics behind(d) conversations like that.

(42) Specifically, he researches what's happening when ideas are effectively transferred between brains during verbal communication(a). "You know when you click with(b) someone," says Hasson. It's sort of like dancing with a partner; either person(c) is doing exactly what the other is, but the moves are complementary(d).

(43) Hasson's research, which uses the tools of modern neuroscience in experiments that mimic real life, points to(a) the idea that communication is really "a single act performed by two brains." A speaker's brain waves generates(b) a sound wave, speech, that in turn influences(c) the brain responses in the listener and brings them into alignment with(d) her own.

(44) Hasson calls the outcome of this process brain coupling, and the stronger the coupling, the more alignment(a) the speaker-to-listener brain patterns, the better(b) the mutual understanding. (Dancing, clicking, and coupling aside(c), he's referring to all effective communication, not necessarily(d) the romantic kind.)

(45) Hasson is digging into the big questions of how we exchange ideas, thoughts, and memories with others, and, at a much(a) fundamental level, how the mind works(b). His tools include functional magnetic resonance imaging (fMRI), which tracks(c) how activity in different brain regions changes(d) in response to stimuli, spoken stories, and a collection of movies and TV

episodes. That library includes two fast-paced BBC television series, *Sherlock* and *Merlin*.

(46) On the face of it (a), watching a video clip, recalling (b) it later, and imagining it from someone else's descriptive (c) are very different cognitive processes. But Hasson found that the brain patterns across (d) those processes were similar in certain higher-order areas.

(47) That trend was scene-specific, so that when Sherlock gets into a cab driven by (a) the man he has realized is responsible for (b) several murders disguised as (c) suicides, there were shared patterns of brain activation in study participants regardless of whether they were watched (d), remembering, or imagining that scene.

(48) The experiment also revealed something about memory. The more similar the patterns in the brain of the person who (a) originally viewed the episode and the person who mentally constructed it when listening to (b) the description, better (c) the transfer of memories from the speaker to the listener as measured by (d) a separate comprehension test.

(49) The findings suggest that the same areas using (a) to recall and reconstruct a memory are involved (b) in the construction of someone else's memory in our imagination. "Perhaps the key function of memory is not to represent (c) the past, but to be used as a tool to share our knowledge with others and predict the future," Hasson says. He expects the results would be even more pronounced (d) in real-time or face-to-face conversations.

(50) Hasson's work on communication has also taken off (a) outside academe; his 2016 TED talk, "This is Your Brain on Communication," has viewed (b) more than 1.9 million times. And no wonder, for the idea of *syncing brains as the

mechanism for successful communication <u>sparks</u>(c) all kinds of real-world questions. Why are some people master communicators or storytellers? Are they better at coupling their brains with others? Why does miscommunication happen? Why do two people hear a speech and <u>come away with</u>(d) very different interpretations?

*sync synchronize, occur at the same time

Adapted from Katherine Hobson '94, "Clicking How Our Brains are in Sync," *Princeton Alumni Weekly*, April 11, 2018, 30-33.

6 以下の会話を読んで，(51)～(60)について最適な解答を(a)～(d)の中から選びなさい。

In this comedy scene two women, THELMA and LOUISE, burst in to a Delicatessen on West 14th Street, wearing stockings over their heads and waving pistols. Ben, who works in the Delicatessen is standing behind the counter, wearing an apron.

THELMA: ＿＿＿＿(51) This is a robbery!

BEN: A robbery? You must ＿＿＿＿(52) wrong address. This isn't a bank! It's a Delicatessen.

LOUISE: Yes. We know, but we're starving.

THELMA: Put all the olives and pickles and cheese you can into a bag. And hurry, or we'll shoot you!

BEN: Well, what kind of olives would you like?

LOUISE: ＿＿＿＿(53) called, the ones that are a little purple?

BEN: Kalamata Olives.

THELMA: Kalamata? It sounds like a disease!

BEN: We don't have Kalamata Olives, but ___(54)___ in from southern Spain.

LOUISE: ___(55)___ But check your vaults too.

BEN: Vaults? We don't have vaults. This isn't a bank. I told you ___(56)___ This is a Delicatessen.

LOUISE: If you're going to talk back, I'm going to ___(57)___ shoot you. Right now! I'm going to ___(58)___

BEN: Go ahead! That's a water pistol, isn't it?

THELMA: How do you know that for sure? Do you really want to ___(59)___

BEN: No, no. I'll co-operate. But my boss is going to kill me when he finds out I gave away our best olives to two hardened criminals waving water pistols.

LOUISE: Gave away? What are you talking about? We're going to pay for everything.

THELMA: And what do you mean, hardened criminals? We've never done anything like this before.

BEN: ___(60)___ A couple of amateurs!

LOUISE: Who are you calling amateurs?

BEN: Put the water pistols down and I'll give you some free humus.

THELMA: Don't think you can talk your way out of this one, kiddo!

(51) (a) Take off your mask! (b) Keep your hats on!
(c) Nobody move now! (d) Put it here for now!

(52) (a) go around the (b) be out on the
(c) see about the (d) have got the

(53) (a) Who said I couldn't eat those sweet black ones
(b) What did you say to those sweet black ones

(c) What are those sweet, black Greek ones

(d) Who said to buy those sweet, black Greek ones

(54) (a) look out for some fresh ones

(b) we do have some nice ones fresh

(c) send the car to get the fresh ones

(d) nobody can improve the fresh ones

(55) (a) Those will do. (b) That's too bad.

(c) That's a joke. (d) That's a sad story.

(56) (a) that on Sunday. (b) that already.

(c) that sometimes. (d) that competely.

(57) (a) forget to (b) ask to

(c) expect to (d) have to

(58) (a) jump the gun. (b) count to five.

(c) rock the boat. (d) mark my words.

(59) (a) take the risk? (b) eat Kalamata?

(c) rob a bank? (d) go home now?

(60) (a) Let me catch my breath! (b) This is so much fun!

(c) Just in the nick of time! (d) Just as I thought!

7 以下の英文を読んで，(61)～(70)について最適な解答を(a)～(d)の中から選びなさい。

We often speak of people as having or not having "a good ear." A good ear means, as a start, having an accurate perception of pitch and rhythm. We know that Mozart had a wonderful "ear" and, of course, he was a sublime artist. We take it that(61) all good musicians must have a decent "ear," even if not one of Mozartian standard(62)—but is a good ear sufficient?

This comes up in Rebecca West's partly autobiographical(63) novel *The Fountain Overflows*, a story of life in a musical family, with a mother who is a professional musician (like West's own mother), an intellectually brilliant but unmusical father, and three children—two of whom, like their mother, are deeply musical. The best ear, however, belongs to the "unmusical" child, Cordelia. In her sister's words,

"Cordelia had a true ear, indeed she had absolute pitch, which neither Mamma, nor Mary, nor I had … and she had supple fingers, she could bend them right back to the wrist, and she could read anything at sight. But Mamma's face crumpled, first with rage, and then, just in time, with pity, every time she heard Cordelia laying the bow over the strings. Her tone was horribly greasy, and her phrasing always sounded like a stupid grown-up explaining something to a child. Also she did not know good music from bad, as we did, as we had always done.

It was not Cordelia's fault that she was unmusical. Mamma had often explained that to us … She had taken her inheritance from Papa."

An opposite situation is described in Somerset Maugham's story "The Alien Corn." Here the elegant young son of a newly ennobled family, being groomed for a gentleman's life of hunting and shooting, develops, to his family's(67)

dismay, a passionate desire to be a pianist. A compromise (68) is reached, in which the young man goes to Germany to study music, with the understanding that he will return to England after two years and submit himself to the judgment of a professional pianist. (69)

When the time comes, George, newly returned from Munich, takes his place at the piano. Lea Makart, a famous pianist, has come down for the day, and all the family is gathered around. George throws himself into the music, playing Chopin "with a great deal of brio."

From: Musicophilia, Oliver Sacks, Chapter 7, Picador Edition, 2007

(61) What does the underlined phrase, "we take it that" mean?

(a) We are puzzled that

(b) We are not sure that

(c) We all assume that

(d) We want to know that

(62) What does the underlined phrase, "one of Mozartian standard" mean?

(a) Not as good as Mozart's ear

(b) Better than Mozart's ear

(c) As good as Mozart's ear

(d) Superior to Mozart's ear

(63) What does the underlined phrase "partly autobiographical" tell us?

(a) The novel was loosely based on the author's own family.

(b) The novel was based on the family of people the author knew.

(c) The novel was an accurate account of the author's childhood.

(d) The novel explored themes developed later by the same author.

(64) Which of the following describes the musical abilities of the family in the

novel *The Fountain Overflows*?

(a) The father is musical but the mother is more musical than the father.

(b) The father has great musical sense but he has no ear for music at all

(c) The mother has musical talent but the father has no musical talent.

(d) The father and mother share a deep love of music and are both musical.

(65) In the passage from the novel, *The Fountain Overflows* who are the characters?

(a) Mary, the mother, the narrator, the father and Cordelia's sister.

(b) Mary, Cordelia, the narrator and her mother.

(c) The narrator, Mary, Cordelia, the mother and the father.

(d) The narrator, her mother, two sisters, her father and Cordelia.

(66) Which phrase below best describes Cordelia's playing?

(a) She played in a very mature and sophisticated way.

(b) She played with the intention of making the listener stupid.

(c) She played in a passionate and technically accomplished way.

(d) She played in a way that upset her mother.

(67) What does the underlined phrase, "to his family's dismay" imply?

(a) His family had always expected him to be interested in music.

(b) His family was shocked that he had developed an interest in music.

(c) His family believed that he would lose his interest in music.

(d) His family assumed that he would grow interested in music in Germany.

(68) What is the "compromise" referred to here?

(a) His family allowed him to study music but demanded that his abilities be tested on his return.

(b) His family allowed him to study music as long as he became a hunter and shooter on his return.

(c) His family allowed him to study music as long he went to Germany and returned to England.

(d) His family allowed him to study music as long as he eventually gave up music and became a gentleman.

(69) What does the underlined phrase "submit himself to the judgment of a professional pianist" imply?

(a) Lea Makart will decide whether George is talented enough to become a professional pianist.

(b) Lea Makart will decide whether George should remain in Germany for further lessons.

(c) Lea Makart will decide whether George should be awarded prizes for his playing.

(d) Lea Makart will decide whether George is talented enough to play Chopin.

(70) What does this passage suggest overall?

(a) That it takes more than a good ear and training to be a musician.

(b) That most people with a good ear can become talented musicians.

(c) That becoming a musician depends almost solely on training.

(d) That training can lead to the development of a good ear.

8 次の英文を読み，空所(71)〜(75)を埋めるのに最も適切なものを，次の(a)〜(f)よりそれぞれ1つ選びなさい。ただし，同じ選択肢は2回使わないこと。また，選択肢には1つ余分なものが含まれている。

Why Do Anime Characters Have Huge Eyes and Tiny Mouths?

In his fascinating book *Cultural Psychology*, Steven Heine discusses studies that have investigated cultural differences in how people interpret facial expressions of emotion. In some parts of the world—the Middle East, for example—people are very expressive. They tend to show everything they're feeling, with their body, their hands, and their face. Nothing is concealed, nothing is disguised. In fact, what is presented may be a deliberate exaggeration of what one actually feels.

(71). The mouth often conveys a lot of information about how someone feels, so it makes sense to focus our attention on a person's mouth when trying to read their emotions. (72).

The muscles around the eyes, however, are more difficult to control. In societies where people often wish to conceal their true feelings, it makes sense to focus our attention on a person's eyes. (73).

In 2007, psychologists Masaki Yuki, William Maddux, and Takahiko Masuda reported the results of a clever study in which participants made judgments about people's facial expressions. They constructed a special set of photos in which the top half of each face showed a different emotional expression than the bottom half. American and Japanese participants looked at each photo and had to decide what emotion the person in the photo was expressing.

(74). They looked at the mouths and relied on that information to "read" the person's feelings. The Japanese, however, were influenced mostly by the top half of the photo. They looked at the eyes and relied on that information. In Japan, the eyes reveal more—and the mouth reveals less—

about what a person is feeling. (　75　).

Adapted from Why Do Anime Characters Have Huge Eyes and Tiny Mouths? *Psychology Today*, April 6, 2018 https://www.psychologytoday.com/us/blog/culture-conscious/201804/why-do-anime-characters-have-huge-eyes-and-tiny-mouths

(a) They are, after all, windows to the soul

(b) In other parts of the world—Japan, for example—people often conceal their emotions by placing a hand over the lower half of their face or showing a neutral facial expression

(c) Maybe this cultural difference in reading facial expressions can explain why Japanese anime characters typically have huge eyes and tiny mouths

(d) Japanese people don't ever express their emotions overtly

(e) But it's also relatively easy for us to control the muscles around our mouth and conceal our true feelings

(f) The Americans were influenced mostly by the bottom half of the photo

数学

マークによる数値解答欄についての注意

解答欄の各位の該当する数値の欄にマークせよ。その際，はじめの位の数が0のときも，必ずマークすること。

符号欄がもうけられている場合には，解答が負数の場合のみ － にマークせよ。（0または正数の場合は，符号欄にマークしない。）

分数は，既約分数で表し，分母は必ず正とする。また，整数を分数のかたちに表すときは，分母を1とする。根号の内は，正の整数であって，2以上の整数の平方でわりきれないものとする。

解答が所定欄で表すことができない場合，あるいは二つ以上の答が得られる場合には，各位の欄とも **Z** にマークせよ。（符号欄がもうけられている場合，－ にはマークしない。）

〔解答記入例〕 ア に7， イ に -26 をマークする場合。

	符号	10の位											1の位										
	－	0	1	2	3	4	5	6	7	8	9	Z	0	1	2	3	4	5	6	7	8	9	Z
ア	○	●	○	○	○	○	○	○	○	○	○	○	○	○	○	○	○	○	○	●	○	○	○
イ	●	○	○	●	○	○	○	○	○	○	○	○	○	○	○	○	○	○	●	○	○	○	○

〔解答表示例〕

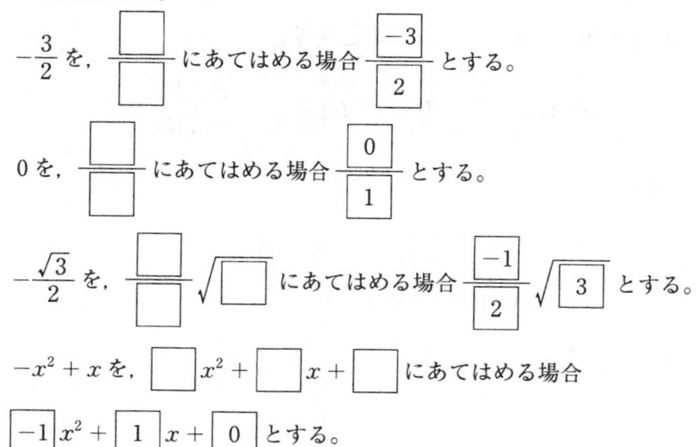

$-\frac{3}{2}$ を，$\frac{\square}{\square}$ にあてはめる場合 $\frac{\boxed{-3}}{\boxed{2}}$ とする。

0を，$\frac{\square}{\square}$ にあてはめる場合 $\frac{\boxed{0}}{\boxed{1}}$ とする。

$-\frac{\sqrt{3}}{2}$ を，$\frac{\square}{\square}\sqrt{\square}$ にあてはめる場合 $\frac{\boxed{-1}}{\boxed{2}}\sqrt{\boxed{3}}$ とする。

$-x^2+x$ を，$\square\, x^2+\square\, x+\square$ にあてはめる場合

$\boxed{-1}\,x^2+\boxed{1}\,x+\boxed{0}$ とする。

◀経済学部 経済学科▶

（60分）

1

(1) x の 2 次式 $P(x)$ について, x^2 の係数が 2 であり, $x+1$ で割ったときの余りが 1, $x-2$ で割ったときの余りが -8 である。このとき,

$$P(x) = 2x^2 + \boxed{ア}\, x + \boxed{イ}$$

である。

(2) 年利率 5 %, 1 年ごとの複利で資金を運用する。必要であれば, $\log_{10} 2 = 0.3010$, $\log_{10} 3 = 0.4771$, $\log_{10} 7 = 0.8451$ として用いてよい。

(i) 1 万円の元金を運用したとき, 元利合計が初めて 2 万円を超えるのは $\boxed{ウ}$ 年後である。

(ii) 毎年 1 万円ずつ積み立てる。つまり, 1 年後の時点の資金は, はじめの 1 万円の元利合計と, 新たに積み立てた 1 万円の合計になり, 2 年後の時点の資金は, 1 年後の時点の資金に対する元利合計と, 新たに積み立てた 1 万円の合計になる。このとき, 資金が初めて 20 万円を超えるのは $\boxed{エ}$ 年後である。

(3) A, B を事象, $\overline{A}$ を A の余事象とする。

$$P(A) = \frac{3}{5}, \quad 0 < P(B) < 1, \quad \frac{P_{\overline{A}}(B)}{P_A(B)} = 9$$

のとき,

$$P_B(A) = \frac{\boxed{オ}}{\boxed{カ}}$$

$$P_B(\overline{A}) = \frac{\boxed{キ}}{\boxed{ク}}$$

$$P(B) = \boxed{ケ} \times P(A \cap B)$$

$$P(A \cup B) = \boxed{コ} \times P(A \cap B) + \frac{\boxed{サ}}{\boxed{シ}}$$

である。

2 a を実数とする。座標平面上の点 (x, y) が円 $x^2 + y^2 = 1$ 上を動くとき,

$$F(x, y) = x^3 + y^3 - a(x + y)$$

の最大値を求めることを考える。

(1) $s = x + y,\ t = xy$ とおくとき

$$t = \frac{\boxed{ス}}{\boxed{セ}}\left(s^2 + \boxed{ソ}\right)$$

である。

(2) s^2 のとりうる値の範囲は, $0 \leqq s^2 \leqq \boxed{タ}$ である。

(3) $F(x, y)$ を a と s の式で表すと,

$$F(x, y) = \frac{\boxed{チ}}{\boxed{ツ}}s^3 + \left(\frac{\boxed{テ}}{\boxed{ト}} - a\right)s$$

である。

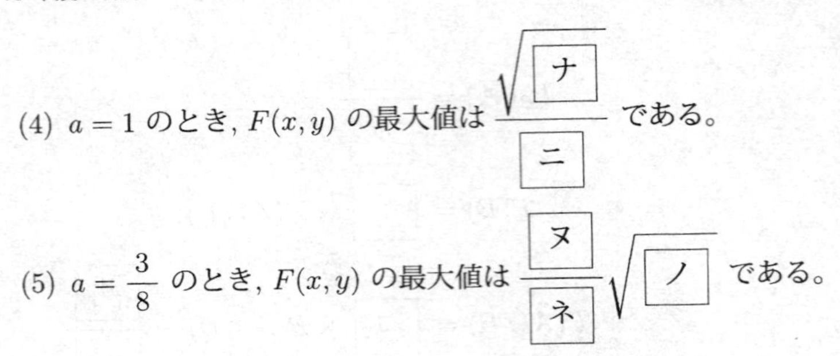

(4) $a=1$ のとき, $F(x,y)$ の最大値は $\dfrac{\sqrt{\boxed{\text{ナ}}}}{\boxed{\text{ニ}}}$ である。

(5) $a=\dfrac{3}{8}$ のとき, $F(x,y)$ の最大値は $\dfrac{\boxed{\text{ヌ}}}{\boxed{\text{ネ}}}\sqrt{\boxed{\text{ノ}}}$ である。

3 一辺の長さが 2 の正方形 BCDE を底面とし, すべての側面が正三角形であるような四角錐(すい)A-BCDE を考える。辺 AC の中点を F, 辺 AE の中点を G とし, 3 点 B, F, G を通る平面を α とする。

(1) 平面 α が線分 AD と交わる点を H とするとき, 線分 AH の長さは $\dfrac{\boxed{\text{ハ}}}{\boxed{\text{ヒ}}}$ である。

(2) 平面 α による四角錐 A-BCDE の断面の面積は $\dfrac{\boxed{\text{フ}}}{\boxed{\text{ヘ}}}\sqrt{\boxed{\text{ホ}}}$ である。

(3) 平面 α によって四角錐が分けられてできた 2 つの立体のうち, 点 D を含む立体の頂点の数は $\boxed{\text{マ}}$, 辺の数は $\boxed{\text{ミ}}$, 面の数は $\boxed{\text{ム}}$ である。

(4) 平面 α によって四角錐が分けられてできた 2 つの立体のうち, 点 A を含む立体の体積は $\dfrac{\boxed{\text{メ}}}{\boxed{\text{モ}}}\sqrt{\boxed{\text{ヤ}}}$ である。

◀経済学部 経営学科▶

(60 分)

1 (1) 2つの整数 50381 と 49883 の最大公約数は [ア] である。

(2) 整式

$$f(x)=-\left(\log_{\frac{1}{4}}16\right)x^3-\left(\log_{\frac{1}{4}}64\right)x^2+6\left(\log_{\frac{1}{4}}4096\right)x+3\left(\log_{\frac{1}{4}}256\right)$$

を整数を係数とする整式で表すと,

$$f(x)=\boxed{\text{イ}}\,x^3+\boxed{\text{ウ}}\,x^2+\boxed{\text{エ}}\,x+\boxed{\text{オ}}$$

である。したがって, $f(x)$ は $x=$ [カ] で極大値 [キ],
$x=$ [ク] で極小値 [ケ] をとる。

(3) 石を n 個直線状に並べることを考える。それぞれの石の色は確率 $\frac{1}{2}$ で白または黒であるとする。このとき, 同じ色の石が続く部分が r 個できたとする。例えば, $n=5$ で

と並べたならば, 左から, 白 1 個の部分, 黒 1 個の部分, 白 1 個の部分, 黒 2 個の部分, となるので, $r=4$ である。$n=5$ のとき, $r=3$ となる確率は $\dfrac{\boxed{\text{コ}}}{\boxed{\text{サ}}}$ である。また, $n=7$ のとき, r が 3 の倍数になる確率は $\dfrac{\boxed{\text{シ}}}{\boxed{\text{ス}}}$ である。

2　a を正の実数とし,

$$f(x) = x^2 - 2a, \quad g(x) = -(x-a)^2$$

とする。

(1) 2 つの放物線 $y = f(x)$ と $y = g(x)$ が共有点をもつための必要十分条件は,

$$a \leqq \boxed{セ}$$

である。また, $a = \dfrac{1}{2} \times \boxed{セ}$ のとき, 放物線 $y = f(x)$ と $y = g(x)$ で囲まれた図形の面積は $\dfrac{\boxed{ソ}}{\boxed{タ}}$ である。

(2) $a > \boxed{セ}$ のとき, 放物線 $y = f(x)$ と $y = g(x)$ には共通接線が 2 本ある。

(i) $a = 2 \times \boxed{セ}$ のときの共通接線の傾きのうち, 小さい方の傾きは $\boxed{チ} - \boxed{ツ}\sqrt{\boxed{テ}}$ である。

(ii) 2 本の共通接線の交点は

$$\left(\frac{\boxed{ト}}{\boxed{ナ}}a,\ \boxed{ニ}\,a\right)$$

である。

3 △OAB を考える。辺 OA を 1 : 2 に内分する点を A_1, 辺 OA を 2 : 1 に内分する点を A_2 とする。同様に, 辺 OB を 1 : 2 に内分する点を B_1, 辺 OB を 2 : 1 に内分する点を B_2 とする。$\overrightarrow{OA}=\vec{a}$, $\overrightarrow{OB}=\vec{b}$ とする。

(1) 直線 A_1B と直線 AB_1 の交点を P とするとき,

$$\overrightarrow{OP}=\frac{\boxed{ヌ}}{\boxed{ネ}}\vec{a}+\frac{\boxed{ノ}}{\boxed{ハ}}\vec{b}$$

である。また, 直線 A_2B と直線 AB_2 の交点を Q とするとき,

$$\overrightarrow{OQ}=\frac{\boxed{ヒ}}{\boxed{フ}}\vec{a}+\frac{\boxed{ヘ}}{\boxed{ホ}}\vec{b}$$

である。さらに, 直線 A_1B と直線 AB_2 の交点を R とするとき,

$$\overrightarrow{OR}=\frac{\boxed{マ}}{\boxed{ミ}}\vec{a}+\frac{\boxed{ム}}{\boxed{メ}}\vec{b}$$

である。

(2) 直線 A_2B と直線 AB_1 の交点を S とする。$|\vec{a}|=|\vec{b}|=2$ のとき, 四角形 PRQS の面積の最大値は $\frac{\boxed{モ}}{\boxed{ヤ}}$ であり, この最大値をとるのは $\angle AOB=\frac{\boxed{ユ}}{\boxed{ヨ}}\pi$ のときである。

解答編

英語

◀経済学部 経営学科▶

1 **解答** (1)—(b)　(2)—(a)　(3)—(c)　(4)—(c)　(5)—(d)　(6)—(a)
(7)—(b)　(8)—(c)　(9)—(a)　(10)—(b)

◆全　訳◆

≪進学先について迷う生徒へのアドバイス≫

ハーランへ：私は今，難しい選択を迫られています。全国の高校生と同じように，この先4～5年間を過ごす大学を決めなければなりません。志望校を2つまで絞っています。1つは地元にある大学で，在学中は実家暮らしをしなければなりませんが，学費は無料です。もう一方の大学は学費が必要です。この2つ目の大学が第1志望校です。家族のことは大好きですが，私は活動範囲を広げ，自力で生活をしたいと考えています。しかし，学費を支払ってくれるのは両親なので，両親にその大学の学費を払ってもらうのは悪い気がします。もしお金がいくらかかってもよいのならば，もちろん私は第1志望校に進学するつもりです――しかし，学費免除を看過することはできません。どうやって決断を下したらよいか，何かご助言をいただけませんか？

シュトックへ：あなたがどれだけご両親やご家族を大切に思っているか，よくわかりますよ。あなたは非常に思いやりのある方ですね。18歳でこんなに自覚があるというのはすごいことです。このことによりあなたが夢を追うのを諦めることになってはいけません。あなたが夢を追うことこそ，ご両親が望んでいることです。あなたの大学進学にかかる費用の支援をするかどうかは彼らが決めることです。彼らが選択することなのです。あなたは罪の意識を感じるのではなく，家族が出資し，犠牲になることが自分の原動力になる，くらいの気持ちで気楽にとらえればいいのです。大学1年目の学費はご両親に支払いを任せ，あなたは残りの学費の支払い計画を立ててみては。第1志望校に進学したら，借金を積み重ねることなく大学の学費を支払う方法を見出している他の学生を時間をかけて探しなさい。奨学金や儲かるアルバイト，割に合うリーダー的な役割や仕事を探すのもよいでしょう。夏休み中も授業を受講して早く卒業できるように努めることもできますよね。一文無しにならずに夢を実現する方法をご家族や今後高校を卒業する生徒たちに示す道筋を構築することができますよ。

あなたならきっとうまくやってのけるでしょうが，この解決策にはもっと深いものがあります。あなたは次の展開を恐れているのではないでしょうか。ほら，ご両親があなたにお金をかけ，家族があなたの教育を負担に感じたら，あなたはよい結果を残す必要性にかられるでしょう。それは誰にとっても恐ろしいことですよ。私のアドバイスはこちらです。この問題については4年単位で考えてはいけません。1年間の挑戦として考えるべきです。まずは1年間，第1志望の大学に進学しなさい。夢の実現の一環として，ご両親が負担を感じないように大学の学費を支払う方法を見つけるのです。その1年は資金を調達する方法を見つけるのに専念しなさい。あなたのように大学の学費を自分で支払った人を見つけ始めなさい。卒業を目前にした先輩に話しかけ，資金繰りをどうしたかを尋ねてみるのです。学生たちがどうやって学費の支払いをしているかを大学の学資援助部門に問い合わせてみてもいいでしょう。専攻学部の学部長にも声をかけ，同じ質問をしてみてください。学科奨学金や新たなチャンスがあるかもしれません。3年で卒業するのに役立つプログラムが大学にあると知ることになるかもしれません。その次の年は自身に投資して，手助けしてくれる人々を見つけるのに使いなさい。集まったお金の額とは関係なく，素晴らしい人々に出会い，新しい人間関係を築くことになるでしょう。人々はあなたのことを意欲的でやる気と情熱のある人だとみなすことでしょう。たとえ何があったとしても，あなたはきっとうまくいきますよ。

◀解　説▶

(1)第1志望校である2つ目の大学は，授業料が必要で，家族の元から離れて行動範囲を広げ，自立したいと第4文（At the other …）から空所前の第6文（I love my …）にある。空所後には授業料を支払うのは両親であるという記述が続くことから，空所前後には「自立はしたいが，授業料は両親に支払ってもらわなくてはいけない」という流れができるはずなので，(b)However「しかしながら」が正解。(a)「～だけれども」は副詞的用法がないため，Although, とは使えない。(c)「～にもかかわらず」(d)「それゆえ」

(2)生徒の悩みの原因は進学先での授業料の有無。空所後にはお金の問題がなければ第1志望校に進学したいとあることから，生徒は志望校進学で(a)「彼ら（＝両親）にそれ（＝自分の学費）を支払わせる」ことに罪悪感があるとわかるため，(a)が適切。(b)「自分で学費を支払う」(c)「両親に好き勝手させてやる」(d)「両親のために自分の夢を追いかける」

(3)生徒の文章第5文（The second school …）およびアドバイザーの文章第1段第1文（I appreciate how …）より，進学先決定に伴い，生徒が両親や家族のことを気にかけているとわかる。アドバイザーは第1段第2文（You're incredibly generous.）で「信じられないくらい思いやりがある」と生徒を評価していることから，空所にも生徒を褒めるような語である(c)「自覚を持っている」が入る。空所前の this は「こんなに」という意味。(a)「批判的な」(b)「心の狭い」(d)「独善的な判断をしがちな」

(4)アドバイザーは第1段第6・7文（They can decide … It's their choice.）で学費を出すかどうかは両親が決めること，と断言していることから，両親の出資に(c)「罪の意識を感じるのではなく」と入れることで生徒の罪悪感を和らげていると考えられる。(a)「感情のため」(b)「彼らの気前のよさにもかかわらず」(d)「生活費に関しては」

(5)アドバイザーは第1段第9文（You could allow …）で1年目の学費は両親に出してもらい，残りの支払いを自分で計画する方法を提案し，その具体的方法として，空所を含む文で「借金を積み上げる（　　　）大学の学費を支払う方法を見出している他の学生を探す」ことを勧めている。借金を積み上げる「ことなしに」となるはずなので，(d)が正解。(a)「～している間に」(b)「～を必要として」(c)「～のため」

(6)アドバイザーの文章第2段第2文（See, if your …）は空所を含む文の what's next「これから起こること」の具体例。その具体例を受け，同段第3文（And that's frightening …）では，「それ（＝よい結果を残す必要性にかられること）は誰にとっても恐ろしいこと」とあることから，

what's next の前の空所に入る語も frightening に近い意味になると考えられるため(a)「怯えた」が適切。(b)「混乱した」(c)「自信がある」(d)「興奮した」

(7)空所後の in terms of four years「4年単位で」がポイント。アドバイザーは第1段第9文および第2段第5文（Think about this …）以降で，第1志望校に進学し，1年目の学費は両親に支払ってもらい，残りは自力で払うことを勧めている。よって，4年単位で(b)「このことについて考えるのをやめなさい」が適切。(a)「将来の設計を始めなさい」(c)「夢は忘れなさい」(d)「大学の学費を支払おうとしてはいけない」

(8)選択肢が助動詞つきのものとそうでないものがあることに注目。それぞれの意味は(a)「～だったに違いない」，(b)「～はない」，(c)「～できた，～でありうる」，(d)「～だった」である。アドバイザーの文章第2段第12・13文（Talk to the dean … or new opportunities.）は「学部長に相談してみれば，奨学金などが（　　　）」という意味になることから，肯定かつ「あるかもしれない」と可能性の意味を持つ助動詞のついた(c)を選ぶとよい。could は可能性の低い未来を表すこともある。

(9)空所後の「集まったお金の額（　　　），あなたは素晴らしい人々に出会い，新しい人間関係を築くことになる」をつなぐものとしては(a)「～にかかわらず，～に関係なく」が適切。続く第17文（People will see …）でも「人々はあなたのことを意欲的でやる気と情熱のある人だとみなす」とあることも，金銭にかかわらず人間関係の面でメリットが生まれるというヒントになる。(b)「～に比例して」(c)「～を参照すると，～に関して」(d)「～に関しては」

(10)空所を含む文は「(　　　) あなたはうまくいくでしょう」と生徒の将来を肯定的に語っていることから，(b)「たとえ何があったとしても」が正解。(a)「短時間」(c)「営業中で，商売上」(d)「いかに挑戦したとしても」

2 解答

(11)―(c)　(12)―(a)　(13)―(b)　(14)―(b)　(15)―(d)　(16)―(d)
(17)―(b)　(18)―(c)　(19)―(a)　(20)―(d)

◆全　訳◆

著作権の都合上，省略。

◀解　説▶

⑾「コーサックの言う “biology doesn't make him her father” はどういう意味か？」

(a)「父親が子どもに引き継ぐ特別な遺伝子がある」

(b)「モーラの父親は高校時代，生物学の単位を落とした」

(c)「『よき』父親であることは子育てに積極的に関わる必要がある」

(d)「本物の医学検査を受けることでしか彼らの血のつながりを証明することはできない」

直訳は「生物学が彼を彼女の父親にしているのではない」となる。彼と彼女に生物学上の親子関係，つまり，血のつながりがあるとしても，それだけで彼が彼女の父親としての役割を果たしているとは言えないという意味。血のつながり以外のものを必要としているという意味で(c)が正解。

⑿「コーサックの言う “take down Paddy Doyle” とはどういう意味か？」

(a)「彼を撃って逮捕することができた」

(b)「ジェーンとコーサックは揉み合いでパディを殴った」

(c)「コーサックはパディを階下まで運ばなければならなかった」

(d)「彼らはパディが言ったことをメモした」

この文中の take down は「～を倒す」の意味に近い。コーサックの2つ目の発言（Jane, you shot …）からも，多くの罪を犯したパディを逮捕する（＝arrest）ことを意味するため(a)が正解。

⒀「パディが撃った容疑者についてわかることは何か？」

(a)「彼はディーン捜査官の足を撃った」

(b)「彼はモーラを殺そうとしていた」

(c)「彼はジェーンにもっと早い段階で撃たれていた」

(d)「彼はモーラの母親を殺した」

モーラの2つ目の発言（No, he shot …）に the guy who tried to run me over with his car yesterday, and put my mother in the hospital「昨日，車で私を轢こうとして母親を病院送りにした奴」とあることから(b)が適切。(d)は同文後半（and put my …）に相違。

⒁「ジェーンの言う“we were handling it”とはどういう意味か？」

(a)「何かにしっかりとしがみつくこと」

(b)「すべてをうまくコントロールすること」

(c)「物を持ちやすくすること」

(d)「相手の指示を理解すること」

it は同文後半の our operation「捜査（作戦）」を指すと考えれば，下線部の handle は「～を統制する，～をコントロールする」の意味が適切。よって，(b)が正解となる。have *A* under control「*A* を支配下におく，*A* をうまくこなす」

⒂「ディーン捜査官の職種は何か？」

(a)「彼は病院で医者をやっている」

(b)「彼は私立探偵として働いている」

(c)「彼は救急車の運転手である」

(d)「彼は政府関連の仕事をしている」

ジェーンの7つ目の発言第3文（He's a federal agent!）「彼は連邦捜査官なのよ！」より(d)が正解。

⒃「なぜディーン捜査官はモーラとジェーンの後をついて来ていたのか？」

(a)「彼はモーラに恋をしているから」
(b)「彼はパディを捕まえたかったから」
(c)「彼が遅刻しそうだったから」
(d)「彼が職務を遂行していたから」
理由については明記されていないが，モーラとジェーンの言い合いの中でモーラが3つ目の発言（Oh, you mean …）でジェーンの彼氏であるディーン捜査官が現場にいたことを自分は知らされておらず，憤っている様子がわかる。それに対し，ジェーンは7つ目の発言（I didn't know …）で自分も知らなかったと述べながらも，彼は連邦捜査官であると彼の職種を主張していることから(d)が正解と言える。その他の選択肢は会話の内容からは正解と判断できない。
(17)「モーラの言う "if Paddy wanted Dean dead, he'd be dead" が意味するところは何か？」
(a)「パディがディーンに大変怒っていた」
(b)「パディがディーンを殺そうとはしていなかった」
(c)「パディはディーンに銃口を向けていた」
(d)「パディは本当にディーンと友人である」
下線部直前のジェーンの発言最後の2文（Paddy shot him !…）参照。パディが足を狙って撃っているところから(b)が正解。
(18)「モーラが言う "play judge and jury" とはどういう意味か？」
(a)「あなたは試合に全勝したい」
(b)「あなたはあまり真剣に考えていない」
(c)「人々を罰する権力を握ること」
(d)「どのように訴訟が終わるかを知ること」
judge and jury とは「何でも自分の一存で決める人」の意。これを知らなくても，下線部後の and kill people をつなげて直訳すると「裁判員と陪審員両方の役割をして人を殺す」，つまり，自分で決めて自分で罰するという意味をとれるはず。よって，(c)が正解。take power「権力を握る」
(19)「ジェーンはパディが何をしようとしていたと考えているか？」
(a)「仲間を数名殺そうとしていた」
(b)「彼らを夕食に連れて行こうとしていた」
(c)「逃走しようとしていた」

(d)「容疑者を誘拐しようとしていた」

ジェーンは8つ目の発言最後の2文（You don't think … Shoot me, too ?）で，モーラの父親が自分たち捜査員全員をおびき出し，自分のことも撃ってしまうのではないかと疑念を抱くことはないのか，とモーラに訴えていることから(a)が正解。

(20)「この場面の最後にジェーンはモーラとの関係についてどう感じていたか？」

(a)「このケンカは一時的な問題であると考えている」

(b)「モーラが感情的すぎるとは思っていない」

(c)「自分たちが友人関係を維持するのをコーサックが助けてくれると考えている」

(d)「これ以上友人関係ではいられないと考えている」

コーサックの最後の発言（You guys will make up.）「君たちなら仲直りできるよ」に対するジェーンの最後の発言第2文（We should have …）で判断する。「彼女に…決してさせるべきではなかった」と should have *done* の形を用いて後悔の気持ちを表していることから，今後の関係は消極的なものであると考えられるため，(d)が正解。

(21)―(d) (22)―(c) (23)―(b) (24)―(c) (25)―(a) (26)―(b)
(27)―(c) (28)―(a) (29)―(d) (30)―(b)

◆全 訳◆

≪ハワイの人々とアロハスピリット≫

ハワイに引っ越したばかりのある日，女友達がインターネット会社の男性と床に座っているのを見かけた。しかし，彼らがインターネットについて会話を交わしているのではないことに気づいた。それどころか，イノシシ狩りに一緒に来ないかと彼女を誘っていたのである。日々が過ぎていくにつれ，友好的な出来事が増えた。別の機会には，海に泳ぎに向かう道中，海岸にいた人が海流が強すぎて安全に泳ぐことができないと我々に警告してくれ，さらにはビールを1杯出してくれた上にカヌーに行こうと誘ってくれた。

こういった類の出会いを説明する言葉は多々あるのかもしれないが，少なくともそのうちの一つは「アロハ」である。そして，後に判明することだが,「アロハ」という言葉はここでは実際には慣習のようなものなのである。「アロハ」という言葉はこんにちはやさようならの代わりに使われるが,それ以上の意味がある。それは島――現地の人々とその土地――の精神を表す手段でもあり,ハワイを大変独特な場所にしているものでもある。

ハワイの歴史家であるデイビアナ＝ポマイカイ＝マクレガー氏によると「Alo は『面と向かって』,Ha は『必要不可欠なもの』を意味している」とのことだ。しかし,この言葉には文字通りの解釈とはいかないものの同等に重要な解釈がいくつかある,ともマクレガー氏は指摘した。特に重要な解釈の一つは1970年に開かれたハワイ2000という会議で発表されたもので,その会議にはハワイの過去,現在,そして,将来について話し合うために人々が集まった。当時,島ではベトナム戦争やその他の政治問題に関して激しい対立がある時代であったが,ハワイの長老の感情のこもった演説を聞いた後,彼らはアロハスピリットに基づいた法律を作り始めた。その法律は言い換えるならば,隔たりを作るのではなくむしろ結びつきを大切にするハワイ独特の精神的かつ文化的な規則のようなものである。

アロハとはハワイの人々がハワイの大地や彼らの精神的心情と調和して平和に暮らし,協力し合う必要性から生じた概念である,とマクレガー氏は私に語った。納得のいく話である。ハワイはカリフォルニア州の沿岸地域からは約2400マイルの距離にあり,日本からは4000マイル以上も離れた世界で最も孤立した居留区である。「歴史的に見ると,孤立していたがために,我々の祖先はお互いとハワイの大地を敬意を持って遇する必要がありました。というのも,ハワイの大地には限られた資源しかなかったからです」とマクレガー氏は言った。「ハワイの人々にとって,主な労働力は人でした。なので,拡大家族の中で共同作業をし,愛情と敬意にあふれた関係性を持つことに高い価値をおく必要があったのです」

その法律は大部分が象徴的なものだが,機能していないというわけではない――とりわけ政治指導者や経営者が行き過ぎた行動をとる場合においては。「この法律を施行するのは実質的には不可能です。というのも,行動規範や生き方に影響を与えるのは価値観だからです。にもかかわらず…ハワイの住民や政府の役人は皆,この法律に従って行動するものとされています」と,ハワイの初代司法長官代理であるダナ＝ビオラ氏はEメールに記している。もし企業や政府の役人がアロハスピリットを持って行動しなければ，商売を逃してしまったり，公の場で恥をさらしてしまうことだってあるだろう。「なので結果に如実にあらわれるのです」と彼女は加えた。

しかし，ハワイ大学マノア校ハワイアンナレッジ学部助教授でアロハスピリット法を掘り下げて研究しているウェンデル＝ケカイロア＝ペリー氏は，この法律とその効果は常に好影響を及ぼすものであるとは限らないと述べた。「この法律は我々の生活や社会の複雑な部分をすべて無視しているため，問題のある可能性はあります」とペリー氏は言った。彼が言うには，島における不当行為に異議を唱えるハワイ先住民の声を静めるためにこの法律が利用されることもあるそうだ。そういったことが起こる際に「彼らが使うアロハという言葉は，実際にはアメリカが占領・支配していた頃に作り上げられた『無抵抗』で『事を荒立てない』先住民のアイデンティティの一部なのです」。この法律には欠点があるけれども，いまだに強く共感を呼ぶものなのだ。

「ハワイを訪れる人々はいかにハワイが美しい場所であるかを話題にすることがよくあるが，彼らが経験する中で最も特殊なところは現地の人々であり，人々が大変親切であるという点です」と語ったのはハワイ州下院議員のトゥルシー＝ギャバード氏である。今のところ，アロハという言葉は私にとっては思いやりと調和を意味しており，「こんにちは」と「さようなら」の間で心に留めておくべき重要なものである。

◀解　説▶

(21)「なぜ著者は女友達とインターネット会社の社員との会話に驚いたのか？」

(a)「女友達が床に座っていたから」

(b)「女友達とケーブルテレビの設置工が古い友人だったから」

(c)「女友達が普段から見知らぬ人に話しかけるから」

(d)「彼らが一緒に狩りに出かけようと話していたから」

第1段第3文（Instead, I found, …）で男性が女性をイノシシ狩りに誘っていることから(d)が正解。

(22)「著者は本文の初めに，ハワイに移住した直後に起こった出来事をたくさん描写している。なぜ著者はそういった出来事に驚いたのか？」

(a)「ハワイではビールは贈答用としては大変高価な贈り物だから」
(b)「イノシシ狩りがハワイでは大変人気があるから」
(c)「ハワイの人々は見知らぬ人に対して大変友好的だから」
(d)「一部の人々はいまだに旅をするのにカヌーを使うから」
第 1 段第 4 文（As the days…）の the friendly happenings increased「友好的な出来事が増えた」より(c)が正解。第 1 段で描かれている例にすべて現地の人々が親切にしてくれた出来事であることもヒントとなる。
(23)「デイビアナ＝ポマイカイ＝マクレガー氏が思うアロハの定義についての見解はどれか？」
(a)「自分の定義だけが正しいものである」
(b)「正しい定義が複数ある」
(c)「1970 年の会議で決まった定義が最良のものである」
(d)「平和に暮らし，協力し合うことを意味している」
第 3 段第 2 文（But McGregor also…）の that 以降にその他にも正当な解釈があると述べられていることから(b)が正解。
(24)「本文によると，1970 年のハワイの様子はどうだったか？」
(a)「島を訪れる観光客が多くいた」
(b)「人々は新しい居住者に極端に友好的であった」
(c)「人々は社会的・政治的問題について言い争っていた」
(d)「悪い政治家は支持者を失い，謝罪に追い込まれた」
第 3 段最終文（It was a…）に a time of intense disagreement… political issues「…政治的問題に関して激しい対立がある時代」とあることから(c)が正解。
(25)「アロハスピリット法が施行しづらいのはなぜか？」
(a)「それが一般的な指針でしかないため」
(b)「その法律がたいへん古く，使われていないため」
(c)「その法律はハワイの全住民に影響を与えるため」
(d)「警察官の数が十分ではないため」
設問文の内容にあたる部分は第 5 段第 2 文（"This law is…）に該当し，理由は同文の because 以降参照。「行動規範や生き方に影響を与えるのは価値観」とある。さらに，同段第 1 文（The law is…）に「その法律に大部分が象徴的」とあることから，アロハスピリット法はハワイの人々の考え方や価値観に根づいているものであると言える。よって，(a)が正解。

(26)「デイビアナ＝ポマイカイ＝マクレガー氏によると，ハワイ先住民が自分たちの土地に敬意を払っていた理由はどれか？」

(a)「ハワイの土地は人々が購入するには高価なものだったから」

(b)「彼らは孤立しており，限られた資源しかなかったから」

(c)「人々が食べるものを大地が作ってくれるから」

(d)「そうしなければならないとアロハスピリット法にあるから」

第4段第4文（"Being isolated, historically, …）にハワイの人々の祖先は孤立していて資源も限られていたため，お互いとハワイの大地に敬意を払う必要があったとある。よって，(b)が正解。

(27)「本文によると，アロハスピリット法に従わなかった場合，何が起こりうるか？」

(a)「州警察に逮捕される」

(b)「政府にお金を支払わなければならないかもしれない」

(c)「顧客を失ったり，公共の場で恥ずかしい思いをする可能性がある」

(d)「ハワイから出て行き，戻ってくることができなくなる」

第5段第4文（If a business …）に「もし企業や政府の役人がアロハスピリットを持って行動しなければ，商売を逃してしまったり，公の場で恥をさらしてしまうことだってあるだろう」とある。(c)が正解。

(28)「本文中でペリー教授が言及しているアロハスピリット法の問題点の一部は何か？」

(a)「アロハスピリット法はハワイの社会における問題に注意を払っていない」

(b)「アロハスピリット法は大変複雑であるため，難しすぎて施行できない」

(c)「アロハスピリット法を施行するには費用がかかりすぎる」

(d)「アロハスピリットを信じている人はハワイにはもはやいない」

第6段第2文（"It can be …）の because 以降参照。「この法律は我々の生活や社会の複雑な部分をすべて無視している」に近い意味となる(a)が正解。同じ complex という語が入っている(b)はアロハスピリット法そのものが複雑である，とあるため不適。

(29)「ハワイ現地民で異議を唱える人々を黙らせるためにどのようにアロハ

スピリット法が利用されているか？」

(a)「アロハスピリット法は彼らに特定の場所でしか抗議しないようにと求めている」

(b)「抗議活動をするよりも家族の方が大切だとアロハスピリット法にある」

(c)「ハワイで抗議することは違法であるとはっきりとアロハスピリット法にある」

(d)「アロハスピリット法が不当行為について不満を言うのを思い留まらせている」

第 6 段第 4 文（Sometimes, he said, …）に「島における不当行為に異議を唱えるハワイ先住民の声を静めるために」アロハスピリット法が利月されるとあることから(d)が正解。

(30)「下院議員のトゥルシー＝ギャバード氏がハワイについて最も重要であると考えていることは何か？」

(a)「ハワイが最も美しい州であるということ」

(b)「ハワイの人々が大変友好的であること」

(c)「浜辺でカクテルを飲めること」

(d)「ハワイではどんなことでも異論を唱える人はいないということ」

最終段第 1 文（"Visitors to Hawaii …）にギャバード氏の発言として，ハワイの人々と彼らの親切心がハワイの最も特殊なところだと述べているため，(b)が正解。

解答　(31)―(b)　(32)―(d)　(33)―(a)　(34)―(b)　(35)―(a)　(36)―(c)
(37)―(c)　(38)―(b)　(39)―(b)　(40)―(a)

◆全　訳◆

≪三島由紀夫作品と現代性≫

第二次世界大戦後，ほとんどの日本人は新たにアメリカが日本社会を占領することを受け入れた。しかしながら，一部の作家や知識人を含む少数の人々は，勝利したアメリカによってもたらされる現代性を意識し，彼らが現代性の問題と考えるものに対する解決策を模索した。伝統的な文化と現代性との間にある亀裂を再び探究し，その亀裂を閉じようとするこの新たな試みを垣間見ることができるのは，戦後の日本のこういった知識人の一人である三島由紀夫（1925～70年）を通してである。彼の小説，戯曲，映画を通して，彼が新しく，これまで以上に西洋化した日本とみなしているものに関して彼が感じている幻滅感を私たちは感じとることができる。彼はそれを自身の理想の中に存在する現代性と調和させようと試みているにもかかわらず，である。三島は平岡公威という本名で1925年1月14日に生まれ，高齢で病気がちの祖母であるなつに支配されるという一風変わった子ども時代を送ることから彼の人生は始まった。祖母のなつは彼がまだ大変幼い頃に母親から彼をとり上げ，自分の病床に彼を閉じ込めた。三島が後にやみつきになる無限や死という概念にとりつかれ始めたのは人生のこの時期であった可能性が非常に高い。

三島作品である『仮面の告白』は，少なくとも部分的には自伝であるとみなされることが多いが，作品中で主人公の公ちゃんは自分が恐ろしいおとぎ話，特に，主人公が何度も殺されるが，結局何度も生き返るというハンガリーのおとぎ話に魅了されていると述べている。「彼の顔には死の決意が浮かんでいた。もしこの王子が竜との戦闘で勝利者となる運命にあったならば，私が感じている彼の魅力はいかにかすかなものであっただろう。しかし幸運なことに，王子は死ぬ運命だったのである」と彼は書いている。ここで興味深いのは，死が望ましいものとして描かれているところだ。三島は，その王子が予想に反し，魔法にかかったように敵と戦っては後に死ぬという繰り返しを生き抜き，最終的には自分の妹を救って美しい王女と結婚することになるという事実に公ちゃんが不満を抱く様子を続けて描いている。三島は，王子が戦いを生き抜くのではなく，痛めつけられて死ぬよう実際に物語を変えることで，自分の理想の結末にしているのだ。登場人物には自己破壊衝動があり，その延長線上で考えると，三島もまた幼少期に恐ろしいおとぎ話を読み，その中に出てくる死に魅了されていた可能性が高い。破壊衝動とは秩序や美を破壊することをとりわけ求めることである。三島は物語の中の王子を，壮麗に着飾り「まさに自分を襲おうとしている荒れ狂った竜の恐ろしい喉元を見下ろしている」と描写している。王子の描写は完璧に整ったものである。すべてがあるべき場所にあり，王子がそこに立ち，まさに食べられようとしている情景が三島の前述の表現から一つ一つ，一語一語，完璧に組み立てられているのである。そして彼は竜によってガツガツと粉々に噛み砕かれるのだ。

◀解　説▶

(31)選択肢がすべて形容詞なので，空所を含む節は直前の writers and intellectuals の説明であると考える。第1段第1文（After the Second …）の「ほとんどの日本人は新たにアメリカが日本社会を占領することを受け入れた」に対し，同段第2文（A few, however, …）は however（逆接の語）が入っているため，A few にあたる作家や知識人は占領後にアメリカがもたらした現代性に否定的であったと推測できる。空所を含む同段第2文後半（, sought out a …）に「彼らが現代性の問題と考えるものに対する解決策を模索した」と続くことから，まずはその現代性を「意識した」上で問題視し，解決策を模索する，という流れになるはずなので(b)「意識した」を補うのが適切。(a)「無知な」(c)「注意深い」(d)「礼儀正しい」

(32)the rift between A and B「A と B の間の亀裂」 A（～な文化）に入る語は，戦後アメリカが日本にもたらした B（現代性）に対峙するものとなるはず。よって，戦前までの(d)「伝統的な」文化が適切。(a)「同時代の，現代の」(b)「印象深い」(c)「信心深い」

(33)空所前後の his … grandmother までがかたまり。祖母の説明として適切なのは(a)「年老いた」である。(b)「時宜を得た」(c)「未熟な」(d)「偽物の」

(34)空所後の with に注目。obsession with ～「～（妄想など）にとりつかれること」の意。よって，(b)が正解。(a)「服従」(c)「所有」(d)「許可」

(35)空所前後の文意に注目。～, only to *do* は不定詞の副詞的用法（結果）で「～するが結局…」という意味になり，「殺されるが，結局何度も生き返る」と訳す。again and again に応じて multiple times「何度も，複数回」と補うのが適切であるため，(a)が正解。(b)「頻繁に起こる」

(36)空所を含む文の What is interesting here「ここで興味深いのは」の here は空所を含む文の直前の文 But fortunately the prince was destined to die.「しかし幸運なことに，王子は死ぬ運命だったのである」を指す。死を望ましいものとして描いていることから(c)「死」が正解。(a)「征服」(b)「蘇生」(d)「誕生」

(37)空所前に王子が戦っては死んで生き返る，を繰り返すと書かれ，空所後は妹を救い王女と結婚して終わるとなっていることから，(c)「最終的に」

が正解。(a)「初めは」 (b)「好意的に」 (d)「ゆっくりと」

(38)第2段第2文（He writes, "On …）に王子が死ぬ運命にあることを望ましいものと表現していることから，空所前の his ideal「自分の理想の」は王子が死ぬ運命にあることを指す。空所を含む文では，王子が生き残る代わりに死ぬよう物語を編集するとあることから，物語の(b)「結末」を自分の理想（＝王子の死）にしているとわかる。(a)「始まり」 (c)「花嫁」 (d)「家」

(39)主語の The destructive drive「破壊衝動」の説明である。空所後の destruction of order and beauty「秩序や美を破壊すること」が destructive にあたるため，drive「衝動」に近い語として(b)「～を求める」が正解となる。(a)「～をとり去る」 (c)「～を攻撃する」 (d)「～を発見する」

(40)空所直後の dragon「竜」の説明。dragon の後ろの関係代名詞 that 節内の was about to set upon him「まさに自分を襲おうとしている」という説明より，(a)「荒れ狂う」という表現が適切。(b)「安心させる」 (c)「死にかけている」 (d)「泣いている」

(41)―(a)　(42)―(c)　(43)―(b)　(44)―(a)　(45)―(a)　(46)―(c)
(47)―(d)　(48)―(c)　(49)―(a)　(50)―(b)

◀解　説▶

(41)(a)there are → there is

「時折，本当に会話が上手くいき，相互理解ができて議論が正確に流れる，といったことがいかにして起こるのかを知っているだろうか？　心理学と神経科学を専門とするプリンストン大学教授のウリ＝ハッソン氏はそういった会話の背景にある仕組みを研究している」 下線部(a)に続く主語は a mutual understanding と単数形であるため，are を is にする。続く and the discussion の部分は a mutual understanding と等位の主語になっているのではなく，the discussion just flows で「議論が正確に流れる」と SV の形になっている。

(42)(c)either person → neither person

「特に，彼は言語による意思伝達を行っている間に脳の間で効率的に考えが伝えられるとき，何が起こっているかを研究している。『誰か他の人とうまが合っていると感じるときがあるでしょう』とハッソン氏は言う。それはパートナーとダンスをするようなもので，どちらの人も相手の動きとまったく同じ動きをしているわけではないが，その動きが互いを補うものになっている，といった状態である」 either＋単数名詞は肯定で「どちらの～でも」の意。2人でダンスをする際には2人がまったく同じ動きをし続けるわけではないため，neither person「どちらの人も～ない」と否定にすることで文意が通る。

(43)(b) generates → generate

「ハッソン氏の研究では，実生活をまねる実験で近代神経科学の装置を使い，意思伝達は本当は『2つの脳によって行われる1つの行動』であるという考えを示している。話し手の脳波は音波，すなわち発話を生み，次に聞き手の脳の反応に影響を与え，その脳の反応を自分自身のものと同調させるのである」 主語が A speaker's brain waves と複数になっているため，3人称単数現在形の s は不要。

(44)(a) the more alignment → the more aligned

「ハッソン氏はこの過程の結果を脳のつながりと呼び，そのつながりが強ければ強いほど話し手と聞き手の脳のパターンはますます揃っていき，より一層相互理解が深まるのである。(ダンスをしたり，意気投合したり，カップルになったりなどはさておき，彼が言及しているのはあらゆる効率的な意思伝達であって，必ずしもロマンティックな類のものとは限らない。)」 The＋比較級＋SV ～，the＋比較級＋SV …「～すればするほどますます…」の構文となっている。alignment は名詞であるため，more alignment と比較変化させることはできない。形容詞の aligned であれば可。

(45)(a) at a much → at a more

「ハッソン氏は我々がどのように意見や考え，思い出を他人とやりとりし，そして，もっと根本的なレベルで，脳がどう機能しているのかという大きな問いを徹底的に調べている。彼の装置には機能的磁気共鳴断層撮影装置(fMRI) というものもあり，その装置を使えば脳内の異なる領域における活動が刺激や聞いた話，映画やテレビ番組の話の内容に応じてどのように変化するかを追跡できる。そのライブラリーにはテンポの速い BBC のテレビシリーズである2作品，シャーロックとマーリンが含まれている」

much は比較級や最上級の強調表現として使うことはできるが，形容詞の原級（今回の場合は fundamental）を修飾することはできないため(a)が誤り。(d)changes の主語は直前の regions ではなく activity であるため，誤りではない。

(46)(c) descriptive → description

「一見すると，ビデオクリップを観て，後にその内容を思い起こし，他の人の説明からその内容を想像することはまったく異なる認知過程である。しかしハッソン氏は，そうした過程の脳のパターンは比較的高次な特定の領域においては類似したものであるということを発見した」 descriptive は形容詞で「よく描写された」の意。下線部(c)直前の from someone else's に注目すれば，この後には前置詞句を作るための名詞が必要であることがわかる。

(47)(d) were watched → were watching

「その傾向は場面特有で，シャーロックが自殺に偽装された複数の殺害に関与していると彼が気づいた男性が運転するタクシーに乗り込む場面で，その場面を観ているか，思い出しているか，そして，想像しているかどうかにかかわらず，研究参加者の脳の動きに共通のパターンがあったのである」 下線部(d)直後の remembering, or imagining は下線部(d)の動詞 watch と等位。さらに，その後の that scene は watch, remember, imagine の目的語になっていると考えれば，watch も「その場面を観ている」と能動にすべきである。

(48)(c) better → the better

「また，この実験では記憶に関することも明らかになった。もともとその話を観た人と，その説明を聞いて心の中でその場面を思い描いた人，２人の脳内のパターンが似ていれば似ているほど，話し手から聞き手への記憶の移行がますますうまくいくということが個別に行われた内容理解度を測るテストでわかったのである」 第２文文頭 The more similar the patterns より，The＋比較級＋SV ～，the＋比較級＋SV …「～すればするほどますます…」の構文（ただしこの文では動詞が省略されている）になっていると判断できるため，主節の部分の文頭の比較級にも the が必要である。

(49)(a) using → used

「記憶を思い起こし，再構築するのに使うのと同じ領域が，我々の想像の中で他の人の記憶を再構築することに関与しているということを研究結果は示している。『おそらく記憶の主要な機能は過去を説明することでなく，自分たちが知っていることを他の人々と分かち合い，その後を予測するための道具として使われることである』とハッソン氏は言う。この結果はリアルタイムもしくは対面の会話においてはさらに顕著に表れるだろうと彼は予測している」 下線部(a)の using は be 動詞がないことから the same areas を後置修飾する現在分詞と考えられるが，この using の直後に use に対する目的語がないことから，ここは「…するために使われる同じ領域」と過去分詞であると判断できる。

(50)(b) has viewed → has been viewed

「ハッソン氏による意思疎通の研究は学会以外の場でも好評を博しており，彼が 2016 年の TED talk で披露した『コミュニケーション中の脳の反応』というプレゼンテーションは 190 万回以上視聴されている。そして当然のことながら，うまく意思伝達をするための装置として脳が同調するという考えは実社会でのあらゆる問題の発端となっている。なぜ一部の人々は素晴らしい伝達者であったり話し上手であったりするのか？　彼らは自分の脳と他人の脳を連動させるのが普通の人よりも上手なのか？　なぜ誤解が生まれるのか？　なぜ 2 人の人が同じ話を聞いてもまったく異なる解釈をしてしまうといったことが起こるのか？」 下線部(b)の主語は his 2016 TED talk, “This is Your Brain on Communication” というハッソン氏によるプレゼンテーションの題名であるため，「～が見られる」と受動になる。能動で「～を見る」であれば，下線部(b)の直後に view に対する目的語があるはずである。

(51)—(c)　(52)—(d)　(53)—(c)　(54)—(b)　(55)—(a)　(56)—(b)
(57)—(d)　(58)—(b)　(59)—(a)　(60)—(d)

◆全　訳◆

≪惣菜屋強盗≫

このコメディの場面では，テルマとルイーズという 2 人の女性が頭にストッキングをかぶり，ピストルを振り回しながら西 14 番通りの惣菜店に乱入する。その惣菜店で働くベンはカウンターの後ろに立ち，エプロンをつけている。

テルマ　：みんな動かないで！　強盗よ！

ベン　　：強盗？　場所，絶対間違ってるよ。うちは銀行じゃない！　惣菜屋だよ。

ルイーズ：えぇ。わかってるわ，けど，私たちお腹がすいて死にそうなのよ。

テルマ　：オリーブとピクルスとチーズを全部，かばんに入れられるだけ入れなさい。そして急いで，さもないと撃つわよ！

ベン　　：じゃあ，どのオリーブが好みなんだい？

ルイーズ：あの甘くて黒い，ギリシャ産のやつ，何て名前だっけ？　ちょっと紫色の。

ベン　　：カラマタオリーブだね。

テルマ　：カラマタ？　病気みたいな名前ね！

ベン　　：うちはカラマタオリーブはおいていないけど，南スペインから新鮮な状態でとり寄せたおいしいオリーブがあるよ。

ルイーズ：それでいいわ。でも，金庫も確かめなさいよ。

ベン　　：金庫？　金庫なんてないよ。うちは銀行じゃない。さっきも言っただろ。うちは惣菜屋だ。

ルイーズ：逆らうようなら，あなたを撃たなければならないわ。早く！　５つ数えるうちに。

ベン　　：やってみろよ！　どうせ水鉄砲だろ？

テルマ　：どうしてはっきりそうだとわかるのよ？　あなた，本当に一か八かやってみたいっていうの？

ベン　　：いや，そうじゃないさ。協力するよ。でも，もし水鉄砲を振り回す２人の札つきの犯罪者にうちの最高のオリーブを譲ったなんてことを上司が知ったら，上司は僕のことを殺すだろうな。

ルイーズ：譲った？　何言ってんの？　支払いはすべてするわよ。

テルマ　：それに，札つきの犯罪者ってどういうこと？　私たち，今までにこんなこと一度だってやったことないわよ。

ベン　　：思った通りだ！　２人とも素人だ！

ルイーズ：素人って誰のことを言ってるの？

ベン　　：水鉄砲を下ろせよ，そうすればタダで腐葉土をくれてやるよ。

テルマ　：うまく言い逃れようったってそうはいかないわよ，坊や！

◀解　説▶

(51)ト書き第１文（In this comedy …）と空所直後の This is a robbery！よりテルマは強盗であることがわかる。強盗が言う言葉として適切なのは(c)「みんな動かないで！」である。(a)「マスクをとりなさい！」(b)「帽子をかぶりなさい！」(d)「それをここに今すぐおきなさい！」

(52)ベンは空所直後に，強盗に入った２人に対して銀行と間違っているのではないかといった意味の発言をしていることから，この店は銀行ではない＝住所を間違えていると解釈し，(d)が正解。これは have got the wrong number「電話番号を間違えている」という表現の number の部分が address「住所」に変わったもの。(a)「～の周りをまわる」(c)「～について検討する」

(53) What is *A* called？「*A* は何と呼ばれているのですか？」は *A* の名前を問う表現。空所後の called がヒントになる。また，このルイーズの問いかけの後，ベンがオリーブの名称を答えていることから，ルイーズは自分好みのオリーブの特徴（the ones that are a little purple）を伝えることで名称をベンに問うていると考えられる。(c)「あの甘くて黒いギリシャ産のオリーブ，何ていう名前だっけ？」が正解。その他の選択肢は空所後の called を補うと意味を成さない。

(54)空所前の We don't have Kalamata Olives に対して we do have … と対比関係になっている(b)「新鮮なおいしいやつならある」が正解となる。(a)「新鮮なものを注意して探す」(c)「車を出して新鮮なものを手に入れる」(d)「誰も新鮮なものを改良できない」

(55)空所以降，話題の中心がオリーブではなくなっていることから，ベンに薦められた南スペイン産オリーブで納得する発言が入るはずである。(a)「それでいいわ」が正解。Those が南スペイン産オリーブを指す。do は自動詞で主語に物や事をとり，S will do の形で「S で間に合う，S で役に立つ」の意味がある。(b)「それは残念ね」(c)「冗談よ」(d)「それはかわいそうなお話ね」

(56)空所直前の This isn't a bank. はすでにベンが１つ目の発言（A robbery？ You …）で述べているため，「さっきも（すでに）言っただろ」の意味で(b)が正解。

(57)空所前の「逆らうようなら」に続くものとして文意に合うのは「撃たなければならない」である。(d)「～しなければならない」が正解。(a)「～し忘れる」(b)「～させてくれるよう頼む」(c)「～することを期待する」

(58)空所前の Right now! よりベンを急かしている様子がわかるため，(b)「5まで数える」が適切。(a)「早とちりする」(c)「事を荒立てる」(d)「よく聞きなさい」

(59)空所を含むテルマの発言前後のベンの様子に注意。直前まで強気だったベンがテルマの発言後，しおらしく協力を申し出ていることから，テルマがベンを脅すような発言をしたと考えられる。よって，(a)「危険を冒す，一か八かやってみる」が正解。(b)「カラマタを食べる」(c)「銀行を襲う」(d)「今すぐ帰宅する」

(60)ベンの6つ目の発言最終文（That's a water …），7つ目の発言最終文（But my boss …）後半の water pistols からわかるように，ベンは惣菜屋に強盗に入った2人のことをそもそも本当の強盗だと思っていない。空所前でテルマが強盗なんてやったことがないと述べたのに対し，ベンは「思っていた通りだ！　2人とも素人だ！」と切り返すはずなので，(d)「思っていた通りだ！」が正解。(a)「一息つかせてくれよ！」(b)「とってもおもしろい！」(c)「間一髪だ！」

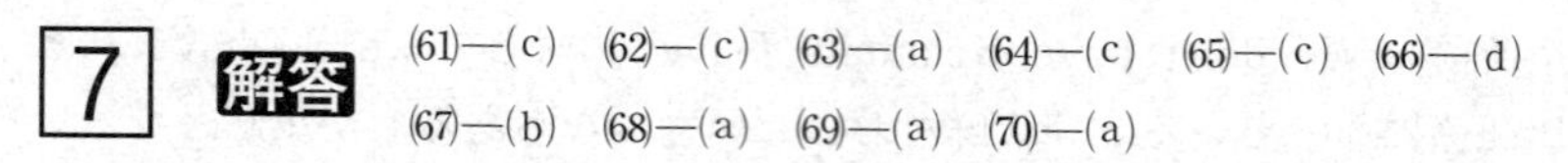

7　解答　(61)―(c)　(62)―(c)　(63)―(a)　(64)―(c)　(65)―(c)　(66)―(d)　(67)―(b)　(68)―(a)　(69)―(a)　(70)―(a)

◆全　訳◆

≪音感がよければ素晴らしい音楽家になれるのか≫

私たちは人のことを「音感がよい」とか悪いと言う。まず，音感がよいとは，音程やリズムを正確に認識する能力があることを意味している。モーツァルトは素晴らしい「音感」の持ち主で，もちろん，素晴らしい音楽家であったということは周知の事実である。モーツァルト基準の音感ではないにしろ，優れた音楽家は皆，立派な「音感」の持ち主であるに違いないと私たちは思っているが，果たして音感がよいというだけで事足りるのであろうか？

これは，レベッカ＝ウェストの半自叙伝的小説である『泉は溢れる』というある音楽一家の物語に出てくるもので，（ウェスト本人の母親のように）プロの音楽家である母親，知的能力に優れているが音楽の才能のない父親，そして，３人の子どもたち――うち２人は母親に似て音楽の才能にかなり恵まれている。しかしながら，最も音感がよいのは「音楽の才能のない」子どもであるコーディリアなのだ。彼女の姉の言葉にはこのようなものがある。

「コーディリアは本物の音感の持ち主で，実際に彼女には絶対音感があったの。ママにもメアリーにも，そして，私にもなかったものがね…それに彼女は指もしなやかで，指を後ろに曲げて手首につけることもできたし，どんな楽譜でも初見で読めたわ。でも，コーディリアが弦の上に弓をおいているのを聞く度，ママは最初は怒りで，それからすぐ次に憐れみで顔をしかめたの。彼女の音色はひどくねっとりしていて，フレージングに関してはいつも，愚かな大人が子どもに何かを説明しているかのように聞こえたわ。それに，彼女にはいい音楽と悪い音楽の区別がつかなかったのよ。私たちのように，私たちが常にそうしてきたようにはね。

彼女に音楽の才能がないのはコーディリアの責任ではなかった。ママはよく私たちに説明してたわ…あの子はパパの遺伝子を受け継いでしまったのよ，とね」

正反対の状況がサマセット＝モームの短編『変わり種』に描かれている。この物語では，新たに爵位を授かった家族の上品で若い息子が狩猟や射撃といった紳士の暮らしのための教育を受けたにもかかわらず，家族が落胆したことに，ピアニストになることを熱望するようになる。折衷案に至るが，その折衷案とはその若者が音楽を学ぶためにドイツに行き，２年後にはイギリスに戻ってプロのピアニストの判断に従うということを了承する，というものであった。

その時が来ると，ジョージはミュンヘンから帰還し，ピアノの前に座る。有名なピアニストであるリー＝マカルトがその日のためにやって来て，家族全員が集結する。ジョージは音楽に身を委ね，「意気揚々と」ショパンを演奏する。

◀解　説▶

(61)「下線部の“we take it that”はどういう意味か？」

(a)「我々は～に困惑している」

(b)「我々は～に自信がない」

(c)「我々は皆～と想定している」
(d)「我々は～を知りたい」
take it that SV ～ で「～すると理解している，～すると信じている」の意。直前の第１段第３文（We know that …）のモーツァルトが素晴らしい音感の持ち主で素晴らしい音楽家であったという例を，下線を含む同段最終文（We take it …）では all good musicians にあてはめていることからも，We take it that は同段第３文文頭の We know that に近い意味であると推測もできる。よって，(c)が正解。
(62)「下線部の“one of Mozartian standard”とはどういう意味か？」
(a)「モーツァルトほど音感がよいわけではない」
(b)「モーツァルトよりも音感が優れている」
(c)「モーツァルトと同等に音感がよい」
(d)「モーツァルトよりも音感が優れている」
one は ear を指し，「モーツァルト基準の音感」という意味であるため，(c)が正解。この問いは下線部を含む文の直前 even if not を含めて考えてしまうと，even if (it is) not one of Mozartian standard「たとえモーツァルト基準の音感でなくても」という解釈になるが，あくまでも本問は下線部のみの言い換えを問われているため，(a)を選ばないよう注意が必要である。
(63)「下線部の“partly autobiographical”という表現から何がわかるか？」
(a)「小説がだいたい著者自身の家族を基にしたものだった」
(b)「小説が著者の知り合いの家族を基にしたものだった」
(c)「小説が著者の子ども時代を詳細に説明したものだった」
(d)「小説が後に同じ著者が膨らませたテーマを模索したものだった」
partly「部分的に」，autobiographical「自伝的な」という語の意味からも(a)が正解となる。下線を含む文の a story of 以降に小説の登場人物の詳細説明があるが，この中の母親の説明（with a mother …）のカッコ内 (like West's own mother)「ウェスト本人の母親のように」からも著者自身の経験に基づいた話であることがわかる。
(64)「『泉は溢れる』という小説に出てくる家族の音楽の才能を表しているのは次のうちどれか？」
(a)「父親には音楽の才能があるが，母親の方が父親よりも才能豊かである」

(b)「父親には素晴らしい音楽のセンスがあるが，音感がまったくない」

(c)「母親には音楽の才能があるが，父親には音楽の才能がまったくない」

(d)「父親と母親はどちらも深く音楽を愛しており，２人とも音楽の才能がある」

選択肢はすべて父親と母親の音楽の才能に関する情報となっていることに注目。父親と母親については第２段第１文（This comes up …）に a mother who is a professional musician「プロの音楽家である母親」と an intellectually brilliant but unmusical father「知的能力には優れているが音楽の才能のない父親」とある。(c)が正解。

(65)「小説『泉は溢れる』の一節に出てくる登場人物はだれか？」

(a)「メアリー，母親，語り手，父親，コーディリアの姉」

(b)「メアリー，コーディリア，語り手，母親」

(c)「語り手，メアリー，コーディリア，母親，父親」

(d)「語り手，母親，２人の姉，父親，コーディリア」

第２・３段全体参照。まず，家族のメンバーは第２段第１文中盤（with a mother … three children）に母親，父親，３人の子どもとあり，５人家族であるとわかる。よって，選択肢は(a)と(c)に絞られる。さらに，第２段第２文（The best ear …）に３人の子どものうち１人が音感はあるが音楽の才能のないコーディリアと紹介されている。また，第３段の語り手については第２段最終文に In her sister's words. とあり，この her は直前のコーディリアを指すことから，この語り手（her sister）は３人の子どものうちコーディリアとは別の子どもと判断する。さらに，第３段第１文（"Cordelia had a …）の Mary は「ママにもメアリーにも，そして，私にも絶対音感がない」で初登場。音楽の才能があるのは第２段第１文よりコーディリア以外の子ども２人と母親であるため，メアリーは語り手でもコーディリアでもない子どもの名前であるとわかる。よって，(c)が正解となる。

(66)「以下のうちコーディリアの演奏を最もよく説明しているのはどれか？」

(a)「彼女の演奏は大変成熟し，洗練されたものだった」

(b)「彼女は聞き手を馬鹿にするつもりで演奏した」

(c)「彼女の演奏は情熱的で技術的にも完成されたものであった」
(d)「彼女の演奏は母親を不愉快にさせるようなものだった」
コーディリアの演奏については第3段第2・3文（But Mamma's face … to a child.）参照。母親が顔をしかめるような演奏であったことがわかるため，(d)が正解。同段第3文の sounded like a stupid grown-up explaining something to a child の部分はあくまでも「愚かな大人が子どもに何かを説明しているかのように聞こえた」だけで，彼女がわざとそう演奏したとは書かれていないため，(b)は不適。選択肢中の intention「意図」の意味を把握すること。
(67)「下線部の“to his family's dismay”はどういう意味か？」
(a)「家族は彼が音楽に興味を持つことを常に期待していた」
(b)「家族は彼が音楽への関心を深めたことにショックを受けた」
(c)「家族は彼が音楽への関心を失うと信じていた」
(d)「家族は彼がドイツで音楽に関心を持つようになるだろうと想定していた」
to *one's*＋感情を表す名詞「（人にとって）～なことに」の意。to my surprise「驚いたことに」，to our shock「ショックなことに」のように使われる。文頭に来ることも多いが，今回のように文中で挿入句として用いられることもあるので注意。dismay「狼狽，落胆」の意味があることから，「がっかりしたことに」に意味の近い(b)が正解。dismay がわからなくても第5段第2文（Here the elegant …）の being groomed … hunting and shooting で狩猟や射撃を学んでいたはずが，下線部の後ろではピアニストというまったく違う分野に彼の関心が向いていることから家族の気持ちが推測できる。
(68)「ここでの“compromise”は何について言及しているのか？」
(a)「家族は彼が音楽を学ぶことを許可したが，帰国後すぐに彼の腕前をテストするよう要求した」
(b)「家族は彼が帰国後すぐに猟師と射撃手になるならば音楽を学んでもよいと許可した」
(c)「家族は彼がドイツに行き，イギリスに戻ってくるということならば音楽を学んでもよいと認めた」
(d)「家族は彼が最終的に音楽を諦め，紳士になるならば音楽を勉強してもよいと認めた」
compromise は「妥協，折衷案」の意。下線部を含む文（A compromise is …）の in which 以降が compromise の内容である。ドイツで音楽を学べるが，2年後にイギリスに帰国し，プロのピアニストに判断を仰ぐとあることから(a)が正解。下線部(69)の解釈が困難でも，最終段に帰国後の話が続いており，同段第2文（Lea Makart, a …）で有名なピアニストが彼の元へやって来て，家族が全員集合していることからも彼のピアノの腕前を皆の前で披露する流れはつかめるはず。

(69)「下線部の "submit himself to the judgment of a professional pianist" はどういう意味か？」
(a)「ジョージがプロのピアニストになれるほどの才能があるかどうかをリー＝マカルトが決める」
(b)「ジョージがさらにレッスンを受けるためにドイツに残るべきかどうかをリー＝マカルトが決める」
(c)「ジョージが演奏で賞を与えられるべきかどうかをリー＝マカルトが決める」
(d)「ジョージがショパンの作品を弾けるほどの才能があるかどうかをリー＝マカルトが決める」
submit *oneself* to ～「～に従う」の意。the judgment of a professional pianist の部分は名詞構文（a professional pianist judges）として解釈すれば，「プロのピアニストが判断する」と意味がとれる。himself はジョージ，a professional pianist はリー＝マカルトを指す。第5段第2文後半からもジョージがプロのピアニストになることを望んでいることがわかるため，(a)が正解。

(70)「この文は全体的に何を示唆しているか？」
(a)「音楽家になるには音感がよいことと訓練以上のものが必要であるということ」
(b)「音感のよい人々のほとんどが才能ある音楽家になれるということ」
(c)「音楽家になれるかどうかはほぼ訓練のみによるものであるということ」
(d)「訓練することにより音感を鍛えることができるということ」
2つの物語は第5段第1文（An opposite situation …）にある通り，まったく反対の状況の2人について比較してあることに注目する。『泉は溢れる』では音感は誰よりもよいのに音楽の才能のないコーディリア,『変わり種』では紳士教育を受けてきたはずなのになぜかピアニストを目指し,ドイツ留学まで果たすジョージ。前者は音感はあれど音楽家にはなれそうになく,後者は音感については触れられていないが訓練と熱意により音楽家になろうとしていることがわかることから,(a)が正解。

8 解答 (71)―(b)　(72)―(e)　(73)―(a)　(74)―(f)　(75)―(c)

◆全　訳◆

≪アメリカ人は口で,日本人は目で感情を語る≫

なぜアニメの登場人物は目が大きくて口が小さいのか？

スティーヴン＝ハイネ氏は彼の興味深い著書『文化心理学』の中で,人が顔の表情で気持ちを読みとる方法の文化的な違いを調査した研究について論じている。例えば中東など,世界の一部の地域では人は大変表情豊かである。そういった地域の人々は自分が感じていることを体や手,顔を使ってすべて表に出す傾向がある。何も隠さず,何も偽らない。むしろ,表に出る表現は実際に感じたことをわざとおおげさに表したものであることもある。

例えば日本のような世界の他の地域では,人々は顔の下半分に手を添えたり,曖昧な表情をしたりすることで自分の気持ちを隠すことがよくある。口は人がどう感じているかについて多くの情報を伝達することが多いので,相手の気持ちを読みとろうとする際にその人の口元に注目するというのは理にかなっていると言える。しかし,口の周りの筋肉をコントロールし,本当の気持ちを隠すこともまた,私たちにとっては比較的容易なことでもあるのだ。

しかしながら,目の周りの筋肉はさらにコントロールしづらい。本当の気持ちを隠すことをよしとする風潮の社会では,相手の目に注目するというのが理にかなったやり方である。結局のところ,目は心の窓なのである。

2007年には心理学者である結城雅樹氏,ウィリアム＝マダックス氏,増田貴彦氏が,被験者が人の顔の表情を判断するという優れた研究結果を報告した。彼らは顔の上半分が下半分とは異なる感情を表現している特殊な写真を作った。アメリカ人の被験者と日本人の被験者がそれぞれの写真を見て，写真の人がどんな感情を表しているのかを判断するというものであった。

アメリカ人は主に写真の下半分に影響を受けた。彼らはその人の感情を「読みとる」ために，口元を見てその情報を頼りにした。しかしながら，日本人は主に写真の上半分に影響を受けた。彼らは目を見てその情報を頼りにしたのである。日本では，人が思っていることに関しては，目はより多くを語り――そして，口元はあまり多くを語らないのである。おそらく，顔の表情を読みとる際のこの文化的差異は，なぜ日本のアニメの登場人物が概して目が大きく口が小さいかを説明してくれることだろう。

◀解　説▶

(71)第 1 段第 2 ～最終文（In some parts … one actually feels.）には気持ちをそのまま表に出す国について書かれており，同段第 3 文（They tend to …）によると，顔に限らず，体や手を使って気持ちを表現するとある。第 2 段第 2 文（The mouth often …）は口元にその人の気持ちが出るという例。体の一部の話に変わっていることから，第 1 段にある気持ちをストレートに表に出す国とは違う話に切り替わっていることがわかる。また，第 1 段第 2 文の In some parts of the world — the Middle East, for example — の形に対し，(b)が In other parts of the world — Japan, for example — と文の形が酷似しており，さらに some に対し other が使われていることから，(b)が正解となる。some と other(s) については Some ～, and others …「～するものもあれば…するものもある」という表現があるが，2 つのことを対比させたいときに「世界には～する地域もあれば，…する地域もある」と今回のように some と other(s) が離れて用いられることもよくある。

(72)空所後の第 3 段第 1 文 The muscles around the eyes, however, are more difficult to control. は，目の周りの筋肉に対する比較対象が不在である。直前の第 2 段は口元，第 3 段は目元が話題になっていることから，比較対象は第 2 段の口元の筋肉であると考えられる。よって，第 2 段最後の空所に入るのは the muscles around our mouth という語句を含む(e)が正解。

(73)第 3 段では，目元を見ることで相手の本当の気持ちが読みとれることがわかるため，(a)が正解。The eyes are the windows to the soul.「目は心の窓」

(74)最終段第2文（They looked at the mouths …）と同段第4文（They looked at the eyes …）の文の形が酷似していることに注目。第4文のTheyは同段第3文（The Japanese, however, …）のThe Japaneseを指す。日本人は目を見て感情を読みとるのに対し，第2文のTheyは口を見て感情を読みとるとあることから，第4段最終文（American and Japanese …）で日本人の比較対象となっていたアメリカ人を含む(f)が正解。(f)The Americans were influenced mostly by the bottom half of the photoも最終段第3文のThe Japanese, however, were influenced mostly by the top half of the photo.と文の形がほぼ同じであることもヒントになる。

(75)空所はこの文章の最後の一文，つまり，まとめの文となる。この文章は顔の表情のどの部分を見て感情を読みとるかが地域によって異なるということだが，文章の題名Why Do Anime Characters Have Huge Eyes and Tiny Mouths?「なぜアニメの登場人物は目が大きくて口が小さいのか？」の答えとして，最終段第3～5文にあるように，日本人は目を見て感情に関する情報を得ようとし，口元よりも目の方が多くを語るとあることから，アニメの登場人物に関しても口が小さく，目が大きいとまとめるのが自然である。(c)が正解。

❖講　評

読解問題：[1]はメールのような形式となっており，4択の空所補充問題。全体として文自体はかなり読みやすく，設問についても基本的な語彙や熟語，文法事項を問われているため，得点源にしたいところ。[3]と[7]は英問英答形式の内容説明で，本文も選択肢も分量が多いが，(25)以外は段落の順番通りに出題されているため，1・2段落読んで1・2問解いていくとよい。本文および選択肢には意味のとりづらい部分もあるが，消去法でも十分対応できる問題となっており，難易度は標準。[4]は空所補充で単語を1つずつ入れる形式。その他の大問と比べると本文が最も読みづらく時間をとられる可能性が高いが，選択肢の語彙レベルは標準であるため，選択肢の単語の意味を知っていれば比較的容易に対応できるだろう。[8]は5カ所の空所に6つの選択肢から適切な文を入れる問題。選択肢の英文は長いものもあるが，空所前後の英文と選択肢を見比べ，文法的に類似した部分を持つ選択肢や対比関係が含まれる語句を含む選択肢が空所に入りやすいことを覚えておけば素早く対応できるだろう。空所前後の英文の内容を考えて選択肢を補充するものもあるが，それほど難しいものではない。

会話文問題：[2]は英問英答形式の内容説明。海外ドラマからの出題。登場人物が多く状況がわかりにくい部分もあるので，本文のはじめと途中にあるト書きをよく読んで状況把握をしつつ読み進める必要がある。下線部の内容を説明した選択肢を選ぶ設問については，前後関係だけでは判断しづらいものもあるが，消去法で対応可能なものとなっている。[6]は空所補充。コメディの一場面からの出題。通常では考えられないようなやりとりがなされているため，状況が読みとりづらい会話だが，空所に補充する選択肢に関してはどれも標準的な表現や熟語が多かった。

文法・語彙問題：[5]は誤り指摘。設問10問が1つの記事からの出題。時制，呼応，分詞，品詞，比較，態といった文法項目からの出題であった。

2019年度も，全体の大問数（8題）および解答個数（75個）は2018年度と同じである。会話文問題は普段読み慣れた英文とは雰囲気が異なるため，読みづらさを感じて読解スピードが落ちる要因となったと思われるため今後も注意が必要である。全体的に，設問に難問は含まれていないものの，問題数が多く，英文の量もかなり多いため，速読力，迅速に問題を処理する能力，英語への慣れが問われる出題であった。

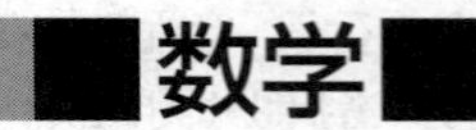

◀経済学部 経済学科▶

1 **解答** (1)ア. -5 イ. -6

(2)(i)ウ. 15 (ii)エ. 14

(3)オ. 1 カ. 7 キ. 6 ク. 7 ケ. 7 コ. 6 サ. 3 シ. 5

◀解 説▶

≪小問3問≫

(1) $P(x)=2x^2+ax+b$ とおくと

$$\begin{cases} P(-1)=1 \\ P(2)=-8 \end{cases}$$

であるから

$$\begin{cases} 2-a+b=1 \\ 8+2a+b=-8 \end{cases} \qquad (a,\ b)=(-5,\ -6)$$

$\therefore\ P(x)=2x^2-5x-6$ (→ア,イ)

(2)(i) 1万円の元金を運用し,n 年後に初めて2万円を超えるとすると

$$10000\times(1.05)^n>20000$$

$$\left(\frac{7\times3}{2\times10}\right)^n>2 \qquad \log_{10}\left(\frac{7\times3}{2\times10}\right)^n>\log_{10}2$$

$$n(\log_{10}7+\log_{10}3-\log_{10}2-1)>\log_{10}2$$

$$n(0.8451+0.4771-0.3010-1)>0.3010$$

$$0.0212n>0.3010 \qquad n>\frac{0.3010}{0.0212}=14.1\cdots$$

よって,15年後に2万円を超える。(→ウ)

(ii) 毎年1万円ずつ積み立て,m 年後に資金が初めて20万円を超えるとすると

$$[[\{(10000\times1.05+10000)\times1.05+10000\}\times1.05+10000]\times\cdots]$$
$$\times1.05+10000$$

$=10000+10000\times1.05+10000\times1.05^2+\cdots+10000\times1.05^m$

$=10000\times\dfrac{1.05^{m+1}-1}{1.05-1}>200000$

$1.05^{m+1}-1>1$

$1.05^{m+1}>2$

$\left(\dfrac{7\times3}{2\times10}\right)^{m+1}>2$

$\log_{10}\left(\dfrac{7\times3}{2\times10}\right)^{m+1}>\log_{10}2$

$0.0212(m+1)>0.3010$

$m+1>\dfrac{0.3010}{0.0212}=14.1\cdots$

$m>13.1\cdots$

よって，14 年後に 20 万円を超える。（→エ）

(3)　$\dfrac{P_{\overline{A}}(B)}{P_A(B)}=9$

$P_{\overline{A}}(B)=9P_A(B)$

$\dfrac{P(\overline{A}\cap B)}{P(\overline{A})}=9\dfrac{P(A\cap B)}{P(A)}$

$P(A)=\dfrac{3}{5}$，$P(\overline{A})=\dfrac{2}{5}$ だから　　$P(\overline{A}\cap B)=6P(A\cap B)$

ここで，$P(A\cap B)=p$（$0<p<1$）とすると，下の表のようになる。

これから

	B	$\overline{B}$	
A	p	$\frac{3}{5}-p$	$\frac{3}{5}$
$\overline{A}$	$6p$		$\frac{2}{5}$
	$7p$		

$P_B(A)=\dfrac{P(A\cap B)}{P(B)}$

$=\dfrac{p}{7p}=\dfrac{1}{7}$　（→オ，カ）

$P_B(\overline{A})=\dfrac{P(\overline{A}\cap B)}{P(B)}$

$=\dfrac{6p}{7p}=\dfrac{6}{7}$　（→キ，ク）

$P(B)=7p$

$=7P(A\cap B)$　（→ケ）

$$P(A\cup B)=P(A)+P(B)-P(A\cap B)$$
$$=\frac{3}{5}+7p-p$$
$$=6p+\frac{3}{5}$$
$$=6P(A\cap B)+\frac{3}{5}\quad(\to コ\sim シ)$$

2 解答

(1)ス．1　セ．2　ソ．-1

(2)タ．2

(3)チ．-1　ツ．2　テ．3　ト．2

(4)ナ．2　ニ．2

(5)ヌ．3　ネ．8　ノ．3

◀解　説▶

≪2変数の3次関数の最大値≫

(1)　$s=x+y$, $t=xy$ とおくとき

$$s^2=(x+y)^2=x^2+2xy+y^2$$

$x^2+y^2=1$ だから　　$s^2=2t+1$

$$\therefore\quad t=\frac{1}{2}(s^2-1)\quad(\to ス\sim ソ)$$

(2)　$x^2+y^2=1$ および $x^2\geqq 0$, $y^2\geqq 0$ から，相加平均と相乗平均の大小関係より

$$\frac{x^2+y^2}{2}\geqq\sqrt{x^2y^2}=|xy|$$

$$\frac{1}{2}\geqq|t|$$

$$-\frac{1}{2}\leqq t\leqq\frac{1}{2}$$

$$-\frac{1}{2}\leqq\frac{1}{2}(s^2-1)\leqq\frac{1}{2}$$

$$-1\leqq s^2-1\leqq 1$$

$$\therefore\quad 0\leqq s^2\leqq 2\quad(\to タ)$$

(3)　$F(x,\ y)=x^3+y^3-a(x+y)$

$$=(x+y)^3-3xy(x+y)-a(x+y)$$

$$=s^3-3\cdot\frac{1}{2}(s^2-1)s-as$$

$$=-\frac{1}{2}s^3+\left(\frac{3}{2}-a\right)s \quad (\to チ〜ト)$$

(4)　$a=1$ のとき

$$F=-\frac{1}{2}s^3+\frac{1}{2}s \quad (-\sqrt{2}\leqq s\leqq\sqrt{2})$$

$$F'=-\frac{3}{2}s^2+\frac{1}{2}$$

$F'=0$ のとき

$$-\frac{3}{2}s^2+\frac{1}{2}=0$$

$$s=\pm\frac{1}{\sqrt{3}}$$

s	$-\sqrt{2}$	…	$-\frac{1}{\sqrt{3}}$	…	$\frac{1}{\sqrt{3}}$	…	$\sqrt{2}$
F'		$-$	0	$+$	0	$-$	
F	$\frac{\sqrt{2}}{2}$	↘		↗	$\frac{1}{3\sqrt{3}}$	↘	

よって，右の増減表を得る。これから，F は $s=-\sqrt{2}$ のとき最大値 $\frac{\sqrt{2}}{2}$ をとる。（→ナ，ニ）

(5)　$a=\frac{3}{8}$ のとき

$$F=-\frac{1}{2}s^3+\frac{9}{8}s \quad (-\sqrt{2}\leqq s\leqq\sqrt{2})$$

$$F'=-\frac{3}{2}s^2+\frac{9}{8}$$

$F'=0$ のとき

$$-\frac{3}{2}s^2+\frac{9}{8}=0$$

$$s=\pm\frac{\sqrt{3}}{2}$$

s	$-\sqrt{2}$	…	$-\frac{\sqrt{3}}{2}$	…	$\frac{\sqrt{3}}{2}$	…	$\sqrt{2}$
F'		$-$	0	$+$	0	$-$	
F	$-\frac{\sqrt{2}}{8}$	↘		↗	$\frac{3\sqrt{3}}{8}$	↘	

よって，右の増減表を得る。これから，F は $s=\frac{\sqrt{3}}{2}$ のとき最大値 $\frac{3\sqrt{3}}{8}$ をとる。（→ヌ〜ノ）

3 **解答** (1)ハ．2 ヒ．3

(2)フ．2 ヘ．3 ホ．5

(3)マ．7 ミ．11 ム．6

(4)メ．2 モ．9 ヤ．2

◀解 説▶

≪空間ベクトルの図形への応用，空間図形，立体の体積≫

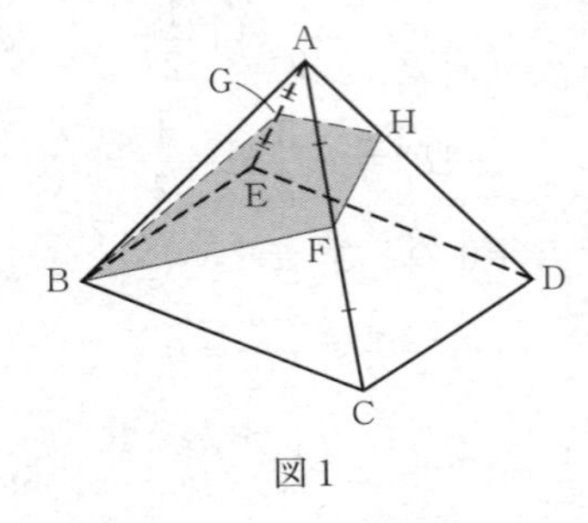

図1

(1) $\overrightarrow{AB}=\vec{b}$，$\overrightarrow{AC}=\vec{c}$，$\overrightarrow{AE}=\vec{e}$ とおくと

$$\overrightarrow{BC}=\overrightarrow{ED}$$

であるから

$$\overrightarrow{AD}=\overrightarrow{AE}+\overrightarrow{ED}$$
$$=\overrightarrow{AE}+\overrightarrow{BC}$$
$$=\vec{e}+\vec{c}-\vec{b}$$

ここで

$$\overrightarrow{BF}=\frac{1}{2}\overrightarrow{AC}-\overrightarrow{AB}=\frac{1}{2}\vec{c}-\vec{b}$$

$$\overrightarrow{BG}=\frac{1}{2}\overrightarrow{AE}-\overrightarrow{AB}=\frac{1}{2}\vec{e}-\vec{b}$$

であり，点Hは平面 α 上の点であるから，実数 s，t を用いて

$$\overrightarrow{AH}=\overrightarrow{AB}+s\overrightarrow{BF}+t\overrightarrow{BG}$$
$$=\vec{b}+s\left(\frac{1}{2}\vec{c}-\vec{b}\right)+t\left(\frac{1}{2}\vec{e}-\vec{b}\right)$$
$$=(1-s-t)\vec{b}+\frac{1}{2}s\vec{c}+\frac{1}{2}t\vec{e} \quad \cdots\cdots①$$

と表せる。また，点Hは辺AD上の点であるから，実数 u を用いて

$$\overrightarrow{AH}=u\overrightarrow{AD}=u\vec{e}+u\vec{c}-u\vec{b} \quad \cdots\cdots②$$

と表せる。$\vec{b}$，$\vec{c}$，$\vec{e}$ はいずれも $\vec{0}$ でなく，どの2つのベクトルも平行でないから，①，②から

$$\begin{cases}1-s-t=-u\\ \frac{1}{2}s=u\\ \frac{1}{2}t=u\end{cases} \qquad \therefore \begin{cases}s=t=\frac{2}{3}\\ u=\frac{1}{3}\end{cases}$$

AD＝2 であるから　　$\mathrm{AH}=\frac{2}{3}$　(→ハ，ヒ)

(2)　$\vec{c}\cdot\vec{e}=0$，$\vec{b}\cdot\vec{c}=\vec{b}\cdot\vec{e}=2$，$|\vec{b}|=|\vec{c}|=|\vec{e}|=2$ であるから

$$\left|\frac{1}{2}\vec{c}-\vec{b}\right|^2=\frac{1}{4}|\vec{c}|^2-\vec{b}\cdot\vec{c}+|\vec{b}|^2=3$$

$$\therefore\quad |\overrightarrow{\mathrm{BF}}|=|\overrightarrow{\mathrm{BG}}|=\sqrt{3}$$

$$\left(\frac{1}{2}\vec{c}-\vec{b}\right)\cdot\left(\frac{1}{2}\vec{e}-\vec{b}\right)=\frac{1}{4}\vec{c}\cdot\vec{e}-\frac{1}{2}\vec{b}\cdot\vec{e}-\frac{1}{2}\vec{c}\cdot\vec{b}+|\vec{b}|^2$$
$$=2$$

$$\therefore\quad \overrightarrow{\mathrm{BF}}\cdot\overrightarrow{\mathrm{BG}}=2$$

よって

$$\triangle\mathrm{BFG}=\frac{1}{2}\sqrt{|\overrightarrow{\mathrm{BF}}|^2|\overrightarrow{\mathrm{BG}}|^2-(\overrightarrow{\mathrm{BF}}\cdot\overrightarrow{\mathrm{BG}})^2}$$
$$=\frac{1}{2}\sqrt{3\cdot3-4}$$
$$=\frac{1}{2}\sqrt{5}$$

また

$$\frac{\overrightarrow{\mathrm{BF}}+\overrightarrow{\mathrm{BG}}}{2}=\frac{1}{4}\vec{c}+\frac{1}{4}\vec{e}-\vec{b}$$

$$\overrightarrow{\mathrm{BH}}=\frac{1}{3}\overrightarrow{\mathrm{AD}}-\overrightarrow{\mathrm{AB}}$$
$$=\frac{1}{3}(\vec{e}+\vec{c}-\vec{b})-\vec{b}$$
$$=\frac{4}{3}\left(\frac{1}{4}\vec{c}+\frac{1}{4}\vec{e}-\vec{b}\right)$$
$$=\frac{4}{3}\cdot\frac{\overrightarrow{\mathrm{BF}}+\overrightarrow{\mathrm{BG}}}{2}$$

であるから　　$\triangle\mathrm{BFG}=\frac{1}{3}\triangle\mathrm{FGH}$

よって，断面である四角形 BFHG の面積は

$$\frac{4}{3}\triangle\mathrm{BFG}=\frac{4}{3}\cdot\frac{1}{2}\sqrt{5}=\frac{2}{3}\sqrt{5}\quad(\to フ〜ホ)$$

(3)　(1)の図 1 から，点 D を含む立体の頂点の数 (v) は 7，辺の数 (e)

は11，面の数（f）は6である。（→マ～ム）

参考　オイラーの多面体定理により，$v-e+f=2$ が成り立っている。

(4)　点Aを含む立体は三角錐A-BFGとA-HFGとからなる。A-BFGの体積 V_1 は，$\mathrm{AF}=\frac{1}{2}\mathrm{AC}$，$\mathrm{AG}=\frac{1}{2}\mathrm{AE}$ であることから，三角錐A-BCEの体積の $\frac{1}{2}\times\frac{1}{2}$ 倍である。A-HFGの体積 V_2 は，$\mathrm{AF}=\frac{1}{2}\mathrm{AC}$，$\mathrm{AG}=\frac{1}{2}\mathrm{AE}$，$\mathrm{AH}=\frac{1}{3}\mathrm{AD}$ であることから，三角錐A-CDEの体積の $\frac{1}{2}\times\frac{1}{2}\times\frac{1}{3}$ 倍である。

A-BCE，A-CDEの体積は，三角錐の高さが $\sqrt{2}$ であることから，それぞれ

$$\frac{1}{3}\cdot\frac{1}{2}\cdot2\cdot2\sqrt{2}=\frac{2}{3}\sqrt{2}$$

であり，求める体積は

$$V_1+V_2=\frac{1}{2}\times\frac{1}{2}\times\frac{2}{3}\sqrt{2}+\frac{1}{2}\times\frac{1}{2}\times\frac{1}{3}\times\frac{2}{3}\sqrt{2}$$

$$=\frac{2}{9}\sqrt{2}\quad（→メ～ヤ）$$

別解　(1)　四角錐の頂点を右図のように平面ABD上に斜影し，線分BDとCE，BHとFGの交点をそれぞれP，Qとすると

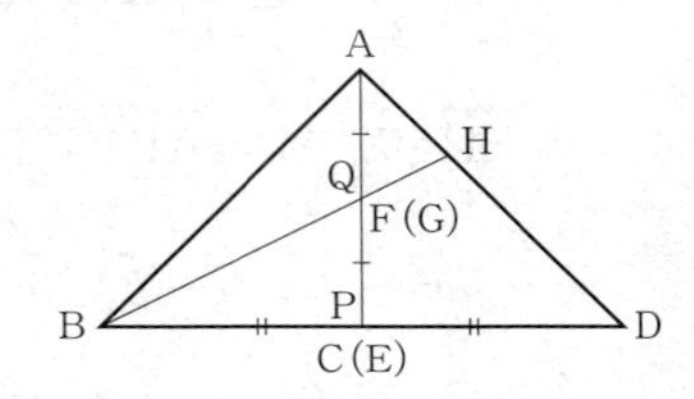

$$\mathrm{BP}:\mathrm{PD}=\mathrm{AQ}:\mathrm{QP}=1:1$$

であるから，△APDと直線BHについて，メネラウスの定理により

$$\frac{\mathrm{AH}}{\mathrm{HD}}\times\frac{2}{1}\times\frac{1}{1}=1$$

$$2\mathrm{AH}=\mathrm{HD}$$

$$\therefore\quad \mathrm{AH}=\frac{1}{3}\mathrm{AD}=\frac{2}{3}$$

(2)　BF，BGは1辺の長さが2の正三角形の中線であり

$$\mathrm{BF}=\mathrm{BG}=\sqrt{3}$$

また，$\mathrm{FG}=\sqrt{2}$ であるから

$$\mathrm{BQ}=\sqrt{\sqrt{3}^2-\left(\frac{\sqrt{2}}{2}\right)^2}=\sqrt{\frac{5}{2}}$$

$$\triangle\mathrm{BFG}=\frac{1}{2}\sqrt{2}\sqrt{\frac{5}{2}}=\frac{\sqrt{5}}{2}$$

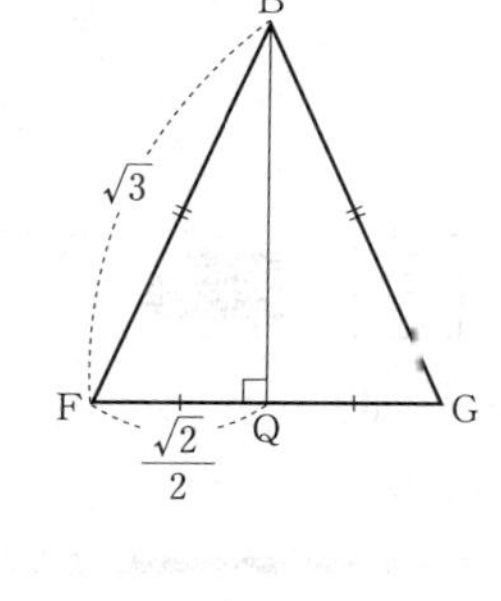

ここで，△BDH と直線 AP について，メネラウスの定理により

$$\frac{\mathrm{BQ}}{\mathrm{QH}}\times\frac{1}{3}\times\frac{1}{1}=1 \qquad 3\mathrm{QH}=\mathrm{BQ}$$

よって

$$\triangle\mathrm{BFG}+\triangle\mathrm{HFG}=\frac{4}{3}\triangle\mathrm{BFG}=\frac{4}{3}\cdot\frac{\sqrt{5}}{2}$$

$$=\frac{2}{3}\sqrt{5}$$

(4)　点 A から平面 α に垂線を下ろし，足を R とすると

$$\triangle\mathrm{ABH}\backsim\triangle\mathrm{RAH}$$

であり　　$\mathrm{AB}:\mathrm{AH}:\mathrm{BH}=3:1:\sqrt{10}$

よって　　$\mathrm{AR}=\dfrac{3}{\sqrt{10}}\mathrm{AH}=\dfrac{2}{\sqrt{10}}$

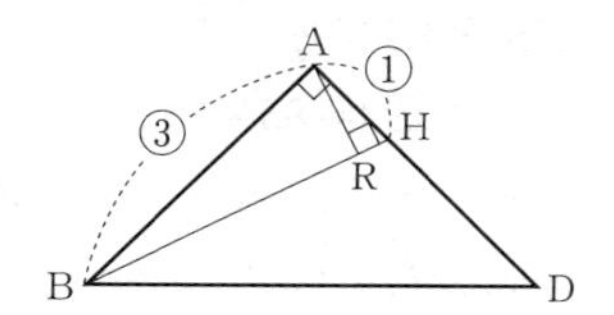

したがって，点 A を含む立体の体積は

$$\frac{1}{3}\cdot\frac{2}{3}\sqrt{5}\cdot\frac{2}{\sqrt{10}}=\frac{2}{9}\sqrt{2}$$

❖講　評

大問 3 題の出題で，1は 3 問の小問集合になっている。すべて解答はマークセンス方式となっている。

1　剰余定理，等比数列とその和と常用対数の融合，条件つき確率であり，基本から標準レベルの難度である。

2　対称式で表された 2 変数の 3 次関数の最大値に関する出題である。

3　立体の切断と体積に関する出題で，空間ベクトルとしても，純粋に空間図形としても考えることができる。

全体的に基本から標準レベルの難度で，重要事項をしっかりと整理しておくことが望まれる。

◀経済学部 経営学科▶

1 **解答** (1)ア．83
(2)イ．2　ウ．3　エ．−36　オ．−12　カ．−3
キ．69　ク．2　ケ．−56
(3)コ．3　サ．8　シ．21　ス．64

◀解　説▶

≪小問3問≫

(1)　50381 を 49883 で割ると

$$50381=1\times 49883+498$$

49883 を 498 で割ると

$$49883=100\times 498+83$$

498 を 83 で割ると

$$498=83\times 6$$

したがって，ユークリッドの互除法により，2つの整数 50381 と 49883 の最大公約数は 83 である。（→ア）

(2)　底の変換公式から

$$\log_{\frac{1}{4}}16=\frac{\log_4 4^2}{\log_4 4^{-1}}=-2,\ \log_{\frac{1}{4}}64=\frac{\log_4 4^3}{\log_4 4^{-1}}=-3$$

$$\log_{\frac{1}{4}}4096=\frac{\log_4 4^6}{\log_4 4^{-1}}=-6,\ \log_{\frac{1}{4}}256=\frac{\log_4 4^4}{\log_4 4^{-1}}=-4$$

だから

$$f(x)=2x^3+3x^2+(-36)x+(-12)\quad(\text{→イ～オ})$$

よって

$$f'(x)=6x^2+6x-36$$
$$=6(x-2)(x+3)$$

増減表は右の通りとなる。

x	$\cdots$	-3	$\cdots$	2	$\cdots$
$f'(x)$	$+$	0	$-$	0	$+$
$f(x)$	↗	極大	↘	極小	↗

したがって，$f(x)$ は

$x=-3$ で極大値 $f(-3)=69$　（→カ・キ）

$x=2$ で極小値 $f(2)=-56$　（→ク・ケ）

をとる。

(3)　$n=5$ のとき，石の並べ方は 2^5 通りである。このとき，$r=3$ となるのは，2 カ所で色が変わるときであり，それは

$$2\times{}_4C_2=12 \text{ 通り}$$

ある。したがって，求める確率は

$$\frac{12}{2^5}=\frac{3}{8}\quad(\to コ・サ)$$

$n=7$ のとき，石の並べ方は 2^7 通りである。このとき，r が 3 の倍数となるのは $r=3$，6 となるときである。$r=3$ となるのは，2 カ所で色が変わるときであり，それは

$$2\times{}_6C_2=30 \text{ 通り}$$

ある。また，$r=6$ となるのは，5 カ所で色が変わるときであり，それは

$$2\times{}_6C_5=12 \text{ 通り}$$

ある。したがって，求める確率は

$$\frac{30+12}{2^7}=\frac{21}{64}\quad(\to シ・ス)$$

2　解答

(1)セ．4　ソ．8　タ．3

(2)(i)チ．8　ツ．4　テ．2

(ii)ト．1　ナ．2　ニ．−1

◀解　説▶

≪放物線に囲まれる部分の面積，2 つの放物線の共通接線≫

(1)　2 つの放物線 $y=f(x)$ と $y=g(x)$ の共有点の x 座標は

$$x^2-2a=-(x-a)^2$$

を満たす。これを整理すると

$$2x^2-2ax+a^2-2a=0$$

であり，この 2 次方程式の判別式を D_1 とすると

$$\frac{D_1}{4}=(-a)^2-2(a^2-2a)=4a-a^2=-a(a-4)$$

2 つの放物線 $y=f(x)$ と $y=g(x)$ が共有点をもつための必要十分条件は

$$\frac{D_1}{4}\geqq 0\qquad\therefore\quad 0\leqq a\leqq 4$$

a は正の実数なので

$$0 < a \leqq 4 \quad (\to セ)$$

また，$a=2$ のとき

$$f(x)=x^2-4,\ g(x)=-(x-2)^2$$

であり，$f(x)=g(x)$ のとき

$$2x^2-4x=0 \qquad \therefore \quad x=0,\ 2$$

だから，放物線 $y=f(x)$ と $y=g(x)$ で囲まれた図形の面積は

$$\int_0^2\{-(x-2)^2-(x^2-4)\}dx=-2\int_0^2 x(x-2)dx$$

$$=2\cdot\frac{1}{6}(2-0)^3$$

$$=\frac{8}{3} \quad (\to ソ・タ)$$

(2)　(i)　$a=8$ のとき

$$f(x)=x^2-16,\ g(x)=-(x-8)^2$$

だから

$$f'(x)=2x$$

したがって，放物線 $y=f(x)$ 上の点 $(t,\ t^2-16)$ における接線の方程式は

$$y=2t(x-t)+t^2-16$$
$$=2tx-t^2-16$$

この接線が放物線 $y=g(x)$ とも接するのは，2次方程式

$$2tx-t^2-16=-(x-8)^2$$

が重解をもつときである。これを整理すると

$$x^2+2(t-8)x-t^2+48=0 \quad \cdots\cdots ①$$

であり，この2次方程式の判別式を D_2 とすると

$$\frac{D_2}{4}=(t-8)^2-(-t^2+48)=2t^2-16t+16$$

となるから，①が重解をもつとき

$$t^2-8t+8=0$$

$$\therefore \quad t=4\pm\sqrt{4^2-8}=4\pm2\sqrt{2}$$

したがって，共通接線の傾きのうち，小さい方の傾きは

$$2\times(4-2\sqrt{2})=8-4\sqrt{2}$$ (→チ〜テ)

(ii) $$f(x)=x^2-2a,\ g(x)=-(x-a)^2$$

だから

$$f'(x)=2x$$

したがって，放物線 $y=f(x)$ 上の点 $(t,\ t^2-2a)$ における接線の方程式は

$$y=2t(x-t)+t^2-2a$$
$$=2tx-t^2-2a$$

この接線が放物線 $y=g(x)$ とも接するのは，2 次方程式

$$2tx-t^2-2a=-(x-a)^2$$

が重解をもつときである。これを整理すると

$$x^2+2(t-a)x-t^2+a^2-2a=0 \quad \cdots\cdots②$$

であり，この 2 次方程式の判別式を D_3 とすると

$$\frac{D_3}{4}=(t-a)^2-(-t^2+a^2-2a)=2t^2-2at+2a$$

となるから，②が重解をもつとき

$$t^2-at+a=0$$

この 2 次方程式の 2 解を α，β とすると，解と係数の関係から

$$\alpha+\beta=a,\ \alpha\beta=a$$

であり，2 つの共通接線は

$$y=2\alpha x-\alpha^2-2a,\ y=2\beta x-\beta^2-2a$$

である。これらの共通接線の交点を求める。

$$2\alpha x-\alpha^2-2a=2\beta x-\beta^2-2a$$
$$\therefore\ 2(\alpha-\beta)x=(\alpha-\beta)(\alpha+\beta)$$

$\alpha\neq\beta$ だから

$$x=\frac{\alpha+\beta}{2}=\frac{1}{2}a$$ (→ト・ナ)

さらに

$$y=2\alpha\cdot\frac{\alpha+\beta}{2}-\alpha^2-2a=\alpha\beta-2a=-1a$$ (→ニ)

3 **解答** (1)ヌ．1 ネ．4 ノ．1 ハ．4 ヒ．2 フ．5
ヘ．2 ホ．5 マ．1 ミ．7 ム．4 メ．7

(2)モ．9 ヤ．35 ユ．1 ヨ．2

◀解 説▶

≪平面ベクトル≫

(1) 直線 A_1B, 直線 AB_1 をそれぞれ $s_1:1-s_1$, $t_1:1-t_1$ (s_1, t_1 は実数）に内分する点が交点 P であるとすると

$$\overrightarrow{OP}=(1-s_1)\overrightarrow{OA_1}+s_1\overrightarrow{OB}=\frac{1}{3}(1-s_1)\vec{a}+s_1\vec{b}$$

$$\overrightarrow{OP}=(1-t_1)\overrightarrow{OA}+t_1\overrightarrow{OB_1}=(1-t_1)\vec{a}+\frac{1}{3}t_1\vec{b}$$

$$\therefore\quad \frac{1}{3}(1-s_1)\vec{a}+s_1\vec{b}=(1-t_1)\vec{a}+\frac{1}{3}t_1\vec{b}$$

$\vec{a}\neq\vec{0}$, $\vec{b}\neq\vec{0}$, $\vec{a}\not\parallel\vec{b}$ なので

$$\frac{1}{3}(1-s_1)=1-t_1,\quad s_1=\frac{1}{3}t_1$$

$$\therefore\quad s_1=\frac{1}{4},\quad t_1=\frac{3}{4}$$

したがって

$$\overrightarrow{OP}=\frac{1}{4}\vec{a}+\frac{1}{4}\vec{b}\quad(\rightarrow ヌ〜ハ)$$

次に，直線 A_2B, 直線 AB_2 をそれぞれ $s_2:1-s_2$, $t_2:1-t_2$ (s_2, t_2 は実数）に内分する点が交点 Q であるとすると

$$\overrightarrow{OQ}=(1-s_2)\overrightarrow{OA_2}+s_2\overrightarrow{OB}=\frac{2}{3}(1-s_2)\vec{a}+s_2\vec{b}$$

$$\overrightarrow{OQ}=(1-t_2)\overrightarrow{OA}+t_2\overrightarrow{OB_2}=(1-t_2)\vec{a}+\frac{2}{3}t_2\vec{b}$$

$$\therefore\quad \frac{2}{3}(1-s_2)\vec{a}+s_2\vec{b}=(1-t_2)\vec{a}+\frac{2}{3}t_2\vec{b}$$

$\vec{a}\neq\vec{0}$, $\vec{b}\neq\vec{0}$, $\vec{a}\not\parallel\vec{b}$ なので

$$\frac{2}{3}(1-s_2)=1-t_2,\quad s_2=\frac{2}{3}t_2$$

$$\therefore\quad s_2=\frac{2}{5},\quad t_2=\frac{3}{5}$$

したがって

$$\overrightarrow{OQ}=\frac{2}{5}\vec{a}+\frac{2}{5}\vec{b}\quad (\to ヒ～ホ)$$

さらに，直線 A_1B，直線 AB_2 をそれぞれ $s_3:1-s_3$，$t_3:1-t_3$（s_3，t_3 は実数）に内分する点が交点 R であるとすると

$$\overrightarrow{OR}=(1-s_3)\overrightarrow{OA_1}+s_3\overrightarrow{OB}=\frac{1}{3}(1-s_3)\vec{a}+s_3\vec{b}$$

$$\overrightarrow{OR}=(1-t_3)\overrightarrow{OA}+t_3\overrightarrow{OB_2}=(1-t_3)\vec{a}+\frac{2}{3}t_3\vec{b}$$

$$\therefore\quad \frac{1}{3}(1-s_3)\vec{a}+s_3\vec{b}=(1-t_3)\vec{a}+\frac{2}{3}t_3\vec{b}$$

$\vec{a}\neq\vec{0}$，$\vec{b}\neq\vec{0}$，$\vec{a}\not\parallel\vec{b}$ なので

$$\frac{1}{3}(1-s_3)=1-t_3,\quad s_3=\frac{2}{3}t_3$$

$$\therefore\quad s_3=\frac{4}{7},\quad t_3=\frac{6}{7}$$

したがって

$$\overrightarrow{OR}=\frac{1}{7}\vec{a}+\frac{4}{7}\vec{b}\quad (\to マ～メ)$$

(2)　直線 A_2B，直線 AB_1 をそれぞれ $s_4:1-s_4$，$t_4:1-t_4$（s_4，t_4 は実数）に内分する点が交点 S であるとすると

$$\overrightarrow{OS}=(1-s_4)\overrightarrow{OA_2}+s_4\overrightarrow{OB}=\frac{2}{3}(1-s_4)\vec{a}+s_4\vec{b}$$

$$\overrightarrow{OS}=(1-t_4)\overrightarrow{OA}+t_4\overrightarrow{OB_1}=(1-t_4)\vec{a}+\frac{1}{3}t_4\vec{b}$$

$$\therefore\quad \frac{2}{3}(1-s_4)\vec{a}+s_4\vec{b}=(1-t_4)\vec{a}+\frac{1}{3}t_4\vec{b}$$

$\vec{a}\neq\vec{0}$，$\vec{b}\neq\vec{0}$，$\vec{a}\not\parallel\vec{b}$ なので

$$\frac{2}{3}(1-s_4)=1-t_4,\quad s_4=\frac{1}{3}t_4$$

$$\therefore\quad s_4=\frac{1}{7},\quad t_4=\frac{3}{7}$$

したがって

$$\overrightarrow{OS}=\frac{4}{7}\vec{a}+\frac{1}{7}\vec{b}$$

ゆえに

$$\overrightarrow{AB_1}=\overrightarrow{OB_1}-\overrightarrow{OA}=-\vec{a}+\frac{1}{3}\vec{b}$$

$$\therefore\quad \overrightarrow{AP}=\overrightarrow{OP}-\overrightarrow{OA}=-\frac{3}{4}\vec{a}+\frac{1}{4}\vec{b}=\frac{3}{4}\overrightarrow{AB_1}$$

$$\overrightarrow{AB_2}=\overrightarrow{OB_2}-\overrightarrow{OA}=-\vec{a}+\frac{2}{3}\vec{b}$$

$$\therefore\quad \overrightarrow{AR}=\overrightarrow{OR}-\overrightarrow{OA}=-\frac{6}{7}\vec{a}+\frac{4}{7}\vec{b}=\frac{6}{7}\overrightarrow{AB_2}$$

よって

$$\triangle APR=\frac{3}{4}\cdot\frac{6}{7}\triangle AB_1B_2=\frac{9}{14}\cdot\frac{1}{3}\triangle OAB=\frac{3}{14}\triangle OAB$$

次に

$$\overrightarrow{AS}=\overrightarrow{OS}-\overrightarrow{OA}=-\frac{3}{7}\vec{a}+\frac{1}{7}\vec{b}=\frac{3}{7}\overrightarrow{AB_1}$$

$$\overrightarrow{AQ}=\overrightarrow{OQ}-\overrightarrow{OA}=-\frac{3}{5}\vec{a}+\frac{2}{5}\vec{b}=\frac{3}{5}\overrightarrow{AB_2}$$

よって

$$\triangle ASQ=\frac{3}{7}\cdot\frac{3}{5}\triangle AB_1B_2=\frac{9}{35}\cdot\frac{1}{3}\triangle OAB=\frac{3}{35}\triangle OAB$$

$$\therefore\quad \text{四角形 PRQS}=\triangle APR-\triangle ASQ$$
$$=\left(\frac{3}{14}-\frac{3}{35}\right)\triangle OAB=\frac{9}{70}\triangle OAB$$

したがって，四角形 PRQS は △OAB が最大のとき最大となる。

$$\triangle OAB=\frac{1}{2}|\overrightarrow{OA}||\overrightarrow{OB}|\sin\angle AOB=2\sin\angle AOB$$

だから

$$\angle AOB=\frac{1}{2}\pi\quad(\to ユ・ヨ)$$

のとき，最大となる。よって，四角形 PRQS の面積の最大値は

$$\frac{9}{70}\cdot 2=\frac{9}{35}\quad(\to モ・ヤ)$$

❖講　評

大問3題の出題で，そのうち1題は小問3問からなる小問集合形式の出題であった。小問は数学Ⅱから1問，数学Aから2問の出題で，他の大問は数学Ⅰ・Ⅱ・Bからの出題であった。

1　(1)はユークリッドの互除法を用いて，最大公約数を求める問題であり，2018 年度も出題された。(2)は対数の性質を利用し，対数関数を3次関数に帰着させて極大値・極小値を求める問題である。3次関数が求まれば，教科書の練習問題レベルである。(3)は白または黒の石を並べるときの確率の問題。前半の $n=5$ の場合がうまく処理できれば，後半の $n=7$ の場合も容易に処理できる。

2　(1)の前半は，2つの放物線が共有点をもつための必要十分条件を2次方程式の判別式を利用して求める基本的な問題。後半は，2つの放物線によって囲まれる部分の面積を求める問題である。積分の公式

$$\int_{\alpha}^{\beta}(x-\alpha)(x-\beta)dx=\frac{1}{6}(\beta-\alpha)^3$$

が利用できる。これはぜひおさえておきたい公式である。(2)の(i)は2つの放物線に接する共通接線を求める問題だが，まず，一方の放物線上の点における接線を求めて，その直線がもう一方の放物線に接すると考えて答えを出す。その際，2次方程式の判別式を利用する。(ii)も(i)と同様に処理していくが，文字定数が含まれている分だけ(i)より厄介である。2次方程式の解と係数の関係を利用し，工夫して計算していけばよい。

3　(1)は，2直線の交点の位置ベクトルを求める教科書の応用問題レベルの問題である。(2)は4点P，Q，R，Sの位置ベクトルから四角形PRQSと三角形OABの面積比が求まるので，三角形OABが最大のときに四角形PRQSも最大であることがわかる。

試験時間の割には，計算量が多く，また，大問の後半は前半に比べて難易度が上がる。ケアレスミスなく正確に計算できる力，および，解ける問題を確実に解く力を身につけたい。

教学社　刊行一覧

2022年版 大学入試シリーズ（赤本）

378大学538点
全都道府県を網羅

国公立大学（都道府県順）

1 北海道大学（文系－前期日程）
2 北海道大学（理系－前期日程） 医
3 北海道大学（後期日程）
4 旭川医科大学（医学部〈医学科〉） 医
5 小樽商科大学
6 帯広畜産大学
7 北海道教育大学
8 室蘭工業大学／北見工業大学
9 釧路公立大学
10 公立はこだて未来大学 総推
11 札幌医科大学（医学部） 医
12 弘前大学 医
13 岩手大学
14 岩手県立大学・盛岡短期大学部・宮古短期大学部
15 東北大学（文系－前期日程）
16 東北大学（理系－前期日程） 医
17 東北大学（後期日程）
18 宮城教育大学
19 宮城大学
20 秋田大学 医
21 秋田県立大学
22 国際教養大学 総推
23 山形大学 医
24 福島大学
25 会津大学
26 福島県立医科大学（医・保健科学部） 医
27 茨城大学（文系）
28 茨城大学（理系）
29 筑波大学（推薦入試） 医 総推
30 筑波大学（一般選抜） 医
31 宇都宮大学
32 群馬大学 医
33 群馬県立女子大学
34 高崎経済大学
35 前橋工科大学
36 埼玉大学（文系）
37 埼玉大学（理系）
38 千葉大学（文系－前期日程）
39 千葉大学（理系－前期日程） 医
40 千葉大学（後期日程） 医
41 東京大学（文科） CD
42 東京大学（理科） CD 医
43 お茶の水女子大学
44 電気通信大学
45 東京医科歯科大学 医
46 東京外国語大学 CD
47 東京海洋大学
48 東京学芸大学
49 東京藝術大学
50 東京工業大学
51 東京農工大学
52 一橋大学（前期日程） CD
53 一橋大学（後期日程）
54 東京都立大学（文系）
55 東京都立大学（理系）
56 横浜国立大学（文系）
57 横浜国立大学（理系）
58 横浜市立大学（国際教養・国際商・理・データサイエンス・医〈看護〉学部）
59 横浜市立大学（医学部〈医学科〉） 医
60 新潟大学（人文・教育〈文系〉・法・経済科・医〈看護〉・創生学部）
61 新潟大学（教育〈理系〉・理・医〈看護を除く〉・歯・工・農学部） 医
62 新潟県立大学 新
63 富山大学（文系）
64 富山大学（理系） 医
65 富山県立大学
66 金沢大学（文系）
67 金沢大学（理系） 医
68 福井大学（教育・医〈看護〉・工・国際地域学部）
69 福井大学（医学部〈医学科〉） 医
70 福井県立大学
71 山梨大学（教育・医〈看護〉・工・生命環境学部）
72 山梨大学（医学部〈医学科〉） 医
73 都留文科大学
74 信州大学（文系－前期日程）
75 信州大学（理系－前期日程） 医
76 信州大学（後期日程）
77 公立諏訪東京理科大学 総推
78 岐阜大学（前期日程） 医
79 岐阜大学（後期日程） 医
80 岐阜薬科大学
81 静岡大学（前期日程）
82 静岡大学（後期日程）
83 浜松医科大学（医学部〈医学科〉） 医
84 静岡県立大学
85 静岡文化芸術大学
86 名古屋大学（文系）
87 名古屋大学（理系） 医
88 愛知教育大学
89 名古屋工業大学
90 愛知県立大学
91 名古屋市立大学（経済・人文社会・芸術工・看護・総合生命理学部）
92 名古屋市立大学（医学部） 医
93 名古屋市立大学（薬学部）
94 三重大学（人文・教育・医〈看護〉学部）
95 三重大学（医〈医〉・工・生物資源学部） 医
96 滋賀大学
97 滋賀医科大学（医学部〈医学科〉） 医
98 滋賀県立大学
99 京都大学（文系）
100 京都大学（理系） 医
101 京都教育大学
102 京都工芸繊維大学
103 京都府立大学
104 京都府立医科大学（医学部〈医学科〉） 医
105 大阪大学（文系） CD
106 大阪大学（理系） 医
107 大阪教育大学
108 大阪公立大学（現代システム科学域〈文系〉・文・法・経済・商・看護・生活科〈居住環境・人間福祉〉学部－前期日程）
109 大阪公立大学（現代システム科学域〈理系〉・理・工・農・獣医・医・生活科〈食栄養〉学部－前期日程） 医
110 大阪公立大学（中期日程）
111 大阪公立大学（後期日程）
112 神戸大学（文系－前期日程）
113 神戸大学（理系－前期日程） 医
114 神戸大学（後期日程）
115 神戸市外国語大学 CD
116 兵庫県立大学（国際商経・社会情報科・看護学部）
117 兵庫県立大学（工・理・環境人間学部）
118 奈良教育大学／奈良県立大学
119 奈良女子大学
120 奈良県立医科大学（医学部〈医学科〉－学校推薦型選抜・一般選抜前期日程） 医 総推
121 奈良県立医科大学（医学部〈医学科〉－一般選抜後期日程） 医
122 和歌山大学
123 和歌山県立医科大学（医・薬学部） 医
124 鳥取大学 医
125 公立鳥取環境大学
126 島根大学 医
127 岡山大学（文系）
128 岡山大学（理系） 医
129 岡山県立大学
130 広島大学（文系－前期日程）
131 広島大学（理系－前期日程） 医
132 広島大学（後期日程）
133 尾道市立大学 総推
134 県立広島大学
135 広島市立大学
136 福山市立大学 総推
137 山口大学（人文・教育〈文系〉・経済・医〈看護〉・国際総合科学部）
138 山口大学（教育〈理系〉・理・医〈看護を除く〉・工・農・共同獣医学部） 医
139 山陽小野田市立山口東京理科大学 新 総推
140 下関市立大学／山口県立大学
141 徳島大学 医
142 香川大学 医
143 愛媛大学 医
144 高知大学 医
145 高知工科大学
146 九州大学（文系－前期日程）
147 九州大学（理系－前期日程） 医
148 九州大学（後期日程）
149 九州工業大学
150 福岡教育大学
151 北九州市立大学
152 九州歯科大学
153 福岡県立大学／福岡女子大学
154 佐賀大学 医
155 長崎大学（文系）
156 長崎大学（理系） 医
157 長崎県立大学 総推
158 熊本大学（文・教育・法・医〈看護〉学部）
159 熊本大学（理・医〈看護を除く〉・薬・工学部） 医
160 熊本県立大学
161 大分大学（教育・経済・医〈看護〉・理工・福祉健康科学部）
162 大分大学（医学部〈医学科〉） 医
163 宮崎大学（教育・医〈看護〉・工・農・地域資源創成学部）
164 宮崎大学（医学部〈医学科〉） 医
165 鹿児島大学（文系）
166 鹿児島大学（理系） 医
167 琉球大学 医

2022年版 大学入試シリーズ（赤本）

国公立大学 その他

国公立大学 その他

- 168 〔国公立大〕医学部医学科 総合型選抜・学校推薦型選抜 医 総推
- 169 看護・医療系大学〈国公立 東日本〉
- 170 看護・医療系大学〈国公立 中日本〉
- 171 看護・医療系大学〈国公立 西日本〉
- 172 海上保安大学校／気象大学校
- 173 航空保安大学校
- 174 国立看護大学校
- 175 防衛大学校 総推
- 176 防衛医科大学校（医学科） 医
- 177 防衛医科大学校（看護学科）

※ No.168～171の収載大学は赤本ウェブサイト（http://akahon.net/）でご確認ください。

私立大学①

北海道の大学（50音順）

- 201 札幌大学
- 202 札幌学院大学
- 203 北星学園大学・短期大学部
- 204 北海学園大学
- 205 北海道医療大学
- 206 北海道科学大学
- 562 北海道武蔵女子短期大学 新
- 207 酪農学園大学（獣医学群〈獣医学類〉）

東北の大学（50音順）

- 208 岩手医科大学（医・歯・薬学部） 医
- 209 仙台大学 総推
- 210 東北医科薬科大学（医・薬学部） 医
- 211 東北学院大学
- 212 東北工業大学
- 213 東北福祉大学
- 214 宮城学院女子大学 総推

関東の大学（50音順）

あ行（関東の大学）

- 215 青山学院大学（法・国際政治経済学部－個別学部日程）
- 216 青山学院大学（経済学部－個別学部日程）
- 217 青山学院大学（経営学部－個別学部日程）
- 218 青山学院大学（文・教育人間科学部－個別学部日程）
- 219 青山学院大学（総合文化政策・社会情報・地球社会共生・コミュニティ人間科学部－個別学部日程）
- 220 青山学院大学（理工学部－個別学部日程）
- 221 青山学院大学（全学部日程）
- 222 麻布大学（獣医、生命・環境科学部）
- 223 亜細亜大学
- 224 跡見学園女子大学
- 225 桜美林大学
- 226 大妻女子大学・短期大学部

か行（関東の大学）

- 227 学習院大学（法学部－コア試験）
- 228 学習院大学（経済学部－コア試験）
- 229 学習院大学（文学部－コア試験）
- 230 学習院大学（国際社会科学部－コア試験）
- 231 学習院大学（理学部－コア試験）
- 232 学習院女子大学
- 233 神奈川大学（給費生試験）
- 234 神奈川大学（一般入試）
- 235 神奈川工科大学
- 236 鎌倉女子大学・短期大学部
- 237 川村学園女子大学
- 238 神田外語大学
- 239 関東学院大学
- 240 北里大学（理学部）
- 241 北里大学（医学部） 医
- 242 北里大学（薬学部）
- 243 北里大学（看護・医療衛生学部）
- 244 北里大学（獣医・海洋生命科学部）
- 245 共立女子大学・短期大学
- 246 杏林大学（医学部） 医
- 247 杏林大学（保健学部）
- 248 群馬パース大学 新 総推
- 249 慶應義塾大学（法学部）
- 250 慶應義塾大学（経済学部）
- 251 慶應義塾大学（商学部）
- 252 慶應義塾大学（文学部） 総推
- 253 慶應義塾大学（総合政策学部）
- 254 慶應義塾大学（環境情報学部）
- 255 慶應義塾大学（理工学部）
- 256 慶應義塾大学（医学部） 医
- 257 慶應義塾大学（薬学部）
- 258 慶應義塾大学（看護医療学部）
- 259 工学院大学
- 260 國學院大學
- 261 国際医療福祉大学 医
- 262 国際基督教大学
- 263 国士舘大学
- 264 駒澤大学（一般選抜T方式・S方式）
- 265 駒澤大学（全学部統一日程選抜）

さ行（関東の大学）

- 266 埼玉医科大学（医学部） 医
- 267 相模女子大学・短期大学部
- 268 産業能率大学
- 269 自治医科大学（医学部） 医
- 270 自治医科大学（看護学部）／東京慈恵会医科大学（医学部〈看護学科〉）
- 271 実践女子大学・短期大学部 総推
- 272 芝浦工業大学（前期日程、英語資格・検定試験利用方式）
- 273 芝浦工業大学（全学統一日程・後期日程）
- 274 十文字学園女子大学
- 275 淑徳大学
- 276 順天堂大学（医学部） 医
- 277 順天堂大学（スポーツ健康科・医療看護・保健看護・国際教養・保健医療学部） 総推
- 278 上智大学（神・文・総合人間科学部） 総推
- 279 上智大学（法・経済学部） 総推
- 280 上智大学（外国語・総合グローバル学部） 総推
- 281 上智大学（理工学部） 総推
- 282 上智大学（TEAPスコア利用型）
- 283 湘南工科大学
- 284 昭和大学（医学部） 医
- 285 昭和大学（歯・薬・保健医療学部）
- 286 昭和女子大学
- 287 昭和薬科大学
- 288 女子栄養大学・短期大学部
- 289 白百合女子大学
- 290 成蹊大学（法学部－A方式）
- 291 成蹊大学（経済・経営学部－A方式）
- 292 成蹊大学（文学部－A方式）
- 293 成蹊大学（理工学部－A方式）
- 294 成蹊大学（E方式・G方式・P方式）
- 295 成城大学（経済・法学部－A方式）
- 296 成城大学（文芸・社会イノベーション学部－A方式）
- 297 成城大学（S方式〈全学部統一選抜〉）
- 298 聖心女子大学
- 299 清泉女子大学
- 300 聖徳大学・短期大学部
- 301 聖マリアンナ医科大学 医
- 302 聖路加国際大学（看護学部）
- 303 専修大学（スカラシップ・全国入試）
- 304 専修大学（学部個別入試）
- 305 専修大学（全学部統一入試）

た行（関東の大学）

- 306 大正大学
- 307 大東文化大学
- 308 高崎健康福祉大学 総推
- 309 高千穂大学
- 310 拓殖大学
- 311 玉川大学
- 312 多摩美術大学
- 314 千葉工業大学
- 315 千葉商科大学
- 316 中央大学（法学部－学部別選抜）
- 317 中央大学（経済学部－学部別選抜）
- 318 中央大学（商学部－学部別選抜）
- 319 中央大学（文学部－学部別選抜）
- 320 中央大学（総合政策学部－学部別選抜）
- 321 中央大学（国際経営・国際情報学部－学部別選抜）
- 322 中央大学（理工学部－学部別選抜）
- 323 中央大学（6学部共通選抜）
- 324 中央学院大学
- 325 津田塾大学
- 326 帝京大学（薬・経済・法・文・外国語・教育・理工・医療技術・福岡医療技術学部）
- 327 帝京大学（医学部） 医
- 328 帝京科学大学 総推
- 329 帝京平成大学 総推
- 330 東海大学（医〈医〉学部を除く－一般選抜）
- 331 東海大学（文系・理系学部統一選抜）
- 332 東海大学（医学部〈医学科〉） 医
- 333 東京医科大学（医学部〈医学科〉） 医
- 334 東京家政大学・短期大学部 総推
- 335 東京経済大学
- 336 東京工科大学
- 337 東京工芸大学
- 338 東京国際大学
- 339 東京歯科大学／日本歯科大学／大阪歯科大学（歯学部）
- 340 東京慈恵会医科大学（医学部〈医学科〉） 医
- 341 東京情報大学
- 342 東京女子大学
- 343 東京女子医科大学（医学部） 医
- 344 東京電機大学
- 345 東京都市大学

2022年版 大学入試シリーズ（赤本）

私立大学②

- 346 東京農業大学
- 347 東京薬科大学（薬学部） 総推
- 348 東京薬科大学（生命科学部） 総推
- 349 東京理科大学（理学部〈第一部〉－B方式）
- 350 東京理科大学（理工学部－B方式）
- 351 東京理科大学（工学部－B方式）
- 352 東京理科大学（先進工学部－B方式）
- 353 東京理科大学（薬学部－B方式）
- 354 東京理科大学（経営学部－B方式）
- 355 東京理科大学（C方式、グローバル方式、理学部〈第二部〉－B方式）
- 356 東邦大学（医学部） 医
- 357 東邦大学（薬学部）
- 358 東邦大学（理・看護・健康科学部）
- 359 東洋大学（文・経済・経営・法・社会・国際・国際観光学部）
- 360 東洋大学（情報連携・ライフデザイン・理工・総合情報・生命科・食環境科学部）
- 361 東洋英和女学院大学 総推
- 362 常磐大学・短期大学 総推
- 363 獨協大学
- 364 獨協医科大学（医学部） 医

な行（関東の大学）

- 365 二松学舎大学
- 366 日本大学（法学部）
- 367 日本大学（経済学部）
- 368 日本大学（商学部）
- 369 日本大学（文理学部〈文系〉）
- 370 日本大学（文理学部〈理系〉）
- 371 日本大学（芸術学部）
- 372 日本大学（国際関係学部）
- 373 日本大学（危機管理・スポーツ科学部）
- 374 日本大学（理工学部）
- 375 日本大学（生産工・工学部）
- 376 日本大学（生物資源科学部）
- 377 日本大学（医学部） 医
- 378 日本大学（歯・松戸歯学部）
- 379 日本大学（薬学部）
- 380 日本大学（N全学統一方式） 医
- 381 日本医科大学 医
- 382 日本工業大学
- 383 日本獣医生命科学大学
- 384 日本女子大学
- 385 日本体育大学

は行（関東の大学）

- 386 白鷗大学（学業特待選抜・一般選抜）
- 387 フェリス女学院大学
- 388 文教大学
- 389 法政大学（法〈法律・政治〉・国際文化・キャリアデザイン学部－A方式）
- 390 法政大学（法〈国際政治〉・文・経営・人間環境・グローバル教養学部－A方式）
- 391 法政大学（経済・社会・現代福祉・スポーツ健康学部－A方式）
- 392 法政大学（情報科・デザイン工・理工・生命科学部－A方式）
- 393 法政大学（T日程〈統一日程〉・英語外部試験利用入試）
- 394 星薬科大学 総推

ま行（関東の大学）

- 395 武蔵大学
- 396 武蔵野大学
- 397 武蔵野美術大学
- 398 明海大学
- 399 明治大学（法学部－学部別入試）
- 400 明治大学（政治経済学部－学部別入試）
- 401 明治大学（商学部－学部別入試）
- 402 明治大学（経営学部－学部別入試）
- 403 明治大学（文学部－学部別入試）
- 404 明治大学（国際日本学部－学部別入試）
- 405 明治大学（情報コミュニケーション学部－学部別入試）
- 406 明治大学（理工学部－学部別入試）
- 407 明治大学（総合数理学部－学部別入試）
- 408 明治大学（農学部－学部別入試）
- 409 明治大学（全学部統一入試）
- 410 明治学院大学（A日程）
- 411 明治学院大学（全学部日程）
- 412 明治薬科大学 総推
- 413 明星大学
- 414 目白大学・短期大学部

ら・わ行（関東の大学）

- 415 立教大学（文系学部－一般入試〈大学独自の英語を課さない日程〉）
- 416 立教大学（文学部－一般入試〈大学独自の英語を課す日程〉）
- 417 立教大学（理学部－一般入試）
- 418 立正大学
- 419 早稲田大学（法学部）
- 420 早稲田大学（政治経済学部）
- 421 早稲田大学（商学部）
- 422 早稲田大学（社会科学部）
- 423 早稲田大学（文学部）
- 424 早稲田大学（文化構想学部）
- 425 早稲田大学（教育学部〈文科系〉）
- 426 早稲田大学（教育学部〈理科系〉）
- 427 早稲田大学（人間科・スポーツ科学部）
- 428 早稲田大学（国際教養学部）
- 429 早稲田大学（基幹理工・創造理工・先進理工学部）
- 430 和洋女子大学 総推

中部の大学（50音順）

- 431 愛知大学
- 432 愛知医科大学（医学部） 医
- 433 愛知学院大学・短期大学部
- 434 愛知工業大学 総推
- 435 愛知淑徳大学
- 436 朝日大学 総推
- 437 金沢医科大学（医学部） 医
- 438 金沢工業大学
- 439 岐阜聖徳学園大学・短期大学部 総推
- 440 金城学院大学
- 441 至学館大学 総推
- 442 静岡理工科大学 新
- 443 椙山女学園大学
- 444 大同大学
- 445 中京大学
- 446 中部大学
- 447 名古屋外国語大学 総推
- 448 名古屋学院大学 総推
- 449 名古屋学芸大学 総推
- 450 名古屋女子大学・短期大学部 総推
- 451 南山大学（外国語〈英米〉・法・総合政策・国際教養学部）
- 452 南山大学（人文・外国語〈英米を除く〉・経済・経営・理工学部）
- 453 新潟国際情報大学
- 454 日本福祉大学
- 455 福井工業大学
- 456 藤田医科大学（医学部） 医
- 457 藤田医科大学（医療科・保健衛生学部）
- 458 名城大学（法・経営・経済・外国語・人間・都市情報学部）
- 459 名城大学（理工・農・薬学部）
- 558 山梨学院大学 新

近畿の大学（50音順）

- 460 追手門学院大学 総推
- 461 大阪医科薬科大学（医学部） 医
- 462 大阪医科薬科大学（薬学部） 総推
- 463 大阪学院大学 総推
- 464 大阪経済大学 総推
- 465 大阪経済法科大学 総推
- 466 大阪工業大学 総推
- 467 大阪国際大学・短期大学部 総推
- 468 大阪商業大学 総推
- 469 大阪女学院大学・短期大学 総推
- 470 大阪成蹊大学・短期大学 総推
- 471 大手前大学・短期大学 総推
- 472 関西大学（文系）
- 473 関西大学（理系）
- 474 関西大学（英語〈3日程×3カ年〉）
- 475 関西大学（国語〈3日程×3カ年〉）
- 476 関西大学（文系選択科目〈2日程×3カ年〉）
- 477 関西医科大学（医学部） 医
- 478 関西医療大学 総推
- 479 関西外国語大学・短期大学部 総推
- 480 関西学院大学（文・社会・法学部－学部個別日程）
- 481 関西学院大学（経済〈文系型〉・人間福祉・国際学部－学部個別日程）
- 482 関西学院大学（神・商・教育〈文系型〉・総合政策〈文系型〉学部－学部個別日程）
- 483 関西学院大学（全学部日程〈文系型〉）
- 484 関西学院大学（全学部日程〈理系型〉）
- 485 関西学院大学（共通テスト併用／英数日程）
- 486 畿央大学 総推
- 487 京都外国語大学 総推
- 488 京都光華女子大学・短期大学部 総推
- 489 京都産業大学（公募推薦入試） 総推
- 490 京都産業大学（一般選抜入試〈前期日程〉）
- 491 京都女子大学 総推
- 559 京都先端科学大学 新 総推
- 492 京都橘大学 総推
- 493 京都ノートルダム女子大学 総推
- 494 京都薬科大学 総推
- 495 近畿大学・短期大学部（医学部を除く－推薦入試） 総推
- 496 近畿大学・短期大学部（医学部を除く－一般入試前期）
- 497 近畿大学（医学部－推薦入試・一般入試前期） 医 総推
- 498 近畿大学・短期大学部（一般入試後期） 医
- 499 皇學館大学 総推
- 500 甲南大学 総推
- 501 神戸学院大学 総推
- 560 神戸国際大学 新 総推
- 502 神戸松蔭女子学院大学 総推
- 503 神戸女学院大学 総推
- 504 神戸女子大学・短期大学 総推
- 505 神戸薬科大学 総推
- 506 四天王寺大学・短期大学部 総推
- 507 摂南大学（公募制推薦入試） 総推
- 508 摂南大学（一般選抜前期日程）

赤本プラス

赤本プラスとは、過去問演習の効果を最大にするためのシリーズです。「赤本」であぶり出された弱点を、赤本プラスで克服しましょう。

大学入試 すぐわかる英文法
大学入試 ひと目でわかる英文読解 新
大学入試 絶対できる英語リスニング 新
大学入試 すぐ書ける自由英作文 新

英検® 赤本シリーズ

英検®（実用英語技能検定）の対策書。過去問と参考書で万全の対策ができます。

▶過去問集（2021年度版）
英検® 準1級過去問集 DL
英検® 2級過去問集 DL
英検® 準2級過去問集 DL
英検® 3級過去問集 DL

▶参考書
竹岡の英検® 準1級マスター DL
竹岡の英検® 2級マスター CD DL
竹岡の英検® 準2級マスター CD DL
竹岡の英検® 3級マスター CD DL

赤本メディカルシリーズ

過去問を徹底的に研究し，独自の出題傾向をもつメディカル系の入試に役立つ内容を精選した実戦的なシリーズ。

〔国公立大〕医学部の英語［改訂版］
私立医大の英語〔長文読解編〕［改訂版］
私立医大の英語〔文法・語法編〕［改訂版］
医学部の実戦小論文［改訂版］

〔国公立大〕医学部の数学
私立医大の数学
医歯薬系の英単語［3訂版］
医系小論文 最頻出論点 20［3訂版］
医学部の面接［3訂版］

体系シリーズ

国公立大二次・難関私大突破へ，自学自習に適したハイレベル問題集。

体系英語長文
体系英作文
体系数学Ⅰ・A
体系数学Ⅱ・B
体系現代文
体系古文
体系日本史
体系世界史
体系物理［第6版］
体系化学［第2版］
体系生物

満点のコツシリーズ

共通テストで満点を狙うための実戦的参考書。重要度の増したリスニング対策書は「カリスマ講師」竹岡広信が一回読みにも対応できるコツを伝授！

共通テスト英語〔リスニング〕満点のコツ CD DL
共通テスト古文　満点のコツ
共通テスト漢文　満点のコツ

風呂で覚えるシリーズ

水をはじく特殊な紙を使用。いつでもどこでも読めるから，ちょっとした時間を有効に使える！

風呂で覚える英単語［4訂版］
風呂で覚える英熟語［改訂版］
風呂で覚える古文単語［改訂版］
風呂で覚える古文文法［改訂版］
風呂で覚える漢文［改訂版］
風呂で覚える日本史〔年代〕［改訂版］
風呂で覚える世界史〔年代〕［改訂版］
風呂で覚える倫理［改訂版］
風呂で覚える化学［3訂版］
風呂で覚える百人一首［改訂版］

赤本ポケットシリーズ

共通テスト対策
共通テスト日本史〔文化史〕

系統別進路ガイド
心理学科をめざすあなたへ［改訂版］
デザイン系学科をめざすあなたへ

単行本

▶英語
Q&A 即決英語勉強法
TEAP 攻略問題集 CD
東大の英単語［新装版］
早慶上智の英単語［改訂版］

▶数学
稲荷の独習数学
京大数学プレミアム

▶国語・小論文
著者に注目！ 現代文問題集
ブレない小論文の書き方 樋口式ワークノート
京大古典プレミアム 新

▶理科
折戸の独習物理

赤本手帳（2022 年度受験用）プラムレッド
赤本手帳（2022 年度受験用）インディゴブルー
赤本手帳（2022 年度受験用）プラチナホワイト
奥薗壽子の赤本合格レシピ

CD リスニングCDつき　DL 音声無料配信　新 2021年刊行

赤本プラス

赤 PLUS+ 本

赤本プラスとは、過去問演習の効果を最大にするためのシリーズです。「赤本」であぶり出された弱点を、赤本プラスで克服しましょう。

大学入試
すぐわかる英文法
肘井 学 著

大学受験に必要な英文法の知識を網羅した、「総合英文法書」の新定番

赤本プラス 続々刊行予定！

『大学入試 すぐ書ける 自由英作文』肘井 学 著

7月発売予定

『大学入試 ひと目でわかる 英文読解』登木 健司 著

8月発売予定

『大学入試 絶対できる 英語リスニング』肘井 学 著

9月発売予定

※タイトルは仮のものです。

2022年版　大学入試シリーズ　No. 279

上智大学(法学部・経済学部)

編　　集　教学社編集部
発 行 者　上 原 寿 明
発 行 所　教　学　社

〒606-0031
京都市左京区岩倉南桑原町56
電話 075(721)6500
振替 01020-1-15695

2021年7月10日　第1刷発行

定価は裏表紙に表示しています

ISBN978-4-325-24457-8

印刷　エーシーティー　　製本　藤沢製本